Lutz Hachmeister

HANNOVER

Lutz Hachmeister

HANNOVER

Ein deutsches Machtzentrum

Deutsche Verlags-Anstalt

Der Verlag weist ausdrücklich darauf hin, dass im Text enthaltene externe Links vom Verlag nur bis zum Zeitpunkt der Buchveröffentlichung eingesehen werden konnten. Auf spätere Veränderungen hat der Verlag keinerlei Einfluss. Eine Haftung des Verlags ist daher ausgeschlossen.

MIX
Papier aus verantwortungsvollen Quellen
FSC® C014496
www.fsc.org

Verlagsgruppe Random House FSC® N001967

1. Auflage

Umschlag: Büro Jorge Schmidt, München
Umschlagmotiv: Ulrich Stamm/Picture Alliance
Gestaltung und Satz: DVA/Andrea Mogwitz
Gesetzt aus der Minion
Druck und Bindung: GGP Media GmbH, Pößneck
Printed in Germany
ISBN 978-3-421-04705-2

www.dva.de

Dieses Buch ist auch als E-Book erhältlich.

Inhalt

Vorwort

Köln ist ein Gefühl, Hamburg ist das Tor zur Welt und München leuchtet. Hannover leuchtet nicht, es ist *die Stadt mit dem Imageproblem*. Interessanterweise ist es genau dieses Bild der spröden, disparaten Niedersachsen-Kapitale ohne Höhen und Tiefen, einer Kommune der mittleren Stimmungslagen mit der von außen zugeschriebenen *Gesichtslosigkeit*, das fast rituell überregionale Aufmerksamkeit erzeugt. Als im vergangenen Jahr eine junge Historikerin eine Doktorarbeit über alle möglichen Aktionen der Stadtväter seit dem 19. Jahrhundert vorlegte, mit denen der Ruf Hannovers aufpoliert werden sollte (»Großstadt im Grünen«), bekam sie sofort erstaunliche bundesweite Resonanz und jede Menge Interview-Anfragen. »Hannovers Kampf ums Image« war einmal mehr auch dem hauptstädtischen Berliner *Tagesspiegel* eine lange Reportage wert.

1972 war sogar mit dem Jazz-Papst Michael »Mike« Gehrke, bundesweit einzigartig, an der Leine ein hauptamtlicher »Imagepfleger« angestellt worden. Offiziell wurde er in der Ära des Oberstadtdirektors Martin Neuffer, später NDR-Intendant, Leiter eines neu geschaffenen »Amtes für Kommunikationsförderung«, lange bevor anderswo über Stadtmarketing nachgedacht wurde. Mit Stadtfesten, *Swinging Hannover* und Niki de Saint Phalles bunten Nana-Skulpturen wollten Neuffer und Gehrke gegen die gängigen Stereotype von Behäbigkeit, Krämerseelentum und Messegeschäftigkeit angehen. Das führte in Hannover zu einiger Aufregung, half aber nicht viel. Noch immer wird Theodor Lessings Diktum vom »Paradies des Mittelstandes, der Bemittelten und jeder Mittelmäßigkeit« gern zitiert, wie auch die Erkenntnis des Satirikers und Fernseh-Conférenciers Harald Schmidt: »Hannover liegt zwar nicht am Arsch der Welt, aber man kann ihn von dort aus ziemlich gut sehen.«

Heute boomen alle möglichen Konzepte des Stadtmarketings und Städte-Rankings mit ausgefeilten empirischen Methoden wie Dynamik- und Kreativitätsindizes. Den Aufstieg von Metropolen und urbanen Gefügen definiert etwa der einflussreiche US-Ökonom und Stadtforscher Richard Florida mit der planmäßigen Entwicklung einer »kreativen Klasse« – Homosexuellen, Medienunternehmern, Künstlern und Hochtechnologie-Entwicklern. Allerdings haben solche Konzepte auch erheblichen Widerspruch hervorgerufen, und im Party-Berlin dieser Tage kann man beobachten, dass ein Leitmotiv wie Klaus Wowereits »Arm, aber sexy« nicht auf Dauer kaschieren kann, dass es eine Stadtverwaltung mit ganz realen Problemen von Verkehrsplanungen, Mietpreis-Steigerungen (»Gentrifizierung«), weltweiten Migrationsfragen oder schlicht politischer Zuverlässigkeit und zumindest mittelfristiger Planungssicherheit zu tun hat. *Fashion Weeks* und Volksbelustigungen aller Sorten können die Wirklichkeiten einer städtischen Ordnung nur für eine kurze Zeit übertünchen. Es fehlt, knapp gesagt, in solchen Analysen die explizit politische Komponente.

Mit diesem Buch, das an einen Dokumentarfilm für die ARD gekoppelt ist – für beide Projekte wurden zahlreiche Gespräche mit Hannover-Kennern geführt –, soll gezeigt werden, dass sich der Aufstieg des »politischen Hannover« nach 1945, aus den Ruinen einer nahezu vollständig zerstörten Stadt, gerade dadurch begründet, dass Hannover lange Zeit geistespolitisch und historiografisch unterm Radar wirken konnte. Eine merkwürdige Terra incognita auf der Bahnstrecke nach Berlin, hinter Gütersloh, Bielefeld, Minden, Bückeburg und Stadthagen, die umso mehr publizistisch aufgefüllt und hochgejazzt werden konnte. Je weniger Hannover für Außenstehende kenntlich war – vom Bahnhof und dem Messegelände einmal abgesehen –, desto stärker konnten in Hannover residierende niedersächsische Ministerpräsidenten wie Ernst Albrecht, Gerhard Schröder, Sigmar Gabriel und Christian Wulff bundespolitischen Einfluss reklamieren. Das hat viel mit dem föderalen Neuordnungsprozess der neuen deutschen Bundesrepublik unter der Ägide der alliierten Besatzungsmächte zu tun, wahrscheinlich noch mehr mit dem neuen geopolitischen Gefüge nach 1989, aber vor allem mit einem engmaschigen Zusammenhang von Stadt-, Landes- und Bundespolitik – und der ist in Sachen Hannover einzigartig. Das heißt: Vor allem die Biografien der Ministerpräsidenten, die in der hannoverschen Staatskanzlei regierten, müssen mit dem geistespolitischen »Hannover« in Beziehung gesetzt werden. Denn mit dem Schicksal einer »disparaten Stadt« hadert ja nicht nur Hannover; auch andere deutsche Kommunen wie Köln, Frankfurt am Main oder Duisburg haben mit architektonischen Zerstörungen nach 1945 zu kämpfen, mit den fehlgeleiteten Konzeptionen »autogerechter Städte« – das ganze Ruhrgebiet leidet trotz allen mehr oder weniger erfolgreichen Strukturwandels unter »Imageproblemen« und ist nicht so beschaulich wie Freiburg, Münster, Nürnberg oder Heidelberg. Aber nur Hannover ist auch Sitz einer Landesregierung. Andererseits wäre es unfair, Hannover mit Metropolen wie München, Hamburg oder Berlin zu vergleichen. Es gibt auch, trotz aller statistischen Anstrengungen, bis heute keine naturwissenschaftlich-mathematische Formel für die Bestimmung eines »Stadtgefühls«. Unbestritten ist, dass von Hannover mit seinem welfisch-preußisch-protestantischen Gefüge aus in frappierendem Ausmaß, mit Bundeskanzlern, Vizekanzlern, Ministern und einflussreichen politischen

Beamten, die deutsche Politik der Gegenwart beherrscht werden konnte, bis hin zu den SPD-Konzepten der »neuen Mitte«. Über Gerhard Schröder, der während seiner Kanzlerschaft immer kräftig Reklame für seine Wahlheimat Hannover gemacht hat, sagt Giovanni di Lorenzo, einst Gymnasiast in Hannover, in einem der Interviews für dieses Buch: »Hannover sei für ihn eine so tolle Stadt, weil da die Menschen in etwa gleich seien. Also, die Abstände zwischen oben und unten, zwischen bekannt und nicht so bekannt, seien nicht so groß. Jedenfalls glaubt er das ganz fest. Und das gab er auch als besonderen Grund an, warum er sich da so wohlfühlt.«

Mit diesem Egalitarismus und den kurzen politischen Wegen über Parteigrenzen hinweg übt Hannover offenbar eine hohe Integrationskraft aus, die den Aufstieg in die bundespolitische Arena erleichtert. Dabei geht es nur in seltenen Fällen um gebürtige Hannoveraner. Christian Wulff, mit dem der medial-politisch-juristische »Hannover-Komplex« zu einer tragikkomischen Auflösung kam, war zunächst ein Outsider aus Osnabrück. Um ihn und Gerhard Schröder gruppierte sich aber das für die Medien *perfekte Casting*, mit Hells Angels, Rotlichtgeschichten, publizistisch attraktiven Ehefrauen, Filmpartys und einem megalomanen Milliardär. Man muss allerdings einen gewissen politischen Sinn für Hannover entwickeln, um diesen Hype vernünftig einschätzen zu können – und dabei soll dieses Buch Orientierung bieten.

Der Hannover-Komplex

»Niedersachsen ist nicht Sizilien, in Palermo ist das Wetter besser als in Hannover. Und außerdem sind zwischen Messina und Trapani viel mehr Leute in komische Geschäfte verwickelt als zwischen Wolfsburg und Aurich. Dennoch hat man angesichts der jüngsten Nachrichten in der Sache Wulff so manche Déjà-vu-Erlebnisse, die einen an Romane von Andrea Camilleri erinnern.«

Kurt Kister, *Süddeutsche Zeitung*, 21. Dezember 2011

»Ich fühl mich so lala hier in Hannover
Ich habe kein Humor und kein Akzent
Man ist ganz gerne Durchschnitt in Hannover
Das ist das typische woran man uns erkennt
Die Frauen sind ganz passabel in Hannover
Man verliebt sich nicht gleich auf den ersten Blick
Man fällt nicht gerne auf hier in Hannover
Man kleidet sich gedeckt, bloss nicht zu schick

Zu hässlich für München, zu dumm für Berlin
zu trendy für Bautzen, zu männlich für Wien
zu pleite für Hamburg, zu reich für Schwerin
Dann komm nach Hannover
Denn da gehörst du hin.«

Aromaboys, »Hannoverlied«, 2002

Hannover, Airport Langenhagen, 30. Mai 2010. Die Flugzeugtür der Lufthansa-Sondermaschine aus Oslo öffnet sich um 15 Uhr 40, etwas verspätet, und es erscheint Lena Meyer-Landrut, 19, eine Papiergirlande mit Deutschlandfarben im Haar, bekleidet mit Jeans und Ringelpullover. Sie hat am Vorabend in der norwegischen Hauptstadt mit ihrem Song »Satellite« den Eurovision Song Contest (ESC) gewonnen, mit weitem Abstand vor dem türkischen Beitrag. Gleich neun Länder haben für »Satellite« mit der Höchstwertung von 12 Punkten gestimmt. Die schwarzhaarige Lena, von den Journalisten mal als erfrischend, fröhlich und unverstellt beschrieben, von anderen wiederum als nervig und allzu aufgekratzt empfunden, kommt in Begleitung ihres Mentors und Multi-Entertainers Stefan Raab, der das Unternehmen ESC-Sieg für den Norddeutschen Rundfunk (NDR) und den Privatsender ProSieben erfolgreich gemanagt hat. Der Sangeswettbewerb, früher unter dem betulicheren Namen »Grand Prix Eurovision de la Chanson« bekannt, hatte sich seit geraumer Zeit zu einem schrilleren, besonders in Schwulen-Communities beliebten Multikulti-Event entwickelt. Verblüffend war aber, dass sich für den Oslo-ESC 2010 die öffentlich-rechtliche Anstalt NDR, seit jeher innerhalb der ARD für die Veranstaltung federführend, mit der Kölner Produktionsfirma Brainpool, Stefan Raab und ProSieben im nationalen Interesse eng verbandelte.

Lena ist Hannoveranerin, Jahrgang 1991, und bei ihrer alleinerziehenden Mutter im Stadtbezirk Misburg-Anderten aufgewachsen. Ihr Vater Ladislas, Sohn des Diplomaten Andreas Meyer-Landrut, hatte Tochter und Mutter verlassen, als Lena drei Jahre alt war. Bei Stefan Raab hatte sich die selbstbewusste, in der Performance und stimmlich begabte Gesamtschülerin (Abitur im Juni 2010), eigenständig beworben. Nach ihrem ESC-Sieg wartet, neben 20 000 Fans und rund hundert herumwuselnden Medienvertretern, auch der Ministerpräsident des

Landes Niedersachsen auf sie, Christian Wulff, damals 50, seit 2003 im Amt. Wulff (CDU) hatte sich schon in ersten bestellten Gesprächsbänden mit und über ihn, als Politiker beschreiben lassen, »der ohne jede Anstrengung und auf die natürlichste Weise Sympathie ausstrahlt und deshalb die Zahl seiner Anhänger täglich vermehrt« – so in der Wulff-Eloge »Deutschland kommt voran« der ehemalige Bonner Helmut-Kohl-Parteisprecher Karl-Hugo Pruys.

Und so trafen an jenem Maitag des Jahres 2010 in Hannover-Langenhagen zwei natürliche Sympathen aufeinander, das neue deutsche Fräuleinwunder Lena mit viel »Na, sichi«, »krass« und »geil«, und der immer wieder als möglicher Merkel-Nachfolger gehandelte Christian Wulff, der schon vorahnend die Parole ausgegeben hatte: »Lena wird wie ein Präsident empfangen werden. Das hat sie verdient.« Elf Limousinen standen zur Abfahrt ins pompöse Hannoversche Rathaus bereit, wo sich Lena in Anwesenheit von Oberbürgermeister Stephan Weil (SPD) ins Goldene Buch der Stadt eintragen darf. »Ich bin überwältigt«, so die junge Künstlerin, »ich kann es selbst kaum realisieren. Das ist fast so geil wie Weltmeister werden! Eigentlich fast noch geiler!« Wulff richtet Grüße von Bundeskanzlerin Merkel aus und macht artig Komplimente: »Die macht ihr Ding, die hat Begabung und die bleibt, wie sie ist.« Genauso wie Wulff eben, seit 2006 mit der von den Boulevard-Medien begeistert analysierten »Tattoo-Betty« Bettina Körner liiert, der Repräsentant der von ihm wenig später ausgerufenen »bunten Republik Deutschland«, zu der auch »der Islam« gehört.

Einen Tag nach Lenas Ankunft in Hannover trat der Bundespräsident Horst Köhler abrupt von seinem Amt zurück, weil er sich von Journalisten und Politikern wie Jürgen Trittin und Thomas Oppermann (beide Angehörige der hannoverschen Politik-Crew) als »Schlossgespenst« oder »Horst Lübke« verhöhnt sah. Wenige Tage später wurde Christian Wulff von

Angela Merkel, Horst Seehofer (CSU) und Guido Westerwelle (FDP), also den Parteivorsitzenden der seinerzeit regierenden schwarz-gelben Koalition, zum Kandidaten für das höchste deutsche Staatsamt nominiert – überraschend selbst für professionelle Politikbeobachter, denn zunächst hatte Ursula von der Leyen, Tochter des ehemaligen niedersächsischen Ministerpräsidenten Ernst Albrecht und Sozialministerin in Merkels Kabinett, als favorisierte Kandidatin für die Köhler-Nachfolge gegolten. Es waren turbulente Tage für Christian Wulff, aber noch wusste er nicht, um es im legendären Aktenzeichen-XY-Stil zu formulieren, dass sich seine bis dahin eher konventionelle Politiker-Karriere mit den vielen Aufstiegskämpfen und Wahlniederlagen, mit späten Triumphen und dem Höhenflug in den Beliebtheitsskalen, schon Ende 2011 in Luft auflösen würde – unter enormen Schmerzen und Beleidigungen bis hin zur völligen psychophysischen Erschöpfung. Wulff hatte bei seinem Lena-Empfang, den er publicity-technisch bis zum Äußersten ausreizte, noch seiner Hoffnung Ausdruck gegeben, der nächste ESC werde in der »Medienstadt Hannover« stattfinden, doch der NDR, Raab und »Brainpool« entschieden sich ausgerechnet für Düsseldorf. Lena trat da noch einmal an und landete bei diesem Wettbewerb auf einem respektablen Platz 10 im Mittelfeld. Und Hannover wurde auch keine Medienstadt; es dominiert mit der Madsack-Mediengruppe ein mittelständisches Zeitungsunternehmen (»Regional erfolgreich in einem starken Verbund«), 670 Millionen Euro Umsatz, mit einigen kleineren Beteiligungen in den elektronischen Medien. Daneben ein Landesfunkhaus des NDR, das uns im Zusammenhang mit der Amtszeit des Ministerpräsidenten Ernst Albrecht noch beschäftigen wird. Ein Medienunternehmen mit Zukunftstouch ist der Heise-Verlag, 1949 in Hannover als Adress- und Telefonbuchverlag gegründet, heute im Online-Bereich (»Telepolis«) erfolgreich, Umsatz immerhin 120 Millionen Euro. Die ehrwürdige Hahn'sche Verlagsbuchhandlung, gegründet 1792, lange Zeit für regionalgeschichtliche Werke, aber auch für die *Monumentae Germaniae Historica* verantwortlich, quittierte hingegen 2013 ihr historisches Domizil an der Leinstraße 32 und zog zum Leidwesen historiografisch sensibler Hannoveraner nach Peine um.

Metropole der Stunde. Der Lena-Empfang durch den beseelten Wulff stellt den Höhepunkt des Hannover-Glamours nach 1945 dar. Es war die Stunde der Hannover-Experten. »Ist Hannover unsere ›heimliche Hauptstadt‹«, fragte die *Welt* am 7. Juni 2010 – »Deutschlands wichtigste Stadt? Wer da diese Woche noch ›Berlin‹, ›Hamburg‹ oder ›München‹ antwortet, macht sich lächerlich. Die Metropole der Stunde heißt Hannover. Grund: Von hier kommt die Eurovisions-Siegerin Lena Meyer-Landrut, aber auch wahrscheinlich der nächste Bundespräsident« – und fügte als weiteres Pop-Element für Hannover noch an: »die Alkoholfahrt der Ex-Bischöfin Margot Käßmann«. Und die *Bild* aus dem gleichen Springer-Haus sekundierte: »Lessing, Leibniz, Lena. Alle kommen von hier. Jetzt auch noch der neue Bundespräsident?« Selbst die seriösere *Frankfurter Allgemeine Zeitung* attestierte beflissen: »Der Bär steppt an der Leine«, die Niedersachsen-Kapitale sei »plötzlich der Hotspot Deutschlands«.

Die eigentlichen Hannoveraner, die Gebürtigen, die Kenner der städtischen Verhältnisse, waren verdutzt. Zwar hatte schon nach dem Aufstieg des Wahl-Hannoveraners Gerhard Schröder (SPD) zum Bundeskanzler 1998 eine gewisse Hannover-Publizität auf Bundesebene eingesetzt, aber diese Melange aus Pop, Skandal und Machtpolitik war für die Einwohner der immer wieder klischeehaft als dröge, mittelmäßig und völlig unspektakulär eingeschätzten Landeshauptstadt doch etwas verwirrend. »Deutschland entdeckt mal wieder Hannover«, so resümierte etwas später nüchtern Reinhard Urschel, ein früher

Gerhard-Schröder-Biograph von der *Hannoverschen Allgemeinen Zeitung* im März 2011 (da hatte Hannover 96 gegen Bayern München gewonnen) – »aber warum ist Hannover dazwischen immer wieder scheinbar nur ein weißer Fleck auf der Landkarte?« Und, schon etwas verzweifelt: »Nun ist es also ein Fußballverein mit der Kennziffer 96, der die Welt Anteil nehmen lässt an dem unerforschten Kontinent in der Norddeutschen Tiefebene. Sollte es nicht klappen mit der Champions League, wird dort jemand bei Rot über die Ampel fahren müssen oder so, damit der Flecken Erde nicht dem Vergessen anheimfällt.«

Das Erstaunen der Einheimischen über ihre »Entdeckung« weist in eine interessante Richtung. Die Journalistik als kollektive Neuigkeitenagentur entdeckt Personen, schreibt und sendet sie hoch und runter und manchmal tot, aber sie kann das natürlich auch mit Städten oder (viel seltener) mit Institutionen machen. Dabei geht es nicht um reine Erfindungen; die publizistische Konstruktion muss schon etwas mit wirklichen Abläufen, Netzwerken und Individuen zu tun haben, um nicht völlig unglaubwürdig zu wirken. Aber es bleibt eine selektive Wahrnehmung und Zuschreibung, denn der Glanz der Entdeckung soll vor allem den Entdecker selbst illuminieren. Dieses Prinzip der publizistischen Selektion und des *Spotlights* funktioniert besonders gut, wenn sich das Objekt der Beobachtung deutlich anders als erwartbar beschreiben lässt – und sich daraus Verblüffungs- und Nachrichtenwerte ergeben.

Die mediale Hannover-Folklore, eine Mischung aus politischer *Crime-Story*, Partyberichterstattung und Justizaffäre, die sich nach der Nominierung von Christian Wulff zum Bundespräsidenten-Kandidaten entwickelt und sich über seine Berliner Amtszeit, staatsanwaltschaftliche Ermittlungen und das juristische Verfahren hinzieht, also über die Jahre 2010 bis 2014, ist dafür ein guter Beleg. Der Berliner Musikmanager Tim Renner, als »Prinz Pop« im Rang eines Kulturstaatssekretärs später zu

Klaus Wowereits maroder Hauptstadt-Administration gewechselt, ahnte hier Böses. In den Tagen nach dem Wulff/Lena-Spektakel schrieb er einen Blogeintrag unter dem Titel »Hannovernication: ›Nichts‹ ist bei weitem nicht genug«. Es drohe nichts weniger als die »Hannoveranisierung der Republik«.

Das Schlimme an Hannover. Ausgerechnet Hannover, ein medialer Aufstieg, der für jeden Berufsberliner besonders beleidigend wirken musste – 1866 hatten die Preußen von Berlin aus das Königreich Hannover völkerrechtswidrig annektiert. Das Schlimme an Hannover sei, so Renner, »dass Hannover nicht einmal schlimm ist. Hannover ist spektakulär langweilig, denn in Hannover regiert Pragmatismus. Egal ob gesichtsloser Städtebau, vor sich hin dümpelnder Fußballclub, ein Komiker wie Pocher, der lacht bevor die Pointe kommt, Hardrocker wie die Scorpions, die damit erfolgreich werden, dass sie als Aerosmith-Imitatoren vor Volkshochschullehrern auftreten: Aufregen mag man sich darüber nicht, hingucken aber auch nicht.« Logischer Reflex für Renner war es, »die Stadt und ihren Output« einfach zu ignorieren – und dann wird es etwas verwirrend, denn das fleischgewordene Hannover-Prinzip verbindet sich für den Berliner Pop Analytiker ausgerechnet mit Angela Merkel, der es nun auch noch gelungen sei, mit Christian Wulff den letzten Mann aus den Reihen der CDU, der ihr noch gefährlich werden könnte, ins höchste Staatsamt zu bugsieren. Das sei schlicht »die größte Missachtung der Würde des Amtes seit Gründung der Bundesrepublik«. Der Altkanzler Schröder »aus Ostwestfalen«, der ob »seines Mutes zur Veränderung abgewählt« wurde, sitze derweil in Hannover, »gießt Begonien, wirbt für Pipelines, steht aber für Politik nicht mehr zur Verfügung«.

Man merkt, dass in solchen Erzählungen von »Hannover« die Stereotype und analytischen Kategorien durcheinandergehen. Die stilistisch wie dezisionistisch schwer fassbare

Bundeskanzlerin aus dem Osten als oberste Geistes-Hannoveranerin; der faktische Politik-Hannoveraner schlechthin, Gerhard Schröder, zählt für Renner im Grunde nicht dazu, wohl aber Christian Wulff, der Katholik aus Osnabrück. Das war »Hannover« als Wille und Vorstellung, und Gegenreaktionen blieben auch nicht aus: »Gerechtigkeit für Hannover!«, forderte die *taz*. Zwar sei es dort, etwa in der Markthalle, gern als »Bauch von Hannover« etikettiert, »schrecklich bieder und ein wenig schnöselig«, aber das Hannover-Bashing mit all den bekannten Vokabeln wie »Maschsee-Mafia«, »Hannover-Connection« oder »Leine-Klüngel« sei nur eine mediale Konstruktion für »all diejenigen geworden, die immer mit der Stadt abrechnen wollten«.

Die Hannoveraner litten »unter Fremdeinschätzung ihrer Stadt«, so sagt es Jobst Plog, Sohn des *HAZ*-Chefredakteurs Wilhelm Plog, langjähriger Intendant des Norddeutschen Rundfunks (NDR) und 1941 in Hannover geboren, im Gespräch für dieses Buch. »Obwohl sie wissen, dass sie zwar in keiner Weltstadt, aber in einer Stadt leben, in der es sich gut leben lässt. Sie trauen sich nicht, das deutlich zu sagen und gegen die Fremdeinschätzung anzugehen. Ich habe immer wieder diese Erfahrung gemacht – Hannoveraner erkenne ich sofort an der Stimmfärbung. Wenn man in Spanien irgendwo am Strand oder in Frankreich einen Hannoveraner trifft, dann kann es einem immer noch passieren, dass man sagt: ›Woher kommen Sie denn?‹ Und dann sagt der oder die: ›Aus der Nähe von Hamburg‹.« Ein- oder zweimal im Jahr, so Plog, bis heute Aufsichtsrat des hannoverschen Madsack-Verlags und der SPD-Medienholding DDVG, wolle sich Hannover zur *Global City* wandeln, zu Zeiten der Industriemesse oder der »weltgrößten Computermesse« CeBit. »Dann spielen alle Weltstadt, ohne dass es eine gäbe. Das hat so was niedlich Bemühtes. Und noch etwas Besonderes: Hannoveraner sind in einer Weise miteinander verbunden, verkumpelt, die über alle sonstigen politischen Grenzen hinweggeht.« Hartmut Möllring, langjähriger niedersächsischer Finanzminister unter Christian Wulff, ein gebürtiger Hildesheimer, erinnert sich daran, dass mit einer Volksbefragung beinahe noch das Großprojekt der »Expo 2000« verhindert worden wäre, »weil die Angst hatten, dass so viele Fremde in die Stadt kommen«. Dirk Roßmann wiederum, Begründer eines Drogerie-Imperiums und mittlerweile der reichste Hannoveraner (rund drei Milliarden geschätztes Privatvermögen), dachte über geraume Zeit, »also, Hannover ist völlig out. Nicht einmal ein ›Tatort‹ kam aus Hannover ... Der große Durchbruch für die Stadt war die Expo 2000, und danach ging es mit den vielen politischen Größen immer weiter. Das finde ich sehr schön.«

Hells Angels & Co. Tatsächlich kann man in der *Society* Hannovers, wenn man davon sprechen mag, einen gewissen *Sündenstolz* beobachten, als mit Wulff und Lena eine überregionale Berichterstattung einsetzte, die mit vielen Diagrammen und Netzwerkanalysen die immer gleichen Personen und Milieus in Beziehung setzte: die martialischen Hells Angels im Steintor-Viertel mit ihrem Hannover-Boss Frank Hanebuth und seinem Anwalt Götz von Fromberg – lange Zeit auch Freund und Sozius von Gerhard Schröder –, den Fußballclub Hannover 96 mit seinem autokratischen Vorsitzenden Martin Kind, dem Hörgeräte-Unternehmer, dessen Unternehmen in Großburgwedel gleich neben dem seines Tennispartners Dirk Roßmann liegt. Bettina Wulff arbeitete als Ministerpräsidenten-Gattin bei Roßmann halbtags in der PR-Abteilung. Gerhard Schröder spielt mit Kind und Roßmann Tennis, gern genutzter Treffpunkt: Kinds Fachwerk-Hotel »Kokenhof«, das der Hannover-96-Chef mittlerweile gemeinsam mit seiner Frau nobel-elegant ausgebaut hat, samt verfeinerter Landküche im Angebot. Dann, und vielleicht allen voran, der AWD-»Finanzoptimierer« Carsten Maschmeyer, der für Schröder und Wulff Kampagnen und Buchpublikationen sponsorte. Die Politiker-Riege mit Schröder, Wulff, von der Leyen, Frank-Walter Steinmeier, Thomas Oppermann, Brigitte Zypries und den FDP-Leuten Philipp Rösler und Patrick Döring (der ehemalige Generalsekretär der Freien Demokraten, heute wieder Vorstand der Agila Haustierversicherung AG in Hannover). Dazu einige weitere Wirtschaftsmagnaten wie der schwergewichtige Jürgen Großmann (Georgsmarienhütte) oder der gebürtige Hannoveraner Utz Claassen, Jahrgang 1963, Studium in Oxford und an der Leibniz-Universität, dort 1989 zum Doktor der Staatswissenschaften promoviert, 2003 bis 2007 Vorstandsvorsitzender beim baden-württembergischen Energieversorger EnBW. Auch Claassen war einmal Präsident von Hannover 96 – und beim RCD Mallorca.

Schließlich eine ganze Korona von popkulturellen oder publizistischen Herolden: Klaus Meine von den Scorpions, der langjährige Schröder-Vertraute und *Stern*-Journalist Heiko Gebhardt, der PR-Fachmann Bela Anda, abwechselnd in Diensten von Schröder, Maschmeyer oder *Bild*, und Wulffs Medienberater Olaf Glaeseker. In den von Glaeseker mit seinem Freund Manfred »Manne« Schmidt, dem Kölner Veranstalter von »Prominententreffs«, in den Jahren 2007 bis 2009 organisierten »Nord-Süd-Dialogen« (einer wirtschaftsfördernden Gemeinschaftsparty mit Baden-Württtemberg) kulminierte der neue Hannover-Glamour. 2009 wurde die einstige New-Hollywood-Ikone Faye Dunaway, 72, zur Verschönerung des Pseudo-Events in einem abgesperrten Teil des Flughafens Langenhagen eingeladen – versüßt mit, dem Vernehmen nach, 50 000 Euro Honorar (»Spitzenpolitik trifft Hollywood in Hannover«). Wulff, Baden-Württembergs Ministerpräsident Günther Oettinger, Carsten Maschmeyer und Mercedes-Chef Dieter Zetsche spielten zu viert Tischfußball – »krökeln« auf Hannoversch. Nun konnte man schon den Eindruck haben, die Republik werde stilistisch und machtpolitisch von Hannover aus dominiert, und das hatte den als knarzig, nüchtern und provinziell geltenden Niedersachsen lange Zeit keiner zugetraut. Dieses personelle Netzwerk aus operativer Politik, Beraterwesen, Industrie, Handel und Kultur, lässt sich zwar nicht beliebig, aber doch um viele Akteure ergänzen, die sich im erweiterten »Machtkorridor« (Carl Schmitt) einfanden.

Etwa Jürgen Hogrefe, geboren 1949 in Bergen bei Celle, ursprünglich Lektor mit maoistischer Grundtendenz, Volontär bei der *Hannoverschen Allgemeinen Zeitung (HAZ)*, Pressesprecher der frühen Grünen-Fraktion im niedersächsischen Landtag (1983–1985), dann *Spiegel*-Redakteur bis 2003; in seiner letzten Phase beim Nachrichtenmagazin schrieb auch er eine der vielen Gerhard-Schröder-Biografien. Utz Claassen holte ihn zur EnBW Energie Baden-Württemberg AG, von 2003 bis 2009 wirkte er dort als Generalbevollmächtigter. Oder die von Klaedens: Eckart von Klaeden, geboren 1965 in Hannover, Jurist, Korvettenkapitän der Reserve, ehedem Landesvorsitzender der Schüler-Union Niedersachsen und CDU-Bundestagsabgeordneter, wurde 2009 von Angela Merkel zum Staatsminister im Bundeskanzleramt berufen und wechselte direkt aus diesem Amt, nicht unumstritten, als Cheflobbyist zur Daimler AG. Bruder Dietrich von Klaeden, Jahrgang 1966, ist »Head of Public Affairs«, zuständig für »Regierungsbeziehungen«, bei der Axel Springer AG in Berlin. Mit Sandra von Klaeden amtierte eine weitere Verwandte und Juristin von 2010 bis 2013 als Staatssekretärin im niedersächsischen Innenministerium, in den Kabinetten von Christian Wulff und David McAllister. Grafische Veranschaulichungen der Verbandelungen und »Gefälligkeitskonten« sind journalistisch attraktiv, die Vorteile einer engmaschigen Kommunikationssphäre, gewürzt mit ausgeprägtem *Underdog*-Bewusstsein, werden auch von den Beteiligten nicht bestritten, aber das Prinzip der Milieu-Übertragung hat auch klare analytische Grenzen. Jürgen Trittin hat mit Ursula von der Leyen politisch und privat wenig zu tun, Christian Wulff unterscheidet sich schon stilistisch wesentlich von den Scorpions, Olaf Glaeseker und Frank Hanebuth eint nur das äußerliche Merkmal der Glatzen. Obwohl die »Hannover Connection« begrifflich an die »French Connection« angelehnt ist, spielen die politisch-mafiösen Clans in Marseille oder Nizza, mit Bürgermeistern wie Gaston Deferre, der korsischen Guérini-Sippe, Jean und Jacques Médecin (Letzterer entfloh 1990 mitten aus seinem Amt nach Uruguay) oder Jacques Peyrat in einer völlig anderen Liga – das Ausmaß an »grand banditisme« hielt sich im binnenländischen Niedersachsen in engen Grenzen, glücklicherweise. Immerhin bekam Hannover dann doch noch seinen *Tatort*, sogar einen Zweiteiler über Mädchenhandel im Zuhältermilieu, mit der Münchener Hubert-Burda-Gattin Maria Furtwängler in der Hauptrolle. Die hannoversche Lokalpresse fragte begeistert bei Götz von Fromberg und Frank Hanebuth nach, wie realistisch die Figurenzeichnung sei.

Götz von Fromberg. Auf einem signifikanten Foto aus dieser Zeit der publizistischen Hannover-Emphase sieht man, *chez Fromberg*, beim Pils- und Rotweintrinken den damaligen VW-Personalvorstand Peter Hartz, die niedersächsischen SPD-Spitzenpolitiker Gerhard Schröder und Sigmar Gabriel, den schlaksig aussehenden Maschmeyer und Michael Frenzel, seit 1988 im Vorstand der Preußischen Bergwerks und Hütten-AG (Preussag), unter seiner Führung zum Touristik-Dienstleister TUI umgemodelt, nicht unbedingt zur Freude aller Anleger. Hartz, Gabriel, Schröder und Frenzel waren mehr oder weniger intensiv mit VW verbunden, auch der TUI-Mann saß dort von 2001 bis 2012 im Aufsichtsrat. Und man sieht den Gastgeber, Götz von Fromberg, 1949 in Hannover geboren, immer dageblieben, nie weggegangen, neben Maschmeyer in allen »Hannover Connection«-Reportagen als der größte Strippenzieher gehandelt – aber im Vergleich zu dem Finanzjongleur der Mann mit der weitaus interessanteren Biographie.

Im Entrée von Frombergs Kanzlei im noblen, mit vielen Gründerzeitvillen bestückten Hindenburgviertel hängen in Glaskästen Boxer-Reliquien von Muhammad Ali, Henry Maske und Dariusz Michalczewski. Ansonsten ist das verwinkelte Anwaltsdomizil mit Kunst von Bruno Bruni und Hannover-96-Devotionalien ausgestattet. Die Räume sagen: Hier residiert niemand, der distanziert außen vor ist, sondern immer mittendrin in allen Hannover-Angelegenheiten. Götz von Fromberg hat viele Spitznamen, »Geheimrat von Hannover«, »der Pate«, »Chef der Frogs« (Friends of Gerd Schröder, aber das war einmal) und »Blutgrätsche«, so benannt nach seinem unnachgiebigen Einsatz als junger Fußballspieler. Als Fünfjähriger sah er schon im Oktober 1954 das Spiel der deutschen Fußball-Nationalmannschaft gegen Frankreich, bei der Einweihung des Niedersachsen-Stadions. Fromberg war mit 26 Hannovers jüngster niedergelassener Anwalt, er ist ein fähiger Jurist und guter Geschichtenerzähler, und keiner verteidigt und lobt seine Heimatstadt so wie er. Dabei wird er seiner Rolle als »Geheimrat« voll gerecht. Aber es war vor allem ein Mandat, das ihm bundesweite – und nicht immer erwünschte – Publizität einbrachte: die strafrechtliche Verteidigung von Frank Armin Hanebuth, Jahrgang 1964, dem Ex-Präsidenten des inzwischen eliminierten »Hells Angels«-Chapter in Hannover, Bordellbetreiber, offiziell Security-Unternehmer. Fromberg hat den kahlköpfigen Zwei-Meter-Mann seit 35 Jahren in allen möglichen Gerichtsverfahren vertreten, zuletzt in Spanien, wo Hanebuth und einige weitere Hells-Angels-Kumpane wegen Geldwäsche, Frauenhandel, Bildung einer kriminellen Vereinigung und anderem mehr angeklagt und eine geraume Zeit in Untersuchungshaft waren.

»Hanebuth«, so sagt von Fromberg, »ist ein besonderer Mann. Er kommt aus einer sehr soliden, guten Familie. Er hat in Hannover was aufgebaut. Sie müssen sehen: Schlagerparade, dann ein Kneipenviertel, fragen Sie mal in ganz Hannover die Bürger, die haben sich wohlgefühlt, sind da hingegangen. Die Mädchen und die Frauen haben gesagt, da sind wir sicher, so war's einfach und dazu stehe ich auch.«

Friedensschluss in Hannover. Für Fromberg war Hanebuth, der Ex-Profiboxer, der probate »Ordnungsfaktor« im Steintor-Viertel (ein ziemlich kleines Karree mit vier oder fünf Straßenzügen, direkt neben dem Anzeiger-Hochhaus, mit Lokalen wie der »Sansibar« und dem »Little Italy«) – und das war für den »Geheimrat« nicht ganz unwichtig, denn auch Fromberg hatte hier in Immobilien investiert. An einem befriedeten, für das bürgerliche Amüsement zugänglichen Rotlichtviertel war Fromberg selbst gelegen. Und so organisierte er im Mai 2010 medienöffentlich in seiner Kanzlei den »Friedensschluss« zwischen den Hells Angels, vertreten durch Hanebuth, und den konkurrierenden »Bandidos«, für die Peter Maczollek, Vizepräsident der Bandidos in Europa, angereist war. Es gab Blitzlichtgewitter, der große Fromberg stand zwischen den noch riesigeren Hanebuth und Maczollek, die Rocker reichten sich die Fäuste, und Fromberg verlas eine Art »Presseerklärung«: »Beide Parteien haben vereinbart, zukünftig in friedlicher Koexistenz miteinander zu leben und sich gegenseitig zu respektieren und zu achten, ohne dass es zu gewalttätigen Auseinandersetzungen kommt«. Mit den Messerstechereien oder Schusswaffen-Attacken sollte jetzt, jedenfalls untereinander, Schluss sein. Fromberg fand seinen Einsatz als Milieu-Mediator segensreich für Hannover und ihn selbst, Niedersachsens Innenminister Uwe Schünemann (CDU) sah das Abkommen als »reines Medienspektakel«. Und auch ein Sprecher des Landeskriminalamts Hannover vermutete, das Ganze sei nur öffentlich inszeniert worden, um die Diskussion über ein Verbot der Bikerbanden zu beeinflussen.

Zwei Jahre später schlug gar die GSG 9 im Rahmen einer bundesweiten Aktion zu. Per Mannschaftshubschrauber seilte sich die Elitetruppe über einem mit Stacheldraht und massivem Holztor gesicherten Grundstück in Bissendorf-Wietze bei Hannover ab, dem Privatdomizil von Hanebuth. Bei der Aktion wurde auch medienwirksam ein Hund Hanebuths erschossen, weil die GSG 9 Informationen über die gefährlichen Kampfhunde des Höllenengel-Chefs hatte. »Das war kein Kampfhund, das war so ein türkischer Schäferhund«, stellt Fromberg klar. »Aber Hanebuths Sohn hat das alles miterlebt, und dann hat er gesagt, was mache ich jetzt, wo gehe ich hin? Mein Sohn hat keine Ruhe mehr, hat auch in der Schule Probleme. Da hat er sich überlegt, nach Spanien zu gehen. Das war eine, wie man heute weiß, große Fehlentscheidung.«

Nach eigenen Angaben hatte Hanebuth, auf der Flucht vor der deutschen Polizei, nur ein Mallorca-Chapter der Hells Angels gründen wollen und sich für den Kauf des Bordells »Globo Rojo« interessiert (»die Preisvorstellungen waren absurd«). Anwalt Fromberg geht davon aus, sein Mandant, in Spanien »El Largo« genannt, sei auch deshalb im Juli 2013 auf der Finca eines Freundes auf Mallorca verhaftet worden, weil er die Kreise der mallorquinischen Mafia gestört habe. Nach satten zwei Jahren Untersuchungshaft bekam Fromberg, gemeinsam mit einem spanischen Kollegen, »El Largo« einstweilen wieder frei, bis zur offiziellen Anklage. Hanebuth, der in der Haft als Boxtrainer arbeitete: »Das Gefängnis habe ich gut überstanden, ich bin ja nicht aus Zucker.«

Frombergs Familie. Fromberg heute: »Hanebuth fehlt an allen Ecken und Enden«, das Rotlichtviertel sei inzwischen trostlos: »Früher, also vor zwei Jahren, war es richtig top. Da können Sie mit meiner Tochter sprechen oder meiner Frau: Die sind da alleine hingegangen, haben abends gefeiert, sind in den Lokalen gewesen. Auch die Frauen aus meinem Büro. Heute haben sie Angst. Heute geht's wieder los mit K.-o.-Tropfen, Drogen und so weiter.« Dem massigen und flamboyanten Anwalt war es lange Zeit gelungen, das Steintor-Viertel mitsamt dem Hells-Angels-Business in der hannoverschen Heimatpresse als harmlose Touristenattraktion zu verkaufen; intensiveren Recherchen zu Hanebuth & Co. widmete sich in mehreren Dossiers allenfalls Christine Kröger, eine Journalistin des Bremer *Weser-Kuriers*. Es wäre aber falsch, Fromberg nur auf die Rolle eines regionalen Milieu-Anwalts zu reduzieren, obwohl er auch Rechtsberater von Luxusbordellen, wie dem »Chateau am Schwanensee« in Isernhagen war. Die Prestige-Presse interessierte sich für ihn vor allem wegen seiner langjährigen, inzwischen eingeschlafenen Freundschaft mit Gerhard Schröder oder anderen SPD-Größen wie Sigmar Gabriel oder Bodo Hombach.

Er selbst sieht das Medienspektakel mit Hanebuth und Maczollek heute, nolens volens, eher kritisch. Fromberg ist von altem schlesischem Adel, sein Vater hieß auch Götz – Götz Arthur Maria von Fromberg, geboren 1893 in Osnabrück. Er war der Leibpage des Prinzen Oskar von Preußen, auch »Investiturpage« von Hindenburgs, bekam als Frontkämpfer nach der Schlacht von Tannenberg das Eiserne Kreuz Erster Klasse. Dann leitete er nach dem Ersten Weltkrieg die Abteilung Kunst und Antiquitäten des Kaufhauses Wertheim in Berlin, arbeitete auch als Wertheim-Bevollmächtigter in den USA, trat aber nach einer Phase mit unsicheren Jobs 1930 in die NSDAP ein, vorher gehörte er der Deutschnationalen Volkspartei (DNVP) an. Zuletzt war Frombergs Vater (Beurteilung durch die Vorgesetzten 1944: »Geistig sehr beweglich, von großer Spannkraft und raschem Entschlussvermögen, einwandfreier Charakter mit nationalsoz. Haltung und Streben«) Leiter der Abteilung Kunst und Kulturwesen des Deutschen Heeres im OKH in der Bendlerstraße, unter anderem, wie seine Personalakte im Bundesarchiv belegt, mit der »praktischen Durchführung von Innenraumgestaltungen repräsentativer Räume des Heeres beauftragt«.

Frombergs Mutter, die Vater Götz 1943 in zweiter Ehe heiratete, war wohlhabend, die Familie besaß eine Superphosphat-Fabrik in Oschersleben. Die Mutter habe auch, so erinnert sich Götz von Fromberg der Jüngere, als Vorzimmerdame von Generaloberst Blaskowitz in Paris gearbeitet. Nach dem Ende des Zweiten Weltkriegs landeten die Frombergs in Hannover, der Vater arbeitete als freier Innenarchitekt und Inhaber eines Antiquitätenladens in der Kramerstraße. Er starb 1965 an einem Herzinfarkt. Da war Götz von Fromberg sechzehn Jahre alt. Er boxte sich durch, studierte; unter den jungen Referendaren, die sich in der Freizeit zum Fußballspielen trafen, war auch Gerhard Schröder. Später, nach der Trennung von »Hillu« Hampel und vor der neuen Ehe mit Doris Köpf, wohnte Schröder drei Monate lang bei Fromberg und dessen Frau: »Er gehörte praktisch schon zur Familie. Wir haben uns gefreut, wenn er abends nach Hause kam, dann haben wir noch einen Rotwein zusammen getrunken. Er konnte mit Technik nicht umgehen, hat unsere Alarmanlage immer schön ausgelöst. Morgens stand ich dann senkrecht im Bett, wenn die Alarmanlage losging. Da hatte er keinen großen Sachverstand.«

Ein entscheidender Fall für den Aufstieg des Anwalts Fromberg war die Affäre Düe in Hannover. Das Geschäft des Prominenten-Juweliers René Düe war 1981 überfallen worden, den Juwelier selbst fand man bewusstlos auf. »Weil Düe den Tätern selbst die Tür öffnete«, so resümierte der *Spiegel*, »der Tresor offen stand und er dem Privatagenten Werner Mauss,

60, anschließend noch einige als geraubt gemeldete Stücke verschaffte, weigert sich die Versicherung bis heute erfolgreich, den Schaden zu begleichen. Agent und Versicherung glauben, dass Düe den Überfall selbst inszeniert hat.« Dass Werner Mauss, der geheimste aller deutschen »Privatagenten«, in diesen Fall als Aufklärer mit unkonventionellen Methoden verwickelt war, führte später noch zu einem Untersuchungsausschuss des niedersächsischen Landtags. Fromberg jedenfalls übernahm das Mandat für die Versicherung gegen Düe und wurde außerhalb der üblichen Honorarordnung üppig bezahlt. Wegen weiterer Mandate im Milieu hielt sich Fromberg eine Zeitlang zuverlässige albanische Leibwächter. Die »Herrenabende« in seiner mit viel Pop-Art ausstaffierten und mit »Krökelkeller« (Tischfussball, Kicker-Automaten und andere Spielgeräte) ausgestatteten Villa in der Döhrener Wiehbergstraße wurden legendär – Frauen durften erst um 24 Uhr dazu kommen. Fromberg war aber frappiert, dass sie dann 2010 pars pro toto für den vermeintlichen oder tatsächlichen Hannover-Klüngel genommen wurden:

»Es gab überhaupt nichts zu verbergen, deshalb wurden die Fotos gemacht, es gab kein Problem. Das ist erst viel später draus gemacht worden. In Wirklichkeit war es ein verspäteter Jugendgeburtstag, wo ich alles umgesetzt habe, was ich mir früher gewünscht habe. Tischtennis, Krökeln, Flipper, Billardtisch. Dann gab's irgendwann den berühmten Fromberg'schen Fünfkampf … Das hat sich auch so herauskristallisiert, dass die Männer, die da waren, das unheimlich gut gefunden haben. Manche konnten super Tischtennis spielen, manche konnten sehr gut krökeln. Jeden, den Sie fragen, der wird immer sagen: das war einfach ein herrlicher Spaß. Und auch nichts Luxuriöses, in einem einfachen Partykeller. Und Essen und Trinken immer sehr rustikal, schönes Bier, schönes Kölsch auch, Veltins, mein Lieblingsbier, Bouillonwürstchen, Kartoffelsalat, sowas alles.«

»Erbfreundschaften«. In Frombergs Partykeller dominierten große Jungs mit SPD-Attachierung. In einem einflussreichen Kurztext in seinem Blog (»Sprengsatz«) beschrieb der Politikberater Michael Spreng im August 2010 ein anderes typisch hannoversches Phänomen: die niedersächsischen »Erbfreundschaften« über Parteigrenzen hinweg – ein Begriff aus dem 19. Jahrhundert, der vor allem gegen die deutsch-französische »Erbfeindschaft« entwickelt worden war. Spreng, ein beliebter Talkshow-Erklärer bei ARD und ZDF, gebürtiger Hesse, Pfadfinder, ehemals Chefredakteur des Kölner *Express* und von *Bild am Sonntag*, hatte in Wahlkämpfen die CDU/CSU-Politiker Edmund Stoiber und Jürgen Rüttgers beraten, keine einfachen Klienten. Spreng war erkennbar kein Freund der Wulff-Präsidialkandidatur 2010. In Niedersachsen gebe es viele gewachsene Traditionen, so Spreng, »von den Schützenfesten bis zum Lüttje-Lage-Trinken«, relativ neu sei aber die Erbfreundschaft: »Freundeskreise eines Ministerpräsidenten werden weitervererbt an den Nachfolger – unabhängig von der politischen Couleur.« So seien fast alle »Friends of Gerd« auch Freunde von Christian Wulff geworden, von TUI-Frenzel über RWE-Großmann bis zu AWD-Maschmeyer und den Scorpions, »und viele andere mehr. Und jetzt werden sie wahrscheinlich weitervererbt an Wulffs Nachfolger David McAllister«. Das war eine Fehlprognose: Bei McAllister hörten die »Erbfreundschaften« schlagartig auf. Kurze Zeit nach Spreng legte die *FAZ* mit einem längeren Artikel über die »Erbfreundschaften von Hannover« nach.

Robert von Lucius, langjähriger Niedersachsen-Korrespondent der *FAZ* und als Mitglied der Heidelberger schlagenden Verbindung Saxo-Borussia mit bündischen Strukturen vertraut, referierte eher vorsichtig: »Ein vergleichbares Netz aus Erbfreundschaften gibt es in anderen Landeshauptstädten nicht, glauben manche. Der Kreis von Unternehmen mit genügend eigenem Geld sei klein. Und in Hannover, im Vergleich etwa zu Hamburg oder München, verteile sich weniger Glanz auf noch weniger Raum.« Kapital, Politik und Prominenz begegneten sich beim Ball des Sports, bei Empfängen des Verlagshauses Madsack, beim Opernball, bei den Sommerpartys von Maschmeyer und beim Saisonabschluss von Hannover 96. Und natürlich bei den »in Hannover legendären Herrenabenden in Frombergs Partykeller«. Christian Wulff sei vor allem durch seine zweite Ehe bei Maschmeyer & Co. eingemeindet worden (»Bettina Wulff trifft sich häufig mit Frau Ferres«), dies stoße bei »bürgerlichen Politikern in Wulffs alter Heimat Hannover« auf Unverständnis. Fromberg war über den *FAZ*-Text nicht amüsiert (»den negativen Touch, den hat der von Lucius da reingebracht«). *FAZ*-Herausgeber Frank Schirrmacher schickte im November 2010, das war kurz vor der Wulff-Skandalisierung, noch einmal einen jüngeren Kollegen, Philip Eppelsheim, zu Sondierungen nach Hannover. Mit Eppelsheim kam Fromberg besser zurecht, er traf sich mit ihm, bekam später auch noch ein Extra-Interview in der *FAZ* (»Es gibt keine Maschsee-Mafia«). Eppelsheim erhielt im Steintor-Viertel auch eine kurze Audienz bei Frank Hanebuth, in der Sansibar und im Little Italy, mit knappen biographischen Auskünften (»Ein-Satz-Antworten«, »Ein-Wort-Sätze«). Der Artikel war als szenische Reportage süffig geschrieben (»Von Frombergs Handy klingelt. Hanebuth ruft an. ›Der ist gerade hier‹, sagt von Fromberg. ›Wie ist es bei dir gelaufen?‹ Dann ist das Telefonat beendet.«) Vor allem aber: »Der Aufenthalt im Steintor-Viertel war wirklich aufschlussreich. Auch weil mir ein Gesprächspartner aus der Szene – sein Name bleibt hier unerwähnt – einen väterlichen Rat mitgab: Ich soll vorsichtig sein mit dem, was ich schreibe. Man habe so schnell ein Messer im Rücken. Ich sei doch jung. Ich wolle doch noch ein schönes, langes Leben. Manche Leute seien unberechenbar. Die könnten schon für 5000 Euro jemanden umbringen lassen.«

Zwei Tage nach der Veröffentlichung des Von-Lucius-Artikels war in der Frankfurter Redaktion der *FAZ* ein anonymer Brief eingegangen, mit einem transparenten Umschlag, adressiert an von Lucius. Inhalt: 10 000 Euro in bar, in 500-Euro-Scheinen. Herausgeber Schirrmacher war nun erst recht von der Sache fasziniert, auch seit längerem von Bettina Wulffs Tattoo. Woher mochte das kommen? Vielleicht von den Hells Angels? Schon am 4. Juli 2010 hatte er einen Artikel unter dem Titel »Die perforierte Republik« ins Blatt rücken lassen, mit der Eingangsfrage, wie viel geritzte Haut das Schloss Bellevue verkrafte, der in den Sätzen gipfelte: »Früher hatten Gesellschaften eine Zone der Ausgeschlossenen, in denen Verbrecher, Sträflinge, Zuhälter, Nutten, Hafenarbeiter, Seeleute, Vagabunden ihr gegenbürgerliches Zuhause hatten; die Mehrheit kam mit dieser Zone normalerweise nicht in Berührung. Dort erkannte man sich an den Tätowierungen. Die Halb- und Unterwelt grenzte sich so von der bürgerlichen Mehrheit ab; die Tätowierungen stellten aber auch sicher, dass keiner in die Mehrheitsgesellschaft abwandern konnte. Loyalitätserzeugung durch Stigmatisierung. [...] Selbst wenn der Bundespräsident es ›cool‹ findet, es bleibt ein Import aus der Unterwelt.« Mit Texten wie solchen entdeckte die *FAZ* ihre großbürgerliche Frankfurter Vergangenheit wieder, gegen die obskure norddeutsche Tiefebene. Ausgerechnet das supernormale Hannover galt nun als mafiöses Sodom, als politisch-ökonomischer Sumpf samt gegenbürgerlicher Unterwelt und greller Rotlichtbeleuchtung, während im Frankfurter Bankenviertel obskure Geschäfte von ganz anderer Größenordnung liefen. Es gibt zudem die bekannten journalistischen und soziologischen Darstellungen der kommunalen »Kölner Klüngels« oder des Westberliner Subventionssumpfs vor der deutsch-deutschen Vereinigung. Die Einzigartigkeit des »Hannover-Komplexes« lässt sich mithin nur durch eine stärkere Gewichtung geschichts- und landespolitischer Faktoren erklären; vor allem durch zunächst profane politische Prozesse wie Landtagswahlen, Koalitions- und Kabinettsbildungen und eben den bundespolitischen Einfluss der jeweiligen Ministerpräsidenten. Dass hier manche schillernden Verbindungen in andere »Milieus« und mediale Verstärkereffekte von einzelnen Akteuren gerne aufgenommen und auch kalkuliert wurden, steht außer Frage.

Die Hannover-Geschichte

Hannover liegt mit 523 000 Einwohnern in der Rangliste der deutschen Großstädte auf Platz 13, hinter Leipzig und Dresden, vor Nürnberg und Duisburg. Die Region Hannover als Kommunalverband hat 1,12 Millionen Einwohner, das Land Niedersachsen als zweitgrößtes deutsches Flächenland (hinter Bayern) 7,8 Millionen. Das Bundesland Niedersachsen, 1946 unter britischer Besatzung entstanden, ist landsmannschaftlich buntscheckig – Friesen, Emsländer, Oldenburger, Osnabrücker, Schaumburg-Lipper, Hildesheimer, Eichsfelder. Auch die inoffizielle, antipreußische Niedersachsen-Hymne (»Sturmfest und erdverwachsen«) wurde erst 1926 gedichtet. Signifikant ist aber der Abstand Hannovers zur nächsten niedersächsischen Großstadt Braunschweig, mit nur 249 000 Einwohnern nicht einmal halb so bevölkerungsreich. Dann folgen als weitere Großstädte nur noch Oldenburg (161 000), Osnabrück (157 000), Wolfsburg (123 000) und Göttingen (118 000). Hannover ist also als Großstadt recht übersichtlich, dominiert aber nicht nur als Verwaltungskapitale das übrige Niedersachsen ziemlich deutlich. Durch die Modernisierung des Landes Niedersachsen, ursprünglich stark agrarisch geprägt, mit vielen Ostflüchtlingen und viel »Zonenrandgebiet«, gelang in und um Hannover nach dem Zweiten Weltkrieg ein interessanter ökonomischer Mix aus klassischer Industrie, Verwaltung, Versicherungswirtschaft und Hightech, wenn auch eine gewisse Abhängigkeit von der Automobilbranche und ihren Zulieferbetrieben nicht zu verkennen ist. Die größten Unternehmen im Bereich der IHK Hannover, nach Beschäftigtenzahl, sind Volkswagen Nutzfahrzeuge (allein 12 500 Beschäftigte), das Klinikum Region Hannover, die Medizinische Hochschule, Continental, die Deutsche Bahn, TUI, die Nord LB und die Talanx-Versicherungsgruppe. Daneben Rossmann und die Sparkasse Hannover sowie Traditionsbetriebe wie Sennheiser, Bahlsen und Madsack.

Volkswagen. Der VW-Konzern, 202 Milliarden Euro Umsatz 2014, mit seiner einzigartigen und häufig kritisch beurteilten Besitzstruktur aus Großaktionären (Porsche, Piëch) und Niedersachsen-Sperrminorität, plus beinhartem Einfluss der IG Metall, ist auch für die Region Hannover das industrielle Rückgrat. Und das im Dritten Reich entstandene Auto-Kombinat mit entsprechender Volksgemeinschafts-Mentalität – noch bei den Gemeinderatswahlen in Wolfsburg 1948 erreichte die extreme »Deutsche Rechts-Partei« nahezu 70 Prozent der Stimmen – gibt dem jeweiligen niedersächsischen Ministerpräsidenten erhebliche personal- und industriepolitische Einflussmöglichkeiten im Aufsichtsrat, zumeist im Schulterschluss mit den IG-Metall-Funktionären.

»Was man unterschätzt«, so FDP-Mann Patrick Döring, »ist die besondere Position des niedersächsischen Ministerpräsidenten. Er ist eben nicht nur Ministerpräsident, er ist auch stellvertretender Aufsichtsratsvorsitzender des weltgrößten Automobilbauers. Er hat einen völlig anderen Zugang zu wichtigen Industriekreisen der Bundesrepublik Deutschland. Das verändert natürlich auch jeden Politiker, denn auf einmal sind nicht mehr Fraktions- und Gremiensitzungen so spannend, sondern man ist in einer ganz anderen Welt: im Aufsichtsrat, im Präsidium des Aufsichtsrats eines Weltunternehmens mit weltläufigen Managern, mit ganz anderen Themen. Das verändert einen.

Gut, dass die Konstellation mit VW so ist, aber es zeigt schon, dass der Ministerpräsident Niedersachsens eine andere Rolle hat als der Ministerpräsident jedes anderen Landes. Und das färbt auf die Personen ab. Das gilt, glaube ich, seit Schröder für jeden.«

Wenn man einmal beim Vergleich mit den anderen Bundesländern und deren Hauptstädten im System föderaler Machtbalance bleibt, kommt man im Subtraktionsverfahren zu einem interessanten Ergebnis für die singuläre Stellung Hannovers. Die neuen Bundesländer kann man mit ihrer spezifischen Geschichte außen vor lassen, ebenso die Bundeshauptstadt Berlin als hippe Touristenmetropole, aber auch inzwischen verwaltungspolitisch als »failed Stadt« (*Spiegel*), die nach der deutsch-deutschen Vereinigung mit der Melange aus Westberliner Subventionskultur und DDR-Mentalität zu kämpfen hat. Hamburg und Bremen sind Stadtstaaten ohne industrielles Hinterland auf eigenem Gebiet. In Hessen und Nordrhein-Westfalen sind die größten Kommunen nicht die Landeshauptstädte – die Staatskanzleien als Regierungszentralen befinden sich mithin nicht in Frankfurt / Main oder Köln, sondern in Wiesbaden und Düsseldorf. München hat eine vom übrigen Bayern stark separierte Weltstadt-Kultur, Bayern wiederum verfügt mit der CSU als einziges Bundesland über eine eigene Partei mit direktem bundespolitischen Einfluss. Mainz, Kiel und Saarbrücken sind als Landeskapitalen zu klein, um mit Hannover verglichen werden zu können. Die Saarländer haben sich allerdings ein starkes Gefühl landsmannschaftlicher Zusammengehörigkeit bewahrt, das mit dem der Niedersachsen vergleichbar ist – die Kooperation von Gerhard Schröder mit dem gebürtigen Saarländer Peter Hartz bei den »Arbeitsmarktreformen« im Bund hat also durchaus symbolische Qualität.

Man sieht, dass die real und potentiell starke Stellung Hannovers im Konzert der übrigen Landeshauptstädte einer historisch-soziographischen Logik folgt. Wenn wir in diesem Buch von einem »Machtzentrum« sprechen, dann gehen wir von dem Einfluss Hannovers auf die Bundespolitik aus; es steht also mehr die Rolle als Landeshauptstadt mit der Möglichkeit zur Bildung politisch-administrativer *Crews* mit Adlaten, Beratern, Machtmaklern (vor allem seit dem von Kanzler Schröder exzessiv praktizierten »Nachziehen« in bundespolitische Funktionen) im Fokus als stadt- und kommunalpolitische Planungen und Entscheidungen. Hannover hatte, vor allem seit Beginn der preußischen Herrschaft, mit Johann und Hermann Rasch, Ferdinand Haltenhoff, Heinrich Tramm und Arthur Menge einflussreiche Stadtdirektoren und Oberbürgermeister, aber sie verstanden ihre Arbeit explizit als »hannoversch«, ohne persönliche Ambitionen im Reich. Auch die SPD-Legende Herbert Schmalstieg, von dem es heißt, er habe während seiner 34-jährigen Amtszeit als Oberbürgermeister (1972–2006) jedem Hannoveraner mindestens einmal die Hand geschüttelt, beschränkte sich klugerweise auf seine landeshauptstädtische Repräsentanz. Jedenfalls muss zwischen den geschilderten publizistischen Zu- und Überschreibungen des »Hannover-Komplexes« und dem wirklichen, immer noch mehr durch die drei klassischen Gewalten als durch »Medien« oder eher sekundäre »Kumpaneien« bestimmten Machtgefüge sorgsam differenziert werden.

»Vorverständigung«. Nun ist das eine vom anderen nicht chemisch zu trennen, und über das Unwesen von Lobbyisten, Beratern und Einflüsterern ist zu Recht viel räsoniert worden, aber im politikwissenschaftlichen Sinne war etwa Carsten Maschmeyer in Hannover zwar in bestimmten Elitezirkeln nützlich, aber niemals »mächtig«. Als bekennender *Self-Enhancement*-Propagandist holte er für sich das Optimum heraus, schadete aber letztlich dem Ansehen derjenigen in der operativen Politik, denen er seine Gunst zuwandte. Jenseits von Maschmeyer und anderen Managern oder Interessenvertretern sieht Oskar Negt, Jahrgang 1934, der linke Sozialphilosoph, Bildungsreformer und Gewerkschaftstheoretiker, in dem bodenständigen und – im Vergleich zur medialen »Windmaschine« Berlin – angenehm unaufgeregteren Hannover einen Ort der politischen »Vorverständigung« im positiven Sinne: »Ich glaube, dass hier eine Atmosphäre der Aufklärung da ist, in dem Hannover-Komplex – wie Sie sagen. Dass verschiedene informelle Strukturen existieren, die aber nicht so diesen Amigo-Touch haben, wie vielleicht in anderen Bundesländern, sondern doch eher einen Aufklärungswert, verknüpft mit alten Arbeitertraditionen, die in bestimmten Bereichen hier intakter sind, wenn sie etwa Linden nehmen, diesen Stadtteil, der ist auf ewige Zeit irgendwie links.« Negt wohnt mit seiner Frau in einer geräumigen Altbauwohnung im Stadtteil List in unmittelbarer Nähe der alten Bahlsen-Verwaltungszentrale; der Adorno-Schüler gehörte auch zum Beraterstab von Gerhard Schröder und publizierte im Bundestagswahlkampf 1998 die Schrift: »Warum SPD? – Sieben Argumente für einen nachhaltigen Macht- und Politikwechsel«.

In Hannover selbst und in Niedersachsen spielte die Sozialdemokratie seit dem Ende des 19. Jahrhunderts eine starke Rolle, Folge der Industrialisierung Hannovers und vor allem Lindens (das erst 1920 eingemeindet wurde). Die Arbeit des ersten sozialdemokratischen Bürgermeisters von Hannover, Robert Leinert (im Amt von 1918 bis 1924), eines gelernten Malergesellen, war von »vaterländischen« und bürgerlichen Kreisen noch blockiert worden, wo es nur ging; nach 1945 gab es in der niedersächsischen Landeshauptstadt dann nur noch SPD-Oberbürgermeister. Der erste »Landesvater« Niedersachsens nach dem Zweiten Weltkrieg, Hinrich Wilhelm Kopf, war eine Art welfischer Sozialdemokrat. Mit Georg Diederichs, Alfred Kubel,

Gerhard Schröder, Gerhard Glogowski, Sigmar Gabriel und jetzt Stephan Weil stellte die SPD sieben der bislang elf niedersächsischen Ministerpräsidenten, die CDU kam mit Ernst Albrecht, Christian Wulff und David McAllister nur dreimal zum Zuge; die skurrile Ministerpräsidentschaft von Heinrich Hellwege (Deutsche Partei) in den Jahren 1955 bis 1959 steht für die gewichtige Tradition der Rechtsparteien in Niedersachsen.

Hellweges christlich-reaktionäre Deutsche Partei, in der sich viele ehemalige NS-Kader versammelten, eine Zeitlang auch für Adenauer-Koalitionen im Bund bedeutsam, war aus der Niedersächsischen Landespartei (NLP) hervorgegangen, die wiederum nach dem Zweiten Weltkrieg als Nachfolgerin der Deutsch-Hannoverschen Partei gegründet worden war – einer welfentreuen Organisation, die sich 1869 aus Protest gegen Bismarcks Annexion des Königreichs Hannover formierte. Es gibt bis heute eine starke welfische Traditionslinie, und die heutige Niedersachsen-Hauptstadt mit den welfischen Kurfürsten, dem »House of Hannover« und den Regenten Großbritanniens war schon eine eminente politische Machtkapitale, besonders nach 1814, als die Welfen auf dem Wiener Kongress Hannover zur Hauptstadt eines eigenen Königreichs deklarierten.[1]

Hanovere und die Welfen. Hannover ist eine relativ junge Stadt, vor allem im Sinne ihrer politisch-administrativen Bedeutung. Um 1150 wird von der Marktsiedlung hanovere (wahrscheinlich: Hohes Ufer, an der Leine) zum ersten Mal berichtet: Ein Mädchen aus Hannover sei am Grabe Bernwards von einem Augenleiden geheilt worden, heißt es in den *miraculi bernwardi*. Um diese Zeit wird Heinrich dem Löwen, dem bedeutendsten aller Welfen, zugeschrieben, er habe auch Hannover in Besitz genommen und eine erste Stadtbefestigung anlegen lassen. Da aber waren Braunschweig, die Residenz des »Löwen«, oder Lüneburg und die Bistümer Minden und Hildesheim weitaus mächtiger als die kleine Leine-Siedlung, die zunächst zum Lehnsgebiet der Grafen von Roden gehörte. Hannover zählte im 14. und 15. Jahrhundert 4000 bis 5000 Einwohner, jeweils durch Pestwellen dezimiert. Die Schwelle zur Großstadt im heutigen Sinne, mit mehr als 100 000 Einwohnern, überschritt die Stadt erst 1875. Die kardinalen Daten für die Hannover-Historie sind 1533, als sich die auf dem Marktplatz versammelten Bürger unter Führung des »Worthalters« Dietrich Arnsborg – gegen die amtierenden katholischen Stadträte und gegen den Landesherrn Erich I. von Calenberg-Göttingen – auf die neue lutherische Lehre einschwören (davon zeugt noch heute ein farbenprächtiges Monumentalgemälde Ferdinand Hodlers im Neuen Rathaus); 1636, als Hannover im Zuge der machtpolitischen Nordwanderung des Hauses Welf-Este Residenzstadt des Herzogs Georg zu Braunschweig und Lüneburg wird (nach mehreren der im Hochadel üblichen Erbteilungen, Bruderzwiste und Arrondierungen); 1692, als Herzog Ernst August mit mancherlei Zugeständnissen an den Kaiser die neunte Kurwürde des Heiligen Römischen Reichs erringt; 1714, als die 123 Jahre lang dauernde englisch-hannoversche Personalunion mit der Krönung des Kurfürsten Georg Ludwig zum König von England (als George I.) beginnt; 1866, als nach der Schlacht von Langensalza zwischen den Preußen samt Verbündeten und den Hannoveranern das 1814 proklamierte Königreich Hannover endet. Der blinde König Georg V. geht ins österreichische Exil nach Wien-Hietzing und Gmunden, Hannover wird preußische Provinz und Sitz eines »Oberpräsidiums« bis 1945.

Als 2014 der dreihundertste Jahrestag der britischen Inthronisierung des hannoverschen Kurfürsten gefeiert werden konnte, betitelte die *Zeit* eine längere historische Reportage mit »Die Hannover-Connection« und fragte ihre Leser, wie es geschehen konnte, dass »die stolzen Welfenkönige jener Zeit heute fast vergessen« sind. Nun, in Großbritannien sind sie nicht vergessen, sondern wurden in der Populärhistoriographie lange Zeit eher als barocke Schießbudenfiguren behandelt – mit Ausnahme von Queen Victoria natürlich, der letzten Repräsentantin des »House of Hanover«. Es gibt den bekannten Spottvers des englischen Poeten Walter Savage Landor: »George the First was always reckoned Vile, but viler George the Second; And what mortal ever heard Any good of George the Third? When from earth the Fourth descended (God be praised!) the Georges ended.« Viele gebürtige Briten empfanden die aus religionspolitischen Gründen, zwecks Abwehr der Machtansprüche der katholischen Stuarts, nach dem »Act of Settlement« von 1701 ins Land geholten Welfen als unbeholfene Provinzfürsten in einem echten Weltreich, und die vier »Georges« wurden gern als geistesschwach, raufboldig, verschwenderisch und eitel beschrieben – in diesen Attributen unterschieden sie sich allerdings kaum von anderen absolutistischen Herrschern im Europa des 18. Jahrhunderts. Noch heute kann man die Satire *Die vier George* von William Makepeace Thackeray (des Autors von *Jahrmarkt der Eitelkeiten*) aus der Mitte des 19. Jahrhunderts mit Gewinn lesen. Er beschreibt darin die Residenzstadt Hannover:

»Als ich den Plan zu diesen Vorlesungen entwarf, machte ich es mir zur Pflicht, die häßliche Wiege zu besuchen, in welcher unsere George groß gezogen wurden. Die alte Stadt Hannover sieht wahrscheinlich jetzt [1860, LH] noch ziemlich ganz genauso aus, wie zu der Zeit, wo Georg Ludwig sie verließ. Die Gärten und Pavillons von Herrenhausen sind kaum verändert seit dem Tage, wo die dicke alte Kurfürstin Sophie auf ihrem letzten Spaziergang darin niederfiel und der Tochter Jacob's des Zweiten [...] um nur wenige Wochen in's Grab voranging. Die beiden ersten königlichen George und ihr Vater Ernst August besaßen in Bezug auf das Heirathen ganz königliche Begriffe, und Ludwig der Vierzehnte und Karl der Zweite zeichneten sich in Versailles und St. James kaum mehr aus, als diese deutschen Sultane in ihrer kleinen Stadt an der Leine.«

Das Hannover-*Bashing* hat also Tradition. Immerhin billigt Thackeray Georg dem Ersten (1660–1727) »einen bedeutenden Grad von Schlauheit, Klugheit und auch Mäßigung« zu, weil er sich »blos als Miethsmann« in London begriffen habe, und so häufig es ging, in seine hannoversche Heimat zurückfuhr. Und die »dicke alte Kurfürstin« Sophie von der Pfalz, Georgs Mutter, die um ein Haar britische Königin geworden wäre, galt als eine der geistreichsten Frauen ihrer Zeit, konversierte gern auf Französisch (damals auch in Hannover die *lingua franca* der Eliten) mit dem Universalgenie der deutschen Geistesgeschichte, Gotthold Wilhelm Leibniz, der 1676 an den hannoverschen Hof berufen worden war, und hinterließ kluge und knappe Memoiren, in denen sie auch detailliert über jenen denkwürdigen »Brauttausch« berichtete, dem sie ihre Stellung als Kurfürstin verdankte. Ursprünglich hatte Herzog Georg Wilhelm von Braunschweig und Lüneburg um sie geworben, der es sich dann im ausschweifenden venezianischen Karneval aber anders überlegte und seinen Bruder Ernst August vorschob. Dafür versprach er, aus Erbfolgegründen sein Leben lang nicht zu heiraten. Das hielt er nicht ein, er ehelichte die Hugenottin Eleonore Desmiers d'Olbreuse und regierte als »Heideherzog« vom Celler Schloss aus das Fürstentum Lüneburg. Die Tochter aus dieser Ehe, Sophie Dorothee, wurde als »Gefangene von Ahlden« berühmt, weil sie nach einer Affäre mit dem Grafen Königsmarck von ihrem Mann, eben dem späteren britischen König Georg I., über mehr als zwei Jahrzehnte auf Schloss Ahlden, allerdings mit gehörigem Hofstaat, interniert worden war. Der Hofkavalier Philipp Graf Königsmarck wurde im Juli 1694 ermordet und in der Leine versenkt.

Game of Thrones. Jenseits solcher Geschichten, die in einer Mischung aus *Game of Thrones* und *Blackadder* verfilmt werden könnten, verlagerte sich das Regierungsinteresse der Georgs von Hannover nach London. Während der hannoversch-britischen Personalunion gab es in London eine »Deutsche Kanzlei« (*Hannoverian Chancery*) mit einem einflussreichen Minister, der den diplomatischen Verkehr zwischen der britischen Hauptstadt und Hannover regelte. In Hannover dominierte in Abwesenheit des Regenten eine höfische Kamarilla.

Während der zweite Georg (1683–1760), in Herrenhausen geboren, sich noch hingebungsvoll um seine Heimatresidenz kümmerte und die Universität Göttingen gründete, blieb der dritte Georg (1738–1820), genannt »Farmer George«, ganz in England. Er reiste nicht gern, war der erste König aus dem »House of Hanover« mit englischer Muttersprache, wurde ab 1765 zunehmend geistes- und gemütskrank, hielt stundenlange Reden mit Schaum vor dem Mund, so dass für ihn ab 1811 endgültig sein Sohn, der vierte Georg (1762–1830), die Regentschaft übernahm (»Regency-Epoche«). Der galt als Wüstling, Spieler und großer Verschwender, und dass er seine ungeliebte Ehefrau Caroline von Braunschweig mit äußerster Herablassung behandelte, machte ihn für die britische Presse zum absolutistischen Schuft schlechthin. Immerhin bildete sich in seiner Regierungszeit ein Dandytum mit Figuren wie George Bryan »Beau« Brummel heraus. Mit der verhältnismäßig kurzen Amtszeit von Wilhelm IV. (1765–1837), dem »Sailor King«, endete die Personalunion, weil im Königreich Hannover durch das welfisch-salische Erbrecht eine weibliche Thronfolge ausgeschlossen war. Wilhelms Nichte Victoria regierte allein in England weiter. Der derbe Wilhelm IV. selbst hatte zehn uneheliche Kinder mit der Schauspielerin Dorothea Jordan, einer der Nachkommen dieser Verbindung ist der heutige britische Premier David Cameron.

Die hannoversch-britische Personalunion fällt in eine Zeit umwälzender welthistorischer Ereignisse und epochaler Umbrüche (Siebenjähriger Krieg, amerikanische Unabhängigkeitskriege, Französische Revolution, Aufstieg und Fall Napoleons I., Wiener Kongress), vor allem aber wird in Großbritannien die Rolle des Parlaments und der Parteien der Whigs und Tories gestärkt, wie auch die Stellung dominanter Premierminister (wie Robert Walpole, Henry Pelham, vor allem die beiden Pitts) in der Exekutive. Es ist also bis heute schwer zu definieren, für was die Hannoveraner Könige persönlich verantwortlich waren. Mit gewisser Verzögerung ergeben sich ähnliche Machtverschiebungen auch für die beiden letzten in Hannover selbst regierenden Welfenkönige, Ernst August I. (1771–1851) und Georg V. (1819–1878). Beide galten als erzreaktionär, besorgt darum, in Zeiten heftig einsetzender Industrialisierung mit Eisenbahnbau und beginnendem Arbeiter-Klassenbewusstsein höfische Zeremonielle und königliche Gloriole zu erhalten.

Ernst August I., im Buckingham Palace geboren, erster Herzog von Cumberland und Teviotdale, war der fünfte Sohn von Georg III. Er studierte von 1786 an gemeinsam mit seinen Brüdern August Friedrich und Adolph Friedrich in Göttingen, beaufsichtigt vom Aufklärer und Experimentalphysiker Georg Christoph Lichtenberg, den schon Georg III. zum außerordentlichen Professor der Philosophie ernannt hatte. Das Göttinger Studium fruchtete offenbar nicht viel, denn es war jener König Ernst August, der sich 1837 mit dem Protest der »Göttinger Sieben« konfrontiert sah, weil er das relativ liberale hannoversche »Staatsgrundgesetz« hatte aufheben lassen. Der König entließ die aufmüpfigen Gelehrten und verwies drei von ihnen sogar des Landes. Bei den Unruhen des Jahres 1848, die in Hannover moderat verliefen, musste er dafür den sogenannten »Angsttaler« drucken lassen: Er verzichtete bei der Münze auf den

Zusatz »V.G.G.« (von Gottes Gnaden). Ernst August hatte 1815 seine Cousine Friederike von Mecklenburg-Strelitz geheiratet, die – für die damalige Zeit ein Skandal – bereits acht Kinder aus zwei früheren Ehen hatte.

Für den draufgängerischen Reiter Ernst August (in der Schlacht von Tourcoing 1794 hatte er sein linkes Auge verloren) ließ sein Sohn Georg V. das Reiterstandbild entwerfen, das heute noch auf dem Bahnhofsvorplatz in Hannover steht. Dass sich die Hannoveraner dort gern »unterm Schwanz« (des Pferdes) treffen, ist eine gern kolportierte Legende, und kaum ein Hannoveraner weiß heute noch, wer der Mann auf dem Pferd ist. Georg V., der letzte hannoversche König, war schon in seiner Jugend vollständig erblindet; 1842 schrieb er bitter in einem Gedicht: »Ich lebe noch und bin doch schon begraben / Blind oder tot ist ziemlich einerlei«. Für seine Untertanen tat er so, als ob er sehen könnte. Historiker rätseln darüber, ob er wegen seiner Blindheit eine noch realitätsfernere Vorstellung von der Geltung des Welfenhauses hatte als sein Vater. Sein reaktionäres Regime in Hannover samt den ständigen Konflikten mit Ministern und Landtag führte zu einem Aufblühen des Nationalliberalismus, im Grunde neben der Mainstream-Sozialdemokratie die hannoversche Zivilreligion. In der Bismarck-Ära stellte Hannover mit Rudolf von Bennigsen (1824–1902) den Führer der Nationalliberalen im Reichstag (er war von 1888 bis 1897 auch Oberpräsident der Provinz Hannover), während Ludwig Windthorst (1812–1891), zeitweilig Justizminister im Königreich Hannover, im konfessionellen »Kulturkampf« der stärkste Gegenspieler Bismarcks war. Das hannoversche Königreich stand Bismarcks Expansionsbestrebungen schon geographisch entgegen; es teilte die preußischen Stammlande von den Rheinprovinzen. Zudem hatten Georg V. und seine Berater im »Deutschen Krieg« auf die falsche Karte einer Koalition mit den Österreichern gesetzt. Das Ende ihres Königreichs führte bei manchen Hannoveranern zu einer Art Phantomschmerz (und zum Aufblühen einer Niedersachsen-Bewegung), es gab aber auch etliche, die in der »Verpreußung« der Provinzhauptstadt Modernisierungspotentiale sahen.

»Welfenfonds«. Es war Ludwig Windthorst, der für den exilierten König die Abfindungsverhandlungen mit den Preußen führte. Bismarck kassierte das welfische Vermögen nach längerem Hickhack einfach ein und bildete aus den Erträgen für eine eigenwillige Pressepolitik und andere Bestechungen (unter anderem des bayerischen Märchenkönigs Ludwig II.) den »Welfenfonds« – auch »Reptilienfonds« genannt, weil Bismarck in einer Reichstagsrede die hannoverschen Agenten und Legionäre als »bösartige Reptilien« bezeichnet hatte. Im deutsch-französischen Gegensatz der 1860er-Jahre hoffte Georg V. auf ein Revival seines Königreichs an der Seite Napoleons III.; er ließ von seinem inoffiziellen Pressechef und persönlichen Berater Georg Meding in Paris ein Winkelblatt (*La Situation*) und eine gleichfalls eher kümmerliche Söldnertruppe (»Welfenlegion«) aufziehen. Meding, als Schriftsteller unter dem Pseudonym »Gregor Samarow« enorm produktiv, lief später ausgerechnet zu den Preußen über; Bismarcks Sieg war total.

Noch einmal geriet das Welfenhaus ins Licht der Weltöffentlichkeit – als im Mai 1913 die letzte große europäische Fürstenhochzeit vor dem Ersten Weltkrieg zelebriert wurde, allerdings in Berlin. Victoria Luise von Preußen heiratete Herzog Ernst August von Hannover, damit wurde sie Herzogin von Braunschweig-Lüneburg in Braunschweig, dem letzten territorialen Refugium der Welfendynastie. Zur preußisch-welfischen Versöhnungsparty trafen sich die Cousins Zar Nikolaus, der britische König George VI. (schon wieder ein George, diesmal aber aus dem Hause Sachsen-Coburg und Gotha) und Kaiser Wilhelm II., der alles mitfilmen ließ. Als Herzog Ernst

August 1918 in Braunschweig abdanken musste, war es mit Welfen machtpolitisch endgültig vorbei. Sie behielten ihren hannoverschen Stammsitz Schloss Marienburg – neogotische Märchenarchitektur und ein Geschenk von Georg V. an seine Gattin Marie, heute nur noch mühselig zu unterhalten – und dazu einige Besitztümer in Österreich. Der frühe *Spiegel*, ein publizistisches Kind der Briten, Hannovers und Rudolf Augsteins, widmete sich auch aus Treue zum »roten Welfen« Hinrich Wilhelm Kopf in den 1950er-Jahren einer ausgedehnten Welfenberichterstattung. Erst später kam heraus, dass Prinzessin Viktoria Luise ihre Memoiren von dem rechtsradikalen Verleger Leonard Schlüter (1955 für zehn Tage FDP-Kultusminister in Niedersachsen unter Heinrich Hellwege) hatte texten lassen.

Und Ernst August von Hannover, Jahrgang 1954, gelang es zwar 1999, in zweiter Ehe Caroline von Monaco zu heiraten, aber mit den Medien hatte das rauflustige derzeitige Oberhaupt des Welfenhauses – der sich selbst einen »harten Lebensstil« attestierte –, milde formuliert, wenig Glück. Häufiger in der Boulevardpresse als »Prügelprinz« oder »Prügelaugust« tituliert wegen seiner Attacken auf Journalisten und Fotografen, tauchte der Produzent von Tier- und Dokumentarfilmen in Kenia ab. Dort raufte er sich mit einem deutschen Hotelier, was zu endlosen Gerichtsstreitigkeiten führte, danach hörte man nicht mehr viel von ihm. Die operativen Geschäfte des Welfenhauses, mit beträchtlichem Land- und Forstbesitz, führt heute der umgänglichere Ernst August junior, Jahrgang 1983.

Rom des Luthertums. Obwohl der ruhmlose Abgang der Welfendynastie aus der Herrschaftsgeschichte Hannovers lange Zeit auf den mentalen Haushalt der Stadt und des niedersächsischen Raumes einwirkte, sind es heute eher die evangelisch-lutherische Grunddisposition und die Herausbildung einer reformistisch-zentristischen Sozialdemokratie, die das »politische Hannover« prägen. Der politische Einfluss des Protestantismus ist kaum zu übersehen, schließlich wären schon die Welfen ohne ihre Hinwendung zur Reformation nicht auf Englands Thron gelangt. Aber auch die SPD-Vorherrschaft in Stadt und Land verdankt sich der protestantischen Dominanz. Die CDU in Niedersachsen, obwohl personell paradoxerweise eher eine protestantische Gründung, hatte lange Jahre damit zu kämpfen, sich auf ihre Wählerbasis in katholischen Landesteilen um Osnabrück und Hildesheim zurückgeworfen zu sehen. Zudem gab es für die CDU eine starke Konkurrenz von rechts durch die Welfentreuen (Deutsche Partei), Klientelorganisationen der Vertriebenen (Gesamtdeutscher Block/Bund der Heimatvertriebenen und Entrechteten), durch die in ihren Anfängen extrem nationalistische Niedersachsen-FDP und andere Ultras (Deutsche Konservative Partei/Deutsche Rechtspartei). Der Protestantismus entwickelte sich in und um Hannover nicht so sehr in eine spirituell-pietistische Richtung wie etwa in Schwaben, sondern behielt eine moderate Temperatur bei, die seiner amtskirchlichen Ausformung förderlich war. Das bedeutendste literarische Zeugnis für den hannoverschen Pietismus bleibt Karl Philipp Moritz' psychologischer Entwicklungsroman *Anton Reiser* (1785–1790).

Die Äbte des nahe gelegenen Zisterzienserklosters Loccum, das nach der Reformation lutherisch wurde, unterhielten in Hannover eine Dependance, den »Loccumer Hof«, wo dann auch Leibniz über eine mögliche »Wiedervereinigung der Religionen« diskutierte. Von 1925 an residierte im Loccumer Hof August Maharens (1875–1950), der umstrittene Landesbischof der Evangelisch-Lutherischen Landeskirche Hannovers. Obgleich Mitglied der »Bekennenden Kirche«, hatte Maharens 1943 an den NS-Reichsinnenminister Wilhelm Frick geschrieben: »Die Rassenfrage ist als völkisch-politische Frage durch die verantwortliche politische Führung zu lösen. Sie allein hat das Recht, die notwendigen Maßnahmen zur Reinerhaltung des deutschen Blutes und zur Stärkung der völkischen Kraft zu treffen«. Maharens' weniger belasteter Nachfolger Johannes Lilje, ein international renommierter Theoretiker der Ökumene, Gründer des *Sonntagsblatts*, lud nach einigen Reuebekenntnissen 1949 zur »Evangelischen Woche« nach Hannover ein, die als Vorläufer des Deutschen Evangelischen Kirchentages gilt. Und so residiert heute das Kirchenamt der 23 Millionen Mitglieder starken EKD (Evangelische Kirche von Deutschland) in Hannover – in einem äußerst schmucklosen Backstein-Neubaukomplex an der Herrenhäuser Straße 12.

Bis 2009 hatte der Protestantismus in Niedersachsen die »absolute Mehrheit« der Konfessionen, dann sank auch dort der Anteil evangelisch-lutherischer Kirchensteuerzahler auf unter 50 Prozent. Aber es bleibt eine deutlich protestantisch geprägte Gegend, und der Neujahrsempfang im Kloster Loccum ist eines der herausragenden gesellschaftlichen Ereignisse auch für die hannoversche Politikelite. »Einmal im Jahr bewegen sich Kolonnen von Fahrzeugen gehobener Klassen aus allen Teilen Niedersachsens ins Kloster Loccum bei Rehburg«, so berichtete *HAZ*-Ressortchef Michael Berger von der Zusammenkunft des Jahres 2015: »›Das ist mit 65 Jahren der älteste Neujahrsempfang Niedersachsens‹, begrüßte Landesbischof Ralf Meister die 140 Gäste im Refektorium des Klosters, unter ihnen auch Altbundespräsident Christian Wulff, Generalbundesanwalt Harald Range, fast das gesamte Landeskabinett sowie Gerichts-, Universitäts- und Kirchenpräsidenten. Immerhin sei seit 1950 der Frauenanteil gestiegen, bekannte Meister. Kein Wunder, damals war er bei null, von den Hausdamen des Klosters abgesehen. Aber die waren wichtig, schließlich servierten sie Butterkuchen, Kaffee und Schnaps. Das ist bis heute so geblieben, nur der Schnaps ist gestrichen.« 2014 gelang ein weiterer Coup für die »Hauptstadt des Protestantismus«: die »Weltgemeinschaft der Reformierten Kirchen« (WGRK), die mehr als 80 Millionen protestantische Christen vertritt, verlegte ihren Hauptsitz von Genf nach Hannover, in die Knochenhauerstraße 42. Den kontinuierlichen Mitgliederschwund der Lutheraner in Hannover hält allerdings auch diese Akquisition nicht auf.

Margot Käßmann. Bis zum Jahr 2010 hielt in Loccum auch Margot Käßmann, geboren 1958 in Marburg, wohlmeinende Ansprachen über das Wahre, Gute und Schöne im Menschen. Die burschikose Theologin war das Mediengesicht des deutschen Protestantismus, die »heilige Margot vom Maschsee« (*Spiegel*), tagespolitisch meinungsfreudig und – für das männerbündische Hannover untypisch – in relativ jungen Jahren 1999 ins Amt der Landesbischöfin gekommen. 2009 zur EKD-Ratsvorsitzenden gewählt, endete ihre amtskirchliche Karriere abrupt, als sie am 20. Februar 2010 gegen 23 Uhr in Hannover mit einem Blutalkoholwert von 1,54 Promille bei Rot über eine Ampelkreuzung fuhr. Die Polizei erwischte sie und ihren Beifahrer, über dessen Identität seitdem spekuliert wird. Ex-Kanzler Gerhard Schröder legte jedenfalls Wert auf die Feststellung, er sei es nicht gewesen, und verklagte die »Hamburger Morgenpost«, die das zumindest angedeutet hatte. Das Landgericht Hamburg lehnte die Klage mit der drolligen Begründung ab, es sei »für sich gesehen nicht ansehensmindernd«, neben der Landesbischöfin im Auto gesessen zu haben. Margot Käßmann bekam viel Lob für ihren sofortigen Rücktritt als EKD-Vorsitzende nach dieser Extratour – und war kurze Zeit später schon wieder im Gespräch als Kandidatin für das Bundespräsidentenamt. Sie ging freilich für einige Monate als Gastdozentin an die methodistische Emory-University in die USA, seit April 2012 ist sie »Botschafterin des Rates der Evangelischen Kirche in Deutschland für das Reformationsjubiläum 2017« (Lutherbotschafterin).

An ihre Amtszeit in Hannover, dem »Rom des Luthertums«, hat sie durchweg positive Erinnerungen: »Für mich persönlich war sehr erstaunlich, dass ich in Hannover zur Bischöfin gewählt wurde, weil mir jeder vorher gesagt hat: Das ist so konservativ, die wählen sowieso keine Frau und schon gar keine Mutter von vier Schulkindern. Und da zeigt sich eben das Überraschende an Hannover, dass so eine Synode dann sagt: Doch, wir wollen das Neue, wir wollen Innovation, und wir wagen das jetzt, eine Frau mit 41 zur Landesbischöfin zu wählen. Das unterschätzen viele, an Hannover und am Hannoverschen, dass auch dieser Mut da ist zum Aufbruch, etwas Neues zu wagen. [...] Ich habe Hannover als sehr liberal und offen erlebt und gleichzeitig auf positive Weise konservativ: Du weißt, wo du stehst. Und gleichzeitig sind die Verbindungen, die Netzwerke sehr gut. Da kann man sich mal anrufen und sagen: ›Hallo, Herr Ministerpräsident, können wir mal essen gehen nächste Woche? Ich hätte da was zu besprechen.‹ Das geht auf sehr kurzem Draht. Das fand ich schon sehr positiv, auch für mich als Kirchenfrau. Da gab's nicht solche riesigen Distanzen – wer darf sich mit wem treffen? –, sondern man trifft sich einfach.« Und Margot Käßmann, eine Zeitlang zwecks erweiterter Volksansprache auch *Bild*-Kolumnistin (»Wir haben den Rhythmus von Schaffen und Ruhen verloren«), sieht eine weitere Qualität: »Dieses ›Erdverbunden-Sein‹ der Niedersachsen, wie im Niedersachsenlied besungen, das stimmt schon. Die haben's schon gerne, wenn jemand nicht zu intellektuell abhebt, sondern sagt: Ich stehe mit beiden Beinen fest auf dem Boden.«

Hindenburg in Hannover. Das preußisch-protestantische Hannover war nach 1866 aber auch eine Stadt der Garnisonen, Artillerie-Regimenter und Kadetten – Brutstätten für völkisch-militärische Persönlichkeitsentwicklungen im Zuge der »Reichswerdung« Deutschlands. 1911 mietete Paul von Hindenburg nach seiner einstweiligen Pensionierung das Hochparterre der »Villa Köhler«, einen mit vielen Erkern und Türmchen bewehrten Gründerzeitbau an der Wedekindstraße. Nach seiner fatalen Rolle in der Obersten Heeresleitung (OHL) des Ersten Weltkrieges kehrte von Hindenburg wieder nach Hannover zurück, er wurde an der Leine 1919 auch durchaus triumphal empfangen. Hier hatte er schon von 1866 bis 1873 als junger Offizier gelebt – er mochte die Stadt, weil sie »alle Vorteile eine Großstadt ohne die Nachteile derselben« habe; und Stadtdirektor Heinrich Tramm überließ dem völkisch glorifizierten »Sieger von Tannenberg« einen neuen Wohnsitz, die »Hindenburgvilla« im Zooviertel, zum Nießbrauch auf Lebenszeit. Tramm hatte 1912 zur Einweihung des »Neuen Rathauses« mit großem Pomp Kaiser Wilhelm II. empfangen: »Seine Majestät, unser innigstgeliebter, allergnädigster Kaiser und König, lebe hoch! Hoch! Hoch!« Auch der Kaiser besuchte bei dieser Gelegenheit das Kloster Loccum (»Festgottesdienst in der Klosterkirche«) und inspizierte das Königs-Ulanen-Regiment in der Vahrenwalder Heide. Als die britische Stadt Brighton 1950 anfragen ließ, ob es sinnvoll sei, den Rathausbau für ein eigenes Projekt zum Vorbild zu nehmen, retournierte der damalige Stadtbaurat Rudolf Hillebrecht (der Schöpfer der »autogerechten Stadt« Hannover nach 1945) entsetzt: »Wir können Ihre Auffassung, daß unser Rathaus besonders geeignet ist, als Vorbild zu dienen, zu unserm Bedauern nicht teilen. Unser Rathaus ist nicht nur ein Musterbeispiel für den wilhelminischen Ekklektizismus, sondern ist insbesondere auch in der räumlichen und grundrißlichen Disposition so unglücklich wie nur möglich angelegt.« Schon 1913 hatte das führende sozialdemokratische Hannover-Blatt *Volkswille* das Tramm'sche Rathaus am Maschpark als »Ausgeburt eines einzig dastehenden kommunalen Größenwahns« geschmäht.

Der parteilose Pensionär Paul von Hindenburg wurde, 77-jährig, in Hannover durch Admiral Tirpitz und Konsorten dazu überredet, bei den Reichspräsidentenwahlen 1925 als möglicher Nachfolger von Friedrich Ebert (SPD) zu kandidieren – als der Mann aller ewig Gestrigen, der Anhänger der »Dolchstoßlegende«; »Adieu Fortschritt, adieu Vision einer neuen Welt, die Lösegeld der Menschheit für den verbrecherischen Krieg sein sollte«, notierte der liberale Ästhet Harry Graf Kessler in sein Tagebuch. Neben Hindenburg hatte sich mit Gustav Noske auch der äußerste SPD-Rechte und Spartakisten-Bekämpfer (»Einer muss der Bluthund sein«) in Hannover eingefunden, dorthin 1920 als Oberpräsident der preußischen Provinz abgeschoben. Er amtierte bis 1933, dann abgelöst vom einflusslosen späteren SA-Stabschef Viktor Lutze. Die NS-Führung in Berlin fand die Lage in Hannover so ruhig und uninteressant, dass man sogar den bürgerlich-konservativen Oberbürgermeister Arthur Menge bis 1937 im Amt beließ. Erst mit dem jungen und aggressiven Gauleiter (»Süd-Hannover-Braunschweig«) Hartmann Lauterbacher, einem gebürtigen Tiroler, in diesem Amt Nachfolger des Reichserziehungsministers Bernhard Rust, kam 1940 die junge Generation der genuinen NS-Führungselite auch an der Leine zum Zug. Lauterbacher brachte mit Gettoisierung und Deportationen die einstmals lebendige jüdische Kultur Hannovers vollends zum Erliegen.

Theodor Lessing. In Hannover war nach der knappen Wahl Hindenburgs die »Affäre Lessing« ausgebrochen. Hannovers politisch informiertester Intellektueller des 20. Jahrhunderts, Theodor Lessing, Philosophie-Professor an der Technischen Hochschule, Begründer des »Antilärm-Vereins«, Theaterkritiker und eminent scharfsinniger Tagespublizist, hatte in einem Artikel über den Kandidaten Hindenburg geschrieben:

»Nach Plato sollen die Philosophen Führer der Völker sein. Ein Philosoph würde mit Hindenburg nun eben nicht den Thronstuhl besteigen. Nur ein repräsentatives Symbol, ein Fragezeichen, ein Zero. Man kann sagen: besser ein Zero als ein Nero. Leider zeigt die Geschichte, daß hinter einem Zero immer ein künftiger Nero verborgen steht.« Lessing, 1872 in Hannover geboren, hatte sich schon durch seine Berichterstattung über den Fall des Massenmörders Fritz Haarmann (besonders über das Spitzel-Milieu der damaligen hannoverschen Polizei) in seiner Vaterstadt unbeliebt gemacht, zudem war er assimilierter Jude, und so bildete sich nach dem Hindenburg-Text ein »Kampfausschuss gegen Lessing«, vaterländische Studenten störten und boykottierten seine Vorlesungen. Wie so viele haderte auch Lessing mit seiner Vaterstadt: »Wenige Orte dürften so rasch eine ähnlich schlimme Wandlung erfahren haben, wie ich sie in fünfzig Jahren an meiner Heimatstadt beobachten konnte. In meiner Kindheit war sie eine sauberfeine, wenn auch nüchterne Kleinstadt voll bürgerlicher Tüchtigkeit. In meinem Alter: eine lärmerfüllte, von geschäftigen Ameisen wimmelnde Anhäufung profaner Häuser voller Händlertum, Beamtengeist und erfüllt mit der Notdurft harter Arbeit, unjung und die fahlste unsrer Städte«, so hieß es in seinen postum edierten Lebenserinnerungen (*Einmal und nie wieder*, 1935).

Schon im August 1933 wurde der emigrierte Mahner und Warner Lessing von NS-Aktivisten im tschechischen Marienbad ermordet. Seine publizistischen und philosophischen Leistungen wurden in Hannover erst spät wieder entdeckt; dafür möchte die SPD nun alle ehrenden Hindenburg-Benennungen in der Stadt getilgt sehen. 2015 wurde im Zuge der geschichtspolitischen Bereinigung schon der »Hinrich-Wilhelm-Kopf-Platz« vor dem Landtag in »Hannah-Arendt-Platz« umbenannt; Arendt, die politische Theoretikerin, Zionismus-Kritikerin und

Heidegger-Geliebte, hatte die ersten drei Jahre ihres Lebens in Linden verbracht, das damals allerdings noch nicht zu Hannover gehörte.

Der Treuhänder. Hinrich Kopf, der Landes- und Verfassungsvater Niedersachsens, Jahrgang 1893, in seinen Jura-Studienzeiten Mitglied einer schlagenden Verbindung, steht prototypisch für die gemäßigt-konservative, bodenständige Linie der Niedersachsen-SPD. Dem ehemaligen Landrat des Kreises Hadeln und preußischen Regierungsbeamten mit abenteuerlichem Lebenslauf wurde gern nachgesagt, dass er als Ministerpräsident das Land »mit der Leber« regiert habe, er scheute vor keiner Skatrunde und keinem Schützenfest-Auftritt zurück. Unter dem Patronat des britischen Militärgouverneurs Sir Brian Robertson war er nach Kriegsende für kurze Zeit Ministerpräsident des kurzlebigen neuen Landes Hannover geworden (August bis November 1946), und er operierte sehr schnell mit eigenen Neuordnungsplänen für die britische Besatzungszone, wegweisend für die Ländergliederung des gesamten norddeutschen Raums. Er wollte ein neues Land »Niedersachsen« und er setzte sich damit durch. Interessanterweise entwickelte er dieses Konzept (er hätte gern auch noch das protestantische Minden-Ravensberger Land zu Niedersachsen geschlagen) zusammen mit erfahrenen Raumplanern wie Kurt Brüning (1897–1961) und dem Welfenhistoriker Otto Schnath. Im Gegensatz zu seinen beiden sozialdemokratischen Amtsnachfolgern Georg Diederichs und Alfred Kubel hatte Kopf, SPD-Mitglied seit 1919, das »Dritte Reich« relativ kommod überstanden – als selbständiger Kaufmann war er im besetzten Polen Treuhänder konfiszierter polnischer und jüdischer Güter für die »Haupttreuhandstelle Ost« (HTO). Es gab bereits kurz nach Kriegsende Vorwürfe, er habe sich bei dieser Tätigkeit persönlich bereichert. Die Polen hatten schon 1948 seine Auslieferung als

Kriegsverbrecher gefordert, was die Briten nach längerer Prüfung ablehnten. Der *Spiegel* hatte über den Fall damals eher distanziert berichtet. Im Übrigen hielt Augsteins *Spiegel* die Fahne des cleveren, schnauzbärtigen Schnapstrinkers Kopf bis zu dessen Tod 1961 hoch, vor allem gegen den Deutschparteiler Heinrich Hellwege. Dem war es in einem Niedersachsen-Kuriosum gelungen, von 1955 bis 1959 in Niedersachsen Ministerpräsident zu werden, obwohl seine eigene Partei nur 12,3 Prozent der Stimmen erlangt hatte. Gemeinsam mit der wesentlich stärkeren CDU (26 Prozent) sowie dem Heimatvertriebenen-Block GB / BHE und der FDP bildete Hellwege, zuvor Adenauers Bundesratsminister, »der aus seiner Gemischtwarenhandlung in Neuenkirchen bei Horneburg [Niederelbe] in die Nachkriegspolitik katapultiert wurde« (*Spiegel*), ein Rechts-Kabinett. Das kam zwei Jahre später an sein Ende, weil die FDP / BHE-Gemeinschaftsfraktion im Landtag sechs harte NS-Extremisten von der »Deutschen Reichspartei« als Hospitanten aufgenommen hatte. Hellwege koalierte nun unversehens mit CDU und SPD, Hinrich Wilhelm Kopf wurde einstweilen wieder Innenminister, dann von 1959 bis zu seinem Tod noch einmal Ministerpräsident. Es waren solche Koalitionswechsel, die den Ruf Niedersachsens stärkten, hier könne politisch jeder mit jedem, Hauptsache trinkfest. Und es ist kein Zufall, dass die NPD als nationalreaktionäre Sammlungspartei 1964 in Hannover gegründet wurde, unter ihrem Präzeptor und Landtagsabgeordneten Adolf »Bubi« von Thadden, nebenamtlich auch noch Agent des britischen Geheimdienstes – bis heute eine durch die Geheimhaltungspolitik britischer Archive unaufgeklärte Episode. Schon zuvor hatte es mehrere gescheiterte Versuche in Niedersachsen gegeben, rechte Splitterparteien in einer schlagkräftigen Front zu vereinigen.

Auch das Gesicht von Kopfs Nachfolger Georg »Schorse« Diederichs (1900–1983) war von den Schmissen aus den Gefechten in einer schlagenden Verbindung gezeichnet; er war allerdings im NS-Staat auch mehrere Monate im KZ Esterwegen inhaftiert. Auf Diederichs folgte Alfred Kubel, Jahrgang 1909, als SPD-Ministerpräsident, der dieses Amt nach 1945 schon einmal kurzzeitig im Freistaat Braunschweig ausgeübt hatte. Er war vom Volksgerichtshof 1938 zu einem Jahr Haft wegen »Vorbereitung zum Hochverrat« verurteilt worden. Der technokratische »Landesmanager« Kubel, ein gelernter Drogist und Industriekaufmann, hatte Niedersachsen vor seiner Ministerpräsidentenzeit (1970–1976) in verschiedensten Ministerposten gedient (Arbeit, Wirtschaft, Finanzen); er gilt unter anderem als Schöpfer der Hannover-Messe (1947), die auch heute noch unter der Dachmarke »Deutsche Messe AG« mit 248 Mio. Euro Umsatz die größte deutsche Messegesellschaft ist.

Wenn man das vorherrschende Milieu der protestantisch-niedersächsischen Sozialdemokratie in einer Biographie kondensieren will, dann bietet sich der politisch-administrative Lebenslauf von Ernst Gottfried Mahrenholz an, dem ehemaligen Vizepräsidenten des Bundesverfassungsgerichts: Jahrgang 1929, Sohn eines protestantischen Pastors und Kirchenmusikers, studierter Theologe und Jurist, Referent am Kirchenrechtlichen Institut der EKD, 1960 persönlicher Referent von Hinrich Wilhelm Kopf, 1963 bis 1965 Leiter des Bauverwaltungsamts der Landeshauptstadt, 1967 Direktor des NDR-Landesfunkhauses Hannover, 1970 Leiter der Staatskanzlei, 1974 niedersächsischer Kultusminister unter Alfred Kubel. Wie jeder akademisch gebildete Erzhannoveraner hat sich auch der vielseitig verwendungsfähige Mahrenholz an »1866« abgearbeitet, mit der Monographie *Ein Königreich wird Provinz – Über Hannovers Schicksalsjahr 1866*.

Die Ministerpräsidenten Diederichs und Kubel hatten mit den verschiedenen wirtschafts-, bildungs- und konfessionspolitischen Problemen des Landes Niedersachsen zu tun, etwa mit der Reorganisation von Volkswagen oder dem Konkordat mit der katholischen Kirche, aber sie spielten in der Bundespolitik nur eine geringe Rolle. Das wäre auch bei der Ministerpräsidentenwahl 1976 mit Kubels präsumtiven SPD-Nachfolgekandidaten Helmut Greulich oder Helmut Kasimier nicht anders gewesen. Zum Schrecken der Sozialdemokratie tauchte dann mit Ernst Albrecht ein christdemokratischer *Homo novus* in Hannover auf, der sich nach seiner Wahl zum Ministerpräsidenten schon bald vorstellen konnte, Bundeskanzler oder Bundespräsident zu werden.

Büro Dr. Schumacher. In der Lindener Jakobstraße, Nummer 12, steht ein kleines, etwas düsteres Haus mit einer kleinen Plakette an der Fassade, die darauf hinweist, dass sich hier mit dem »Büro Dr. Schumacher« die Gründungszelle der westdeutschen Sozialdemokratie nach 1945 befand. Und das ist ein weiteres Netzwerk-Wunder von Hannover: wie es dem von den Nationalsozialisten misshandelten, schwerbeschädigten Kurt Schumacher (1895–1952) gelang, im Grunde innerhalb weniger Wochen zum SPD-Chef der Westzonen und dann zum parlamentarischen Gegenspieler von Konrad Adenauer zu werden. Das war nicht vorherzusehen, obwohl der ehemalige Reichstagsabgeordnete Schumacher über ein gut funktionierendes SPD-Netzwerk aus der Weimarer Zeit verfügte. »Ausnahmslos alle«, so 1995 sein Biograph Peter Merseburger, »beeindruckt der extreme Gegensatz von physischer Schwäche und geistiger Vitalität, sie bewundern die unbändige Willenskraft, die von dieser geschundenen und ausgemergelten Gestalt ausgeht.« Schumacher war antikommunistisch und antikatholisch, aber er verstand sich doch, wie sein Kultusminister und spätere NWDR-Intendant Adolf Grimme, als »religiöser Sozialist«. Seine schreiende Rhetorik erinnerte viele politische Gegner allerdings unangenehm an die Propagandakämpfe der 1920er-Jahre. Auf einem Foto aus dem

Neubeginn im zertrümmerten Hannover sieht man ihn mit seinen »Büro«-Strategen Egon Franke, Erich Ollenhauer, Alfred Nau und Fritz Heine. Egon Franke wurde mit seiner hannoveraner Hausmacht über Jahrzehnte in Bonn der Chef der rechten SPD-»Kanalarbeiter«, damals der stärkste Flügel in der Bundestagsfraktion, ruppig und antiintellektuell. Fritz Heine, Widerstandskämpfer und Fluchtrouten-Organisator vor 1945, war der unglückliche Chef der antiquierten SPD-Wahlkämpfe gegen Adenauer in den 1950er-Jahren, später wurde er Koordinator aller SPD-Pressebeteiligungen. Ein Relikt der Heine-Zeit ist noch heute die rund 25-prozentige Beteiligung der SPD-Medienholding am Madsack-Verlag. Über diese Form der Sozialdemokratie als revisionistischer Kaderpartei hatte Theodor Lessing schon 1923 geschrieben: »Es ist das große Unglück unseres Vaterlandes, daß das ganze Erbe der Revolution [von 1918, LH] und die gewaltigen Ideen der großen Kommunisten und Utopisten heute in die Hände von Machthabern gelegt sind, deren keiner zu diesen Ideen, dank deren sie hochkamen, eine wesentliche Beziehung hat. Die Politiker als Sozialisten sind in Wahrheit ehrliche Bürger und Kleinbürger. Sie hingen sich an die große Idee, wie ein Knabe Papierschnitzel befestigt an einem Drachen, damit er sie in die Lüfte trage.«

Das würden die ehrlichen Kleinbürger und Aufsteiger Gerhard Schröder und Sigmar Gabriel heute anders sehen, zumal über »kommunistische Utopien« spätestens seit 1989 geschichtspolitisch anders geurteilt wird. Schröder trieb, nach seiner Juso-Revoluzzerzeit, den Kult der Hannover-Bodenständigkeit auf die Spitze, als der Kanzler 2003 ostentativ nicht in Italien Urlaub machte, nachdem die Berlusconi-Administration »die Deutschen« als germanische Usurpatoren Europas geschmäht hatte. Schröder verbrachte seine Sommerpause im heimatlichen Hannover. Die deutsche Elite-Presse stellte satirische Überlegungen an, ob man da überhaupt Ferien machen könne. Nun, in dieser

Hinsicht fehlt Hannover nichts, mit dem nahe gelegenen »Steinhuder Meer« und seinem Mardorfer Weißen Berg und den morbid-romantischen Moorlandschaften, mit den modernen Industriedenkmälern (Bahlsen, Hanomag, Pelikan, Fritz Hoegers Madsack-Hochhaus), dem Stadtwald Eilenriede, der holländischen Kakao-Stube, den Herrenhäuser Gärten, dem Zoo und dem vielfältigen Kultur- und Museumsbestand (Kestner-Gesellschaft, Sprengel-Museum). Auch geistes- und kulturgeschichtlich hält Hannover mit größeren Städten mühelos mit – von hier aus wirkten für eine gewisse Zeit die Brüder Ernst und Friedrich Jünger, Wilhelm Busch, Frank Wedekind, die Gebrüder Schlegel und Gottfried Benn. Letzterer, 1935 nach seinem Engagement für die NS-Bewegung ernüchtert und fast bankrott als Oberstabsarzt nach Hannover retiriert, schrieb über die städtische Atmosphäre an seinen Freund F. W. Oelze: »Hier ist relativ reine Luft. Kein weltanschauliches Brimborium.« Auf dem Stadtfriedhof Engesohde, zwischen Maschsee und Hildesheimer Straße, liegen die prominenten Hannoveraner begraben: so die Baumeister G. L. F. Laves und Conrad Hase, der Dadaist Kurt Schwitters, auch Gustav Noske und Adolf Grimme, der Farbfernsehpionier Walter Bruch und Conti-Direktor Sigmund Seligmann.

Wer allerdings, kulturhistorisch uninspiriert, aus dem Hinterausgang des Hauptbahnhofs heraustritt, den erwartet als deprimierender erster Eindruck die unwirtliche Gegend um den Raschplatz mit dem von Stadtplaner Hillebrecht nach 1945 aufgebockten Fahrbahnrampen und schäbigen Hochhausbauten. Nach vorne heraus dominieren die Fußgängerzonen mit den inzwischen immer gleichen Stores der weltweiten Markenketten, und Hannover erscheint so als erweiterte Mischung aus Bielefeld und Duisburg. Alle Hannover-Kulturführer, die für den versteckten Charme der Stadt werben möchten, verfahren deshalb nach demselben Prinzip: zunächst werden die gängigen

Invektiven zitiert (»ein anderes Wort für nasskalt«, »Nichts ist doofer als Hannover«), dann wird hingebungsvoll auf Maschsee-Idylle und versteckte Preziosen hingewiesen. Die *mental map* Hannovers unterscheidet sich für Außenstehende jedenfalls deutlich von dem geopolitisch und föderal begründeten Machtpotential der Stadt, das sich eher auf den zweiten Blick erschließt. Hannover ist soziologisch zweifellos »Mitte-Mitte«. Die Stadt repräsentiert die soziologische Mode der pragmatischen »grounded theory« – ohne Theorie. Sie ist jeweils die Gesellschaft vor der »nächsten Gesellschaft« (Dirk Baecker), mehr traditionelle Auto- und Elektrotechnik als »Silicon Valley«. Hannover ist auch eine der wenigen deutschen Landeshauptstädte ohne jedes Michelin-Sternerestaurant, einer der profilierteren »Italiener« heißt »Hindenburg-Klassik«, man trifft sich in der »insel« am Maschsee oder beim »Röhrbein« zu gehobener Regionalküche – wenig gastronomische Avantgarde, kein Chichi. Auch das eine Form von hannoverscher *egalité* und *fraternité*.

Dominierende Rolle der Ministerpräsidenten. Jenseits von gern ausgestelltem Egalitarismus und Bodenständigkeit können für den Aufstieg Hannovers zu einem eminenten bundesdeutschen Machtzentrum drei Faktoren benannt und auch differenziert werden: die dominante Rolle des jeweiligen Ministerpräsidenten als maßgebliche Machtakteure auch auf Bundesebene, die medialen Attribute des »Hannoverismus« als Politikstil (Männerbund, Basta-Politik und engmaschige Netzwerke) und die architektonischen, kulturellen und soziologischen Wirklichkeiten, Images und Stereotype der Stadt selbst.[2]

»Kein Amt in Niedersachsen erhält mehr Aufmerksamkeit, kein Landespolitiker ist mächtiger. Der Ministerpräsident nimmt im Machtgefüge der Landespolitik eine herausgehobene Stellung ein«, so schreiben die Göttinger PolitologInnen Teresa

Nentwig und Christian Werwath in einer neuen Studie zu *Politik und Regieren in Niedersachsen* (2016). Das klingt ziemlich selbstverständlich, und trifft so ja auch auf alle anderen deutschen MinisterpräsidentInnen – zumindest der größeren Flächenstaaten – im System föderaler Machtbalance zu. Keine andere Figur im institutionell-politischen Gefüge der repräsentativen Demokratie kann auf so vielen politisch-publizistischen Ebenen spielen – und auch noch selbst Medien- und Filmpolitik operativ gestalten (in Deutschland, leicht anachronistisch, immer noch strikt »Ländersache«). Allerdings ist der niedersächsische »MP« – bislang gelangten nur Männer in dieses Amt – wie bereits erwähnt schon durch die enge Anbindung an den VW-Komplex eine besondere Figur unter seinen bundesdeutschen Amtskollegen. Und Hannover liegt geographisch sehr nah an Berlin, ist aber zugleich von der Grundgestimmtheit her weit weg. Es waren vor allem Ernst Albrecht, Gerhard Schröder und Christian Wulff, die in taffen Wahlkämpfen gehärtet sowohl neue mediale Möglichkeiten als auch bundespolitische Machtoptionen wahrnahmen. Ihre Biographien prägen das, was wir heute, über die rein stadtpolitischen Aspekte hinaus, als das »politische Hannover« wahrnehmen. Der Strukturwandel der publizistischen Sphäre – mit der stärkeren Verzahnung von »Boulevard« und politischer Führung, mit dem Import des angelsächsischen *Spin Doctoring*, dem Aufstieg des kommerziellen Fernsehens und nachgezogener Einschaltquoten-Religion bei ARD und ZDF, dann mit dem Aufkommen der »sozialen Netzwerke« und eines volatileren Alarmjournalismus – ist ein wichtiger Bezugspunkt der jeweiligen Amtszeiten und Politikstile. So ist etwa der Showdown des »Hannover-Komplexes« im Fall Wulff kaum zu erklären, wenn man nicht berücksichtigt, dass sich hier noch einmal ein Profilierungsmoment für den ökonomisch und durch das Internet bedrohten Print-Elitejournalismus ergab.

Und schließlich bilden die stadtsoziologischen Images der Stadt Hannover selbst einen immer *gefühlten* Subtext für die Bewertung und Verortung eines Politikstils – mit Bodenhaftung und *wesentlich* auf Ausgleich bedacht – über tradierte Partei-Profile und Fraktionierungen hinweg. Egal ob SPD, FDP, CDU oder Linke – Hauptsache Hannover, mit gemeinsam geteiltem Underdog-Bewusstsein. Gespräche über die Attraktivität von Städten sind ohnehin beliebter Bestandteil der Alltagskommunikation. »Jede Stadt verfügt über ein Kapital, das sich weder transformieren noch einkaufen lässt«, so hat es die Raumsoziologin Martina Löw in ihrem Standardwerk zur *Soziologie der Städte* (2008) benannt. Im Falle von Hannover, der »Stadt ohne Slogan«, scheint es sich, jedenfalls in der Fremdeinschätzung, um ein Negativkapital zu handeln, dem die Fans von Hannover 96 mit ihrem Schlachtgesang »Hannover ist die schönste Stadt der Welt« wacker begegnen. So hat sich mit dieser seltsamen Mischung aus Image-Überlagerungen und trotziger Selbstbehauptung eine *Chiffre*, eine *politische Metapher* »Hannover« herausgebildet, die auf die jeweils von dort aus politisch Handelnden einwirkt und sich in dieser Form kein zweites Mal in Deutschland finden lässt.

Die Albrecht-Familie

»Ostern 1966: Wie gut konnte ich diese stillen Ostertage mit Percy brauchen. Freilich, der April ist naß und windig, aber wir gehen trotzdem jeden Morgen drei Stunden ins Holz, halten dann Siesta bis fünf Uhr, trinken Tee und arbeiten jeder an seinem Schreibtisch, mit loderndem Kaminfeuer, das uns wärmt bis weit über Mitternacht hinaus. Percy schreibt an seiner Staatsphilosophie, ich an meiner ›legenda aurea‹.«

Aus den Erinnerungen von Heidi Adele Albrecht

Es gibt eine *Hannover-Dekade* mit erhöhter publizistischer Aufmerksamkeit, die mit der Expo 2000 beginnt und mit der Wahl Christian Wulffs zum Bundespräsidenten 2010 endet. Danach kamen nur noch nachgezogene »Sodom und Hannover«-Berichte und das mediale Trommelfeuer zur Wulff-Affäre selbst. Die Expo selbst (Motto: »Mensch Natur Technik«) sollte mit ihren »Global Dialogues« und »Weltpartnern« eine Aura Hannovers als ökologisch verantwortete Technologie- und Planungskapitale fundieren. Zur Gala-Eröffnung am 31. Mai 2000 bereiteten 30 deutsche Spitzenköche ein Menü mit Flusskrebsterrine und Chartreuse vom Kalbfilet zu. Ernst August von Hannover und Ehefrau Caroline waren da, Udo Jürgens, Uschi Glas und Esther Schweins. Reden hielten Bundespräsident Johannes Rau, Bundeskanzler Gerhard Schröder, Ministerpräsident Sigmar Gabriel und Expo-Chefin Birgit Breuel. Letztere war vor ihrer Zeit als Präsidentin der Treuhandanstalt und vor dem ebenfalls heiklen Expo-Engagement lange Jahre niedersächsische Wirtschafts- und Finanzministerin im Kabinett eines Mannes gewesen, der an jenem Expo-Abend außerhalb Niedersachsens schon weitgehend in Vergessenheit geraten war – Ernst Albrecht. Mit ihm aber und seinen bundespolitischen Ambitionen muss jede medial-politische Macherzählung Hannovers und Niedersachsens nach 1945 beginnen.

Tundrinsheide. Ernst Albrechts ganzes Glück war seine vielköpfige Familie. Und die Natur, die Jagd, das weitläufige Familiengut mit großem Tierbestand in Burgdorf-Beinhorn in der Nähe von Hannover. Sie nannten es »Tundrinsheide«. Hier sangen die Albrechts, hier beteten sie und zelebrierten vor Gästen und Kameras eine bis ans Limit ausgefeilte heile Welt, ein mustergültig großbürgerlich-spießiges Klischee mit Hausmusik: Der Vater spielte Cello, Tochter Ursula Klavier, einmal sogar auf einer Single und für einen guten Zweck. »Wohlauf in Gottes schöne Welt« hieß die Platte (B-Seite: »Alle Birken grünen in Moor und Heid«), auf dem Cover Ernst Albrecht umringt von den anderen, mit zwölfsaitiger Gitarre. Es kam zum kanonischen Auftritt der singenden Albrecht-Familie im NDR, in der Aktuellen Schaubude vom 7. Februar 1976, moderiert von Alida Gundlach (»Trara, das tönt wie Jagdgesang«). Ursula Albrechts älterer Bruder Lorenz machte da schon, wie man auf den Archivausschnitten sehen kann, eher zwangsweise mit.

Albrecht war sicherlich der rätselhafteste aller bisherigen niedersächsischen Ministerpräsidenten. Ein Politik-Modernisierer, früher EU-Spitzenbeamter, im raschen Wechsel arrogant, strahlend, unnahbar, bald schon von Freund und Feind als gefährlich-unberechenbar in der politischen Szenerie wahrgenommen. Nach seinem überraschenden Wahlsieg 1976 gegen Alfred Kubel war er auf einmal im politischen Rampenlicht, ein »mit zwei Stimmen aus dem Untergrund« Regierender, ein Unbekannter. Ein Image, das von ihm gern bedient wurde. »Da ist noch jemand, der ist unverbraucht, der glaubt noch, was er tut; der reagiert noch nicht so schematisch«, wird Albrecht Anfang März 1976 im *Spiegel* zitiert. Er sprach von sich selbst. Für den *Spiegel*-Reporter Hermann Schreiber war Ernst Albrecht ein sehr selbstgewisser Typ mit sehr bürgerlichem Hintergrund und »unheimlich unbefangen«. Eine Schuld oder Verantwortung für die von Deutschen begangenen Verbrechen wies er von sich, sagte: »Wir sind eine neue Generation. Die alten Geschichten sollen die Alten unter sich ausmachen.« Man muss sich klar machen: Der Krieg lag zu dem Zeitpunkt gerade 30 Jahre zurück. Hermann Schreiber fragte: »Wo nimmt einer, der bei Kriegsende immerhin fünfzehn Jahre alt und weder intellektuell noch moralisch ein Krüppel war, diese unerschütterliche Unbefangenheit, dieses sonnige Selbstgefühl eigentlich her?« Woher kam er eigentlich, der Mann mit dem Albrecht-Lachen? Auch das war Schreiber gleich aufgefallen (»und setzt am Ende sein Lachen drauf wie den Punkt aufs i«). Dieses Lachen konnte allerdings unvemittelt einfrieren, wie auf inneres Kommando ausgeknipst werden.

Albrecht entstammte einer Unternehmerfamilie. 1821 wurde der Bremer Baumwollkaufmann Ludwig Knoop geboren, 1857 gründete er auf der estnischen Insel Krenholm eine Firma, die bald die größte Baumwollspinnerei Europas war. Später wurde er über die Maßen reich, gehörten ihm über hundert Webereien und Färbereien in Manchester und Moskau, Banken und Versicherungsgesellschaften. Der vom Zaren zum Baron ernannte Knoop ließ sich das Schloss Mühlental in der Bremer Schweiz bauen, einen feudalen Landsitz samt englischem Landschaftspark, Treffpunkt der norddeutschen Hautevolee. Knoops Tochter Louise Dorothea Betty (1844–1889) heiratete den Bremer Kaufmann George Albrecht (1834–1898), ihr Sohn, der Großkaufmann Carl Albrecht (1875–1952) wiederum war der Vater von Carl-Eduard und der Großvater von Ernst Albrecht. So die Generationenfolge. Ernst Albrecht war Ludwig Knoops Ururenkel, das Schloss bei Bremen war sein Stammhaus: großbürgerlich arriviert, höchster Kaufmannsadel. Eine über einige Generationen prosperierende, nach klassischem Modell humanistischer Bildung geformte, straff geführte Familie aus einem Ort nicht weit von Bremen. Was ist geblieben von Ludwig Knoops Textilimperium? Nach der Revolution 1917 wurde das russische Geschäft verstaatlicht, Schloss Mühlental verfiel und wurde abgerissen. Es bleiben ein öffentlicher Parkbereich, eine Statue und ein Name: »Knoops Park«.

Albrechts Vater Carl-Eduard Albrecht (1902–1965) hatte sich der Familienräson, der für ihn vorgesehenen Unternehmerlaufbahn verweigert. Er war in den 1920ern der (antibürgerlichen, naturverbundenen) Wandervogelbewegung und sogar zeitweise der SPD beigetreten, studierte Medizin, wurde ein erfolgreicher Internist, bevor er sich, nach dem Krieg, zunehmend der Mystik, der Transzendenz und der Erforschung erweiterter Bewusstseinszustände zuwandte. Er konvertierte vom Protestantismus zum Katholizismus und schrieb die Bücher *Psychologie des mystischen Bewußtseins* (1954) und *Das mystische Erkennen. Gnoseologie und philosophische Relevanz der mystischen Relation* (1958). Es herrschte ein durchgeistigtes Klima im Hause Albrecht; der Bruder George Alexander, geboren 1935, wurde ein international erfolgreicher Dirigent. »Du bist dein ganzes Leben lang ergriffen, ja, manchmal geradezu besessen gewesen«, wird Ernst Albrecht in einer Festrede zum 60. Geburtstag seines Vaters zitiert, »vom irdischen Priestertum, vom Ideal einer wirklichen Volksgemeinschaft, von der Wahrheit, von der Liebe und von Gott.« Carl-Eduard Albrecht, Arzt und Mystiker, war für seinen Sohn ein Leitbild in bewegter Zeit, etwa als Ernst Anfang 1945 auf eine Sanitätsschule ging, um wie sein Vater Bombenopfer zu behandeln. Die eigene tiefreligiöse Prägung, auch sein früher Bildungsgang werden so verständlicher.

Studium in den USA und Anfänge in Brüssel. Geboren als Ernst Carl Julius Albrecht 1930 in Heidelberg, bei Bremen aufgewachsen und früh eingeschult, schloss er sich 1946 für zwei Jahre einer zur Bündischen Jugend zählenden Gruppe junger Männer an. Schon 1948 konnte er ein Philosophie- und Theologiestudium in Tübingen anfangen. Man darf nicht vergessen: Der junge Albrecht war in einer privilegierten Lage. Auch unter noch so widrigen Umständen nach dem Zusammenbruch konnte er zurückgreifen auf Status, Geld und Kontakte der Familie, ging ein Jahr nach Studienbeginn als Stipendiat der US-Regierung an die Cornell University in Ithaca, New York (in einem Programm zur Annäherung der jungen intellektuellen deutschen Elite an demokratische Prinzipien), wurde in die *fraternity* Tau-Kappa-Epsilon aufgenommen, wie er sich erinnert, machte in den USA einen Philosophie-Abschluss *cum laude* und ging anschließend nach Basel, um dort bei Karl Jaspers zu promovieren. Jaspers wie auch Albrechts Tübinger Professor Gerhard Krüger (mit dem Ernst Albrechts Mutter gut bekannt war) rieten ihm aber: »Sie sollten Jurist oder Volkswirt werden; da braucht man Menschen, die sich gern entscheiden«, so Albrecht selbst in seinen knappen Memoiren. Es folgten fünf Semester Wirtschaftswissenschaften und Jurisprudenz in Bonn und 1953 eine Diplomarbeit mit dem Titel: »Ist Währungseinheit eine Voraussetzung für Wirtschaftseinheit?«

1953, mit 23 Jahren, beendete Ernst Albrecht sein zweites Studium. Jetzt war die Zeit, seine Bremer Jugendliebe zu heiraten, Heidi Adele Stromeyer (1928–2002), Journalistin beim Bonner »Generalanzeiger«. Die Stromeyers stammten aus dem Königreich Hannover, hatten über Generationen als Professoren in

Göttingen und Ärzte in Hannover gelebt. Über seine Frau lernte Albrecht den Diplomaten Ulrich Sahm kennen, der den frisch diplomierten Ökonomen dem Generalsekretär des Ministerrates der Montanunion, Christian Calmes, als Attaché empfahl. Es gab ein Vorstellungsgespräch (auf Französisch, über Karl Jaspers) und Anfang Februar 1954 bekam Albrecht die Zusage. Ob es auch daran lag, dass dort Wert darauf gelegt wurde, nur junge und politisch unbelastete Deutsche einzustellen? Jedenfalls machte das »Babyface von Brüssel« (*Spiegel*) eine Bilderbuchkarriere. Vom Posten als Attaché in Luxemburg ging es weiter in die belgische Hauptstadt, wo er das Sekretariat »Gemeinsamer Markt« leitete, dessen Aufgabe die Vorbereitung der Römischen Verträge zur Schaffung der Europäischen Wirtschaftsgemeinschaft (EWG) war. Danach amtierte Albrecht lange Jahre, von 1958 bis 1967, als Kabinettschef beim Wettbewerbskommissar Hans von der Groeben.

Das in dem *Oral-History*-Projekt »Histoire interne de la Commission européenne 1958–1973« veröffentlichte Interview mit Ernst Albrecht (2004) gibt spannende Einblicke in diese Brüsseler Anfangszeit, mit einem ungewöhnlich jungen, für alle erkennbar äußerst selbstdisziplinierten Albrecht. Berichte aus einer Frühzeit, so kurz nach dem Krieg, als das europäische Projekt aufgebaut wurde, von weitsichtigen europäischen Politikern, die mit den Erbfeindschaften der Jahre vor 1945 aufräumen wollten. Ernst Albrecht 2004 über seine Rolle als Sekretär bei der Vorbereitung der Römischen Verträge 1957: »Ich war, wenn sie so wollen, der erste Beamte der Europäischen Wirtschaftsgemeinschaft. Heute sind es 20 000.« Weitere, kaum noch geläufige Namen großer Europäer der ersten Stunde tauchen in dem Report auf: Paul-Henri Spaak, Hans von der Groeben, »Mr. Europe« Walter Hallstein, Robert Marjolin, Jean Rey und Sicco Mansholt. Ernst Albrecht gehörte dazu. Mit 37 avancierte er 1967 zum Generaldirektor für Wettbewerb und war, wie er schreibt, »am Gipfel der europäischen Beamtenkarriere angelangt«. Währenddessen waren sechs Kinder geboren: Harald (geb. 1955), Lorenz (geb. 1956), Ursula (geb. 1958), Benita-Eva (geb. 1960), Hans-Holger (geb. 1963), Barthold (geb. 1967).

Im Oktober 1969 ergab sich dann, in einem schicken Restaurant an der Brüsseler Grand-Place, ein Termin mit dem niedersächsischen Landwirtschaftsminister Wilfried Hasselmann (1924–2003). Ein Dinner, das Ernst Albrechts Leben von Grund auf verändern sollte. Hasselmann, damals 45, war ein Vertreter der jüngeren Garde in der CDU, die mit dem Zustand der niedersächsischen Landespartei nicht zufrieden war. Der Landwirtssohn aus Celle, NSDAP-Mitglied seit September 1942, Frontsoldat, war 1961 in die CDU eingetreten, seit 1963 (und dann bis 1994) niedersächsischer Landtagsabgeordneter, seit 1965 niedersächsischer Minister für Ernährung, Landwirtschaft und Forsten in der Großen Koalition unter SPD-Ministerpräsident Diederichs. Konservativ, Patriot, autoritär, aber auch bierselig-verbindlich – Hasselmann, Landesvorsitzender seit 1968, galt damals als CDU-Hoffnungsträger.

Der Weg nach Hannover. Zu jener Zeit orientierte sich Ernst Albrecht neu. Ein bequemes Leben als verbeamteter Generaldirektor in Brüssel bis zur Rente konnte er sich nicht vorstellen. »Aber was tun? In die Wirtschaft gehen? Nein […] Den Sprung vom Beamten zum Politiker vollziehen? Ja, das reizte mich.« Davon erzählte er dem Gast aus Hannover beim Essen. Und als bald darauf die Große Koalition in Niedersachsen zerbrach und es zu vorgezogenen Wahlen kommen sollte, erinnerte sich CDU-Spitzenkandidat Hasselmann an das Meeting in Brüssel. Er telefonierte mit Albrecht, berief den eifrigen EWG-Mann als präsumtiven Wirtschaftsminister in sein Schattenkabinett und konnte ihm zudem den Wahlkreis 48 zuweisen: Wedemark, Burgwedel, Isernhagen, Winsen an der Aller,

Wietze an der Wietze. Mit einer Stimme Mehrheit aber blieb die SPD nach der Wahl vom 14. Juni 1970 an der Macht und bildete eine Alleinregierung. Kultusminister im Kabinett Kubel: der dezidierte SPD-Linke Peter von Oertzen. Das fuchste Hasselmann besonders, diese ganze linke Umerziehungsstrategie. Ernst Albrecht kündigte seinen 100 000-Mark-Job trotzdem, trat im Herbst der CDU bei und zog nach Hannover, zur Überraschung nicht weniger in der Partei. Erst nach dem Tod seiner an Rückenmarkskrebs erkrankten Tochter Benita-Eva 1971 kam die Familie nach.

Albrecht ging also in die Politik, wechselte aus einem weltläufigen Brüsseler Milieu mit hohen Beamten aus vielen Ländern in die Provinz. Er kaufte ein Haus in Ilten (bei Hannover), unternahm eine, wie er schreibt, »Tour der tausend Kneipen«, machte Basisarbeit und mischte sich unter das ländliche Volk in seinem Wahlkreis. Und blieb doch ein Fremder. Man merkte: Für die Arbeit an Stammtischen, auf Schützenfesten und Ortsverbandsebene war ein Albrecht nur bedingt geeignet. Eigentlich eine Voraussetzung für Politiker in Niedersachsen. Dazu Reimar Oltmanns, Pressesprecher von Oertzens im niedersächsischen Kultusministerium: »Wer nicht im Schützenverein mitgemacht hat [...] der war schon verdächtig. Und wer anfing, so mit Büchern zu kommen, der war schon nicht nur verdächtig, der war geradezu obskur.« Trotz der ersten Schlappe im Juni 1970 hielt Albrecht an einer politischen Karriere fest: »Ich habe diese Furche angepflügt, nun will ich sie auch zu Ende pflügen.« Die Parteifreunde setzten große Hoffnungen in den Nachwuchsmann aus Brüssel, der zudem aus einer renommierten niedersächsischen Familie stammte mit einem Ururgroßvater, der einmal Generalzolldirektor des Königreichs Hannover gewesen war. Von Ludwig Knoop und dem Schloss bei Bremen ganz zu schweigen. Man versorgte ihn mit einem gut dotierten Jahresvertrag bei der Hannoveraner Gebäckfabrik »Bahlsen«, beginnend ab dem 1. Dezember 1970. Ein Posten als einer von fünf stellvertretenden Geschäftsführern (zuständig für Recht und Verwaltung), der ihm genug Zeit ließ für seine Arbeit als politischer Kader für die Christdemokraten. Außerdem wollte man den Brüsseler Karrierebeamten nicht von seinen EWG-Bezügen in Höhe von 100 000 DM auf die bescheidene Abgeordnetendiät von 20 000 DM herabfallen lassen. Damit, so Albrecht damals, könne er seine Familie nicht ernähren. Vermittelt hatte den Job der CDU-Förderer und Bahlsen-Geschäftsführer Dr. Kurt Pentzlin, der die Sache vorher mit dem standesgemäß der Partei nahestehenden Firmenchef Werner Bahlsen abgeklärt hatte.

In der Keksfabrik. Mit der Bahlsen-Keksfabrik verbindet sich eine der großen Erfolgsgeschichten, die in Hannover geschrieben wurden. Als Firmengründer Hermann Bahlsen, 1859 in eine Hannoveraner Tuchhändler- und Goldschmiededynastie hineingeboren, in den 1880er-Jahren in London als Zuckerhändler arbeitete, entdeckte er die englischen *cakes*. Zurück in Deutschland gründete er 1889 die »Hannoversche Cakesfabrik H. Bahlsen« und bewies in der Folge ein durchaus visionäres Unternehmertum. Als Erster verkaufte er sein Gebäck abgepackt in Tüten, benannte seine Butterkekse mit den 52 Zähnen nach dem Hannoverschen Philosophen Gottfried Wilhelm Leibniz (1898 mit dem griffigen Claim »Was ißt die Menschheit unterwegs? Na selbstverständlich Leibniz Cakes!«), und führte 1905 die erste Fließförderanlage Europas ein (acht Jahre vor den Fließbändern eines Henry Ford). Und dann verdeutschte er 1911 das englische cakes, das die meisten Kunden ohnehin deutsch aussprachen (»Ka-kes«), zu Keks. Ein Begriff, der sich bald im Duden fand. 1911 entstand das Bahlsen-Stammhaus mit Jugendstilelementen, »großen Quadern aus Kalktuff« und der »Brezelmänner«-Plastik mit dem goldenen Leibniz-Keks an der Podbielskistraße 11, unweit von Stadtzentrum und Eilenriede. Zu Ernst Albrechts Zeit bei Bahlsen Anfang der 1970er-Jahre wurde die Firmenzentrale drei Kilometer stadtauswärts in ein modernes Bürogebäude am Mittellandkanal verlegt. (2003 wurde der Neubau wegen Asbestbelastung abgerissen. Die Zentrale war 2000 schon in das Ursprungshaus zurückgezogen.)

In jüngerer Vergangenheit sorgte das Traditionsunternehmen zweimal für Aufsehen. 1993, als es nach einem Familienstreit über die Konzernstrategie zur Spaltung kam. Die Gründerenkel teilten sich die Firma auf: Werner Michael Bahlsen (geb. 1949) übernahm alles Süße und behielt den Markennamen, Lorenz Bahlsen (geb. 1948) führte unter der Marke seines Vornamens den Snack-Bereich fort. Anfang 2013 kam es zum »Krümelgate«, als der vergoldete 20-Kilo-Messingkeks aus dem Brezelmänner-Firmenwahrzeichen verschwand. Ein Erpresser im Krümelmonster-Kostüm meldete sich und forderte Kekse für ein Kinderkrankenhaus, Firmenchef Werner M. Bahlsen sagte: »Wir lassen uns nicht erpressen« und spendete 52 000 Packungen Leibniz-Kekse an soziale Einrichtungen, am 5. Februar tauchte der goldene Keks wieder auf. Das Ganze sorgte nicht nur in und um Hannover, sondern bis nach Amerika (Heimat des echten Krümelmonsters) für Empörung und Erheiterung, alle Sender und Zeitungen übertrafen sich mit auf der Hand liegenden Krümelmonster-Späßen. (Wortspiele mit Tradition: Auch die Bahlsen-Erben der dritten Generation waren sich in der Presse bei den Konflikten und Erbstreitereien natürlich auf den Keks gegangen.) Am Ende eine Klamotte.

Es gab, wie zu vermuten war, weitere Verstrickungen von Bahlsen mit der CDU. Im Zuge der Spielbankaffäre 1988, auf die wir noch ausführlich zu sprechen kommen, wurde durch die Ausschuss-Arbeit eine Bahlsen-Parteispende über 300 000 DM aufgedeckt, die an die CDU-nahe »Staatsbürgerliche Vereinigung« überwiesen worden war. Heute weiß man: Es ging um Geldwäsche und illegale Parteienfinanzierung – zu der Zeit, als der noch unbekannte, bei der SPD bald »Graf Keks« genannte Abgeordnete Albrecht in Personalunion Finanzdirektor von Bahlsen und Schatzmeister der Landes-CDU war. Er wurde dann noch einmal Vater, zum siebten Mal, als Donatus 1972 geboren wird. 1976 endete Albrechts Engagement bei Bahlsen.

Der erste niedersächsische CDU-Regierungschef. Zum Machtwechsel reichte es bei der Landtagswahl 1974 noch nicht. Zwar wurde die Hasselmann-CDU stärkste Partei, doch SPD und FDP konnten mit einer Stimme Mehrheit die Regierung bilden. 1976 aber war es so weit: Der Seiteneinsteiger und politisch unerfahrene Ernst Albrecht (man nannte ihn »Ernstchen« in der Fraktion) wurde Spitzenkandidat und auf nach wie vor ungeklärte Weise Ministerpräsident. Die Wahl war ja nur anberaumt worden, weil der amtsmüde SPD-Ministerpräsident Kubel zur Mitte der Legislatur in den Ruhestand treten wollte. Es gab eine (wenn auch knappe) Mehrheit der SPD / FDP-Koalition, mit dem SPD-Finanzminister Helmut Kasimier einen erfahrenen Kandidaten: Eigentlich eine Formalität. In der CDU hatte man sogar gezögert, den jungen Albrecht aufzustellen, wollte ihn in der aussichtslosen Sache nicht vorzeitig beschädigen.

»Bis heute weiß man nicht, wer's war«, so Sigmar Gabriel 2015 im Interview. Ernst Albrecht kam an die Regierung, nachdem im ersten Wahlgang am 14. Januar drei Abgeordnete der sozialliberalen Koalition ungültig gewählt hatten. Im zweiten Wahlgang am Tag darauf und im entscheidenden Votum am 6. Februar 1976 (die SPD hatte da in einem Verzweiflungsakt noch Bundesbauminister Karl Ravens ins Rennen geschickt) kam noch jeweils eine Stimme dazu. »Es gibt den Verdacht, dass da auch Geld geflossen ist«, so Gabriel, »und kurze Zeit später wechselt dann die FDP zur CDU. Deswegen gab's auch immer den Verdacht, dass die, die das gemacht haben, damals der FDP angehört haben. Da ist ja auch von Stimmenkauf die Rede gewesen.« Die *Welt* schrieb vom »unerwartetsten Sieger auf deutschem Boden seit Hermann dem Cherusker«. Für Albrecht selbst war es »ein dolles Ding, eine Welturaufführung«. Helmut Kohl, damals in der Bonner Opposition: »Jetzt ist deutlich spürbar, daß der Geist Konrad Adenauers wieder bei den seinen ist.« CDU-Fraktionssprecher Eduard Ackermann ging noch weiter: »Der liebe Gott hat uns geholfen, es kann nicht anders sein.« 14 Jahre und fünf Monate sollte Albrechts Amtszeit dauern. In der *Zeit* las man von einem »Adrenalinstoß« für eine Partei, »die seit 30 Jahren zwischen Schläfrigkeit und Siechtum schwankte.« In den ersten Monaten war Ernst Albrecht auf eine Minderheitsregierung angewiesen, zunächst mit vier Ministern (Wilfried Hasselmann, Gerhard Glup, Werner Remmers, Hermann Schnipkoweit). Im Laufe des Jahres kamen noch Walther Leisler Kiep hinzu und Dr. Hans Puvogel (ein Mann mit deutlicher NSDAP-Vergangenheit, »nur ein rassisch wertvoller Mensch hat innerhalb der Gemeinschaft eine Daseinsberechtigung«, dessen Dissertation 1978 für einen ersten Skandal in Albrechts Polit-Laufbahn sorgen sollte).

Am 12. März 1976, der neue CDU-Star Albrecht war erst wenige Wochen im Amt, stand die erste Nagelprobe auf dem Bonner Parkett an. Über die im Vorjahr von der Regierung Schmidt / Genscher langwierig ausgehandelten Polen-Verträge musste im Bundesrat abgestimmt werden; es ging um die Aussiedlungsmodalitäten von rund 125 000 Polendeutschen in die Bundesrepublik, um einen Entwicklungshilfe-Kredit, um eine pauschale Abgeltung von Rentenansprüchen an die ehemalige deutsche Reichsversicherungsanstalt. Weil sich im Bundesrat nach der Wahl in Hannover die Mehrheitsverhältnisse (zugunsten der CDU-Opposition) geändert hatten, kam der Ratifizierung der Verträge eine ungeahnte Bedeutung zu, die unionsgeführten Länder hätten das Abkommen scheitern lassen können. Albrecht aber setzte bundespolitische Akzente. Er stimmte den Verträgen zu und positionierte sich bei dem auch innerparteilich umstrittenen Thema – dafür waren: Liberal-Konservative wie Kohl, Biedenkopf, Geißler; dagegen: die komplett auf Opposition gepolte Südschiene um Strauß, Filbinger, Dregger. »Konfrontation um den Preis staatlicher Handlungsunfähigkeit« war mit Albrecht nicht zu machen, weil es ihm neben einem »Sinn für außenpolitische Pflichten« auch um eine Mehrheitsbildung zu Hause ging, um ein gutes Verhältnis zum Wunschpartner FDP.

Und so kam es auch. Nach der Bundestagswahl im Oktober 1976, als die Union mit Abstand stärkste Partei wurde, Helmut Schmidt aber in sozialliberaler Koalition weiterregieren konnte, war es für die niedersächsische FDP zwecks Sicherung von Optionen opportun, sich der Albrecht-Regierung anzuschließen. Das Verhältnis von SPD und FDP in Niedersachsen war nach den Vorgängen bei der Albrecht-Wahl ohnehin beschädigt, jeder hatte jeden in Verdacht. Mit der FDP hatte Albrecht jetzt eine Mehrheit im Parlament, am 19. Januar 1977 traten als FDP-Minister der Jurist Rötger Groß (Innenministerium) und der studierte Landwirt Erich Küpker (Wirtschaft und Verkehr) in die Regierung ein.

In diesem Kabinett Albrecht II war der CDU-Parteivorsitzende Wilfried Hasselmann wieder als Minister für Bundesangelegenheiten dabei, ein Amt allerdings, das seine tatsächliche Bedeutung für Niedersachsen und für Ernst Albrecht selbst nicht ansatzweise wiedergibt. Dazu Gerhard Glogowski: »Hasselmann war genau der Typ Niedersachse, der auch ein Volkstribun war, der mal zur Trompete griff und einige Töne machte, der Jäger war … Also sagen wir mal, das Gespann Hasselmann-Albrecht machte es nach meiner Auffassung aus.« Hasselmann, der Albrecht entdeckt hatte, der trinkfeste, hemdsärmelig-zupackende, erdverwachsene Bauer, unter dessen Vorsitz die

CDU in Niedersachsen erst zur Volkspartei wurde, hatte das, was Albrecht fehlte, ging dahin, wohin Albrecht nicht passte: in verrauchte Kneipen, auf Feuerwehrfeste, zum Bauernverband. »Das war eine sehr willkommene Arbeitsteilung zwischen Hasselmann und Albrecht«, so Jürgen Trittin. »Albrecht deckte sozusagen die Modernisierung des Landes ab und hatte auch so ein kaltes, fast technokratisches Image, während Hasselmann halt für das Volkstümliche und den rechten Rand da war. Da hatten die Grünen und auch die Sozialdemokraten erst mal wenig entgegenzusetzen.« Wilfried Hasselmann war in allen fünf Albrecht-Kabinetten vertreten, mal als stellvertretender Ministerpräsident, als Minister für Bundesangelegenheiten, als Innenminister. Bis 1988, bis zu seinem Rücktritt im Zuge der Spielbankaffäre.

Irgendwie ein neuer Typus. »Das, was man nicht lernen kann, was man nicht schnitzen kann – der Mann hatte eine wahnsinnige Ausstrahlung.« Bernd Busemann, niedersächsischer Landtagspräsident, seit 1971 in der CDU, findet heute noch beseelte Worte über das Image des frühen Ernst Albrecht: »Man kann das vielleicht vergleichen mit 1960: Plötzlich kommt da in den USA ein Kennedy auf. Und nun gerade in Hannover, in Niedersachsen, ein Ernst Albrecht, der neben dem, was er tut und sagt, vor allem mit seiner Erscheinung, mit seinem Lächeln geradezu die Leute verzaubert.« Alle irgendwie Linken waren natürlich in keiner Weise verzaubert, und bald setzte in den Kreisen um Klaus Staeck, Eckart Spoo, Werner Holtfort oder Wolfgang Bittner eine Text- und Broschürenpropaganda ein (»Schwarze Geschichte über Ernst Albrecht und die CDU«), mit der das »Krümelmonster« als welfenfreundlich, ultrabourgeois und industrieverfilzt lädiert werden sollte.

Albrecht wird von seiner besonderen PR-Kompetenz gewusst haben, von seinem Talent zur Darstellung, vor allem davon, dass ihm der Umgang mit den Medien leichtfiel. Beim Wahlvolk noch unbekannt, öffnete er 1976 *Bild*-Reportern die Haustür von »Tundrinsheide« (das Grundstück hatte er 1975 gekauft) für eine sechsteilige Homestory. Man kann auch sagen: Er tat das in guter protestantischer Tradition, es sollte nichts zu verheimlichen geben. Geschichten aus einer anderen Zeit, einer Zeit vor Privatfernsehen und Medienberatern. Zwar gab er bei der Gelegenheit ohne Skrupel zu: Mit 14 200 Mark im Monat müsse er »ein bißchen zurückstecken«. Dennoch demonstrierte er Bescheidenheit: Ja, er habe gut geschlafen (»ohne Träume«), erzählte er, und dann, wie er geduscht und sich trocken rasiert, »Tabac-Rasierwasser« aufgetragen und einen »Muckefuck« getrunken habe. An den habe er sich ja »aus den schlechten Zeiten« gewöhnt, als er »schmaler Student« in Tübingen war. Er gab zu Protokoll, dass er nur einen 230er Mercedes fahre, auch nur fünf Anzüge im Schrank habe, der Smoking vom Onkel sei, und zu welchem Friseur er gehe (weil es dort 50 Pfennig günstiger sei).

Auch Günter Wallraff, als Hans Esser 1977 undercover bei *Bild*-Hannover (nachzulesen in »Der Aufmacher«), konnte einiges berichten über das wohlwollende Verhältnis von Ernst Albrecht und *Bild*-Zeitung. Alle 14 Tage wurde dort ein Kommentar von Albrecht gedruckt, abwechselnd mit Hannovers SPD-Oberbürgermeister Herbert Schmalstieg. Schmalstieg schrieb selbst (Wallraff: »spielt den Hampelmann für *Bild*«), Albrecht ließ manchmal schreiben. Der *Bild*-Reporter Hasso Ifland war für ihn abgestellt, fand dann für Albrecht eine passende Story. Etwa von einem Wohltätigkeitsspiel für eine nierenkranke Flüchtlingsfrau. Neben einem Foto von Albrecht mit einem Ball am Fuß der Titel: »Wunderbar! Alle spielen Fußball für diese junge kranke Frau.« Nur: bei dem Spiel war er nicht dabei. Ernst Albrecht ging zur Jagd, er spielte nicht Fußball.

Mutter, Landesmutter. Auch Heidi Adele Albrecht hatte ihre Rolle perfektioniert. Die promovierte Germanistin hatte den Feuilleton-Job in Bonn aufgegeben, als ihr Mann Karriere machte, und sich ganz den Kindern gewidmet. Sie war die Jugendliebe, die ihn »Percy« rief, Percy, wie der Held in Magdalene Paulis romantischem Briefroman »Sommer in Lesmona«, Percy, weil sie einsilbige Vornamen nicht mochte. Er über sie: »Schon mit 14 wußte ich: Das ist das Mädchen, das ich mal heirate.« Sie über ihn: »Er war der Star unserer Schule. Ein so brillanter Mathematiker und Lateiner!« Beide erzählten, wie sie sich gegenseitig Takte aus Beethovens 8. Symphonie vorpfiffen, und mehr intime Informationen in noch einer anderen Homestory in *Bild* (»Ach Percy – Du Süßer!«).

Schon in Brüssel hatte Heidi Adele Ansprüche angemeldet, wollte ein Haus mit Kamin und geschwungener Treppe und notierte dazu im Tagebuch: »Nur Lumpen sind bescheiden ...« Jetzt war sie die »First Lady von Niedersachsen«. Die Rolle nahm sie gerne an, inklusive entsprechender Allüren. Sie war Schirmherrin des Müttergenesungswerks, ließ die Staatskanzlei Einladungen an ausgewählte Vertreter der Oberschicht verschicken (»der Fürst und die Fürstin zu Schaumburg-Lippe und Frau Dr. Heidi Adele Albrecht bitten zu einer Soiree ... Es rezitieren die Kinder der Familie Albrecht«), trat gerne und oft in der niedersächsischen Lokalpresse auf, auch die Kinder mussten hier natürlich ran (Röschen beim Reiten, Donatus im Chor). Oder schrieb Grußworte zu Weihnachten im *Burgdorfer Kreisblatt*. Darin stand 1983 zum Rückkauf des Evangeliars Heinrichs des Löwen (der Welfe schlechthin), den ihr Mann gerade für 32,5 Millionen DM initiiert hatte: Dies beweise, »daß für diese Bundesrepublik Aneignung und Bewältigung der Geschichte mehr heißt als nur quälende Auseinandersetzung mit Hitler-Deutschland«. Sie schrieb Tagebücher (die die Familie veröffentlichte) und Theaterstücke, die die Kinder aufführten, die für

Percy und die Mutter auch Distichen reimten. Ein häufiger Gast aus der CDU wurde zitiert mit: »Albrechts haben das Familienleben von 1918 kultiviert … Ein völlig eigenes Universum.« Oder reichte es noch länger zurück, wenn sie auf Familienfesten Charade spielten und Quadrille tanzten? *Zeit*-Chef Giovanni di Lorenzo fand dieses »Familienbild« als Gymnasiast in Hannover befremdlich und wundert sich über die Albrecht-Kinder: »Man staunt, was für kluge und auch liebenswürdige Menschen doch am Ende entstanden sind.« Wie sagte Heidi Adele Albrecht, die »Herrin von Beinhorn«? »Andere lesen Romane, wir leben sie.« Alles war gut, alle waren glücklich in ihrer perfekten, übertriebenen Inszenierung.

»Der Staat. Idee und Wirklichkeit«. Doch Ernst Albrecht konnte auch anders, jenseits der von *Bild* und *Bunte* promoteten heilen Parallelwelt. Es soll hier nicht um oft kolportierte Disziplinierungsmaßnahmen gehen (Harald musste Brennnesseln pflücken, ohne Handschuhe), von *Bild* berichtet, von den Albrechts dementiert. Nein, man wusste es ja auch seit seiner 1976 erschienenen staatsphilosophischen Abhandlung *Der Staat*, über die er zehn Jahre lang, zwischen 1960 und 1970, in seiner Freizeit nachgedacht hatte. Die Auftaktkapitel lasen sich wie Jaspers und Heidegger: »Wo immer Seiendes bestimmter Art gewollt wird, da muß auch die ihm eigene Vollkommenheit gewollt werden. Wo aber Vollkommenheit erstrebt wird, muß auch nach dem Wesen gefragt werden, denn das Wesen ist das Maß der Vollkommenheit.« Weiter ging es mit der »vollkommenen Liebe«, »die Liebe in ihrer reinen Form«, die man in einer »banalen Liebschaft von Otto Meyer und Lieschen Müller« selbstverständlich nicht finde, mit einem »emanzipatorischen Freiheitsbegriff« schon gar nicht. In sich hatten es seine Thesen zum idealen Staat: »Die Volksherrschaft ist wesensmäßig so geartet, daß die Entscheidung nicht durch die Einsicht der Einsichtigen, sondern durch das durchschnittliche Maß an Einsicht bestimmt wird, das der Mehrheit eignet«, und: »Wenn es gelingt, überdurchschnittliche Menschen an die Herrschaft zu bringen, so vermögen Alleinherrschaft und Wenigenherrschaft eine bessere Ordnung zu errichten als die Volksherrschaft.« Die anderen, der »Massenmensch ohne rechte Seinsmitte«, sind dagegen nur »blass, farblos, ja im geistigen Sinne gestaltlos«. »Überdurchschnittliche Menschen«, »Alleinherrschaft und Wenigenherrschaft«: In diesen durchaus anti-demokratischen, monarchistischen Anspielungen meinte man das albrechtsche Faible für alles Adelige zu entdecken: »Harun al Albrecht« nannte ihn die *Süddeutsche Zeitung*, »absoluter Herrscher im Leineschloß«; »Philosoph auf dem Welfenthron« die *HAZ*. Ein Bezug zur eigenen aristokratischen Familientradition lag da nah, zum ururgroßväterlichen Schloss bei Bremen.

Auch der Glaube hatte seinen Platz auf den 260 Seiten von *Der Staat* (»Ein Mann mit Gott ist eine Majorität«, braucht also eigentlich gar keine Wählerstimmen), für Aufsehen sorgte aber die Feststellung: »Freiheit von grausamer, unmenschlicher Behandlung und insbesondere von Folter« seien »keine absoluten Rechte«. Oder: »Sie stellen keine unüberschreitbare Grenze für den Staat dar.« Unter gewissen Umständen könne die Anwendung von Folter »sittlich geboten« sein. Eine hitzige, medienübergreifende Debatte brach los, und als Albrecht merkte, was er ausgelöst hatte, als selbst die Kirchen sich einschalteten, schrieb er einen offenen Brief an Amnesty International. Die Folter-Passage verschwand aus späteren Auflagen. Der *Spiegel*-Rezensent Ulrich Lohmar fasste damals zusammen: »Sein Denkmodell wirkt fatal.« Und: »Idealistische Philosophie, konservatives Christentum und blauäugige Selbstsicherheit gehen hier eine Verbindung ein, die allenfalls durch herbe politische Erfahrungen in Frage gestellt werden könnte.«

Proteste in Gorleben. Januar 1977: Ernst Albrecht schließt in Hannover den Koalitionsvertrag mit der FDP. Februar 1977: Kanzler Helmut Schmidt und Ministerpräsident Albrecht einigen sich auf Gorleben als »vorläufigen Standort für ein Atommüllendlager und eine Wiederaufbereitungsanlage«. Das Fischerdorf Gorleben im Wendland, »Kleinstadt im Abseits« im dünnbesiedelten Zonenrandgebiet: Wohl mit keinem Namen wurde und wird die politische Laufbahn Albrechts so verbunden. Auf Gegnerseite wurde über die Strategie der Ortswahl spekuliert. Gorleben lag im östlichsten Teil Niedersachsens, im Landkreis Lüchow-Dannenberg, im Norden, Osten und Süden war die DDR nur wenige Kilometer entfernt. Sollten die zu erwartenden Giftgase auf DDR-Gebiet abziehen? Sollte Gorleben zur »Atom-Festung« gemacht werden, die man nur im Westen »abriegeln« musste?

Anti-Atomkraft-Proteste waren damals eine junge Bewegung, die sich erst ab Anfang der 1970er formiert hatte, als GAU ein neues Wort war. Ausbau und Gefahren der Kernenergie waren in den 1960er-Jahren in der Öffentlichkeit kaum beachtet worden. Jetzt professionalisierte sich die Gegenbewegung, nun waren es Zehntausende, die regelmäßig gegen die unkritische Pro-Atom-Stimmung in der Politik (auch der damaligen SPD-Regierung) auf die Straße gingen. Eine Stimmung, die übrigens auch bei den Gewerkschaften vorherrschte, die *für* Kernenergie waren, für mehr Arbeitsplätze durch angeblich preisgünstige Energie. 1973: Das war ja die Zeit der ersten Ölkrise und der »autofreien Sonntage«. Nach der Festlegung auf den Standort Gorleben, Albrecht gab sich als Getriebener, eskalierte die Lage. Am 12. März 1977 gab es die erste Demo in Gorleben mit mehreren tausend Gegnern aus dem ganzen Bundesgebiet. Albrecht, noch relativ frisch an der Macht, und mit einer aus der Brüsseler Zeit positiven Einstellung zur Kernenergie, war überrascht. Atomkraft gehörte für ihn »auch zu Gottes Schöpfung« und mache »menschliches, tierisches und pflanzliches Leben auf unserer Erde ja überhaupt erst möglich«. Man konnte ihm Naivität und politische Unerfahrenheit vorwerfen, heute lässt sich feststellen, dass er vor allem die Kraft der entstehenden Ökobewegung (»Vorfeldorganisationen« der Grünen, Bürgerinitiativen) unterschätzt hat, gerade den Protest aus dem strukturschwachen, traditionell agrarisch-konservativen Wendland. Herbert Gruhl (1921–1993), einer der frühen ökologischen CDU-Outsider (»Ein Planet wird geplündert«), für die niedersächsischen Christdemokraten im Bundestag, versuchte einmal, Ernst Albrecht die »Grenzen des Wachstums« zu erklären. Das Gespräch sei, so Gruhl in seinen Lebenserinnerungen, von Albrecht, der damals auch Vorsitzender des CDU-Bundesfachausschusses für Wirtschaftspolitik war, nach wenigen Sätzen beendet worden: »Ich warne Sie, das wirtschaftliche Wachstum in Frage zu stellen!«

Diese erste Gorleben-Debattenphase kulminierte im März 1979. Auf Vorschlag der Großgrundbesitzer und Kernenergie-Gegner veranstaltete die niedersächsische Landesregierung vom 28. März bis zum 3. April 1979 das sogenannte *Gorleben-Hearing*, Vorsitz: Carl Friedrich von Weizsäcker. Eine Woche lang diskutierten sechzig nationale und internationale Wissenschaftler öffentlich über die Kernenergie. Es ging konkret um die »Sicherheit eines integrierten Entsorgungszentrums« und grundsätzlich darum, ob eine zivile Nutzung von Atomkraft überhaupt vertretbar sei. Gleichzeitig begaben sich 3.500 Lüchow-Dannenberger mit 400 Traktoren auf den »großen Treck« nach Hannover (»Albrecht, wir kommen!«). Laut Organisatoren waren 120 000 Demonstranten auf der Abschlusskundgebung am 31. März (40 000 laut Angaben der Polizei). Es war die bis dahin größte Demonstration gegen Kernenergie in der Bundesrepublik. Der Zufall wollte es, dass sich drei Tage zuvor, am 28. März, im Atomkraftwerk von Harrisburg (USA) der Störfall einer »teilweisen Kernschmelze« ereignet hatte.

Die Politik hielt sich aus dem Expertenhearing heraus, Ernst Albrecht beließ es bei seiner Anwesenheit im Zuschauerraum und bei einigen Fragen. Am Ende aber oblag es ihm als Ministerpräsidenten, eine Entscheidung zu treffen. In seiner Regierungserklärung vom 16. Mai 1979, live in der ARD übertragen, bestimmte er: 1. Ein Konsens sei nicht erreicht worden. 2. Eine atomare Wiederaufarbeitungsanlage sei technisch machbar, aber politisch nicht durchsetzbar, »solange es nicht gelungen ist, breite Schichten der Bevölkerung von der Notwendigkeit und sicherheitstechnischen Vertretbarkeit der Anlage zu überzeugen«. Er wies die Bundesregierung darauf hin, »daß die politischen Voraussetzungen für die Errichtung einer Wiederaufbereitungsanlage zur Zeit nicht gegeben sind«. Albrecht begründete seine Entscheidung mit Argumenten, zu denen man in geregelter Diskussion, auf wissenschaftlicher, rationaler Basis gelangt war. Im Grundsatz änderte er seine Meinung zur Atomkraft nicht. Die Wiederaufbereitungsanlage, »die den Menschen am meisten Angst bereitete«, wurde gestoppt, das Zwischenlager und die Untersuchungen des Salzstocks zur Endlagerung aber nicht. Von links kam scharfe Kritik (»Symbolpolitik«), das Image des wirtschaftsfreundlichen Ministerpräsidenten mit Verbindungen zur Atomindustrie blieb bestehen. Beendet war die Sache noch lange nicht.

Die Puvogel-Affäre. Zurück ins Jahr 1978: Der erste Skandal einer Albrecht-Regierung. Am Karfreitag des Jahres, am 4. April 1978, nach einem »mehrstündigen Gespräch« im Urlaub in der Steiermark nahm Ministerpräsident Albrecht das Rücktrittsgesuch seines Justizministers Hans Puvogel an. Die Doktorarbeit des SA- und NSDAP-Mitglieds Puvogel mit dem Titel »Die leitenden Grundgedanken bei der Entmannung gefährlicher Sittlichkeitsverbrecher« (1936) war ans

Tageslicht gekommen. Der seinerzeit 25-jährige Autor hatte unter anderem das »unterentwickelte Verständnis des Volkes für die Ausmerzung von wegen Minderwertigkeit für die Gesamtheit nutzlosen Menschen durch Tötung« bedauert. Puvogel distanzierte sich nicht von diesen Äußerungen, Albrecht empörte sich, er »fühle nur Verachtung«, allerdings für sozialdemokratische Politiker in Niedersachsen, von denen die Doktorarbeit publik gemacht worden war. »Wer den Rücktritt von Puvogel fordert, muß ehrlicherweise auch den Rücktritt von Herbert Wehner verlangen.« Wehner war vor 1933 Mitglied im Zentralkomitee der KPD.

All das, die Gorleben-Proteste und die Puvogel-Affäre taten Albrechts politischem Erfolg keinen Abbruch. Bei seiner ersten Wahl, der Wahl zum 9. Niedersächsischen Landtag im Mai 1978, holte er 48,7 Prozent, die FDP und die Grüne Liste Umweltschutz (GLU) schafften es nicht ins Parlament (im Kreis Lüchow-Dannenberg kam die GLU allerdings schon auf 17,8 Prozent), die CDU hatte mit 83 Mandaten eine absolute Mehrheit. Albrecht war angekommen, ein Popstar der Politik, singulär in der eigenen Partei. Als Intellektueller galt er, als »politischer Solitär« (»Wenn ich mich bei einer Sache durchgerungen habe und bin mit meinem Gewissen im Reinen, dann ist da schon ein gewisses Missionsbewusstsein. Dann kämpfe ich dafür und sage, das ist der Weg, den wir gehen müssen«), als arrogant. »Was er aber nicht war«, so Hartmut Möllring, seit 2003 unter Christian Wulff niedersächsischer Finanzminister und davor schon für die Christdemokraten im Landtag. »Er war, glaube ich, durchaus menschenscheu. Wenn man mit ihm am Tisch saß, selbst als kleiner Beamter [...] konnte man sich ganz ungezwungen mit ihm unterhalten. Wenn er aber in die Landtagssitzung kam und sich auf seinen Ministerpräsidenten-Platz setzte, dann ging er an uns vorbei, und man empfand das manchmal so, als wenn er einen nicht sehen wollte.«

Das geistige Rüstzentrum Krelingen. Der ehemalige niedersächsische Ministerpräsident Gerhard Glogowski präzisiert: »Albrecht gehörte ja einer evangelischen, eher sektenartigen Gemeinschaft an, die in Walsrode ihren Tempel hatte. Sonntags hatte er immer Kirchenarbeit. Ich sag' mal, er hat aus diesem Glauben heraus sehr stark geschöpft und damit auch das, was in der Politik zu tun war, immer auf Abstand gehalten.« Der »Tempel« in Walsrode, Ortsteil Krelingen, sechzig Kilometer nördlich von Hannover: Damit ist das »Geistliche Rüstzentrum« gemeint (Motto: »Mensch sein – Gott begegnen«), gegründet Anfang der 1970er-Jahre von Pastor Heinrich Kemner als »bibelfestes Bollwerk gegen die sündhafte Welt und eine verlotterte Amtskirche« (*Spiegel*). Eine evangelikale Burg, von der aus der Krelinger Geistliche Joachim Cochlovius Anfang der 1990er warnte: »Wir haben es letztlich mit Satan persönlich zu tun, der die Gemeinden kaputtzumachen versucht in dieser Endzeit.« Eine Burg, in der Gründer Heinrich Kemner (geboren 1903 im Minden-Ravensberger Land, gestorben 1993) in der Glaubenshalle vor 1.500 Gläubigen gegen Abtreibung und Feminismus predigte, gegen die »Tötung frühgeborener Kinder«, die Pille danach, Sterbehilfe, gegen eine Ehe gleichgeschlechtlicher Paare, gegen Homosexualität (»Brückenkopf zur Sodomie«) als solche: »Wenn homosexuelle Männer und lesbische Frauen die Kanzeln der Kirche besteigen, dann ist die Gottesfinsternis in ihr vollendet.«

So die bibeltreue, pietistisch-ultrakonservative Welt, in der Ernst Albrecht zu Hause war. Krelingen sei ein »Lichtblick«, sagte er. »Dort spürt man das Wirken des Heiligen Geistes«, selten fehlte er bei den Erweckungstagen. Vom spirituellen Klima im Elternhaus wusste man (es heißt, dass er nach dem Tod seiner Frau 2002 davon überzeugt war, sie im Himmel leibhaftig wiederzusehen), von seinen Auftritten bei bibeltreuen Christen vom rechten Rand (Arbeitskreis

Christlicher Publizisten) wusste man auch, von seinem Sendungsbewusstsein. Wie sagte er einmal: Als Politiker müsse man »einen Beitrag leisten, dass das Wort Gottes seinen Weg nimmt unter den Menschen«, man solle »Gutes tun im Sinne Gottes«. Man wusste, dass er ein Mann mit fundamentalistischen Vorstellungen war. Für einen knallharten Machtpolitiker wie ihn war es aber ungewöhnlich. Helmut Kohl soll ihn einmal als eine Mischung aus evangelisch, katholisch und Rudolf Steiner beschrieben haben.

Als nach dem Ende des Vietnamkriegs und der kommunistischen Eroberung des Südens mehr als eine Million Südvietnamesen im chinesischen Meer auf der Flucht waren, sendete Ernst Albrecht mit seiner Rettungsaktion im Dezember 1978 ein »Signal der Menschlichkeit«. Seine Popularitätswerte gingen nach oben und auch international erhielt er Anerkennung, denn er hatte das als erster westlicher Staatsmann getan – und, worauf die Staatskanzlei gleich hinwies, obwohl »wir ja keine Wahlen vor der Tür haben«. Anstoß hatten Fernsehbilder gegeben. »Das kann man ja nicht ertragen«, hatte Albrecht TV-Bilder des Flüchtlingsfrachters Hai Hong kommentiert und sich danach mit Frau und Kindern beraten, wie man helfen könne: »Wo blieb und wo bleibt die erlösende Tat?«; »Warum handeln *wir* nicht, wir Niedersachsen?«, fragte er sich und ließ Staatssekretär Haaßengier die Voraussetzungen für eine Aufnahme der Flüchtlinge prüfen. Dann flog Hasselmann nach Kuala Lumpur und kam mit den ersten 163 Bootsflüchtlingen zurück. Insgesamt sollten sich über 1000 Vietnamesen von der Hai Hong auf den Weg nach Niedersachsen machen.

Eine gute, bedeutsame humanitäre Aktion war es bestimmt. Am ersten Advent 1978 empfing der Ministerpräsident Flüchtlinge (»unsere vietnamesischen Neubürger«) am Flughafen Hannover, Hasselmann nahm Kinder in den Arm, schob sie ins Kameralicht, Albrecht hockte sich lächelnd dazwischen.

Es wurde nicht weiter hinterfragt, warum es zu dem Flüchtlingselend gekommen war. Wie schlecht es den Millionen im sozialistischen Vietnam ging und warum das so war. Und damit keine Unklarheiten aufkamen: Mit der Zigarettenmafia hatten diese Vietnamesen nichts zu tun. Albrecht legte Wert darauf festzuhalten: »Diese war die Organisation einer Minderheit der Studenten, die vom kommunistischen Vietnam in die DDR zur Ausbildung geschickt worden waren.«

Der verhinderte Kanzlerkandidat. Zweimal in seiner politischen Karriere sollte sich ihm eine Chance zum Aufstieg in höchste bundespolitische Ämter bieten. Zum ersten Mal im Frühjahr 1979, als ihn Helmut Kohl als Spitzenkandidat für die Bundestagswahl 1980 vorschlug. Die Sache hatte zwei Haken. Zum einen: Für die meisten war die Wahl 1980 ohnehin verloren. Kohl selbst gab später zu: »Ehrlicherweise muss man sagen, dass zu diesem Zeitpunkt vermutlich kein Kandidat der Union, wie immer er auch hieße, eine gute Chance hatte, Helmut Schmidt aus dem Kanzleramt zu drängen.« Kohl, der Verlierer von 1976, hielt sich aus taktischen Gründen zurück.

Der zweite Haken: Das Verhältnis zwischen den Schwesterparteien CDU und CSU war seit der Niederlage 1976 gespannt, zeitweise stand eine Fraktionsspaltung im Raum. Die CSU wollte unter der Führung von Franz Josef Strauß als »vierte Partei« bundesweit antreten, die CDU in Bayern.

Das Thema der Spitzenkandidatur für eine im Prinzip verlorene Wahl war nur ein Stellvertreterkrieg. Dem Parteivorsitzenden lag es daran, die Kandidatur Albrechts durchzusetzen, die Partei hinter sich zu versammeln, klare Kante zu zeigen gegenüber der Konkurrenz aus dem Süden. Die CSU, der Albrecht natürlich zu norddeutsch und vor allem zu protestantisch war, benannte ihren Vorsitzenden Franz Josef Strauß als Gegenkandidaten.

Am Ende fielen etliche CDU-Strategen wie Kurt Biedenkopf, Alfred Dregger oder Lothar Späth um und wechselten ins Strauß-Lager. Albrechts Finanzminister Walther Leisler Kiep hat davon in seinen Tagebüchern ausführlich berichtet, Kohl-Biograf Hans-Peter Schwarz fasst das Ganze unter der Überschrift »Angezählt: Kohls Krisenjahr 1979« zusammen. Die Entscheidung fiel am 2. Juli 1979 in der CDU/CSU-Bundestagsfraktion, in geheimer Abstimmung. Albrecht unterlag Strauß mit 102 zu 135 Stimmen. In seinen *Erinnerungen* schreibt Albrecht, er habe die Nachricht von der Niederlage zu Hause »gelassen« entgegen genommen. Schließlich, hier bezog er sich auf sein Buch *Der Staat – Idee und Wirklichkeit*, habe er ein »für Politiker atypisches Verhältnis zur Macht«, getragen von der Einsicht, »wie eminent gefährlich die Versuchungen der Macht für uns sündige Menschen sind«. Er fasst zusammen: »1980 ging es mir nicht darum, wirklich Kandidat und Kanzler zu werden, sondern darum, das Rechte zu tun. Wenn das Schicksal es so wollte: ja […] Aber um meines persönlichen Erfolges willen die Trennung von CDU und CSU verantworten: nein.« War es wirklich so? Oder war er nicht vielmehr froh, sich so einem offenen, vielleicht schmutzigen Kanzler-Duell nicht stellen zu müssen? Strauß wurde nicht Kanzler, er verlor die Bundestagswahl am 5. Oktober 1980, trotz eines guten Ergebnisses für die Union (44,5 Prozent). Helmut Schmidt konnte im sozialliberalen Verbund zunächst weiterregieren. Die Grünen, im selben Jahr gegründet, kandidierten erstmals auf Bundesebene, Ergebnis: 1,5 Prozent.

Die Kündigung des NDR-Staatsvertrages. Die medienpolitische Geschichte der Staatsvertragskrise fing an, als CDU-Ministerpräsident Gerhard Stoltenberg (Schleswig-Holstein) den Vertrag am 8. Juni 1978 kündigte. Die Dreiländeranstalt NDR (Hamburg, Schleswig-Holstein, Niedersachsen) halte den Staatsvertrag nicht ein, so Stoltenberg, ihm missfiel die einseitige Berichterstattung über Anti-Kernkraftproteste in Brokdorf (hier sollte ab 1976 ein Atomkraftwerk gebaut werden) und vor allem über das rabiate Einschreiten der Polizei. Der NDR war ihm zu wenig ausgewogen, zu sehr tendenziöser »Rotfunk«, personifiziert durch *Panorama*-Leiter Peter Merseburger, außerdem werde zu viel über Hamburg, zu wenig über die Region berichtet. Im parteipolitisch völlig blockierten NDR-Verwaltungsrat echauffierten sich die vier CDU-Mitglieder über die ihrer Meinung nach zu gewerkschaftsfreundliche TV-Reihe »Der Betriebsrat«, obwohl sie diese, so erinnert sich der damalige NDR-Justiziar Jobst Plog, zum Teil »gar nicht gesehen« hatten.

Stoltenberg sah Handlungsbedarf. Im Juni 1978 gab er eine Vertragskündigung zum Jahresende 1980 bekannt. Die Rolle der Massenmedien und besonders des öffentlich-rechtlichen Fernsehens, ihre Bedeutung für »politische Bewusstseinsbildung« waren in den 1970er-Jahren, unter den SPD-Regierungen Brandt und Schmidt, von der Politik erst entdeckt worden. Stoltenbergs Ziel war jetzt mehr Einfluss in den Rundfunkhäusern, letztlich wohl eine Aufspaltung des NDR, eine Zwei-Länder-Anstalt ohne das SPD-geführte Hamburg. Albrecht hat sich dem 1979 mit Verve und großen Plänen angeschlossen, nicht überraschend, hatte er sich doch schon 1976 medienpolitisch eingemischt und »zur Wiederherstellung von Objektivität« eine Überwachung des NDR-Programms mit einer »Registrierung der Sendungen durch Video-Recorder« angeregt.

Zwar folgte die Anschlusskündigung Niedersachsens erst am 3. Juli 1979, faktisch stand der Sender aber kurz vor dem Aus. In Albrechts Ideenskizze ging es ihm um Objektivität, regionale Vielfalt und ein neues, öffentlich-rechtliches Radio Niedersachsen (hierfür sollten aus dem NDR »ein Fernsehkanal und zwei Hörfunkwellen« herausgelöst werden). Er wollte nichts weniger als »über den NDR das ganze Rundfunkwesen in Deutschland neu zu gestalten«. Wovon er aber kaum jemandem etwas gesagt hatte. Sein Kultusminister Walter Remmers aus Papenburg (der für Niedersachsen im NDR-Verwaltungsrat saß), der profilierte Katholik und spätere Mentor Christian Wulffs, erfuhr es aus der Zeitung, seinem CDU-Mitstreiter Gerhard Stoltenberg ging das zu weit, der Hamburger SPD-Bürgermeister Hans-Ulrich Klose wollte ohnehin am Status quo festhalten (»Drei Länder, ein Sender«).

Der Konflikt löste sich auf, als das vom NDR und von Hamburg angerufene Bundesverwaltungsgericht am 28. Mai 1980 entschied, dass die Kündigung des Staatsvertrags durch Niedersachsen hinfällig sei – sie war nicht fristgerecht erfolgt. Einen Alleingang wollte Schleswig-Holstein nicht, der Hamburger Bürgermeister Klose hatte immer gesagt, das alles sei ein »überflüssiges Verfahren«, im Sommer 1980 wurde ein neuer Sender-Staatsvertrag bzw. ein überarbeiteter alter Vertrag von 1955 ratifiziert. Albrecht war hier gescheitert, zum zweiten Mal nach der verlorenen Kanzlerkandidatur. Das hatte er sich anders vorgestellt. Zur starren Haltung seines Ministerpräsidenten, auch in dieser Sache, fiel Werner Remmers, Minister in den Kabinetten Albrecht I–V, der folgende Vergleich vom Tauziehen ein: »Du ziehst und ziehst und merkst gar nicht, daß das andere Tauende an eine Eiche festgebunden ist.«

Als zwei Jahre später, im März 1982, der 10. Niedersächsische Landtag gewählt wurde, fuhr Albrecht erneut einen furiosen Wahlsieg ein. 50,7 Prozent, zwei Prozent mehr Stimmen, absolute Mehrheit trotz Gorleben. Im Rückblick war er da auf dem Höhepunkt der Macht – ein halbes Jahr vor dem »Verrat in Bonn«, bei dem Helmut Schmidt abgewählt wurde, ein Jahr, bevor Helmut Kohl am im März 1983 an die Macht kam. »So bis Ende der 60er-, Anfang der 70er-Jahre hatten die Niedersachsen eigentlich Minderwertigkeitskomplexe«, erinnert sich Hartmut Möllring. »Man guckte nach Bayern, Baden-Württemberg, Hessen, selbst nach Schleswig-Holstein. Man muss daran denken: VW stand damals kurz vor der Pleite, mit den völligen Flops, dem 411er, dann später dem 412er, Heckmotor [...] Und durch die überraschende Wahl von Ernst Albrecht, der ja dann auch fast Kanzlerkandidat geworden wäre, ist Niedersachsen aus dieser, sagen wir mal, stiefmütterlichen Situation rausgekommen.« Sigmar Gabriel ergänzt: »Letztlich schmiedete Albrecht zusammen mit Hasselmann und anderen das Bündnis aus Protestanten und Katholiken. Das war bis dahin in der niedersächsischen CDU ein Riesenproblem.« Auch ohne ein privates Radio Niedersachsen (das dann etablierte kommerzielle Radio ffn in Isernhagen entwickelte sich zum Leidwesen der CDU in eine verblüffend linkskabarettistische Richtung) schaffte es Albrecht, das »Landesbewusstsein« zu festigen, eine Bindung der Niedersachsen zu ihrem Land herzustellen, dem künstlichen Gebilde vom Oldenburger Münsterland, Ostfriesland, Lüneburger Heide bis zum Harz. Der »Tag der Niedersachsen« wurde 1981 eingerichtet, jedes Jahr in einer anderen Stadt in Niedersachsen, zudem die Initiative zur Imagestärkung des »Musikland Niedersachsen« gestartet. 1983 ersteigerte man das schon erwähnte Evangeliar Heinrichs des Löwen (eine »Gemeinschaftsanstrengung zur Sicherung nationalen Kultur guts«), das fortan in der Herzog August Bibliothek in Wolfenbüttel aufbewahrt wurde.

Albrecht als Beinahe-Bundespräsident. Albrechts zweite Gelegenheit zum Aufstieg nach Bonn kam 1983. Helmut Kohl bot ihm das Amt des Bundespräsidenten an, sozusagen als Belohnung dafür, dass er sich 1978/79 zum Duell um die von vornherein aussichtslose Kanzlerkandidatur mit Strauß bereit erklärt hatte. In einer Darstellung der Konrad-Adenauer-Stiftung heißt es dazu: »Albrecht, der lieber Ministerpräsident in Niedersachsen bleiben wollte, lehnte dieses Angebot jedoch ab.« Ganz so einfach war es nicht. Dazu der Hannoveraner FDP-Mann Patrick Döring: »Es wäre sicher ein Amt gewesen, das Ernst Albrecht hätte ausüben können. Aber das zeigt schon, dass man ein Stück weit mehr politische Erfahrung braucht als nur Ministerpräsident. Und Richard von Weizsäcker war der Zielkandidat gewesen. Es ist dann auch schwer vermittelbar für denjenigen, der sich in einer geradezu aussichtslosen Wahl gegen Walter Scheel [1974, LH] hat nominieren lassen, dann zu sagen: Jetzt haben wir eine Chance und jetzt nominieren wir dich nicht wieder. In bürgerlichen Parteien findet sowas wenig Anklang.«

Tatsächlich lag es Ernst Albrecht daran, nicht wieder als Kohl-Marionette benutzt zu werden. Es war lupenreine Machtpolitik, und es war auch ganz einfach: Kohl wollte Albrecht in Stellung bringen, um Weizsäcker zu verhindern, den er ursprünglich in die Politik geholt hatte, mit dem er jetzt aber tief zerstritten war. In Albrechts *Erinnerungen* wird dieser eigentlich klare Sachverhalt so nicht benannt. Hier schreibt er nur, dass das Amt »in seiner Lebensplanung nie vorgesehen« gewesen sei, berichtet von Gesprächen mit Weizsäcker und Kohl, der ihn mehrfach bedrängt habe, sich »im Interesse des Ganzen für diese Aufgabe zur Verfügung zu stellen«. Im *Spiegel* war damals zu lesen: »Als Weizsäcker Kohl im CDU-Präsidium offen zur Rede stellte, ließ der Kanzler Albrecht fallen. Kohl leugnete, dass er Albrecht irgendetwas versprochen hatte. Albrecht registrierte dies mit versteinerter Miene.« Ein enges, vertrauensvolles Verhältnis hat es zwischen Albrecht und Kohl nie gegeben. Im Gegenteil: Schon früh, schon 1982 wurde er zu einer Gruppe um Walther Leisler Kiep, Gerhard Stoltenberg und wieder Richard von Weizsäcker gezählt, die Kohl – als Kanzler einer schwarz-gelben Koalition nach einem Ende der Regierung Schmidt / Genscher – verhindern wollte (erfolglos, wie man weiß). 1989 dann der Putsch. Führende CDU-Politiker um den Ex-Generalsekretär Heiner Geißler wollten Kohl auf dem Bremer Parteitag entmachten,

Albrecht sollte übernehmen oder Lothar Späth. Man weiß: Auch dazu kam es nicht. Albrecht zog aus Parteiraison zurück.

Fünf Jahre nach dem Ende der (im Albrecht'schen Sinn fehlgeschlagenen) NDR-Staatsvertragskrise wurde die Medienpolitik wieder zur Chefsache. Diesmal ging es Albrecht um die schreibende Zunft. Aus der Zeit um 1980 ist sein Statement von der »unerträglichen Einseitigkeit der Massenmedien«, vom »Überangebot an gesellschaftspolitischem Quark« im seiner Meinung nach linkslastigen NDR überliefert. Jetzt wetterte er gegen ein »sozialdemokratisches Kampfblatt« (hier: die *Neue Presse* aus Hannover) und so, wie er damals »das ganze Rundfunksystem in Deutschland« umplante, nahm er sich jetzt, 1985, die universitäre Ausbildung von Journalisten vor. Da gab es nach 1968, abgesehen von Elisabeth Noelle-Neumanns Mainzer Publizistik-Institut, eine ganze Reihe von eher linksliberalen bis ganz neomarxistischen Läden in Berlin, München oder Münster, mit Publizistik-Wissenschaftlern wie Peter Glotz, Wolfgang R. Langenbucher oder Harry Pross. Albrecht und seine Planungsstrategen wollten gegensteuern, bis heute ein interessanter wissenschaftshistorischer Vorgang. Die Universität Hannover äußerte ihr »Befremden« darüber, dass sie »zu den Vorüberlegungen zum geplanten Studiengang nicht gehört worden ist«. Für Albrecht war es aber »das wichtigste politische Vorhaben der Legislaturperiode«.

Die neue Medien-Schmiede wurde dann gar nicht an der Uni angesiedelt, sondern an der kleinen Hochschule für Musik und Theater. Für insgesamt zwei Millionen Mark wurden die ehemalige Staatskanzlei umgebaut, Fachliteratur und Technik gekauft. Ein passendes Gutachten hatte man zwei Jahre zuvor in Auftrag gegeben. Die Politikwissenschaftlerin Beate Schneider von der Hamburger Bundeswehr-Universität befand, Journalisten hätten eine »Vorliebe für Kritik an Missständen«, für »einseitige ideologische Kritik«. »Der Bereich der Information« müsse

»unterhaltsamer gestaltet« und »entideologisiert« werden. Ernst Albrecht richtete einen viersemestrigen Ergänzungsstudiengang für Journalisten ein, das Neustudium wurde, wie die *Zeit* schrieb, »im Hau-Ruck-Verfahren installiert«. Frau Schneider bekam die erste Professur für »Journalistik mit dem Schwerpunkt der vergleichenden Medienlehre«. Walter J. Schütz (CDU) vom Bundespresseamt, ein Veteran des Fachs, war mit einer Honorarprofessur dabei. Doch gut lief es nicht. Von der Gewerkschaft und den Berufsverbänden kam deutliche Kritik, es gab Probleme mit Bafög-Bestimmungen, dann machte ausgerechnet auch der Springer-Verlag noch eine »Schule der Reporter« auf, mit einem Grundgehalt von 2000 Mark schon im ersten Jahr. Die *Zeit* maliziös: »Wenn schon unkritisch, dann doch, bitte schön, gegen gutes Geld. Wer wird da noch zu Albrecht in die Lehre gehen?«

1986 war das Jahr, in dem sich der Wind drehte. Am 26. April 1986 kam es zur Kernschmelze, zum Super-GAU in Tschernobyl. Am 15. Juni wurde in Niedersachsen gewählt. Jürgen Trittin, damals Fraktionsvorsitzender der Grünen in Niedersachsen: »1986 war ja die Ära Albrecht eigentlich vorbei. Er hätte eigentlich die Wahl verlieren müssen, er konnte dann ja auch nicht mehr alleine regieren.« Vor der Wahl hatte sich Albrecht schon verspekuliert, als er es noch einmal mit dem (nach dem Gorleben-Hearing eigentlich aufgegebenen) Projekt einer Wiederaufbereitungsanlage versuchte, zwar nicht mehr in Gorleben, sondern an einem Standort 26 Kilometer entfernt, in Dragahn. Seine Ansicht von der Atomkraft als im Prinzip sichere Energiequelle hatte er nicht geändert, und dass es wieder zu massivem Widerstand in der Region kommen würde, war abzusehen. Die erstarkte SPD unter Oppositionsführer Gerhard Schröder hatte Dragahn ausgeschlossen, dem schon immer atomfreundlichen bayerischen Ministerpräsident Strauß gelang es, in Konkurrenz zu Albrecht den bayerischen Standort Wackersdorf in der Oberpfalz als deutsche zentrale Wiederaufbereitungsanlage festzulegen (die Anlage wurde nie fertiggestellt). Albrecht gewann die Wahl 1986, wenn auch denkbar knapp. Die CDU hatte rund sechs Prozent verloren und musste mit der FDP koalieren. Auch dann hatte man mit 78 Mandaten nur eines mehr als Rot-Grün.

Das »Celler Loch«. Das Ende der Amtszeit von Ernst Albrecht hatte schon drei Wochen vor seinem letzten Wahlsieg angefangen, die Zeit der Skandale begann. Durch einem Artikel der *Hannoversche Allgemeine Zeitung* vom 25. April 1986 kommt heraus, was man kaum glauben mochte: Die beispiellos dilettantische »Aktion Feuerzauber«, bei der Beamte des niedersächsischen Verfassungsschutzes acht Jahre zuvor am 25. Juli 1978 um 2.54 Uhr ein Loch in die Justizvollzugsanstalt Celle gesprengt hatten. Als »Celler Loch« blieb das Ganze in Erinnerung. Es war eine verdeckte Operation zur Einschleusung eines V-Mannes bei der RAF, nur eine große Vortäuschung in der hochnervösen Lage nach dem Herbst 1977. Ernst Albrecht wusste von Anfang an Bescheid, Bundesinnenminister Werner Maihofer (FDP) auch. Fehler gestand Albrecht nicht ein, im Untersuchungsausschuss hörte man von ihm: »Ich bin sicher, dass unsere Bevölkerung genau das von mir verlangt.« Tatsächlich kam heraus, dass »reichlich fragwürdige Provokateure« nur ihre eigenen Verbrechen bewältigt hatten. Auf die Sprengung des »Celler Lochs«, der skurrilsten Geschichte in Ernst Albrechts Amtszeit, kommen wir noch ausführlicher zurück.

War die Sache mit dem »Celler Loch« irgendwo zwischen klamottig und grotesk verortet, hatte der zweite Großskandal der Ära Albrecht schon Thriller-Format. Selbstmord, Morddrohungen, Korruption, Sex und gekaufte Politiker, sogar ein Regierungssturz: Es war alles dabei, und alte Geschichten kamen wieder hoch wie Leichen im Keller. Der Untersuchungsausschuss des Niedersächsischen Landtags zur »Spielbankaffäre«

beschäftigte sich ab Januar 1988 zunächst mit Marian Felsenstein, Anfang 60, Kasino-König im karierten 80er-Jahre-Sakko. Er war der Betreiber der Kasinos in Bad Pyrmont und Hannover, einer, der praktisch jeden duzte und sagte: »Ich zahle an alle.« Alle Parteien. Bis man ihm im November 1987 die Konzession entzog: Felsenstein war selbst spielsüchtig, verschuldet und hatte Millionen Mark verloren. Das wusste man schon seit 1985 und verabschiedete eine Lex Felsenstein: In niedersächsischen Kasinos erhielt er Spielverbot, durfte aber Mehrheitsgesellschafter an den Spielbanken bleiben und in anderen Bundesländern weiterzocken und dort mit Spielbankschecks aus Hannover zahlen. Es war bekannt geworden, dass er schon in den 1970er-Jahren mit »Anteilen und Unterbeteiligungen an der Spielbank« handelte (auch um seine defizitäre Textilkette »Nylon-Vitrine« zu finanzieren). Die Politik bzw. der Ministerialrat Gerhard Roemheld, oberster Spielbankenaufseher in Wilfried Hasselmanns Innenministerium, war darüber informiert und hielt still. Es bestand Korruptionsverdacht, Verdacht auf Kontrollversäumnisse. Spielbankkassierer hatten beobachtet, wie Roemheld Jetons in Höhe von 2000 Mark von Felsenstein bekommen hatte. Die Spielbank Hannover meldet im November 1987 Insolvenz an, der Felsenstein-Gruppe wird die Konzession entzogen, Roemheld seine Funktion der Kasinoaufsicht wenige Wochen später. Das war der erste Affären-Komplex.

Der zweite wurde von dem Auftritt von Laszlo Maria von Rath am 17. August 1988 ausgelöst, dem ungarischen Werber und CDU-Wahlkampfhelfer in den 1960er- und 70er-Jahren. Von Rath, seinerzeit Immobilienmillionär mit Wohnsitz in den USA, beschuldigte die CDU-Spitzenleute schwer. Warum packte er jetzt, nach zwanzig Jahren aus? Obwohl er »nach wie vor CDU-Anhänger in der Seele« sei, oder, wie er sagte, »stockkonservativ«, »so schwarz«, dass man ihn »nachts nicht sehen kann«. Es seien die Vorgänge in Schleswig-Holstein ein Jahr zuvor gewesen, die Barschel-Pfeiffer-Affäre (»Waterkantgate«), die ihn nachdenklich gemacht hätten und dafür verantwortlich waren, dass bei ihm »Bedenken im Zusammenhang mit der CDU« aufgekommen seien. In seiner Aussage vor dem Ausschuss ging es um einen *Deal*, den er bei einem Mittagessen Anfang der 1970er dem CDU-Landesvorsitzenden Hasselmann und dem damaligen CDU-Schatzmeister Albrecht vorgeschlagen habe. Damals sei man in der Niedersachsen-CDU bereit gewesen, privat geführte Spielbanken zu erlauben (gemeinsam freilich mit der regierenden SPD). Um an eine Konzession zu kommen, suchte eine Gruppe um den hannoverschen Gastronomen Rudolf Kalweit, zu der von Rath Kontakt hatte, Unterstützung von der CDU. Im Gegenzug, so von Rath an Eides statt, würden 25 Prozent der Roulette-Gewinne als verdeckte Parteispenden unerkannt in die CDU-Kasse geleitet werden – über von Rath als Strohmann. Albrecht und Hasselmann wiesen die Beschuldigungen zurück. Reaktion des Ausschuss-Vorsitzenden Wolf Weber (SPD): Wenn sich der »ungeheuerliche Verdacht« erhärte, dann habe die CDU »in kaum noch zu überbietender Weise« gegen »die Verfassung und den Geist des demokratischen Rechtsstaates« verstoßen.

Wie vom Untersuchungsausschuss ermittelt wurde, verzögerte und verkomplizierte sich der Fall Anfang der 1970er-Jahre. Zwar wurden die Kalweit-Gruppe und CDU-Unterhändler Rath handelseinig, beide setzen außerdem (weil ja bekannt war, dass von Rath enge Kontakte mit der CDU unterhielt) einen weiteren Strohmann ein, also einen Strohmann des Strohmanns, in Person des Kalweit-Partners Otto Welsch, vorbestrafter Betreiber eines Hamburger Kasinos. Was sich als Fehler herausstellen sollte, denn wahrscheinlich war Welsch der Grund, weswegen sich Ministerialrat Gerhard Roemheld (der korrupte Spielbankaufseher) gegen einen Zuschlag für die Kalweit-Gruppe aussprach. Ihm schien Welsch zu dubios, er wollte keinen »Geruch von Las Vegas« in den Kasinos von Niedersachsen. Es konnte aber auch sein, dass Roemhelds Entscheidung *contra* Kalweit und *pro* Felsenstein damit zu tun hatte, dass ihn mit Felsenstein eine enge persönliche Beziehung verband. Man spielte Karten, Frau Roemheld konnte sich in der »Nylon-Vitrine« frei bedienen.

So war es Marian Felsenstein, der 1974, nachdem das Spielbankengesetz im Vorjahr verabschiedet worden war, die Konzession bekam, Kalweit und Partner gingen leer aus. Und das trotz »mehrfacher mündlicher Zusagen«, wie sie behaupteten, auch von Richard Lehners, dem damaligen SPD-Innenminister im Kabinett Kubel I (1970–74). Jetzt kam die SPD ins Spiel. Von Lehners, genannt »King Richard« und starker Mann der SPD in Niedersachsen, Frau und vier Kinder, behauptete Kalweit wiederum, er habe von ihm für seine »Vorabzusage« und seine Kooperation (die ja nichts einbrachte), »Job und Eigentumswohnung für seine Geliebte« gefordert. Dazu Lehners: »Was da für ein Schmutz hochkommt! Das ist doch zum Kotzen.« Die Ereignisse nahmen an Dramatik zu. Gerhard Roemheld, der vermeintliche Hauptschuldige an der Absage für Kalweit, bekam Morddrohungen – von Welsch: »Ein guter Ruf ist wie ein stattlich Haus, das baut sich Stein um Stein allmählich aus, doch mit gewissenloser Hand im Nu steckt es ein Lump in Brand.« Welsch selbst landete erst in einer Zürcher Nervenklinik, dann verübte er Selbstmord auf Teneriffa.

Aus dieser Frühgeschichte des Spielbankskandals ergaben sich Hinweise, mit deren Hilfe man hoffen konnte, eines der ganz großen innenpolitischen Rätsel aufzuklären: War Ernst Albrecht 1976 aufgrund von Bestechung an die Macht gekommen? Eine frühe Vermutung war immer gewesen, dass Bruno Brandes, Jahrgang 1910, umtriebiger Bauernsohn aus Groß Ilsede, CDU-Fraktionsvorsitzender von 1965 bis 1970 und von 1976 bis 1982, seine Finger im Spiel hatte. Als Ende der 1960er auf einmal zehn Abgeordnete aus SPD, FDP und NPD (damals mit sieben Prozent im niedersächsischen Parlament) zur CDU wechselten, war es ein offenes Geheimnis, dass Brandes (Spitzname »Greifvogel«) dahintersteckte. Die Sache ging schief. Die Große Koalition zerbrach an den Überläufern, es kam 1970 zu Neuwahlen, FDP und NPD schieden aus, die SPD errang die absolute Mehrheit. Als es sechs Jahre später bei der Ministerpräsidentenwahl wieder zu dubiosen Vorgängen im Leine-Schloss kam, sahen viele Bruno Brandes als Mastermind hinter dem Coup.

Jetzt, zum Zeitpunkt des Spielbankenskandals, war das alles zwei Jahrzehnte her, Zeugen hatten das Zeitliche gesegnet, es gab immer wieder Gedächtnislücken auf beiden Seiten, doch Laszlo von Rath konnte noch Namen beisteuern. In einem ffn-Radiointerview sagte er, dass es Andeutungen des früheren CDU-Generalsekretärs Dieter Haaßengier gegeben habe über einen gewissen Landtagsabgeordneten. »Ein recht konservativer aus der Gegend von Braunschweig, Hildesheim. Es war ein älterer Mensch, ich glaube von der FDP.« Was wiederum nahelegte, dass es sich dabei um den rechtsliberalen Braunschweiger FDP-Abgeordneten Gustav Ernst handelte, den linke Freidemokraten schon 1976 in Verdacht hatten.

Außerdem habe von Rath selbst Hasselmann am Telefon davon informiert, dass der Burgdorfer FDP-Ministerialbeamte Reinhard Brennecke gesagt habe, er könne »eine FDP Stimme für die Albrecht-Wahl besorgen«. Dafür wolle er aber den Posten des Regierungspräsidenten von Hannover. Hasselmann stritt alles ab, einen solchen Regierungspräsidenten hat es auch nie gegeben. Trotzdem hatte von Rath die Vermutung, dass es sich bei dem zweiten »politischen Geisterfahrer«, die Stimme, die Brennecke besorgen wollte, um Wirtschaftsminister Erich Küpker gehandelt habe, Brenneckes Parteifreund und Vorgesetzter (später, im Kabinett Albrecht II, war er wieder Wirtschaftsminister). Oder waren beide Komplexe sogar verbunden, die Wahl 1976 und die Spielbanken? War »King Richard« Lehners, der sein SPD-Innenministerium nach der Wahlschlappe 1974 an die FDP hatte abgeben müssen, einer der beiden »Verräter«, die Albrecht an die Macht brachten? Was der *Stern* schon 1976 vermutet hatte. Man weiß nicht, wie die krummen Touren genau gelaufen sind, ob und wie viel Geld geflossen ist. »Aber ich bin ja nicht von gestern«, sagte von Rath. »Ich weiß, dass Herr Dr. Albrecht sehr hoch geschätzt wurde bei Herrn Bahlsen.«

Bei all dem Skandal-Getöse, das hier nur fragmentarisch beschrieben werden kann, kam sogar Heidi Adele Albrecht in die Kritik. Sie hatte von Marian Felsenstein Spenden für humanitäre Zwecke erhalten. Für sie kein Problem: »Egal, ob es das Scherflein einer Witwe oder ein paar Tausend Mark von Herrn Felsenstein waren. Ich bedanke mich auch von Herzen, wenn ich in der Kirche mit dem Klingelbeutel herumgehe.« Wilfried Hasselmann, der Albrecht-Entdecker, stand den Spielbankskandal nicht durch. Ihm wurde die Vernachlässigung der Kasino-Aufsichtspflicht vorgeworfen, im *Deutschen Allgemeinen Sonntagsblatt* stand, er trage als Minister, »der sein lange angestrebtes Traumressort nie auch nur ansatzweise in den Griff bekam«, die Verantwortung für die »eklatanten Mängel in der Aufsicht«. Ein Schreiben aus der Konkursmasse der Spielbank bewies schließlich, dass er fünfstellige Spenden von Felsenstein erhalten und vor dem Untersuchungsausschuss im April 1988 die Unwahrheit gesagt hatte. Am 25. November 1988 trat Innenminister Hasselmann zurück.

Am seidenen Vajen. 1989, im Jahr vor der Wahl, sah es nicht gut aus für Ernst Albrecht und seine krisengeschüttelte Partei. Albrecht, der mit Verrat an die Macht gekommen war, hatte zwar das »Celler Loch«, den Spielbankskandal und im Dezember 1988 noch ein Misstrauensvotum überstanden (76 Stimmen gegen 79, mindestens eine Stimme kam von der Opposition). Die SPD hielt sich aus taktischen Gründen mit Rücktrittsforderungen zurück. Vor Hasselmanns Abgang hieß es: Uns kann »doch nichts Besseres passieren, als dass die CDU mit diesen beiden Helden noch einmal in den Wahlkampf zieht«. Hasselmann war dann weg, doch Albrecht kam nicht zur Ruhe. Kurt Vajen, CDU-Bürgermeister von Brockel, war einer der Abgeordneten, die Albrecht die äußerst knappe Ein-Stimmen-Mehrheit im Parlament verschafften (so knapp, wie die *Zeit* schrieb, dass manchmal kranke Abgeordnete mit dem Krankenwagen zur Abstimmung antransportiert wurden). Vajen, ein windiger Typ, war schon 1986 wegen Urkundenfälschung und Wahlmanipulation bei der Kommunalwahl im heimischen Brockel aufgefallen und verurteilt worden, 1988 wurde er mit 2,12 Promille am Steuer erwischt. Albrecht tat nichts, er musste den vorbestraften Vajen wegen der einen Stimme behalten. Im Herbst 1989 aber war das Maß voll, als »Knobel-Kurt« (er würfelte gern) sich als Symphatisant der Republikaner geoutet hatte. Die Regierung in Hannover schien nun vom Wohlwollen eines Franz Schönhuber abhängig zu sein, oder, wie es SPD-Oppositionsführer Gerhard Schröder formulierte: von einem »Republikaner, der noch ohne Parteibuch ist«. Für die Grünen war es nur noch eine »faktische Schwarz-Braun-Blaugelb-Koalition«. Im September 1989 warf die CDU-Fraktion Kurt Vajen notgedrungen heraus und verlor die Mehrheit im Parlament. Albrechts Macht zerfiel.

Dann kam Oswald Hoch. Wenige Tage nach dem unfreiwilligen Abgang Vajens trat der SPD-Hinterbänkler aus seiner Partei aus und hob das parlamentarische Patt auf. Überraschend kam das nicht, schon Jahre zuvor hatte er sich mit Hasselmann getroffen und Perspektiven ausgelotet, jetzt wollte er mit der »Scheiß-SPD« nichts mehr zu tun haben. War es Zufall? Oder eine Niedersachsen-Mauschelei? Die *Frankfurter Rundschau* fragte sich, ob denn in Hannover eine »Bande von Schmuddelkindern und Dunkelmännern« regiere, die alle »in Wahlbetrug oder undurchsichtige Finanzmanipulationen verstrickt sind«. Vielleicht war es auch eine Anspielung auf Bruno Brandes, den »Greifvogel« der Ära Albrecht, mit dem es ja auch nicht gut ausgegangen war. Mitte der 1980er-Jahre sorgte er für Aufsehen um seinen Privatzoo, den er mit einigen »vom Aussterben bedrohten« Tieren in Schießhaus bei Holzminden ohne Genehmigung unterhielt. Die CDU wollte ihn loswerden, doch der Landrat und niedersächsische Parlamentspräsident klebte an seinem Amt. Im Juni 1985 starb der herzkranke Brandes während des Urlaubs in Bischofsgrün.

In der Zeit der Skandale 1988, als der Ruf des früheren Strahlemanns verblasste und die CDU Gefahr lief, den letzten Rest Glaubwürdigkeit zu verspielen, als in der Partei »Endzeitstimmung« herrschte, wurde der Wunsch nach einer Ablösung ganz oben laut. Bundesfamilienministerin Rita Süssmuth, geboren 1937 in Wuppertal, stellvertretende Vorsitzende der Niedersachsen-CDU mit Bundestagswahlkreis in Göttingen, von 1982 bis 1985 Direktorin des Instituts »Frau und Gesellschaft« in Hannover, war auch für Helmut Kohl eine interessante Option; er wäre sie damit in Bonn losgeworden. Albrecht, der in Niedersachsen keinen großen Elan fürs Regieren mehr verspürte, ließ sich auf die Personalie ein, wollte noch einmal zur Wahl antreten und dann nach zwei Jahren sein Amt an Süssmuth abgeben. Aber »bei aller Wertschätzung und Hochachtung für Frau Süssmuth, war sie eben doch nicht die Kandidatin, die hier in Niedersachsen überzeugen konnte«, so Herbert Schmalstieg – zumal sie ja auch nur eine Schattenkandidatin war. Eine neue Kandidatur für den Landtag 1990 hatte Albrecht gleich ausgeschlossen. Hartmut Möllring: »Das war mit Sicherheit ein taktischer Fehler, denn wenn jemand sagt, ich hab eigentlich keine Lust mehr, ist das immer schwierig, gewählt zu werden.«

Die deutsche Wiedervereinigung, die Helmut Kohls Bundes-CDU rettete, konnte den Albrecht-Abstieg nicht stoppen. Der Ministerpräsident verlor am 13. Mai 1990 seine letzte Wahl. Der Plan mit Rita Süssmuth in der Hinterhand verfing nicht. Gerhard Schröder gewann, auch seine Rot / Grüne-Koalition hatte landestypisch nur eine Stimme Vorsprung.

Industrieengagement nach der Abwahl. Im Mai 1990 war es mit der politischen Karriere vorbei. Im für einen Politiker jungen Alter von 60 Jahren stieg Ernst Albrecht aus diesem Gewerbe einfach aus. Mit seinem Engagement für die maroden, ehemals volkseigenen Eisen- und Hüttenwerke in Thale am Harz in Sachsen-Anhalt kam er kurz nach seiner Abwahl noch einmal in die Öffentlichkeit, als er die Firma im Oktober 1992 zum symbolischen Preis von einer D-Mark kaufte. In den Jahren nach dem Ende der DDR, als ein Großteil der DDR-Industrie abgewickelt wurde, konnte Albrecht die Schließung des Betriebes abwehren. 1997 verkaufte er die noch immer unrentable Firmengruppe in Thale an die Schunk-Holding, wiederum für eine Mark. Die Hüttenwerke heißen heute THALETEC, gehören zwei Privatinvestoren und sind ein allem Anschein nach ein gesundes Unternehmen.

Albrecht zog sich ins Privatleben auf Gut Beinhorn zurück. Er engagierte sich noch bei Stiftungen und in der Kirchenarbeit. Ostern 2002 erhielt seine Frau Heidi Adele die Diagnose von fortgeschrittenem Lungenkrebs. In einem sehr persönlichen, bewegenden Eintrag schrieb Ernst Albrecht (im Vorwort der von der Familie veröffentlichten Tagebücher / Briefe der Mutter) vom letzten gemeinsamen Gebet, von Heidi Adele Albrechts letztem Atemzug am 6. Juli 2002. 2005 starb sein zweitältester Sohn Lorenz ebenfalls an Krebs.

Ernst Albrecht war unter nebulösen Umständen an die Macht gekommen und als Hoffnungsträger gestartet, am Ende war Albrecht ein »verschlissener Ministerpräsident«, oder, wie Sigmar Gabriel zusammenfasst, er hatte »die Skandale am Hals. Von daher ist das so eine zweischneidige Geschichte mit der Modernisierung. Es ist auch richtig viel finsterer Sumpf gewesen.« Niedersachsen war Skandal-Land, auch wenn Albrecht sich persönlich zumeist heraushalten konnte. Das Schicksal von Uwe Barschel blieb ihm erspart. Die Hintergründe der anrüchigen Wahl 1976, die Verwicklung darin und die Beteiligung der CDU-Granden konnten sich nie letztgültig klären lassen. Eine fundamental christliche, evangelikale Prägung hatte er aus dem Elternhaus (mit einem durchaus exzentrischen Vater) und der Familientradition übernommen, einen strengen Protestantismus, einen bibeltreuen Glauben mit Hang zu fundamentalistischer Dogmatik. Immer wieder, zuletzt in seinen *Erinnerungen*, hat er an sein »für Politiker atypisches Verhältnis zur Macht« erinnert, von den gefährlichen Versuchungen der Macht für sündige Menschen. Nach allem, was im Spielbankskandal öffentlich wurde, blieb ein anderer Eindruck, wiesen doch zahlreiche Belege darauf hin, dass er selbst sich schon in frühen Jahren, gerade von Brüssel nach Hannover gekommen, auf undurchsichtige Strategien der Machtsicherung einließ. Das ist im Sinne von Max Webers pragmatischer Politiktheorie auch eher die Regel, aber Albrecht vermittelte staatsphilosophisch immer einen anderen Eindruck. Das sollte sich mit dem Typus Christian Wulff in der niedersächsischen CDU fortsetzen.

Röschen. 2008 machte Ursula von der Leyen die Demenzerkrankung ihres Vaters öffentlich, zu der Zeit noch eine Tabudiagnose. Er war der erste namhafte deutsche Politiker, dessen Alzheimer-Krankheit lange vor seinem Tod bekannt wurde. Die Söhne (Harald, Hans-Holger, Barthold, Donatus) waren längst auf Managerpositionen über Europa verteilt. Die Tochter Ursula, Röschen, lebte in Hannover. Sie zog mit ihrer Familie zu ihm auf das Familiengut in Burgdorf-Beinhorn und blieb in seiner Nähe, bis zu seinem Tod im Dezember 2014.

Als sie unter ihrem Nachnamen von der Leyen bekannt wurde, als sie 2003 von null auf hundert Familien- und Frauenministerin in Niedersachsen wurde (Kabinett Wulff I), reagierten viele so, wie es die *taz* unter der Headline »Supermutterpowertochter« auf den Punkt brachte: »Hat den Tochterbonus, hat Beziehungen, hat Personal, hat Geld, hat gut reden.« Zu dem Zeitpunkt hatte sie bereits mit 17 ein Überflieger-Abitur mit 0,7 absolviert und ein Wirtschaftsstudium in London nach einem, zumindest in der eigenen Erinnerung, lockeren Studierendenleben abgebrochen. 1980 fing sie wie der Großvater mit dem Medizinstudium an, lernte in Hannover ihren Mann Heiko (aus der protestantischen von-der-Leyen-Kaufmannsdynastie) kennen, heiratete 1986 und bekam 1987 das erste Kind. Zum Zeitpunkt der Promotion 1991 war sie dreifache Mutter.

1992 brach Ursula von der Leyen die Facharzt-Ausbildung ab, die Familie zog nach Kalifornien, Medizinprofessor Heiko Echter von der Leyen hatte einen Ruf an die Stanford-Universität erhalten. Ursula von der Leyen war Gasthörerin in Stanford und bekam Zwillinge. 1996 ging sie zurück nach Hannover und begann ein Jahr später ein Master-Studium im Fach *Public Health*, das sie 2001 abschloss. Während des Studiums bekam sie zwei weitere Kinder, das sechste und das siebte.

Aus einer wissenschaftlichen Karriere aber wurde nichts, wie es schon zuvor in der Medizin nicht geklappt hatte. Jetzt ging Ursula von der Leyen in die Politik. Und im dritten Karriere-Anlauf hat es funktioniert, im Rekordtempo. Erst in der Kommunalpolitik in der Umgebung von Hannover: als stellvertretende Ortsbürgermeisterin von Ilten und CDU-Fraktionsvorsitzende im Stadtrat von Sehnde, einer benachbarten Ortschaft. Hier arbeitete sie mit einer enormen Wahlwerbemaschine, mit Plakaten und Flyern (die Familie im Gänsemarsch) von bis dahin unbekanntem Umfang. Dazu 2001 die stellvertretende SPD-Bürgermeisterin von Sehnde: »So etwas hatten wir hier noch nie erlebt.«

Ein Landtagswahlkreis war die nächste Stufe. Es folgte die im Rückblick unschöne Geschichte, wie Ursula von der Leyen den alten Wahlkreis ihres Vaters (Wahlkreis 39) für sich gewann, gegen den dort eigentlich gesetzten, erfahrenen Abgeordneten Lutz von der Heide, seit 13 Jahren Abgeordneter im Leineschloss. Nach einer ersten Kampfabstimmung vom Dezember 2001, die von der Leyen mit der Mehrheit von einer (wie sich herausstellen sollte ungültigen) Stimme für sich entschieden hatte, folgte eine zweite Abstimmung im Mai 2002, ein halbes Jahr später. Genug Zeit für persönliche Gespräche von Albrecht und Hasselmann mit den Wahlkreis-Delegierten, genug Zeit für eine Kampagne von *Bild*-Hannover (»Wer wollte ›Röschen‹ stürzen? Tochter von Ex-MP Albrecht Opfer einer schmutzigen Polit-Intrige«). Von der Leyen gewann die zweite Wahl mit einer Zweidrittelmehrheit, Lutz von der Heide, der sich der »Albrecht-Sippe« nicht kampflos ergeben wollte, verlor und zog sich aus der Politik zurück. 2003 dann Landesministerin unter Christian Wulff, ab November 2005 Bundesministerin, man weiß, wie es mit Ursula von der Leyen weiterging.

»Wie ihr Vater«, so die »Röschen«-Biografen Elisabeth Niejahr und Peter Dausend, »neigt sie dazu, ihre politischen Widersacher zu umarmen, um sie zu entmachten. Wie ihr Vater setzt sie ihre Interessen oft lächelnd durch. Wie ihr Vater findet sie Parteipolitik langweilig. Nur hat sie, anders als Ernst Albrecht, keinen Hasselmann, an den sie diesen Teil der Arbeit delegieren kann.« Keines der Albrecht-Kinder war dem Vater so nah, keines ist ihm so ähnlich. Nur die Tochter hat es auch in die Politik gezogen. Sie lächelt wie er, hat sieben Kinder wie er, hat eine gewisse Nähe zu fundamental-christlichen Gruppen. Auch Ernst Albrecht war Quereinsteiger, wie er früher präsentierte auch sie anfangs ihre Großfamilie in der Öffentlichkeit (auch Heiko von der Leyen, der Biotec-Unternehmer, hält sich zurück wie einst Heidi Adele). Auch die schmale Frau mit der Betonfrisur polarisierte mit all der früher oder später unglaubwürdigen perfekten Harmonie. So wie von ihrem Vater wurde auch von ihr erwartet, ihrer Partei ein neues Gesicht zu geben. Es gibt mittlerweile eine Reihe von klugen, unterhaltsamen Büchern über Ursula von der Leyen. Die gibt es vor allem deswegen, weil nicht wenige glauben, dass sie in der Politik noch weiter nach oben will. Dass sie das explosive Amt der Bundesministerin für Verteidigung im Kabinett Merkel III annahm und sich – wie »KT« zu Guttenberg – gern in Kampfmontur fotografieren lässt, sagt genug aus. Und wie KT hatte sie mit einer Plagiatsaffäre um ihre medizinische Doktorarbeit zu kämpfen, die sie schließlich haarscharf überstand.

Frogs: Gerhard Schröder in Hannover

»Ich lasse mich mit jedem fotografieren, wenn es sein muss auch mit Marx und Lenin.«

Gerhard Schröder, *Der Spiegel,* Dezember 2004

»Es ist doch tragisch anzuschauen, wie der Schröder sein ganzes Leben lang versucht hat, aus seiner Arbeiterherkunft rauszukommen, an den Türen zu rütteln, bis ganz nach oben zu kommen, und dass er nie merken wird, dass die da ganz oben ihn letztlich für einen nützlichen Idioten halten. Er hat sich sozusagen die Anerkennung erkämpft, indem er für sie, für ihre Interessen einstand. Doch er wird nie ihresgleichen sein.«

Max Uthoff, Kabarettist (*Die Anstalt*, ZDF) in einem Interview mit *konkret,* November 2015

Leutseligkeit und Nähe. Wenn es eine Wesensverwandtschaft von politischem Typus, äußerem Habit und geographischem Ort gibt, dann *ist* Gerhard Schröder Hannover. Die Vorliebe für den Schweinerock der »Scorpions«, für den neo-expressionistischen Künstler Bruno Bruni, für Currywurst bei »Plümecke« oder viel Rotwein im »Roma« – all das passt ganz wunderbar zusammen. »Schröder ist für mich die Verkörperung dessen, was Hannover ausmacht«, sagt auch Jobst Plog, der alte Duzfreund aus hannoverschen Juristenzeiten, »er hat sich in allen Zeiten gerne zu Hannover bekannt, ist da immer wohnen geblieben, wohnt da immer noch. Geht auch zu 96. Schröder hat auch so eine Form von Leutseligkeit und Nähe, einen Humor, der hannöversch ist.« Tatsächlich hört man Schröder mit seinem ostwestfälisch-hannoverschen Hochdeutsch gerne zu, auch wenn man politisch nicht seiner Meinung ist. Er jedenfalls war und ist die politische Hannover-Ikone. In der Plathnerstraße, dem Schröder-Wohnort, hatte der zuständige SPD-Ortsverein ein Schild aufgestellt: »Hannover ist Messestadt Expostadt Kanzlerstadt«. Gegen Ende der Kanzlerzeit Schröders besuchte der Reporter Joachim Bessing vom literarischen Quintett »Tristesse Royale«, der das Schild entdeckt hatte, die Niedersachsen-Kapitale und resümierte:

»Hannover besteht aus mehr als seinem Zooviertel. Es ist eine Provinzstadt, deren Geschäfte ein verblüffend komfortables Angebot zu bieten haben. Die Sache hat nur einen Haken. Es gibt in Hannover keinen Ort, an dem sie ihre neuen Kleider vorzeigen können. Es gibt keinen Platz, kein Café, kein Restaurant, in dem sie ihre Lesefrüchte diskutieren können, wo man sich trifft. In Hannover gibt es dieses ›man‹ nämlich nicht. Gewiss, die Stadt ist kultiviert. Viele ihrer Häuser sind schön. Das Britische ist noch stark zu spüren. Aber die Bewohner der Stadt pflegen keine Kultur – von dem größten Schützenfest Europas einmal abgesehen, von dem Maschseefest und ein bisschen Museum und Theater hier und da.«

Über den Maler und Skulpturisten Bruno Bruni, der mit seiner Frau auch eine Zeitlang in Hannover lebte, hat die *taz* einmal geschrieben, er sei der »Agent des Dekorativen«, für die einen »ein genialer Künstler, für die anderen macht er nur Kitsch«. Diese Dualität trifft irgendwie auch auf Schröder zu: Den einen gilt er als ausgebuffter Politik-Stratege mit Sinn für harte und mutige Entscheidungen (wie dem klaren Kurs gegen George W. Bush und Tony Blair in der Irakkrieg-Frage), vor allem als der einzige echte SPD-Charismatiker nach Helmut

Schmidt, den anderen als gnadenloser Opportunist, der die substantielle politische Sacharbeit immer auf »Kommissionen« und Berater abschob und ansonsten mit »Bild, Bams und Glotze« regierte. Schröders erste Amtszeit als Bundeskanzler (1998–2002) war verstolpert und holprig, im Grunde wurden neben eher blassen oder grantigen SPD-Kadern die beiden Grünen Joschka Fischer und Jürgen Trittin zu den Stars des Kabinetts; der Krach mit dem unkontrollierbaren Finanzminister Lafontaine führte mittelbar zur Gründung der Linkspartei, und viele Genossen machen Schröder (vor allem nach den Hartz-Reformen) bis heute dafür verantwortlich, dass die SPD strukturell auf unabsehbare Zeit dazu verurteilt zu sein scheint, kleinerer Partner in Großen Koalitionen zu sein. Mitunter wird sich der Kanzler nach den ruhigeren Zeiten in Hannover zurückgesehnt haben.

Aus Niedersachsen hatte Schröder fast seinen gesamten Berater- und Mitarbeiterzirkel fürs Kanzleramt und wichtige Stabsstellen rekrutiert: Frank-Walter (»Mach mal«) Steinmeier, Jahrgang 1956, auch der ein gebürtiger Lipper aus Brakelsiek, seit 1991 Referent in der hannoverschen Staatskanzlei (»Medienrecht und Medienpolitik«) und seitdem als ausgleichendes Element immer an Schröders Seite. Als Chef des Bundeskanzleramts (1999 bis 2005) koordinierte Steinmeier nach dem Abgang von Bodo Hombach den hannoversch dominierten Strategie-Kreis des Kanzlers – mit Bürochefin Sigrid Krampitz als zentraler Gatekeeperin und Uwe Karsten Heye, der schon in Niedersachsen Regierungssprecher gewesen war und dann in gleicher Funktion in Bonn und Berlin gearbeitet hatte; mit dessen Stellvertreter Thomas Steg, Ex-Pressesprecher der Niedersachsen-SPD sowie dem gebürtigen Hannoveraner Reinhard Hesse, Ex-*taz*- und Ex-*Transatlantic*, als Chef-Redenschreiber. Dazu gesellte sich der wirtschaftspolitische Sherpa und Staatssekretär Alfred Tacke, auch er schon 1990 Referatsleiter in der niedersächsischen Staatskanzlei. Die einst bundespolitisch unangefochten dominierende NRW-SPD spielte noch eine gewisse Rolle, als der Ex-Ministerpräsident Wolfgang Clement nach der Bundestagswahl 2002 als »Superminister« (Wirtschaft und Arbeit) in Schröders neues Kabinett wechselte, aber im Grunde kann man für Schröders Kanzlerjahre auch einen personellen und administrativen Bedeutungsverlust der nordrhein-westfälischen Genossen-Szene konstatieren.

Neue Mitte. Gemeinsam mit seinen SPD-»Kampa«-Strategen Franz Müntefering und Mathias Machnig hatte Schröder 1998 die »neue Mitte« als Kernpublikum im Wählervolk entdeckt, in Anlehnung an Blairs »New Labour«, mit den entsprechenden Wahlkampf-Strategien des »Spin Doctoring«. Und war nicht auch Hannover, der solide Rückzugsort des Kanzlers, nach der deutsch-deutschen Vereinigung die »neue Mitte«?

In seinem ersten niedersächsischen Landtagswahlkampf 1986 war Schröder, der gebürtige Ostwestfalen-Lipper, noch doppelsinnig gegen Ernst Albrecht als »der neue Kopf« verkauft worden, in Erinnerung an den Landes-Gründervater Hinrich Wilhelm Kopf. Und so suchte er sich für sein Image Traditionsbestände der SPD zusammen: Mal war er ein wenig Niedersachsen-Häuptling wie der trinkfeste Zigarrenraucher Kopf, dann nannte er August Bebel als politisches Vorbild. Er sah sich gern als einer der »Enkel« Willy Brandts, aber auch als technokratischer Macher wie Helmut Schmidt. Seinen Kritikern von der freischwebenden linken Intelligenz kam er dagegen inhaltlich-politisch zusehends hohl und leer vor – der Publizist Mathias Greffrath, der ihn beim Bundestags-Wahlkampf 1998 in Hannover traf, erinnert sich an den Schröder-Satz: »Wir machen die knallharte Industrie-Politik, und die Grünen machen die soziale Soße drüber.« Schon in diesem Wahlkampf galt Schröder vielen waschechten Linken als »Rotkohl«, nur in der eleganteren Präsenz und durch eine flüssigere, mediengerechtere Rhetorik vom Pfälzer CDU-Autokraten zu unterscheiden. Greffrath: »Der Mann war nie ein Rätsel. Es gibt diese medial aufgeplusterte Widersprüchlichkeit und Konturlosigkeit in ihm, die eigentlich zur SPD nicht passt. Da erinnere ich mich nicht an größere analytische Anstrengungen.«

Aber zweifellos hat Schröders Wirken als niedersächsischer Ministerpräsident schon allein personalpolitisch die rot-grüne Koalition in Bonn vorbereitet. Und mit Zuschreibungen wie »Maschsee-Mafia« oder »Friends of Gerd« (Frogs) ist er auch publizistisch der erste Hannover-Netzwerker auf hoher politischer Ebene, weit mehr als der eher eigenbrötlerische Amtsvorgänger Ernst Albrecht, der allerdings auch nicht Bundeskanzler wurde. Es sind die suspekten Verbindungen zur Versicherungswirtschaft und zur »Renten-Gang« mit Maschmeyer, Rürup und Riester oder zum VW-Konzern mit Ferdinand Piëch und Peter Hartz, die Schröders Nachruhm bis heute lädieren. Die enge und zunehmend trotzig ausgestellte politische Freundschaft zu Russlands Staatslenker Wladimir Wladimirowitsch Putin (»lupenreiner Demokrat«) verblüffte dann Schröder-Kenner nur noch mäßig. Schröder selbst sieht sich in Sachen Russland als eine Art Rapallo-Politiker mit Weitsicht; wenn machtfremde Publizisten nicht begreifen, dass der russische Staat mit harter Hand regiert werden muss, dann fehlt ihnen eben die welthistorische Perspektive. Und schon im legendären Aufhol-Wahlkampf 2005 gegen Angela Merkel war es mit der Liaison zwischen dem angeblichen »Medienkanzler« und dem Journalismus der »neuen Mitte« vorbei; Schröder fand Journalisten nun ebenso lästig wie soziologische oder politikwissenschaftliche »Theoretiker« – etwa den Göttinger Professor und SPD-Daueranalytiker Franz Walther. Schröder, der Modernisierer der Oberfläche, vermittelte sich seinem Wählervolk nun vollends und echt niedersächsisch als »sturmfest und erdverwachsen«, anti-akademisch (kennzeichnend die Angriffe auf

Merkels »Professor aus Heidelberg«, Paul Kirchhof) und unbelastet von philosophischer Grübelei. Carsten Maschmeyer war für ihn wichtiger als Max Weber.

Die Anzeige. Jene famose Annonce, die am Samstag, dem 29. September 1998, in sechzehn niedersächsischen Regionalzeitungen erschien, war doppelseitig und fiel mit der fast dreist anmutenden Forderung ins Haus: »Der nächste Kanzler muss ein Niedersachse sein.« Über dem optisch schlichten, dreizeilig gesetzten Satz prangte eine Reihe mit den Konterfeis aller bisherigen sechs bundesdeutschen Kanzler von Adenauer bis Kohl, jeweils versehen mit der knappen Feststellung: »Kein Niedersachse«.

Am Ende der Anzeige und so klein, dass es kaum lesbar war: »Alle großen Parteien haben ihre Stärken und Schwächen. Aber was uns Niedersachsen wirklich weiterbringt, ist ein Kanzler aus unserem Bundesland. Deshalb: Machen auch Sie mit! Hängen Sie dieses Poster gut sichtbar auf, damit morgen möglichst viele zur Wahl gehen. Sie haben es in der Hand!«

Natürlich wusste jeder, der sich nur halbwegs für das politische Geschehen interessierte, dass da für jemanden geworben wurde, der gar nicht namentlich genannt wurde: Gerhard Schröder. Der 54-Jährige kandidierte gerade zum vierten Mal für das Amt des niedersächsischen Ministerpräsidenten, die Wahl fand am nächsten Tag statt. Und da auf Seiten der CDU Helmut Kohl als Kanzlerkandidat feststand, war klar, dass Schröders ewiger Herausforderer und »Milchbubi« Christian Wulff als möglicher nächster Kanzler nicht gemeint sein konnte.

Zwar sollte man die Wirkung solcher Annoncen nicht überschätzen; Schröder wäre wahrscheinlich auch ohne sie in Niedersachsen wiedergewählt worden, aber sie waren doch symbolträchtig genug und für einen Niedersachsen-Solidarisierungseffekt tauglich. Schröder konnte das SPD-Ergebnis im Vergleich zu 1994 sogar noch um 3,6 Prozent auf 47,9 Prozent der Stimmen verbessern. Kreativer Kopf hinter der Kampagne war Jean-Remy von Matt, Chef der Hamburger Werbeagentur Jung von Matt; wer sie bezahlt hatte, blieb allerdings eine Weile lang im Dunklen.

Wulff, der zum zweiten Mal gegen Schröder scheiterte, war empört. Dabei richtete sich die Anzeige gar nicht gegen ihn (was im Grunde eine weitere Unverschämtheit war), sondern gegen den Saarländer Oskar Lafontaine. Der damalige Favorit für die Kanzlerkandidatur der SPD galt vielen Unternehmern als zu linkslastig und unstet, und auch der Mann, den der *Stern* vier Monate später als Initiator und Finanzier der Anzeige entlarvte, wollte ihn um jeden Preis verhindern: Carsten Maschmeyer, damals Chef des Finanzdienstleisters AWD. »Ich war sicher: Wenn Lafontaine Kanzler wird, schadet das dem Land«, sagte er 2012 in einem Interview mit dem *Zeit-Magazin*. Vor allem hätte Lafontaine ihm und seinem Geschäft geschadet, das aus dem Verkauf von Bausparverträgen, Lebens- und Krankenversicherungen bestand, aber auch aus hochriskanten Produkten wie geschlossenen Schiffs-, Medien- und Immobilienfonds. Die Zeitschrift *Finanztest* warnte schon seit 1995 regelmäßig vor dem »Strukturvertrieb« und den »Drückerkolonnen« des AWD. Umso mehr sann Carsten Maschmeyer auf gesellschaftliche und politische Nobilitierung. Und so saß er nach eigenen Angaben kurz vor der Wahl mit seinem Freund von Matt beim Italiener, der dann den durchschlagenden »Killersatz« erfand. »Da ist nicht so viel Berechnung drin, wie andere Leute hineininterpretieren«, meint Dirk Roßmann, »der Maschmeyer mochte den Schröder, der war auch Hannoveraner, also im Sinne von: Jetzt muss doch mal hier auch was passieren! Ich wollte auch, dass der Schröder Kanzler wird, schon aus Lokalpatriotismus.«

Noch am Abend von Schröders Wahlsieg trat der saarländische Ministerpräsident Oskar Lafontaine, der nach seiner

Niederlage gegen Helmut Kohl 1990 gern nochmal für eine Revanche in den Ring gestiegen wäre, vor die Kameras und erklärte zugunsten seines niedersächsischen Kollegen seinen Rückzug von der Kandidatur. Dafür kürte ihn ein paar Monate später der frischgebackene Kanzler Schröder zum Finanzminister. Das Ende dieser Parteifeindschaft ist bekannt.

Das Verhältnis zwischen den beiden war von Beginn an schwierig und von einer Alpha-Konkurrenz geprägt. Lafontaine hielt sich für den intelligenteren Kopf und den weitaus bedeutenderen Finanz- und Europastrategen – und ließ dies auch Schröder bei jeder sich bietenden Gelegenheit spüren. Als der Fotograf Konrad R. Müller 1990 den damaligen Kanzlerkandidaten Lafontaine und Schröder, damals Oppositionsführer in Niedersachsen, nach Paris begleitete, beobachtete er, wie Lafontaine »den des Französischen nicht mächtigen Schröder während der Audienz bei Mitterrand regelrecht verhungern« ließ, und mutmaßt, dass Lafontaine von Anfang an vorhatte, Schröder vor Mitterrand zu desavouieren. Beim Betrachten der Bilder bekam Müller allerdings den Eindruck, »dem französischen Staatspräsidenten säßen zwei verschüchterte Milchgesichter gegenüber.« Mitterrand hatte da freilich schon eine ganz andere Biografie hinter sich.

Big Spender. 650 000 D-Mark hatte Maschmeyer für die Anzeigenkampagne springen lassen, selbst für den millionenschweren Verkäufer umstrittener Finanzprodukte kein Pappenstil. Schröder und der AWD-Chef kannten sich damals noch nicht persönlich. Die erste Begegnung soll erst fast vier Jahre später bei einer »Weihnachtsfeier unserer Hannover-Connection« stattgefunden haben, wie Maschmeyer 2010 unverblümt der cleveren Reporterin Dagmar von Taube für die *Welt am Sonntag* erzählte. Ohnehin macht er aus seinen Methoden des Beziehungsmanagements gar kein Geheimnis; in seinem Ratgeberbuch *Selfmade. Erfolg reich leben* (2012) empfiehlt er: »Wenn Sie jemanden nachhaltig emotional berühren wollen, schreiben Sie ihm ruhig mal etwas Schmeichelhaftes, gern auch humorvoll Übertriebenes zum Beispiel am Ende eines E-Mail oder SMS: ›Der Vorsitzende Ihres Fanclubs‹ oder ›Ihr Bewunderer‹. Der so Hofierte wird Sie noch positiver bewerten und in Erinnerung behalten. Jeder möchte doch gerne gut behandelt werden.«

Ganz genau, so schlicht war es wohl. Und in Sachen Schröder legte der hannoversche »Vorsitzende des Fanclubs« nach; er sponsorte offenbar im Sommer 1998, erneut anonym, für 150 000 D-Mark weitere ganzseitige Pro-Schröder-Wahlkampfanzeigen in der *FAZ*, der *Welt* und der *Welt am Sonntag*. Das Geld soll mit Wissen des damaligen Leiters der Niedersächsischen Staatskanzlei, Frank-Walter Steinmeier, über den Branchendienst »markt. intern« an die Initiative »Handwerk und Mittelstand für Gerhard Schröder« geflossen sein, wie das ARD-Magazin *Panorama* im April 2011 recherchierte. Auch wenn die Beteiligten den Vorgang bis heute bestreiten, scheinen handschriftliche Notizen und die Aussagen der ehemaligen Staatskanzlei-Beamtin Bettina Raddatz die verdeckte Parteienfinanzierung zu belegen.

Hinzu kommt, dass Maschmeyer, obwohl er mit der Angelegenheit nichts zu tun gehabt haben will, im Mai 1999 an einem Dankesessen für die Unterstützer der Mittelstands-Wahlkampfinitiative teilnahm, ausgerichtet von Schröders Niedersachsen-Nachfolger Gerhard Glogowski. Das war natürlich bei Weitem nicht der einzige Benefit, den sich Maschmeyer durch seine großzügige Spende erworben hatte.

Denn gleich nachdem Schröder zum Kanzler gekürt worden war, kündigte dieser eine Reform des Krankenversicherungs-Systems zugunsten einer stärkeren Privatvorsorge an. So entstand die undurchsichtige »Riester-Rente«, die 2002 realisiert wurde. Und auch wenn Maschmeyer mit dem ersten Entwurf nicht zufrieden war, versprach allein der Plan der Regierung, den Arbeitnehmern in Zukunft bei der Sicherung ihres Lebensabends mehr Eigeninitiative und auch Eigenkapital abzuverlangen, für Versicherungshändler rosige Zeiten. Zu jener Zeit hatten sich Maschmeyer und Schröder nun auch persönlich kennengelernt. Nach der Weihnachtsfeier »folgte ein Viereressen bei ihm und ein Fondue bei uns«. Man verstand sich auf Anhieb.

Zwei aus einem Holz. Schröder und Maschmeyer trennen 15 Jahre Altersunterschied. Schröder ist noch im Krieg geboren, Maschmeyer im beginnenden Wirtschaftswunder. Dennoch sind ihre Biografien in vielem deckungsgleich: Beide entstammen armen, unterprivilegierten Verhältnissen, beide haben es aus eigener Kraft ganz nach oben in die erste Liga ihrer jeweiligen Branchen geschafft. Schröder wurde politisch mächtiger, Maschmeyer reicher, mit den Villen auf Mallorca, am Starnberger See (inzwischen verkauft) und einer Jacht am Cap d'Antibes, wo er dann auch in Oetkers »Grand Hotel du Cap« Hochzeit mit Veronica Ferres feierte. Da, wo sonst Robert de Niro oder Sharon Stone während des Filmfestivals von Cannes wohnen. Und der Kanzler wie auch der Finanzfex holten sich als Heranwachsende die Bestätigung, die sie sonst nicht bekamen, auf dem Sportplatz. Schröder als Mittelstürmer »Acker« im TuS Talle, Maschmeyer beim Mittel- und Langstreckenlauf.

Gerhard Fritz Kurt Schröder wurde am 7. April 1944 in Mossenberg, einem kleinen Dorf im damaligen Freistaat Lippe, geboren. Sein Vater Fritz fällt fünf Monate später im Krieg, ohne seinen Sohn jemals gesehen zu haben. Nach einigen Umzügen lebt er mit Mutter Erika, Schwester Gunhild, seinen drei Halbgeschwistern Lothar, Heiderose und Ilse, Stiefvater Paul Vosseler sowie Klara, genannt Oma Schröder, der Mutter von Gerhards Vater, auf knapp 40 Quadratmetern im

Obergeschoss eines baufälligen, windschiefen Hauses. Zu der Armut kamen verworrene Familienverhältnisse. Denn Paul Vosseler war zuvor mit der sechzehn Jahre älteren Oma Schröder verheiratet und mutierte so vom Opa zum Stiefvater. Der Frauentausch änderte aber nichts an der Grundkonstellation: Oma Schröder blieb weiterhin im Haushalt wohnen und kümmerte sich um die Kinder, Mutter Erika versuchte mit zahlreichen Aushilfsjobs die große Familie zu ernähren. Von Paul Vosseler, der als Schwerenöter galt, war nicht viel zu erwarten: Er erkrankte an Tuberkulose und verbrachte fortan die meiste Zeit im Sanatorium.

»Erstaunlich, wie positiv meine Kindheit verlaufen ist, obwohl die Verhältnisse, in denen wir gelebt haben, alles andere als rosig waren«, erzählte Schröder 1991 Herlinde Koelbl. »Vielleicht sogar wegen dieser Verhältnisse. Denn meine Mutter hat uns Kindern jede Freiheit gelassen. Ich bin nie verprügelt worden. Es ging uns schlecht, wir hätten gerne mehr zum Essen und bessere Sachen zum Anziehen gehabt. Aber das wurde durch ein ungewöhnliches Maß an liebevollem Umgang in der Familie ausgeglichen. Meine Mutter hat Lebensumstände geschaffen, in denen es ein Kind aushalten kann.«

Verfeinerte Bildung gehörte nicht zu den »Lebensumständen«, schon weil sich die bitterarme Familie keine Bücher leisten konnte; es verwundert daher nicht, dass Gerhard nach der Hauptschule und einer Lehre als Einzelhandelskaufmann alles daransetzte, um einen höheren Schulabschluss zu erreichen. Er schaffte es bis zum Abitur, das er 1966 auf dem zweiten Bildungsweg nachholte. Mittlerweile war er nach Göttingen gezogen, wo er tagsüber in einer Eisenwarenhandlung arbeitete und abends den Lernstoff büffelte. Hier begann er, sich für Politik zu interessieren. Er klapperte politische Veranstaltungen ab und beschäftigte sich mit Parteiprogrammen, bis er bei den Jusos seine politische Heimat fand.

Als einziger Sohn eines im Krieg gefallenen Soldaten wird er von der Wehrpflicht befreit. So beginnt er noch im selben Jahr, ermöglicht durch ein Stipendium der Friedrich-Ebert-Stiftung, an der Georg-August-Universität Göttingen ein Jurastudium.

»Wer sich so durchgeschlagen hat wie Gerhard Schröder«, schreibt Schröder-Biografin Ulrike Posche, »der hat für den Rest seines Lebens die Gewissheit, alles überstehen zu können. Der nimmt das, was er dem Leben abringt, nicht als Glück oder Sieg, als Schicksal oder Verheißung, sondern als gerechten Lohn.«

Schröder-Freund Maschmeyer wurde am 8. Mai 1959 als unehelicher Sohn einer Sekretärin in Bremen geboren. Auch er hat seinen Vater niemals kennengelernt. Zuerst lebte er mit seiner Mutter in einem Bremer Mutter-Kind-Heim, später dann mit einem prügelnden Stiefvater in der Hildesheimer Ortschaft Drispenstedt. Trotzdem gelang ihm 1978 das Abitur. Danach verpflichtete er sich für zwei Jahre bei der Bundeswehr und begann darauf an der Medizinischen Hochschule in Hannover ein Medizinstudium. Dort lernte er nach eigenen Angaben Ursula Albrecht kennen, Tochter des damaligen Landesvaters, den er einige Jahre später für das Kuratorium der AWD-Kinderhilfe gewinnen konnte.

Um sein Studium finanzieren zu können, arbeitete Maschmeyer nebenher bei der OVB Vermögensberatung AG im Vertrieb, was ihn derart in Anspruch nahm, dass er 1982 aufgrund zu vieler Fehlstunden zwangsexmatrikuliert wurde. Bei der OVB stand er jedoch bereits nach den ersten drei Monaten im internen Ranking der verkauften Bauverträge ganz oben. Schnell stieg er zum Landesdirektor auf und verliebte sich in seine persönliche Assistentin Bettina Lange, die er später heiratete. 1987 verließ er die OVB und übernahm für 900 000 DM Mehrheit und Leitung des Finanzvertriebs Allgemeiner Wirtschaftsdienst AWD, den kurz zuvor sein Schwager Kai Lange gegründet hatte. Mit Erweckungspredigten an die Mitarbeiter im Walmart-Stil und einem ausgeklügelten Bonus-System expandierte der AWD von zwei Zimmern am hannoverschen Heidering zu einem neuen Bürokomplex mit 5700 Mitarbeitern, jetzt am AWD-Platz. Das düstere Gebäude sieht ungefähr so aus, wie man sich die Schaltzentrale des James-Bond-Bösewichts Blofeld vorstellt.

Riester-Rente. Um seine Ziele durchzusetzen, war Maschmeyer in der Wahl seiner Mittel auch gegenüber seinem neuen Freund nicht zimperlich. Als Schröder und sein Kabinett die Riester-Rente auf den Weg brachten, ließ Maschmeyer in mehreren Interviews deutlich wissen, was er von der geplanten Ausformung hielt: nichts. Die Verträge waren zu kompliziert und wegen der geringen Marge und dem langen Provisionszeitraum für Verkäufer von Versicherungen nicht attraktiv, weshalb Tausende von Vermittlern das Rentenmodell ihren Kunden erst gar nicht anboten. Über die Gründe seiner Unzufriedenheit ließ er auch Kanzler Schröder nicht im Unklaren und unterbreitete ihm in zahlreichen, wenn auch blumig und servil formulierten Briefen Verbesserungsvorschläge und bot ihm seine persönliche Unterstützung bei der Überarbeitung des Konzepts an. Und der Kanzler ging darauf ein.

Für Maschmeyer und seinen AWD war das ein weiteres lukratives Geschäftsfeld. 2004 wurde unter der Leitung des Renten- und Sozialversicherungsexperten Professor Bert Rürup, Jahrgang 1943, heute Präsident des Handelsblatt Research Institute, das Rentenmodell noch einmal so ergänzt, dass vor allem Unternehmer wie Maschmeyer davon profitierten. Maschmeyer hatte Rürup auf der Feier zu Schröders 60. Geburtstag kennengelernt, zu der sich viel Prominenz aus Politik, Sport und Showbusiness im Theater am Aegidientorplatz in Hannover eingefunden hatte. Maschmeyer gelang es schnell, den

»Rentenpapst« Rürup von seinen Argumenten zu überzeugen. Das Ergebnis war »ein Gottesgeschenk für Versicherungs- und Fondsanteil-Verkäufer in Kundengesprächen«, schrieb der Berliner *Tagesspiegel* im November 2014: »Was der Politiker Gerhard Schröder als Zukunftsmodell für die alternde Gesellschaft stolz verkünden konnte, war für den Unternehmer Maschmeyer eine Geschäftsgarantie. Im Februar 2005 zahlte Maschmeyer Bert Rürup für einen 45-minütigen Vortrag beim AWD 12 000 Euro. Wenige Jahre später wechselte der Wissenschaftler schließlich ganz zum AWD und gründete mit Maschmeyer eine Beratungsgesellschaft für Versicherungsunternehmen.«

Auch der Kanzler ließ sich für AWD-Veranstaltungen als Redner anheuern. Überschwänglich berichtet die AWD-Mitgliederzeitung vom überraschenden Auftritt des Kanzlers bei einer AWD-Veranstaltung am 1. Dezember 2004 im Berliner Hotel Estrel: »Carsten Maschmeyer kündigte als besonderen Ehrengast den deutschen Bundeskanzler Gerhard Schröder an! Das hatte niemand erwartet – der Bundeskanzler bei einer AWD-Vertriebstagung! Seine Botschaft: SIE als AWD-Mitarbeiter und Mitarbeiterin erfüllen eine staatsersetzende Funktion. Sichern Sie die Rente Ihrer Mandanten, denn der Staat kann es nicht! Private Vorsorge lautet das Gebot der Stunde. Die überwältigten Zuhörer dankten es ihm mit Standing Ovations.«

Bei dem Auftritt verwundert nicht nur, dass ein Bundeskanzler einen Finanzdienstleister mit der Zuschreibung einer »staatsersetzenden Funktion« adelte, sondern vor allem, dass er es tat, obwohl er wissen musste, wie umstritten das Unternehmen war. Tausende von Anlegern hatten bereits durch unseriöse Produkte hohe Geldbeträge verloren. Schröder hielt es mit Maschmeyer: No risk, no fun – wer das Kleingedruckte in Versicherungsverträgen nicht lesen kann, ist selber schuld.

Die enge Beziehung zwischen »Maschi« und Schröder ging so weit, dass sich der AWD-Chef, wenn der Kanzler oder andere hochrangige Regierungsbeamte keine Zeit hatten, an dessen Büroleiterin Sigrid Krampitz wandte, die ihm bei der Akquise eines adäquaten Ersatzes zur Seite sprang. So geschehen 2004, als Krampitz den im Kabinett Blair für Europapolitik zuständigen Denis McShane akquirierte, der Maschmeyers Internationalen Presse-Workshop in London mit internationalem Glanz versah. Und Schröder selbst versteckte seine Freundschaft mit Maschmeyer nicht, im Gegenteil, es gibt es viele Society-Fotos mit Schröder, dessen vierter Ehefrau Doris, Maschmeyer und Veronica Ferres, seit 2009 Lebensgefährtin von »Maschi«. »Es ist eine triftige Verbindung: Die erfolgreiche Schauspielerin hatte schon immer Männer mit komischen Bärten [...] Zwei große Ungeliebte haben sich getroffen«, so der *Stern* sarkastisch.

Im August 2009 wohnte Schröder der Verleihung des Ehrendoktortitels durch die Universität Hildesheim an seinen Freund bei, zu der sich Christian Wulff, mittlerweile niedersächsischer Ministerpräsident und in dieser Eigenschaft ebenfalls in die Riege der Maschmeyer-Buddies aufgestiegen, als Laudator hergab. Die Verleihung eines »Dr. h. c.« an Nichtakademiker ohne wissenschaftliche Meriten ist eigentlich sehr unüblich. Das war früher auch in Hildesheim so, wurde aber für Maschmeyer geändert. Der hatte der Universität im Jahr zuvor 500 000 Euro gespendet und war zudem drei Monate zuvor 50 Jahre alt geworden. Die Begründung für die Vergabe lautete, dass Maschmeyer den Titel als Anerkennung seiner »ausgezeichneten Verdienste um die Förderung der Wissenschaften« erhalte. Und so stufte die akademische Anstalt den Wert ihrer Ehrendoktorwürde für ein ordentliches Entgelt mal eben ein paar Stufen herunter, indem sie diese als Geburtstagsgeschenk an einen geltungssüchtigen Multimillionär vergab.

Andere Universitäten bieten großzügigen Spendern zum Beispiel den Titel eines Ehrensenators an, da der Ehrendoktortitel Dr. h.c. zu leicht mit einem echten Doktortitel verwechselt werden kann und durch die Käuflichkeit zudem den anerkennenden Faktor für verdiente Spitzenwissenschaftler schmälert. So zum Beispiel auch die Universität Hannover, die Maschmeyer für eine Spende eben jenen Senatorentitel verlieh. Einige kritische Geister wollten die unverdiente Hildesheimer Auszeichnung an Maschmeyer deshalb auch nicht hinnehmen und erstatteten Strafanzeige. Allerdings vergebens. Es fehlte an einer »nachweisbaren Abrede« zwischen Maschmeyer und der Hildesheimer Hochschule, dass die Spende die Gegenleistung für die spätere Ehrung sein solle.

Rekapitalisierung. Das Fehlen justitiabler Beweise für Bestechung und Korruption zieht sich wie ein roter Faden durch die Hannoversche Kumpanei jener Jahre. Maschmeyer finanzierte nicht nur teure Anzeigen, sponserte Parteiveranstaltungen und verschenkte teure Weinpräsente, er revanchierte sich für die Unterstützung seiner Belange meist großzügig, zum Beispiel durch die Vorab- oder Teilfinanzierung von Wulffs und Schröders Buchprojekten. So hat er die Rechte für Schröders im Oktober 2006 erschienene, von Uwe Karsten Heye getextete Autobiografie *Entscheidungen* dem Verlag für rund zwei Millionen Euro abgekauft – eine Summe, die nach Einschätzung von Buchhandelsexperten durch keine Verkaufserlöse und Rechteverwertungen der Welt wieder hereinzuholen ist. Für Maschmeyer war das jedoch egal, hatten sich seine Investitionen in Schröder an anderer Stelle doch längst mehrfach rekapitalisiert. »Maschmeyer nutzte den Kanzler der Bundesrepublik Deutschland zunehmend als Allzweckwaffe – und Schröder ließ das zu«, beschreiben Wigbert Löer und Oliver Schröm in ihrem Buch *Geld Macht Politik* das Ertragsmodell: »Maschmeyer konnte über ihn die Politik beeinflussen. […] Die Nähe zum deutschen Bundeskanzler brachte Maschmeyer Beachtung und Respekt in der

Versicherungsbranche, machte ihn darüber hinaus auch zum attraktiven Geschäftspartner.«

Wenn jemand wie Maschmeyer »privat ein paar hunderttausend D-Mark in die Hand nimmt, um eine große Anzeige zu schalten«, sagt Hartmut Möllring, zu jener Zeit für die CDU Abgeordeter des Niedersächsischen Landtags, dann erwarte »der dann natürlich auch – und das hat er ja in seinem Buch selbst geschrieben – eine gewisse Dankbarkeit. Ist ja auch ausgesprochen ungewöhnlich, dass sich jemand in dieser Größenordnung engagiert.«

In seinem Weinkeller, in dem er seinen Gästen Weine kredenzt, die zum Teil mehrere tausend Euro wert sind, seien »Ideen für die Agenda 2010 entstanden und große Industriefusionen eingeleitet worden«, erzählte jedenfalls Maschmeyer 2010 stolz Dagmar von Taube. Hier sei es auch zur Versöhnung zwischen Schröder und Wulff gekommen, die sich vorher nur »vom Wegsehen« kannten.

Das Phänomen Maschmeyer sei »ohne die Gier nach Gunst nicht zu verstehen, eine Gier, die er mit viel Geld geflutet hat«, analysierte Hans-Jürgen Jakobs 2011 in der *Süddeutschen Zeitung.* »Je höher der Rang des Bewunderers, desto zufriedener der Häuptling der ›Hannover-Connection‹. Eine geradezu unheimliche Nähe ist da entstanden, eine Kohäsion des Erfolgs, die ihresgleichen sucht. [...] So einer will einfach immer helfen – und dafür geliebt werden. Unterschiede zwischen CDU und SPD macht er dabei nicht.« Und mit der Bundespräsidenten-Kandidatur Christian Wulffs entdeckten, wie wir gesehen haben, auch die Journalisten Hannover als das zweite Machtzentrum der Republik, neben Berlin: »Hier liegt der Sumpf, auf dem Karrieren blühen«, so die *Süddeutsche.*

Verbindendes Glied und eine Art Eintrittskarte in den *Inner Circle* war immer der Fußballclub Hannover 96, dem Schröder-Freund Götz von Fromberg von 2005 bis 2006 als Präsident vorstand. Maschmeyer verschaffte sich über den Club weitere Reputation, indem er jedes Jahr für seine exklusiven Freunde eine pompöse »Nichtabstiegsparty« veranstaltete. Dirk Roßmann findet heute noch die Maschmeyer-Partys für den Hannover-Zusammenhalt wichtig:

»Ich weiß, dass Carsten Maschmeyer auch oft in der Kritik stand, ob nun berechtigt oder unberechtigt, lassen wir mal außen vor. Aber was Carsten Maschmeyer immer gemacht hat: Er hat einmal im Jahr eingeladen zur Hannover-96-Party, immer im Mai. Und dann wurden alle eingeladen, also auch Gewerkschaftler, die unterschiedlichen Parteien, von SPD bis zur CDU. Und die Künstler wurden eingeladen … Also aus allen Bereichen der Gesellschaft Niedersachsens – nicht nur Hannover – so 120, 130 Leute. Und da gingen auch alle gerne hin. Nicht weil Carsten Maschmeyer einlud in seine tolle Villa, sondern weil alle das spannend fanden, sich mal kennenzulernen. Und ich hab heute noch einige Freunde, die ich bei Carsten Maschmeyer kennengelernt habe. Er hat eine Bühne geschaffen, abends, in lockerer, völlig unbeschwerter Atmosphäre. Dann noch mit seinem Garten. Manchmal war schönes Wetter. Also, alle sind gerne hingegangen, auch die Uni-Professoren. Das war so ein Treffen, das für Hannover einmalig war. Und daraus haben sich viele Kontakte ergeben. Es ist ja nichts Schlechtes, sich untereinander zu kennen. Aber gleich 'ne Mafia daraus zu machen … Völliger Blödsinn.«

Dazu kamen in intimeren Rahmen Frombergs Männer-Geburtstagsfeiern in seiner Villa, alljährlich im Januar, die, wie schon berichtet, im Gefolge der Wulff-Präsidentschaft vom *FAZ*-Redakteur Robert von Lucius skandalisiert wurden. Fromberg setzte sich gegen den *FAZ*-Artikel »Die Erbfreundschaften von Hannover« juristisch zur Wehr, man findet ihn aber weiterhin im Internet. Als Fromberg als eine Art Milieu-Mediator durch seinen spektakulären »Friedensschluss« zwischen den Hells Angels und dann Bandidos auch bundesweit bekannt wurde, musste sich Gerhard Schröder auf Anraten seiner Frau Doris von dem alten Kumpel distanzieren und sein Namensschild am Sitz der bis dato gemeinsamen Kanzlei abschrauben. Schon zuvor war darauf geachtet worden, dass Schröder und Hells-Angels Boss Frank Hanebuth im Krökelkeller, zumindest während Schröders Kanzlerzeit, nicht direkt aufeinander trafen. Vor allem sollte es keine verfänglichen Fotos geben.

Genosse der Bosse. Die Nähe zu Hannovers spezifischer »Society« wurde Schröder bereits zu seiner Zeit als Ministerpräsident vorgeworfen. Damals ging es aber weniger um Frombergs Feiern als um den Volkswagen-Konzern. Als Ministerpräsident habe er zu VW ein Verhältnis gepflegt, das über seine Rolle als Vertreter des Landes als Hauptanteilseigner des Wolfsburger Autobauers hinausging, kritisierte Springers *Welt* 2006. Als Ministerpräsident und später auch als Kanzler habe er fast jeder Vorstellung eines neuen Modells beigewohnt. 1996 ließ sich Schröder von VW-Gottvater Piëch in eine Ehrenloge beim Wiener Opernball einladen; der damalige Oppositionsführer Wulff forderte im Landtag eine »förmliche Missbilligung« dieses Verhaltens, da es »mit den Amtspflichten und der moralischen Integrität eines Ministerpräsidenten unvereinbar« sei. Schröders Auftritt bei der »Schickimicki-Veranstaltung« ramponiere »die Glaubwürdigkeit sozialdemokratischer Politik«, empörte sich SPD-Moralist Hans-Jochen Vogel. Nicht nur seine enge Vertrautheit mit dem VW-Boss stieß vielen Genossen auf, auch die Verbindungen zu Heinrich von Pierer (Siemens), Jürgen Schrempp (DaimlerChrysler) und dem Berater Roland Berger wurden argwöhnisch beäugt. Und die Berater von Roland Berger wie die von McKinsey waren wieder dabei, als Schröder 2002 sich zusammen mit VW-Personalvorstand Peter

Hartz an den Umbau des Sozialstaates begab, unter Nutzung der Blaupause des korporativ-staatskapitalistischen Erfolgsmodells »Wolfsburg«.

Werner Müller, schon in Niedersachsen als VEBA-Manager einer von Schröders Beratern, wurde 1998 Bundeswirtschaftsminister. Er winkte gegen den Widerstand des Bundeskartellamts die Fusion von E. on, der Nachfolgegesellschaft seines ehemaligen Arbeitgebers VEBA, mit dem Gasmarktführer Ruhrgas durch. Auch die fortgesetzte Subventionierung des Steinkohle-Bergbaus, steuerliche Anreize für Diesel-Ruß-Filter (»Autogipfel«) sowie der Verkauf der Hanauer Plutonium-Wiederaufarbeitungsanlage an China sorgten für Unmut bei den SPD-Linken und verfestigten seinen Ruf als »Genosse der Bosse«. Aus Schröders Aufstiegsbiografie ergibt sich, dass er, wie der Saarländer Peter Hartz, den sicheren »Arbeitsplatz« im Wortsinne für das Wichtigste im Leben hält. Für fluidere Verhältnisse hatte er keinen Sinn, mit den Modellen eines »bedingungslosen Grundeinkommens« hat er sich nie ernsthaft beschäftigt.

Einer der typischen Schröder-Sätze lautet, es gebe keine linke oder rechte Wirtschaftspolitik, nur eine gute oder eine schlechte. Oder, wie er Herlinde Koelbl 1995 berichtete: »Die Lebenspraxis richtet sich nicht nach Theorieentwürfen, und gelegentlich muss die Theorie korrigiert werden, wenn sie der Wirklichkeit nicht standhält. Und die SPD muss aufpassen, dass sie den Kontakt zur Wirklichkeit behält, sonst wird die Kluft zwischen dem, was man in einem Beschluss auf dem Papier einfordert und dem, wie man es praktisch umsetzt, zu groß – und Politik damit unglaubwürdig.«

Es gebe eine bestimmte »Tradition der Wirtschaftsnähe, die sich für jeden Ministerpräsidenten automatisch aufdrängt« – das findet heute der zum Realpolitiker gewandelte Jürgen Trittin. »Ein Ministerpräsident – das hat Winfried Kretschmann als Grüner lernen müssen, das wird Bodo Ramelow als Thüringer

Ministerpräsident zu lernen haben – ist in erster Linie jemand, der versucht, die Qualitäten seines Standorts ökonomisch zu sichern. Das kann man jetzt blöd finden. Aber wer es blöd findet, sollte nicht Ministerpräsident werden.« Klare Standortpolitik sei auch für ein Land wie Niedersachsen unerlässlich, man sei eben in entscheidendem Maße von VW und seinen Zulieferern und auch von den altindustriellen Stahlwerken Peine und Salzgitter abhängig, so Trittin, der allerdings an Schröder kritisiert, dass er wenig Interesse für Zukunftstechnologien oder die ökologische Marktwirtschaft aufgebracht habe.

Im Zusammenhang mit den Konzentrations- und Fusionsprozessen in der deutschen Stahlindustrie war Ministerpräsident Schröder Ende 1997 als »Industriepolitiker« zu großer Form aufgelaufen, als es um den geplanten Verkauf der Preussag Stahl AG (Salzgitter) an österreichische Investoren ging. Das war auch eine interne sozialdemokratische Stahl-Schlacht: Schröder gegen den brachialen NRW-Politikmafioso Friedel Neuber (Vorstandsvorsitzender der West-LB, die damals mit 34 Prozent größter Einzelaktionär der Preussag war) und dessen niedersächsischen Statthalter Michael Frenzel (Vorstandsvorsitzender des Mutterkonzerns Preussag AG, später: TUI). Ein komplizierter Wirtschaftskrimi, und Schröder-Biograf Schöllgen hat mit seiner Einschätzung recht: »Das Ganze ist ein Sumpf. Feinster Genossenfilz, der noch der gründlichen Aufbereitung harrt.« Tatsächlich war verglichen mit dem Düsseldorfer Dickicht aus West-LB, Landesregierung und NRW-SPD jede »Hannover-Connection« ein Kindergeburtstag. Schröder jedenfalls witterte im Vorfeld der Kanzlerkandidaten-Entscheidung 1998 bei den Stahl-Standortfragen ein Störfeuer von Johannes Rau und Wolfgang Clement – zugunsten von Lafontaine. Aber Schröder ging als Sieger vom Platz: Das Land Niedersachsen und die Nord-LB übernahmen im Januar 1998 die Aktienmehrheit bei der Preussag Stahl AG.

Die frühen Jahre. Als Gerhard Schröder 1974 nach Hannover zieht, ist er 33 Jahre alt, hat gerade sein erstes juristisches Staatsexamen an der Georg-August-Universität in Göttingen abgelegt und sich von seiner ersten Frau Eva, geborene Schubach, scheiden lassen. Geheiratet hatte er die Tochter eines Bauunternehmers 1968, zu einer Zeit also, als die Ehe als Institution unter jungen Leuten als ziemlich verpönt galt und zumindest die junge Avantgarde lieber der freien Liebe in Kommunen frönte. Für den jungen Schröder kam das nicht in Frage. Für ihn galt: Wen er liebt, heiratet er.

Das Paar lebte bescheiden in einer kleinen Wohnung. Gerhard studierte, Eva arbeitete als Buchhändlerin. Doch die Ehe hält nur drei Jahre. Während Eva von Familie und Kindern träumt, verfolgt er ehrgeizig sein Studium und seine politische Karriere. Für Familie ist da nicht viel Platz. Als ihm in der Göttinger Studentenszene die attraktive, selbstbewusste und ebenfalls politisch aktive Anne Taschenmacher über den Weg läuft, trennt er sich von Eva. Die ist darüber offenbar nicht allzu unglücklich, einen Rosenkrieg hat die Trennung jedenfalls nicht zur Folge.

Auch die neue Heirat folgt schnell, gemeinsam geht man nach Hannover. Während der frischgebackene Diplomjurist am 1. Mai sein Referendariat antritt, sorgt Anne als Lehrerin für Englisch und Französisch an einem hannoverschen Gymnasium für den Unterhalt. Man lebt nicht im Überfluss, kann sich aber ein bisschen was leisten. Schröder strebt nun auch privat der »neuen Mitte« zu, der Bourgeoisie mit Arbeiterhintergrund.

Der erste Mentor. Sein Referendariat absolviert Schröder in der Kanzlei von Werner Holtfort (1920–1992). Der damals 54-Jährige war als Rechtsanwalt eine Institution: Er war über zehn Jahre lang Präsident der Notarkammer Celle und Vizepräsident der dortigen Rechtsanwaltskammer, brachte gemeinsam mit Kollegen die Anwaltszeitschrift *Einspruch* heraus (Jobst Plog wirkte darin an der Kolumne »Das Lamm beißt« mit), war als Bürgerrechtler in der Humanistischen Union und in der Arbeitsgemeinschaft Sozialdemokratischer Juristen. Er saß für die SPD acht Jahre als Abgeordneter im Niedersächsischen Landtag. 1979 gründete er – unter anderem mit Rupert von Plottnitz, Ulrich K. Preuß, Fritz Sack, Otto Schily und Gerhard Schröder – den Republikanischen Anwältinnen- und Anwälteverein, dessen erster Vorsitzender und langjähriger Ehrenvorsitzender er war.

Reinhard Urschel in seiner Schröder-Biografie über den Ex-Wehrmachtsleutnant Holtfort: »Er war zwar ein linker Anwalt, ein Verteidiger der Bürgerrechte, aber vom Auftreten und vom Geist repräsentierte er die alte Schumacher-SPD, ein Wertkonservativer. Er saß zeitweilig im Landtag in Hannover und hatte zu allen Zeiten den direkten Draht zu den Mächtigen in der Landeshauptstadt. Ein ideales Umfeld für einen jungen Mann mit Ambitionen.«

Als der *Stern* 1975 die SA-Vergangenheit des prominenten hannoverschen Medienjuristen Karl Schmidt-Römer (alias »Schmidt-Rux«) aufdeckte, kümmerte sich Holtfort um die standesrechtlichen Fragen. Schmidt-Rux war unter anderem Chefberater der Verlegerin Luise Madsack, der damaligen hannoverschen Pressezarin, die auch im Besitz überregionaler Beteiligungen (etwa an der *Stuttgarter Zeitung*) war. Holtfort wollte prüfen lassen, ob sich die graue Madsack-Eminenz die Anwaltszulassung mit falschen biografischen Angaben erschlichen hatte. In konservativen hannoverschen Juristenkreisen geriet dann nicht etwa Schmidt-Römer, sondern Holtfort in die Rolle des Angeklagten, drangsaliert unter anderem von Josef Augstein, dem Bruder des *Spiegel*-Herausgebers. Holtfort, der Schröder-Mentor, schrieb später in einem verbitterten Essay über sich selbst, die »aufsteigende bürgerliche Laufbahn des hannoverschen Anwaltsnotars H.« sei nach dieser Affäre abgebrochen. Immerhin saß Holtfort noch bis 1990 für die SPD im niedersächsischen Landtag; Gerhard Schröder bezeichnete den unkonventionell-eleganten Bürgerrechtler einmal als »politisches Restrisiko« der niedersächsischen Sozialdemokratie – wegen Holtforts unberechenbarem Abstimmungsverhalten.

Juso-Vorsitzender. Schröder war in die SPD bereits 1963 eingetreten. 1971 wurde er Juso-Vorsitzender des SPD-Bezirks Hannover, obwohl er noch gar nicht in Hannover lebte. Das Amt beanspruchte den ehrgeizigen Schröder derart, dass er von Oktober 1972 bis Ende März 1974 sein Studium ruhen ließ, um sich zunächst als politische Vollpersönlichkeit auszubilden. 1976 legte er mit der Note »sehr gut« das zweite juristische Staatsexamen ab und wurde Partner in Holtforts Kanzlei. Bereits zwei Jahre später, im Frühjahr 1978, gründete er mit Hela Rischmüller-Pörtner und Dietrich Buschmann seine eigene Sozietät am Wedekindplatz 3.

Raimar Oltmanns, *Stern*-Journalist und für einige Jahre Peter von Oertzens Pressesprecher im niedersächsischen Kultusministerium, hat den »großen Flexibilitär« Schröder von dessen Juso-Zeiten an beobachtet und gehört heute zu den schwer Enttäuschten:

»Zu Gerhard Schröder hatte ich über lange Jahre ein recht gutes, entspanntes Verhältnis. Ich würde ihn nicht als engen Freund bezeichnen, er mich sicherlich auch nicht. Aber es war im Grunde doch ein freundschaftliches Verhältnis. Ich habe auch immer bei ihm gewohnt, wenn ich unterwegs war, etwa in Bonn, dann war ich bei ihm Gast zu Hause, hab' auch seine verschiedenen Frauen dadurch kennengelernt. Ich sehe ihn noch vor mir, als er im Dufflecoat vorm Kultusministerium stand, in dem ich Pressesprecher war. Er war damals Bezirksvorsitzender der Jusos. Damals gab es bei denen die Auseinandersetzungen zwischen Stamokap und Anti-Revisionisten. Er schwankte hin und her. Denn die Stamokap-Leute, die Anhänger des Staatsmonopolistischen Kapitalismus, die sind ja der Sozialdemokratie nicht ganz geheuer gewesen, und er versuchte da einen Mittelweg zu finden. Schröder setzte am Anfang sehr auf eine linksaufklärerische Komponente und verteidigte auch Leute wie Peter Brückner vor Gerichten. Aber als er merkte, dass er damit nicht weiterkommt, und er auch die erste Wahl gegen Albrecht verloren hatte, hat er sich dem sogenannten Bürgertum geöffnet, hat teilweise sogar seinen Bekanntenkreis ausgewechselt und ist dann eben ins bürgerliche Fahrwasser geraten. Das hat sich dann verstärkt fortgesetzt bis in die Kanzlerschaft hinein.«

Diese politische Wandlungsfähigkeit war auch Voraussetzung, aus seiner hannoverschen Position heraus Bundesvorsitzender der Jusos zu werden. Denn Schröder gehörte zunächst einem linken Flügel der Organisation an, der theoretisch in der Tradition des verbotenen SDS und des Offenbacher »Sozialistischen Büros« stand. Dominiert wurden die Jusos von den softeren »Reformsozialisten«, die von Heidemarie Wieczorek-Zeul (die »rote Heidi«) und Johano Straßer angeführt wurden. Über die urteilte Klaus Uwe Benneter, 1977 als Vertreter des Stamokap-Flügels Bundesvorsitzender der Jusos, später aus der SPD ausgeschlossen, dann wieder Generalsekretär der Partei: »Die kannten zwar die Theorie, aber Schröder hatte immer schon die Weichenstellung im Kopf, wenn die noch nicht mal die Geleise sahen.«

Und so gelang es Schröder, durch eine geschickte Bündnisstrategie mit der Stamokap-Fraktion von 1978 bis 1980 zum Juso-Chef von ganz Deutschland zu werden, damals innerhalb der SPD ein wesentlich wichtigerer Posten als heute. Mit dem von Lenin 1917 entwickelten Modell des »staatsmonolistischen Kapitalismus« sollte erklärt werden, warum sich die herrschende Kapitalistenklasse länger am Ruder hielt, als in der marxistischen Dogmatik eigentlich vorgesehen war – weil im Deutschen Reich während des Ersten Weltkriegs Staat, Industrie und Militär neue Bündnisse geschlossen hatten, so Lenin. Demnach hatten sich die Industrie-Monopole des Staatsapparats bemächtigt und benutzten diesen für ihre Interessen. »Was die Stamokap-Position angeht«, rechtfertigte Schröder 1979 das Bündnis vor seinen Parteikollegen, »so habt ihr übersehen, dass ich mich von Beginn der Diskussion an dafür eingesetzt habe, dass diese theoretische Position – jedenfalls in der inhaltlichen Ausrichtung, in der sie von Detlev Albers entwickelt wurde, zum Spektrum der Sozialdemokratie gehört.« Aber im Grunde gehörte solches Theoriegedöns nur so lange zu Schröders rhetorischem Arsenal, wie es in Juso-Kreisen überlebenswichtig war, zumindest mitreden zu können.

Der junge Linksanwalt. Am 8. Mai 1978, dem 33. Jahrestag der deutschen Kapitulation, reiste Schröder an der Spitze einer kleinen Juso-Delegation nach Moskau. In einem Gastbeitrag für die *Komsomolskaja Prawda* wettert er gegen die Rüstungspolitik der USA und damit auch gegen die eigene Regierung, die unter Kanzler Helmut Schmidt gerade signalisiert hatte, der Konstruktion einer »Neutronenbombe« aufgeschlossen gegenüber zu stehen. Aber ganz ohne Absicherung lehnt er sich nicht aus dem Fenster, als Netz spannt er geschickt den damaligen SPD-Bundesgeschäftsführer ein, indem er schreibt: »Die Jugend der Bundesrepublik teilt die Auffassung von Egon Bahr, dass die Neutronenwaffe Menschen verachtend ist.«

Die juristischen Fälle, die er übernimmt, bringen zwar finanziell nicht viel ein, sorgen aber für Reputation und Aufsehen: Er verteidigt die Rechte von Arbeitern des Emdener VW-Werks auf wetterbedingte Ausfalltage, diverse Kriegsdienstverteidiger, den bekannten Umweltschützer Josef »Jo« Leinen oder Anwärter für den Öffentlichen Dienst, die vom

Radikalenerlass betroffen sind. Nach einer erfolgreichen Unterlassungsklage gegen den niedersächsischen CDU-Landesvorsitzenden Wilfried Hasselmann und seinen Stellvertreter Rudolf Seiters, die Schröder öffentlich vorgeworfen hatten, er betätige sich »immer deutlicher als Verfassungsgegner«, übernimmt Schröder die Verteidigung des Rechtsanwalts und verurteilten RAF-Terroristen Horst Mahler. 1973 war Mahler, verteidigt von Otto Schily und Christian Ströbele, vom 1. Strafsenat des Berliner Kammergerichts »wegen gemeinschaftlichen schweren Raubes in Tateinheit mit Gründung einer kriminellen Vereinigung und Beteiligung an derselben« zu zwölf Jahren Gefängnis verurteilt worden.

Schröder ist durchaus bewusst, dass Mahler ihn gezielt in seiner Funktion als Juso-Vorsitzender anfragt. Er hat erst »mächtig Schiss«, sagt dann aber zu – nachdem er die niedersächsische Landtagswahl abgewartet hatte, um die mögliche Wahl von Karl Ravens nicht zu gefährden. Der Fall reizte ihn. Und auch hier hatte er Erfolg. Noch im selben Jahr erhielt Mahler erstmals Hafturlaub, wurde im Juli 1979 in den offenen Strafvollzug überführt und im August 1980 nach zehn Jahren Haft entlassen. Das restliche Drittel wurde zur Bewährung ausgesetzt. Acht Jahre später erstritt Schröder auch Mahlers Wiederzulassung als Anwalt. Die weitere Karriere Mahlers als hemmungsloser Antisemit und NPD-Parteigänger wird Schröder mit Schrecken verfolgt haben.

Das Ende der Juso-Zeit und Bonner Lehrjahre. Schröder hat seine Feuertaufe bestanden, seine Stellung innerhalb der Jusos ist unangefochten. Um ihn noch einmal zum Vorsitzenden wählen zu können, wird sogar eigens der eigentlich für Mitte April geplante Bundeskongress in Aschaffenburg auf den 1. April 1979 vorgezogen. Denn am 7. April wird Schröder 35 Jahre alt, was die Altersgrenze für eine Juso-Mitgliedschaft bedeutet. Als gewählter Vorsitzender darf er jedoch weitermachen. Ohne Gegenkandidaten wird Schröder mit 85 Prozent Zustimmung gewählt.

Der Juso-Konvent in Aschaffenburg markiert eine Wende: Nachdem er daraufhin auch vom Kanzler empfangen wurde, mutiert der ehemals bekennende Marxist zum Unterstützer des bekennenden Atomkraft- und NATO-Unterstützers Helmut Schmidt und seiner zum rechten SPD-Flügel gehörigen Politik. Das kritisieren auch die Jusos: »Gewählt als Vertreter der marxistischen Kräfte bei den Jusos, hast Du Dich von diesen unseren Positionen gelöst und eine bis zur Ununterscheidbarkeit gehende Politik der Zusammenarbeit mit reformistischen Kräften begonnen und bis heute fortgesetzt«, schrieben die Göttinger Jusos in einem offenen Brief in der *Frankfurter Rundschau*. Doch Schröder wollte an die Macht, und dieses Ziel verfolgte er ohne Rücksicht auf Freundes-Verluste. Der Vorwurf, nicht die Positionen zu vertreten, wegen denen er gewählt worden war, also ein Parvenu und Anpasser zu sein, sollte ihm im weiteren Verlauf seiner Karriere noch oft gemacht werden. Umso weniger nahm er ihn ernst.

Bei der Bundestagswahl im Herbst 1980 gewinnt Schröder seinen Wahlkreis mit über 50 Prozent direkt und zieht für die nächsten vier Jahre als Bundestagsabgeordneter nach Bonn. Während des Wahlkampfs hat er eine Ochsentour durch sämtliche niedersächsischen Städte und Gemeinden absolviert – und nebenbei bei einer verregneten Radtour die ebenfalls noch verheiratete Hiltrud Hampel kennengelernt. Beide trennen sich von ihren jeweiligen Ehepartnern, führen aber erst einmal eine Beziehung auf Distanz: Während Schröder an den Rhein zieht, bleibt sie mit ihren Töchtern in Hannover. Schon damals träumt er nach Aussage vieler Weggefährten vom Einzug ins Kanzleramt. Legendär die Geschichte, als er nach einer Kneipentour am Zaun des Kanzleramts rüttelte und rief: »Ich will da rein!« Doch darauf muss er nach mittlerweile achtzehn Jahren Parteizugehörigkeit exakt weitere achtzehn Jahre warten.

Denn nach dem erfolgreichen CDU/FDP-Misstrauensantrag gegen Helmut Schmidt am 1. Oktober 1982 und der Wahl Helmut Kohls zum neuen Bundeskanzler brechen für die SPD trübe Zeiten auf der Oppositionsbank an. Für den jungen, ehrgeizigen Schröder ist in Bonn nichts mehr zu holen. Sein Fraktionskollege Rudolf Dreßler erinnert sich, dass er nie Zweifel daran gelassen habe, »dass er mehr werden wollte als einfacher Bundestagsabgeordneter«. Bevor er als Hinterbänkler im provinziellen Bonn versauert, gibt es für ihn nur eine Alternative: zurück nach Hannover. Dort wartet nicht nur die aparte »Hillu« auf ihn, sondern auch eine reizvolle Aufgabe: die Bezwingung von CDU-»Strahlemann« Ernst Albrecht, Rache für den mysteriösen Regierungswechsel im Jahr 1976.

Die SPD hat dafür eigentlich Anke Fuchs vorgesehen, 1937 in Hamburg geboren, ebenfalls Rechtsanwältin, von 1971 bis 1977 geschäftsführendes Vorstandsmitglied der IG Metall. Sie ist die Tochter von Paul Nevermann, der von 1961 bis 1965 Erster Bürgermeister der Freien und Hansestadt Hamburg war. Doch Fuchs (Partei-Spitzname: »Unke Fax«) hatte gegen den raubauzigeren Schröder keine Chance. Herbert Schmalstieg, von 1972 bis 2006 Hannoverscher OB und Vorgänger Schröders im Amt des Juso-Bezirksvorsitzenden, erläutert heute: »Wir haben uns für Schröder ausgesprochen, weil wir ihn als durchsetzungsfähig empfunden haben, als klugen Menschen. Was ihn damals und bis heute auszeichnet, ist, dass er ein Gespür für wichtige Akzente hat, die gesetzt werden müssen. Und ich glaube, er hat Niedersachsen nach vorne gebracht. Ich habe alle Ministerpräsidenten unseres Landes gekannt, von Hinrich Wilhelm Kopf bis zu Stephan Weil. Aber zwei Ministerpräsidenten haben, glaube ich, dieses Land wesentlich nach vorn gebracht. Das waren Ernst Albrecht und Gerhard Schröder. Alfred Kubel hatte auch seine großen Verdienste, insbesondere als es um die Frage der Finanzverfassung in Deutschland ging, aber für Niedersachsen würde ich aus meiner Sicht sagen: Albrecht und Schröder sind die herausragenden Ministerpräsidenten gewesen.«

Am 1. Oktober 1983 wird Schröder mit 215 von 246 Stimmen zum neuen Vorsitzenden des mitgliederstarken SPD-Bezirks Hannover gewählt. Keine zwei Wochen später bewirbt er sich öffentlich um die Spitzenkandidatur für die Landtagswahl 1986.

Erstes Scheitern. Am 28. April 1984 nominiert die niedersächsische SPD Schröder zu ihrem Kandidaten für die Wahl des Ministerpräsidenten. Knapp zwei Monate zuvor war geräuschlos die Scheidung von Anne Taschenmacher über die Bühne gegangen. Bereits am 15. Juni heiratet er Hiltrud Hampel, geborene Hensen, mit der er, gemeinsam mit ihren beiden Töchtern, bereits seit zwei Jahren in einem Bauernhaus in Immensen zusammenlebt.

Die Eröffnung des Wahlkampfes wird spektakulär inszeniert und nicht zuletzt durch die Teilnahme von Willy Brandt zu einem »bundesweit bedeutsamen Erlebnis«, wie die *Hannoversche Allgemeine* staunt. Noch zweimal wird Brandt den Hoffnungsträger und selbsternannten »Enkel« beim Wahlkampf durch persönliche Auftritte unterstützen – und ihn, ebenso wie die drei anderen »Enkel« Björn Engholm, Oskar Lafontaine und Rudolf Scharping, in seinen fünf Jahre später erschienenen *Erinnerungen*, bei denen vor allem seine damalige Frau Brigitte Seebacher-Brandt die Feder geführt hat, mit keinem Wort erwähnen. Hinzu kommt eine wachsende kulturelle Unterstützerschar von Schriftstellern, bildenden Künstlern und TV-

Promis, unter anderem Günter Grass, Horst Janssen, Lea Rosh, Burkhard Driest und Desirée Nosbusch.

Die Medien reißen sich um Schröder und Hillu, beim *Spiegel* bietet der bekannte Porträt-Verfasser Jürgen Leinemann dem Kandidaten in etlichen Artikeln und Interviews eine große Bühne. Leinemann ist ein Politiker-Versteher der alten Sorte, die Schröder später beim *Spiegel* fehlen. Der Altkanzler schreibt 2013 in einem Nachruf auf den großen Reporter:

»Als junger Bundestagsabgeordneter traf ich ihn Anfang der achtziger Jahre regelmäßig in Bonn. Wir fanden Gefallen am Streitgespräch über Politik und Politiker. Um mein Ziel zu erreichen – die Spitzenkandidatur für die SPD bei der niedersächsischen Landtagswahl 1986 –, musste ich mir im Land zunächst die nötige Bekanntheit verschaffen. So begleitete mich Leinemann einmal im Monat für mehrere Tage. In meinem VW-Passat begaben wir uns dann auf Entdeckungs- und Vorstellungstour durch unsere gemeinsame Heimat Niedersachsen. Das journalistische Ergebnis hielt er in seinem ersten großen Porträt über mich im *Spiegel* fest: ›Marathonlauf auf dem Hochseil‹ war die Quintessenz – für mich überraschend kritisch. Damit hatte ich nicht gerechnet; ich war enttäuscht. So machte ich meine erste Erfahrung mit Leinemanns Fähigkeit, konsequent von der Nähe zum Objekt seiner journalistischen Beobachtung auf Distanz beim Formulieren umschalten zu können. Später sagte er über diese Zeit, dass wir uns in diesen drei Jahren menschlich viel zu nahe gekommen seien, um auf Dauer professionelle Distanz halten zu können. Also stellte er den Sicherheitsabstand wieder her. Zehn Jahre lang erschien von ihm kein Artikel über mich im *Spiegel*. Dennoch tauschten wir uns regelmäßig aus und besuchten uns mit unseren Familien – gelegentlich in Hannover, gelegentlich vor den Toren der Stadt, wo ich lebte. 1994 kam es zu einem tiefen Zerwürfnis mit der Folge einer zweijährigen Funkstille. Uns beiden war aber das Nachtragen wesensfremd. Und so überwanden wir trotz gegenseitig zugefügter Blessuren diesen Graben – rechtzeitig vor der Entscheidung der SPD über die Kanzlerkandidatur 1998.«

Mit Leinemann als Leib- und Magenreporter, mit dem Beraterkreis um Oskar Negt, mit »den Medien« überhaupt, sieht 1986 zunächst alles nach Sieg aus – den Schröder am Ende selbst mit vereitelt. Denn nachdem Schröder seit Gründung der Grünen laut über eine Zusammenarbeit mit der neuen Partei nachgedacht hatte, erteilt er ihnen am 30. September 1985 per Interview mit Radio Luxemburg eine Absage, indem er erklärt: »Ich glaube nicht, dass die Grünen bündnisfähig sind.«

Der Rückzieher war ein Zugeständnis für die geplante Kanzlerkandidatur von Johannes Rau. Der strebte bei der Bundestagswahl im Januar 1987 die absolute Mehrheit an und war an einer Koalition mit den Grünen nicht interessiert. Deshalb fand er auch eine rot-grüne Landesregierung in Niedersachsen unpassend. Er leistete Schröder in Niedersachsen Wahlkampfhilfe, setzte ihn damit unter Druck und brachte ihn dazu, sein Koalitionsangebot an die Grünen zu widerrufen.

Am Ende schaffte es die SPD trotz deutlicher Zugewinne (plus 5,6 Prozent) nicht, stärkste Kraft in Niedersachsen zu werden. Die CDU verlor zwar die absolute Mehrheit, konnte aber mit der FDP eine knappe Mehrheit bilden. Das war umso schmerzlicher, als nur wenige Monate zuvor der Reaktorunfall von Tschernobyl eigentlich einer rot-grünen Koalition in die Hände spielte und die Chancen gut standen, in der Bevölkerung Stimmen gegen den Pro-Atom-Ministerpräsidenten Albrecht zu gewinnen. Doch die fehlende Unterstützung der SPD-Bundespartei für Rot-Grün vermasselte Schröder den Sieg. Die Wahlniederlage habe Schröder »lange Zeit in Wut über Hans-Jochen Vogel und Johannes Rau zurückgelassen« und sehr entmutigt, erinnert sich Jürgen Trittin, man habe ihn in den niedersächsischen Oppositionsjahren mitunter »wie einen Hund zum Jagen tragen« müssen. Aber immerhin brachte er als SPD-Chef im Landtag die Mitglieder der Fraktion erst mal »auf Vordermann«, wie auch Hartmut Möllring konzediert, der sich daran erinnert, wie Schröder seine Fraktionskollegen einmal zusammengestaucht hatte, als diese noch vor Ende einer Plenarsitzung zum Musical-Besuch nach Hamburg fahren wollten.

Projekt Rot-Grün. Der zweite Anlauf gelang, nun mit den Grünen: am 21. Juni 1990 wird Schröder von einer rot-grünen Mehrheit zum Ministerpräsidenten gewählt. Dabei hatte ihm der nach wie vor populäre Ernst Albrecht einige Steilvorlagen geliefert. Nicht nur, dass die letzten vier Jahre seiner Regierung von Affären und Skandalen überschattet waren (»Celler Loch«, Spielbankaffäre und nicht zuletzt die Abhörung von Schröders Privattelefon durch den niedersächsischen Verfassungsschutz). Vor allem wollte Albrecht zwar noch einmal antreten, aber, wie bereits geschildert, das Amt nach der halben Legislaturperiode an Rita Süssmuth, damals Ministerin im Kabinett Kohl, weitergeben. Über die seltsame Art der monarchistisch anmutenden Amtsvererbung waren die Niedersachsen *not amused* und beschlossen, dass er in dem Fall auch gleich privatisieren könne. Schröder nutzte diese Albrecht-Schwächen für zahlreiche sarkastische Wahlkampfreden, denn das konnte er tatsächlich am besten: Die direkte Volksansprache war und ist in Niedersachsen wie im Bund sein politisches Lebenselixier.

Die niedersächsische Koalition mit Schröder und Jürgen Trittin war die erste erfolgreiche rot-grüne Landesregierung der Bundesrepublik Deutschland. Es gab zwar seit 1985 bereits ein SPD-Grünen-Kabinett in Hessen unter Holger Börner (SPD) und mit Joschka Fischer, das aber – durch zahlreiche interne Reibereien gelähmt – schon 1987 wieder zerbrochen war. Auch

SPD und Grüne in Niedersachsen hatten nicht besonders viele Schnittmengen, aber genau das, so Jürgen Trittin, habe zum Erfolg geführt: »Wir haben hier die Erfahrung gemacht, dass es, wenn SPD und Grüne sich zu ähnlich sind – das war 1986 so –, nicht reicht. Das heißt, die SPD muss andere Milieus abdecken als die Grünen, wenn man gegen die politische Rechte eine Mehrheit haben will. Und das hat letztendlich zu dem Erfolg 1990 mit geführt. Und hat am Ende eben auch, als Helmut Kohls Regentschaft dann nach 16 Jahren beendet wurde, im Bund zu einer Mehrheit verholfen.« Deshalb wurde der einst ultralinke Maoist Trittin auch ein »Frog« und war gegen Lafontaine als SPD-Kanzlerkandidat.

Als Schröder Ministerpräsident wurde, kam Sigmar Gabriel als junger Abgeordneter erstmals in den Landtag. Damals seien die SPD-Abgeordneten von den CDU-Kollegen immer darum beneidet worden, dass sie so einfach an die Regierungsbank gehen und mit Schröder reden konnten: »Sie sagten immer, das sei bei Ernst Albrecht kurz vor der Majestätsbeleidigung gewesen«, so Gabriel. Mit Jürgen Trittin an der Spitze der »Grünen« habe es natürlich auch Reibereien gegeben: »Aber wenn es zum Schwur kam, dann hat die Regierung gehalten und sie hat ja auch wirklich das Land verändert. Das richtig durchgängig erfolgreiche ›Projekt Rot-Grün‹, das war schon damals mit dem Namen Gerhard Schröder verbunden.«

Schröder sei es gelungen, nach Albrecht eine sozialdemokratische Kultur auf ganz Niedersachsen zu übertragen, so Michael Vassiliadis, Chef der Industriegewerkschaft Bergbau, Chemie, Energie (IG BCE) mit Sitz in Hannover, Lebensgefährte der ehemaligen SPD-Generalsekretärin Yasmin Fahimi: »Schröder zeichnet sich dadurch aus, dass er, egal auf welches Thema es kommt, in der Regel klar ist. Er lässt sich nicht erschrecken, wenn Putin kritisiert wird, sondern hat seine Gründe, die muss man nicht teilen, aber er bleibt klar. Und ich glaube, so klar ist er auch den Medien gegenüber. Er ist Medienprofi, aber er wirkte auf mich immer extrem klar und souverän.«

Schröderland. Das Bundesland, das Schröder von 1990 an regierte, war in einer neuen, verheißungsvollen geographischen Situation: Wenige Monate vorher war die Mauer gefallen, dreieinhalb Monate nach der Landtagswahl 1990 wurden die beiden deutschen Teilstaaten wiedervereinigt. Niedersachsen rückte mit seiner Hauptstadt vom »Zonenrand« in die Mitte der Republik. Ganz neue ökonomische Chancen taten sich auf, aber »es war eine komplizierte Zeit«, sagt Schröders damaliger Stellvertreter und Innenminister Gerhard Glogowski: »Castor-Transporte, 130 000 bis 140 000 Asylbewerber. Wir regierten mit den Grünen.«

Sigmar Gabriel spricht im Rückblick auf Schröders Jahre als Ministerpräsident von einer »Modernisierungskoalition«, die »nachhaltig das Land geändert« habe: Einrichtung eines Nationalparks, Trockenlegung des »Sumpfes aus Verfassungsschutz und Polizei«, Investitionen in Bildungspolitik und Kindertagesstätten, Einführung der Lernmittelfreiheit bis hin zur Entwicklung gemeindenaher Psychiatrien. Nach dem Wahlsieg habe Schröder sehr schnell »in diesen Regierungsmodus umgeschaltet« und dann ja auch gelegentlich Dinge gemacht, »über die die eigenen Parteimitglieder den Kopf geschüttelt haben«, erinnert sich Trittin, der damals Minister für Bundes- und Europaangelegenheiten im Kabinett Schröder war.

Dass sich Schröder mit VW-Boss Piëch, mitsamt den VW-»Kriegern« und Kostendrückern rund um Juan Ignacio Lopez, formidabel verstand und zudem – gegen das Votum der Grünen – eine vier Kilometer lange Teststrecke von Daimler nach Niedersachsen holte, stürzte damals die rot-grüne Koalition in eine Existenzkrise und führte zu einem Sonderparteitag der »Grünen«, worüber selbst Trittin heute den Kopf schüttelt.

»Das war ein Teil seines Images, das hat er gelegentlich übertrieben«, erinnert er sich, »da ist er dann auch mit dem Bundes- und Europaminister Trittin zusammengestoßen, etwa als er im Interesse von niedersächsischen Werften gemeint hat, man könne auch U-Boote nach Taiwan liefern, und ich dann mit Genscher aus der Bundesregierung Seite an Seite sagen musste: So geht es nicht.« Der Streit um die Teststrecke zog sich jahrelang hin, am Ende wurde Daimler verpflichtet, als ökologischen Ausgleich eine 580 Hektar große Moorflache für den Artenschutz herzurichten. Die Grünen waren einstweilen besänftigt.

Zerplatzter Traum. Als Schröder 1993 den Kampf um den SPD-Parteivorsitz gegen Rudolf Scharping verlor, war für ihn erst einmal der Traum vom Bundeskanzleramt gestorben. Herlinde Koelbl erzählte er im Rückblick auf 1993, dass »man nicht mehr träumen sollte, wenn er (*der Lebenstraum*) zur Illusion zu werden droht. Man sollte den Rest seines Lebens nicht auf eine Illusion hin ausrichten.« Nun wolle er versuchen, ein guter niedersächsischer Ministerpräsident zu sein und zu bleiben: »Um die Welt zu ändern, muss man nicht Bundeskanzler sein.«

In der Realität sah das jedoch anders aus. Nicht nur auf Hartmut Möllring wirkte Schröder in jener Zeit als niedersächsischer Regierungschef deutlich lustloser und undisziplinierter. Das änderte sich erst, als das große Ziel Bundeskanzler wieder greifbar wurde. Trost nach seinem verlorenen Kampf um die Kanzlerkandidatur spendete ihm die Landtagswahl 1994 in Niedersachsen, bei der die SPD die absolute Mehrheit erzielte und fortan ohne die Grünen regieren konnte. Seinen Gegenkandidaten Christian Wulff, damals 35, qualifizierte er ab: Er habe großes Glück gehabt, »dass die Union niemanden hatte, der im Bewusstsein der Bevölkerung reif gewesen wäre, meinen Job zu bekommen«.

In seiner zweiten Amtsperiode realisierte Schröder ein striktes Sparprogramm zum Abbau der Landesverschuldung. Insbesondere die Personalkürzungen in der Bildung und bei der Polizei fanden nicht die ungeteilte Zustimmung seiner eigenen Partei – und auch nicht die seiner damaligen dritten Ehefrau Hillu.

Die strenge Vegetarierin, Atomkraftgegnerin, engagierte Tier- und Naturschützerin und Leiterin der Landesstiftung »Kinder von Tschernobyl« machte von Anfang an deutlich, dass sie mehr wollte, als nur die Frau an der Seite des Ministerpräsidenten zu sein. Sie wollte mitregieren, eigene Themen setzen und bezog nach der Wahl 1990 wie selbstverständlich ein Büro in der Staatskanzlei. Sie gab im Büro ihres Mannes Interviews, verfügte nach Belieben über seinen Mitarbeiterstab und platzte in seine Sitzungen, weil »irgendwo eine Fledermaus gerettet werden musste«, wie »Hillu«-Kritiker spotteten. Die damalige Kieler Ministerpräsidentin Heide Simonis bemerkte spitz, dass das Amt der Ministerpräsidenten-Gattin ihres Wissens nach nicht in der Verfassung vorgesehen sei.

Doch Schröder war stolz darauf, »mit der schönsten Frau verheiratet« zu sein, »die ein Politiker in diesem Land jemals hatte«, die zudem »kluch« war und ohne die er »verkommen« würde. Schon 1986 wollte der verliebte Schröder mit der Attraktivität seiner neuen Frau punkten und hatte ein Wahlplakat mit beiden und dem Spruch »Politik ist nicht alles« drucken lassen. Und so wurde die Ehe der »Clintons aus Immensen« zur öffentlichen Angelegenheit; die beiden gaben gemeinsam Interviews, traten gemeinsam in Fernsehshows auf (bei *Wetten dass..?* oder bei Alfred Biolek) und veränderten die politisch-mediale Kultur in Deutschland, denn bis dahin war es in Bonn oder Hannover nicht üblich, dass Politiker-Gattinnen sich als Teil des Machtapparats inszenierten. »Super-Hillu« verkündete dagegen fröhlich bei *Beckmann*, dort mit den beiden Politikerfrauen Christa

Müller und Jutta Scharping eingeladen, sie traue sich aus dem Stand zu, ein Ministeramt zu übernehmen – und zwar jedes.

Wie groß die Sprengkraft auch innerhalb der Ehe war, belegt ein Satz aus einem der klugen Interviews, die Herlinde Koelbl mit Schröder führte. Erst im Zusammenleben mit Hiltrud habe er gelernt, »Gleichheit als etwas Notwendiges, Unabweisbares zu akzeptieren«, sagt er da. »Aber das ist eine Verstandesposition, weniger eine emotionale, fürchte ich.« Seine Mutter hatte ihn nämlich auf ein konservatives Männer-Frauen-Bild fixiert, in dem es völlig undenkbar war, dass Jungen und Männer im Haushalt halfen. Das sah Hillu eben anders. Und so wurde das Leben mit einer faszinierenden, aber ständig fordernden Frau, die ihn mehr und mehr für seine wirtschaftsorientierte, unökologische Politik schalt, für Schröder immer mehr zur Belastung. Schon 1991 sagte er zu Herlinde Koelbl, er wünsche sich zwar, mit seiner Frau alt zu werden, habe aber, »was die psychische Belastung angeht […] im Beruf weniger auszuhalten als privat. Und das will bei diesem Job etwas heißen. Aber das hängt mit dem besonderen Format meiner Frau zusammen, die sich absolut nicht mit einer bestimmten Rolle abfinden will.«

Dazu kommt, dass er trotz vieler Ehen »mit Frauen nicht richtig kann«, wie die Journalistin Ulrike Posche in ihrer 1998 erschienenen Schröder-Biografie analysierte. Es falle ihm schwer, Frauen ausreden zu lassen und sie als ebenbürtig zu akzeptieren. Eine hohe Meinung habe er nur von seiner Mutter, »der harten Arbeiterin. Und von seiner jeweiligen Ehefrau«. Im politischen Raum galten ihm Frauen- und Familienfragen immer als »Gedöns«; zum Glück musste er sich nicht mit »Genderfragen« oder gar – horribile dictu – »Netzfeministinnen« auseinandersetzen, wie der amtierende SPD-Vorsitzende Sigmar Gabriel. Und es gab auch keinen »Social Media Optimizing Editor«, wie jetzt etwa bei der *Zeit,* als bevorzugtes Berufsbild.

Ein neues, größeres Lebensglück. Hillu, die ihn auf seinem Weg zum Ministerpräsidenten und durch den größten Teil seiner Amtszeit begleitet hatte, war es nicht vergönnt, zur Kanzlergattin aufzusteigen. Zwei Jahre vor der Bundestagswahl 1998 lernte er die Journalistin Doris Köpf kennen, eine zarte, blonde Frau, 16 Jahre jünger als er, alleinerziehend und energisch, aber weniger fordernd als Hillu. Bei ihr hoffte er auf »ein neues, größeres Lebensglück«. Anfang März 1996 gab die »Firma Schröder« ihr Scheitern bekannt. Im September wurde die Ehe geschieden. 22 Tage später trat er mit Doris Köpf vor den Traualtar.

Nach der Trennung fungierte »die herrenlose linke Hillu [...] nun als Symbol für die preisgegebenen Positionen aus Schröders Juso-Zeit«, analysierte begeistert der *Focus* als ehemaliger Arbeitgeber von Doris Köpf: »Für viele Vorbeter des Regierungswechsels ist der wendige Hannoveraner mit seiner ganz unsozialistischen Schwärmerei für die Industrie längst zum Renegaten mutiert, und dass er die aufrechte Anti-Atom-Hillu sitzenließ, gilt ihnen nicht als Symptom fleischlicher Verfehlung, sondern politischen Verrats – an jenen Idealen nämlich, die das Jungdynamiker-Paar vor über siebzehn Jahren zusammenführten.«

Dabei sei Schröder einer, der »ganz und gar unfähig sei zur Untreue«, notierte Posche in ihrer Biographie, und monogam »wie sonst nur Esel monogam sind, wenn er sich für eine Frau entschieden hat«. Die Frau, in die er sich verliebt, müsse er auch umgehend heiraten, das habe mit Verlässlichkeit und Respekt zu tun, so Schröder. Deshalb sei es auch nicht ausgeschlossen, dass es in Schröders Leben bisher auch nur diese vier Frauen gegeben hat.

Natürlich waren die Trennung von Hillu und die Beziehung zu der jungen Journalistin Doris Köpf ein gefundenes Fressen für die Medien. Und die gedemütigte Hillu zündelte in zahlreichen Interviews und einem Buch mit Abrechnungscharakter (Schröder sei ein Feigling, ein Opportunist, habe seine politischen Ideale dem Machtstreben geopfert und drücke sich vor Unterhaltszahlungen) weiter. Auffallend dabei war die zurückhaltende Berichterstattung der *Bild*-Zeitung, vor allem wenn man weiß, dass ein junger Redakteur und Leutnant der Panzer-Reserve namens Béla Anda (»der schöne Béla«) als erster Wind von der Sache bekommen hatte. Der 33-Jährige hatte schon einige Porträts über Schröder geschrieben und zudem mit seinem Kollegen Rolf Kleine kurz zuvor die erste Schröder-Biografie überhaupt vorgelegt, die Jürgen Trittin so qualifizierte: »Was hier von Gerhard Schröder über Gerhard Schröder preisgegeben wird, ist das, was Gerhard Schröder über Gerhard Schröder preisgeben will.«

Den Anstoß zu dem freundlichen Büchlein soll der damalige *Bild*-Politikchef Kai Diekmann gegeben haben, von 2001 bis Ende 2015 bei ständig sinkenden Auflagenzahlen Chefredakteur des Blattes. Doris Köpf und er kennen sich aus Bonner *Bild*-Zeiten, wo beide Ende der 1980er-Jahre als Parlamentskorrespondenten gearbeitet haben, und so einigte man sich auf einen »kontrollierten Abschuss«, also auf eine mit Schröder-Köpf abgesprochene Veröffentlichung der Geschichte mit der Titelzeile »Schaut her, sie sind glücklich«.

Die kooperative Zurückhaltung sollte sich für Anda in jeder Hinsicht auszahlen: Im Februar 1999 wurde er von Schröder unter Uwe-Karsten Heye zum stellvertretenden Regierungssprecher berufen. Im Oktober 2002 beerbte er Heye und wurde zum Chef des Bundespresseamtes befördert, was ihn ein wenig überforderte. Als »quasi nicht existenter Pressechef« oder »Sagenichts« wurde er von den Hauptstadt-Journalisten nicht ganz ernst genommen. Nach der verlorenen Bundestagswahl 2005 ließ er sich, nach einer kurzen Karenzzeit, von Schröder-Freund Maschmeyer weich auffangen – mit dem Job des Kommunikationsdirektors beim AWD, wo er für Presse, Marketing und Sponsoring zuständig war. Am 1. August 2012 – Maschmeyer hatte bereits 2007 den AWD an das Schweizer Unternehmen Swiss Life verkauft, war aber noch eine Weile im Vorstand – durfte Anda zur *Bild*-Zeitung zurückkehren und bekleidete dort den Posten eines Stellvertretenden Chefredakteurs der Ressorts Politik und Wirtschaft. Mit der Rückkehr Nikolaus Blomes vom *Spiegel* musste Anda Ende 2015 allerdings »im besten gegenseitigen Einvernehmen« das Blatt verlassen und sich »neue Aufgaben in der privaten Wirtschaft« suchen.

Anda konnte als Regierungssprecher allerdings nicht verhindern, dass Diekmann, nachdem er 2001 Chefredakteur von *Bild* geworden war, einer von Schröders gefährlichsten Gegnern wurde und massive Attacken gegen die Schröder-Reformen ritt. Assistiert wurde er dabei von Oskar Lafontaine, der nach seinem Austritt aus der SPD als Chef der neu gegründeten Links-Partei eine Kolumne in der *Bild* erhielt, in der er seiner Wut auf Schröder ungebremst Ausdruck geben konnte. Erst nach dem Ende von Schröders Kanzlerschaft näherten sich Schröder und Diekmann wieder einander an. Dazu hatte nicht unwesentlich der ehemalige *Bild am Sonntag*-Chefredakteur und Berater Helmut Kohls, Peter Boenisch, beigetragen. Schröder und Boenisch schätzten sich, trotz nach außen wenig sichtbarer Gemeinsamkeiten. Und nach Boenischs Krebstod 2005 ist es Kanzler Schröder, der auf Bitten Diekmanns die Totenrede hält und den Trauerzug anführt. Seitdem legte Diekmann seine publizistischen Geschütze gegen Schröders Agenda 2010 nieder, und 2012 posierte Schröder anlässlich des 60. Geburtstags des Boulevardblatts vor einer großen Wand, gepflastert mit Schlagzeilen über ihn, hinter denen Diekmann hervorlugt.

Ein rätselhaftes Treffen. Schröder hat Hannover häufig und gern als deutsche Nebenhauptstadt inszeniert, etwa mit den Staatsbesuchen von Jacques Chirac (2000) und Wladimir Putin (2001), als Altkanzler zu seinen Geburtstagen wiederum mit Putin oder dem türkischen Staatschef Recep Tayyip Erdoğan. Das mysteriöseste Hannover-Treffen mit Kanzler Schröder war nicht so öffentlich. Auf den ersten Blick sieht niemand dem Fachwerkhaus an der Hildesheimer Landstraße im Stadtteil Döhren an, dass es jahrelang ein politischer Hotspot der Landeshauptstadt war. Doch in der Traditionsgaststätte »Fritz Wichmann« (2015 einstweilen geschlossen) aßen schon zu Zeiten der Bonner Republik Willy Brandt und Franz Josef Strauß, Helmut Kohl und Ernst Albrecht. Schröder war einmal mit Putin da, es gab Geflügelhupf von Gänsestopfleber, danach souffliertes Steinbuttfilet und Salzwiesenlamm.

Was am Sonntag, dem 27. Januar 2002, auf der Speisekarte stand, ist nicht dokumentiert, und auch sonst blieb unklar, was genau der Kanzler an jenem rätselhaften Abend mit den drei anderen Gästen besprach: Da war zum einen Thomas Middelhoff, der die Idee zu dem Treffen gehabt haben soll, damals Chef des Medienkonzerns Bertelsmann, mittlerweile wegen Untreue und Steuerhinterziehung verurteilt und aufgrund von Schulden in Millionenhöhe in Privatinsolvenz. Dann Rolf-E. Breuer, damals auf der Schwelle vom Vorstandssprecher zum Aufsichtsratsvorsitzenden der Deutschen Bank, sowie Erich Schumann, seinerzeit einer der Geschäftsführer der WAZ-Mediengruppe, später bekannt geworden als einer der Geldspender für Helmut Kohl.

Anlass des Treffens war die Finanzmisere des Medienimperiums von Leo Kirch, an dem alle vier diverse Interessen hatten. Wie Middelhoff 2012 im Prozess der Kirch-Erben gegen die Deutsche Bank aussagte, hatte der Kanzler damals Sorge, dass sich die beiden US-Unternehmer John Malone und Rupert Murdoch das TV-Kabelnetz und die Kirch-Gruppe unter den Nagel reißen oder Kirch-Anteile womöglich an den Axel-Springer-Verlag verkauft werden könnten, was auch Middelhoff beunruhigte. Das war auch der Grund für Schumanns Teilnahme, fand man doch, dass – zwecks Vermeidung von zu viel Meinungsmacht – die Springer-Anteile viel besser beim SPD-nahen WAZ-Konzern aufgehoben waren. Dort sollte gerade Schröders ehemaliger Kanzleramtschef Bodo Hombach vom Familienzweig Brost zum Geschäftsführer berufen werden. Breuer vertrat Kirchs größten Geldgeber, die Deutsche Bank, die langsam unruhig wurde.

Was allerdings den Bundeskanzler bewog, sich mit zwei Medienmanagern und einem Bankchef zusammenzusetzen, um in einer Art konspirativen Sitzung die Filetierung eines bayerischen Privatunternehmens zu besprechen, bei der seitens Breuers zudem eine Menge Bankgeheimnisse ausgeplaudert wurden (worüber sich Schumann später wunderte), hat Schröder selbst nie erläutert. Im Grunde war er gar kein »Medienkanzler«, die Journalisten verwechselten hier Telegenität mit medienstrategischem Interesse – und im Gegensatz zu Ernst Albrecht oder gar Helmut Kohl war Schröder medienpolitisch eher desinteressiert.

Nach Aussagen von Middelhoff sollte der Konzern nicht völlig zerschlagen, sondern eben aufgeteilt werden, wobei Kirch ein Stück des Kuchens behalten sollte. »Breuer will den Kirch abschaffen, der Kirch soll weg«, soll der 2007 verstorbene Schumann einem Bekannten nach dem Treffen gesagt haben. Er und Middelhoff seien an jenem Abend aufgefordert worden, sich für Teile des Kirch-Konzerns zu bewerben.

Nur wenige Tage später, am 3. Februar, gab Rolf-E. Breuer dem in Deutschland marginalen Fernsehsender Bloomberg-TV in einer Hotelsuite am Rande des Weltwirtschaftsforums in New York jenes legendäre Interview (inzwischen bekannt als das teuerste Fernsehinterview aller Zeiten), in dem er bezweifelte, dass die Deutsche Bank der Kirch-Gruppe noch weitere finanzielle Unterstützung gewähren werde: »Was alles man darüber lesen und hören kann, ist ja, dass der Finanzsektor nicht bereit ist, auf unveränderter Basis noch weitere Fremd- oder gar Eigenmittel zur Verfügung zu stellen. Es können also nur Dritte sein, die sich gegebenenfalls für eine, wie Sie gesagt haben, Stützung interessieren.« Als das Interview einen Tag später in Deutschland ausgestrahlt wurde, implodierte der Konzern förmlich. Anfang April 2002 musste die KirchMedia GmbH & Co. KGaA Insolvenz anmelden. Es war der bis dahin größte Bankrott der bundesdeutschen Geschichte. »Der Herr hat's gegeben, der Herr hat's genommen«, schrieb der gläubige Katholik Kirch seinen Mitarbeitern zum Abschied.

Das Unternehmen wurde zerschlagen, ohne dass Schröder auf die weitere Entwicklung Einfluss nehmen konnte oder wollte. Für den im Juli 2011 verstorbenen Kirch war klar, dass die Viererrunde an jenem Abend den Exitus seines Konzerns geplant hatte: »Erschossen hat mich der Rolf« (Breuer, LH). Letztlich war es aber nicht Breuer, sondern Matthias Döpfner gewesen, der Kirchs Schicksal besiegelt hatte, als er im Januar 2002 eine sogenannte Put-Option über 767 Millionen Euro zog, die Kirch hätte zahlen müssen. Der mythische Medienzar, kurz vor seinem Tod gemeinsam mit Kai Diekmann noch Trauzeuge bei Helmut Kohls Eheschließung mit Maike Richter, strengte zahlreiche Prozesse an, an deren Ende die Deutsche Bank in einem Vergleich über 900 Millionen Euro an Kirchs Erben zahlen musste, zuzüglich Anwaltskosten.

Bröckelnde Ehe. In Schröders vierter Ehe liefen die ersten eineinhalb Jahrzehnte nach Plan und harmonisch. Doris galt als seine engste und wichtigste Beraterin, so hatte sie angeblich den – allerdings missglückt-technokratischen – Begriff »Agenda 2010« erfunden. Zu Doris' leiblicher Tochter Klara kamen noch zwei adoptierte Kinder aus Russland hinzu.

Doch nach dem Ende von Schröders politischer Karriere begann die Harmonie zu bröckeln. Nach Jahren im Schatten des mächtigen und raumgreifenden Politikers wurde Doris Schröder-Köpf selbst politisch aktiv und kandidierte für die Landtagswahl 2013. Seit April 2013 ist sie niedersächsische Landesbeauftragte für Migration und Teilhabe. Nachdem sie ihrem Mann jahrelang den Rücken freigehalten hatte, fand sie, dass nun sie an der Reihe sei und er sich mehr um die Kinder kümmern könne. Hin und wieder soll sie ihn öffentlich bloßgestellt haben, indem sie ihn für alle hörbar aufforderte, dass es Zeit für ihn sei, nach Hause zu gehen und den Babysitter abzulösen.

So wie Schröder geprägt ist, konnte das nicht gut gehen. Im März 2015 gaben die beiden ihre Trennung bekannt. Nun leben sie in vier Kilometer voneinander entfernten Wohnungen, ein für Schröder vollkommen unbekannter Zustand und offenbar schwer auszuhalten. Denn bisher war Schröder nur an wenigen Tagen in seinem Erwachsenenleben Single. Und da es offenbar keine andere Frau an Schröders Seite gibt, verwundert es nicht, dass man die beiden immer mal wieder zusammen sieht, im Fußballstadion, bei Sommerfesten, im Urlaub auf Borkum. Ein enger Freund Schröders hat der *Bunten* erzählt, er kämpfe um Doris und die Familie. »Er wünscht sich, dass die Ehe funktioniert. Ein Leben allein in einer großen, leeren Wohnung ist nicht sein Ding.«

Kein Elder Statesman. Nach seiner Kanzlerschaft sah es zuerst so aus, als würde Schröder in die Fußstapfen seines großen Vorgängers und Vorbildes Helmut Schmidt treten. Der saß seit seiner Kanzlerschaft im Herausgebergremium der *Zeit* und mischte sich bis kurz vor seinem Tod am 11. November 2015 mit zahlreichen Artikeln in die großen politischen Debatten unserer Zeit ein, permanent präsent in Dokumentarfilmen und Gesprächen mit Sandra Maischberger und in di Lorenzos Kolumne »Auf eine Zigarette mit Helmut Schmidt«. Denn am

Tag, als Schröder aus dem Bundestag ausschied, wurde bekannt gegeben, dass der Ex-Kanzler ab sofort den größten Medienverlag der Schweiz berät, die Ringier AG. Mit deren »Chefpublizist« Frank A. Meyer, der bei Freund und Feind als feinsinniger Salonsozialist gilt, ist er seit Längerem auch privat befreundet. Meyer, lange Jahre der mächtigste Journalist der Schweiz, wohnt seit geraumer Zeit in Berlin, wo der Ringier-Verlag bis 2016 das Debattenmagazin *Cicero* und das Kunstmagazin *Monopol* herausgab. Zu den Konditionen für Schröders Tätigkeit wollte man sich nicht äußern, und über den konkreten Inhalt der Beratung wurde nur wenig bekannt, außer dass sich Verleger Michael Ringier überzeugt gab, »dass Schröder mit seiner internationalen Erfahrung eine Bereicherung für das Unternehmen sei, zumal man als Verleger auch politisch aktiv sein müsse«, wie er dem *Stern* sagte. Schröders publizistisches Interesse war dann auch nur von kurzer Dauer und hinterließ keine sichtbaren Spuren, immerhin hält er noch immer staatsmännische Festreden bei Frank A. Meyers hochkarätigem »Diner républicain« anlässlich des Filmfestivals von Locarno.

Richtig interessant wurde es, als nur zwei Wochen später bekannt wurde, dass Schröder bei Nord-Stream angeheuert hatte, einem Unternehmen zum Bau einer Erdgas-Pipeline von Russland durch die Ostsee nach Deutschland, das erst am 2. Dezember 2005 mit Sitz im Schweizerischen Zug gegründet worden war. Mehrheitseigner ist mit 51 Prozent das russische Staatsunternehmen Gazprom, und so war von Anfang an ziemlich klar, wer hinter dem gut dotierten Jobangebot steckte: Schröders Intimfreund Wladimir Putin. Geschäftsführer der Nord-Stream AG ist pikanterweise mit dem massigen Mathias Warnig ein ehemaliger Stasi-Funktionär.

Während Schröder offenbar nichts Ehrenrühriges daran fand, so kurz nach seiner Kanzlerschaft einen hoch dotierten Posten bei einem Unternehmen anzutreten, mit dessen Realisierung er kurz zuvor noch als Politiker befasst war, erschien »den Russen der schnelle Seitenwechsel Schröders so delikat, dass sie sich bei der neuen Bundesregierung rückversicherten, ob denn der neue Job für den alten Kanzler den Segen der Bundesregierung habe«, schrieb das *Handelsblatt* 2010. Jürgen Trittin dazu, eher milde gestimmt:

»Zu dem Zeitpunkt, als diese Frage anstand, da waren alle Parteien des Deutschen Bundestages – meine eigene eingeschlossen – für den Bau dieser Pipeline. Und dass es vielleicht Sinn machen könnte, im Aufsichtsrat dieser Firma jemanden mit Gewicht aus Deutschland sitzen zu haben, schien mir auch keine ganz abwegige Frage zu sein. Aber da hat man dann einen typischen Gerhard Schröder erlebt. Er konnte nicht abwarten, bis der damalige Wirtschaftsminister oder die Kanzlerin ihn darum gebeten haben. Er war schon da und hat das eben über seine Freundschaft mit Putin so organisiert, dass etwas, was in der Anfangsphase eine, wie ich finde, legitime Überlegung war – nämlich die Minderheitsseite in diesem Konsortium, die die Deutschen ja sind, zumindest in der Aufsicht entscheidend zu besetzen –, dann in ein ganz anderes Fahrwasser und in einen ganz anderen Ruf kommt. Wir haben, auch in der Zeit der Bundesregierung, oft mit ihm darüber gestritten, dass sicherlich Putin Russland nach Jelzin wieder stabilisiert hat, aber eine dauerhafte Stabilisierung, nach meiner Auffassung und auch vieler in der SPD, eben nicht möglich ist, wenn man auf eine autokratische Gesellschaft setzt. Das zeigt sich gerade jetzt. Es wird ja oft der Satz mit dem lupenreinen Demokraten zitiert, den ihm Beckmann abgerungen hat. Meines Erachtens ist das typisch Gerd Schröder.«

Trittin erinnert dieses Festhalten an einer einmal festgelegten Richtung, ganz im Gegensatz zur sonstigen Flexibilität Schröders, an die TV-Serie *House of Cards*, in der Claire Underwood (Robin Wright) über ihren Mann Francis (Kevin Spacey) sagt: »Mein Mann entschuldigt sich nicht, nicht mal bei mir.« Und so sei »der Gerd« eben auch.

Mit seiner Großspurigkeit und seiner gelegentlich flegelhaften Art habe Schröder viel erreicht, schreibt der *Spiegel*-Journalist Marc Hujer im September 2015 unter dem Titel »Der Abkanzler«. Aber was ihn als Kanzler groß gemacht habe, mache »ihn als Altkanzler klein. Er ist noch immer der Halbstarke, ein Mann, dem die Gravitas fehlt.« Heute reise er als Freund und Lobbyist des Autokraten Wladimir Putin um die Welt und kassiere Honorare, »die gelegentlich den Eindruck erwecken, es ginge ihm jetzt vor allem darum, seinen Lebensstandard zu sichern. Als Kanzler hat er seinem Land gedient, als Altkanzler dient er vor allem sich selbst.«

Selbst Bundespräsident Gauck konnte sich in einer Rede anlässlich Schröders 70. Geburtstag einen Tadel nicht verkneifen und betonte, ein »Stück Verantwortung für das Land« bleibe auch nach der Amtszeit. Schröder ficht das nicht an. Er ist bis heute der »Basta«-Typ geblieben, dem allzu moralische Meinungen von Kritikastern oder am Wegesrand liegen gebliebenen Ex-Freunden völlig egal sind. Seine Treue zu Putin, die einen an die alten Zeiten der Hannover-Connection erinnert, trübt den Rückblick auf seine politischen Leistungen, lässt diese fast unkenntlich werden, obwohl »Hartz IV« und »Agenda 2010« auch in weiten Teilen der SPD heute gelassener bewertet werden.

Schröder sei ein guter Kanzler gewesen, der sich Reformen zugetraut habe, »über die Angela Merkel nicht mal nachdenken mag«, kommentierte auch *Spiegel*-Redakteur Markus Feldenkirchen 2014 für den Deutschlandfunk. »Schröder war bereit, seine Wiederwahl seinen Überzeugungen zu opfern. Das macht ihn in der Rückschau zur historischen Figur.« Als Altkanzler sei er jedoch miserabel. Denn ein echter Altkanzler fühle sich nach wie vor verantwortlich: »Für das Ganze – nicht nur für sich.«

Mehrere Bitten von Seiten der Bundesregierung, im Ukraine-Konflikt zu vermitteln, habe er abgelehnt. »Ihm, dem Rentner, geht es nicht um die friedliche Lösung einer bedrohlichen Krise«, so Feldenkirchen. »Bei einem lupenreinen Kapitalisten würde ein solches politik- und geschichtsvergessenes Verhalten nicht verwundern. Bei einem früheren Kanzler schon.« Nun kann es aber sein, dass Schröder nie so werden wollte wie Willy Brandt oder Helmut Schmidt – ein lebendes politisches Denkmal. Dass er eben Gerhard Schröder, der lippische Balltreter und hannoversche Scorpions-Fan bleiben wollte. So kann man sich länger jung und unbeschwert fühlen.

Immerhin, ein wenig sorgt sich der mittlerweile 71-jährige Schröder doch um sein politisches Vermächtnis. So fand er es doch ganz schön, dass Kanzlerin Angela Merkel die ihm gewidmete, wohlwollende 1038-Seiten-Biografie des Historikers Gregor Schöllgen in Berlin vorstellte. Seinen Nachruf auf Helmut Schmidt publizierte er in der *Bild*-Zeitung, auf die er offenbar nichts kommen lässt. Und zuletzt reiste er mit Peter Hartz nach China, wo nach den Planungen des Architekturbüros von Albert Speer junior am Rande der 2,3-Millionen-Metropole Yinkou eine Senioren-Megacity für 230 000 Einwohner entstehen soll.

Zwischenspiele: »Glogo« und »Siggi«

»Es muss jeder Eindruck von Korrumpierbarkeit schon im Ansatz verhindert werden. Es darf gar nicht erst zur Korruption kommen, sondern es muss der Anschein von Korrumpierbarkeit, von Abhängigkeiten, von Sponsoring von Politik und Politikern vermieden werden. Das ist hier alles völlig fließend, und das über Jahrzehnte in der Heimatstadt des Ministerpräsidenten mit seinem, ihm eigenen Umfeld. Das ist eine schwere Belastung, und aus dem hat er sich nie gelöst. Deswegen fehlen ihm eigentlich die Voraussetzungen – ich würde es hart formulieren wollen –, letztlich auch die Voraussetzungen für die Würde des Amtes des Ministerpräsidenten. Er ist der falsche Mann am falschen Platz.«

Christian Wulff über Ministerpräsident Gerhard Glogowski in einem Interview mit dem Deutschlandfunk, 26. November 1999

»Welcher Parteiströmung gehört Sigmar Gabriel an? A. Linke, B. Netzwerker, C. Seeheimer, D. allen dreien.«

Quizfrage beim SPD-Bundesparteitag 2007

Der Rücktritt. Als Gerhard Schröder im Herbst 1998 nach Bonn wechselte, musste er sich um die Nachfolge-Situation in Hannover keine großen Gedanken machen. Sein langjähriger loyaler Vertrauter, Stellvertreter und Innenminister Gerhard Glogowski war als Ministerpräsident gesetzt. Bei Freund und Feind als »Glogo« bekannt, galt der weißhaarige Mann mit starker SPD-Hausmacht in Braunschweig als Freund der deutlichen Aussprache: »NPD, DVU, Republikaner unterscheide ich nicht. Dies ist für mich alles rechtsradikaler Sumpf. Das hieße: Scheiße nach Geruch zu sortieren« – das ist sein bis heute bekanntester Satz. Im bereits nach der Landtagswahl im März 1998 mit Glogowski abgestimmten Kabinett Schröder III, mit Heidi Merk (der Frau von OB Schmalstieg), Wolfgang Jüttner, Peter Fischer, Thomas Oppermann und Renate Jürgens-Pieper, gab es keine Wechsel, mit Ausnahme von Karl-Heinz Funke, den Schröder als Landwirtschaftsminister mit an den Rhein nahm. Aus Hannover, so dachte sich der neue Kanzler, würden ihm und der SPD erst mal keine Schwierigkeiten erwachsen. Da irrte er sich. Schon am Freitag, den 26. November 1999, stellte sich Gerhard Glogowski in Hannover vor die versammelten Medienvertreter und gab folgende Erklärung ab: »In den letzten Tagen sind öffentlich eine Vielzahl von Vorwürfen gegen mich erhoben worden. Alle Vorwürfe finden sich als Vermutungen, Gerüchte oder bloße Behauptungen wieder. Eine für alle anderen Bürgerinnen und Bürger geltende Unschuldsvermutung und die Möglichkeit, sich in einem geordneten Verfahren zu verteidigen, scheint für Politiker in meinem Amt nicht mehr vorgesehen zu sein. Das Amt des Niedersächsischen Ministerpräsidenten, meine persönliche Integrität und Ehre und auch meine Familie haben unter diesen unberechtigten und unbewiesenen Vorwürfen gelitten. Da offenbar in dieser aufgeheizten Atmosphäre für viele das Urteil schon gesprochen ist, werden die Belastungen immer größer. Das ist der Grund, warum ich nun handeln muss, um mein Land, meine Familie, meine Partei und meine Freunde zu schützen. Ich habe darum gegenüber dem Präsidenten des niedersächsischen Landtages meinen Rücktritt erklärt.«

Der Schröder-Nachfolger im Amt des Ministerpräsidenten regierte nur dreizehn Monate und sechzehn Tage – die kürzeste Amtszeit aller bisherigen niedersächsischen Landesväter. Sein Amt übernahm, keine große Überraschung, sein politischer Ziehsohn Sigmar Gabriel, geboren in Goslar, der spätere SPD-Bundesvorsitzende.

Der Löwe von Braunschweig. Auch Gerhard Glogowski, geboren im Kriegsjahr 1943 in Hannover, empfand sich immer als Kind der Arbeiterklasse. Schon in sehr jungen Jahren kam er mit dem politischen Betrieb in Berührung; sein Vater arbeitete in Bonn als Chauffeur für SPD-Größen wie Kurt Schumacher oder Herbert Wehner, an dessen Küchentisch der junge Gerhard so manches Mal seine Hausaufgaben verrichtete. Als Jugendlicher trat er in den 50er-Jahren der sozialistischen Jugendorganisation »Die Falken« bei, 1960 dann der IG Metall und ein Jahr später auch der SPD. Nach einer Lehre zum Werkzeugmacher, nachgeholtem Abitur und anschließendem Volkswirtschaftsstudium an der Hamburger Hochschule für Wirtschaft und Politik wurde er 1976 mit 33 Jahren Oberbürgermeister seiner Wahlheimat Braunschweig, wo er unter anderem den als »Schoduvel« bekannten Karnevalsumzug wieder ins Leben rief. Ab 1978 saß Glogowski für die SPD im Landtag.

Bereits 1986 nahm Gerhard Schröder den »Löwen von Braunschweig« in das Schattenkabinett für seine erste Landtagswahl gegen Ernst Albrecht. Und das, obwohl Glogowski und seine Braunschweiger SPD beim Gerangel um die Spitzenkandidatur klar Schröders innerparteiliche Konkurrentin Anke Fuchs unterstützt hatten. 1990 wurde Glogowski schließlich Innenminister im Kabinett Schröder sowie stellvertretender Ministerpräsident.

»Glogo« wäre schon zu Beginn seiner Minister-Amtszeit beinahe eine als »Oktoberfestsause« bekannt gewordene Dienstreise der Braunschweiger Stadtwerke, deren Aufsichtsratsvorsitzender er war, zum Verhängnis geworden. Am 28. September 1988 waren 41 Mitglieder des Aufsichts- und Betriebsrats in einem Sonderzug nach München gereist, um dort eine Betriebsbesichtigung bei der Firma MAN durchzuführen, von der die Stadtwerke mit Omnibussen beliefert wurden. Abgesehen davon, dass die MAN-Busse eigentlich im niedersächsischen Salzgitter hergestellt werden, sorgten vor allem die Kosten des luxuriösen Ausflugs für Ärger: 50 000 DM betrug die Rechnung am Ende der Reise. Während die beiden Stadtwerke-Geschäftsführer Wolfgang Probst und Dietrich Hentschel im Juli 1990 vom Amtsgericht Braunschweig der Untreue schuldig gesprochen wurden, entging Glogowski einem Prozess, indem er auf Anraten seines Regierungschefs Schröder freiwillig vorab 12 000 DM Bußgeld zahlte.

Im Amt des Innenministers galt der Partei-Rechte Glogowski bald als harter Hund. Zu den großen Herausforderungen seiner Amtszeit gehörten die Flüchtlingskrise Anfang der 90er-Jahre ebenso wie die Castor-Transporte, die von einem großen Polizeiaufgebot begleitet erstmals im April 1995 ins niedersächsische Gorleben rollten. In einem doppelseitigen *Spiegel*-Porträt von 1998 wird Glogowski als »Law-and-Order-Minister« und »Polit-Rambo« charakterisiert – eine Einschätzung, in der er sich selbst nicht wiederfand und die ihn auch heute noch kränkt. Was jedoch auch Kritiker an ihm schätzten, war seine Verlässlichkeit, in der Glogowski selbst seine große Stärke sah: klare Kante, handschlagfest. Sein Wort galt. Nicht zuletzt war er geistigen Getränken zugeneigt wie ein echter männlicher Niedersachse. Wilfried Hasselmann war ihm als Typus näher als irgendwelche Ex-68er, die sich mit Theoriesystemen oder Ismen beschäftigt hatten, mochten sie von Mao, Tito, Enver Hodscha oder Lenin stammen.

In Bedrängnis geriet der Innenminister erneut 1995 – ein Jahr, nachdem die SPD mit Schröder bei der Landtagswahl die absolute Mehrheit erreicht hatte. Nach den sogenannten

»Chaostagen« Anfang August, als sich über 2000 angereiste Punks und Hooligans Straßenschlachten mit etwa 3000 Polizisten geliefert hatten, wurde aus der CDU-Fraktion Glogowskis Rücktritt gefordert. Beteiligte Polizisten stellten Strafanzeige gegen ihn, den Einsatzleiter Uwe Wiedemann sowie den Polizeipräsidenten Herbert Sander wegen Strafvereitelung im Amt. Letzten Endes musste Sander seinen Hut nehmen.

Die ersten Chaostage erlebte Hannover bereits 1982 – eine Reaktion auf die durch den *taz*-Redakteur Jürgen Voges enthüllte »Punker-Kartei«, in der die hannoversche Polizei Daten aus der Punk-Szene zusammentrug. 1994 lebten sie dann erneut auf. Auch da war es schon zu gewalttätigen Zusammenstößen zwischen Punks und Polizei gekommen, doch 1995 eskalierte die Situation vollständig. In einem Interview mit der *Zeit* resümierte Glogowski wenige Tage nach den Krawallen: »Wir haben hier das halbe Gewaltpotential der Bundesrepublik gehabt. Wir haben Hamburgs Autonome von der Hafenstraße gehabt, wir haben Göttingens Autonome, wir haben Skins hier gehabt, wir haben die Hooligans hier gehabt, wir haben die Punks hier gehabt. Und wir haben eine solch brachiale Gewalt erlebt, wie ich sie bisher nicht gekannt habe.«

Besonders im Gedächtnis blieben Zusammenstöße auf dem Sprengel-Gelände, wo Polizeibeamte sich nicht mehr anders zu helfen wussten, als selbst Steine zurück auf ihre Angreifer zu schmeißen, sowie die sich über mehrere Stunden hinziehende Plünderung eines Penny-Markts, die der zuständige Einsatzleiter aus Furcht um »das Leben und die Gesundheit« seiner nur unzureichend ausgestatteten Polizeikräfte ungehindert geschehen ließ. Unangenehm war in dem Zusammenhang die Verlesung eines Polizei-Funkspruchs vor dem – auf Antrag von Christian Wulff – eingesetzten Untersuchungsausschuss: »Wir kriegen gerade Mitteilung, dass hier um die Ecke der Penny-Markt geplündert werden soll. Wenn ihr noch

’ne Cola braucht, könnt ihr auch hingehen. Das wird geduldet heute.« Der über die Tage entstandene Sachschaden belief sich auf über 800 000 DM.

Die SPD reagierte mit einer drastischen Verschärfung des gerade erst unter Rot-Grün liberalisierten Polizeirechts. So war es der Polizei vor den nächsten angekündigten Chaostagen 1996 etwa möglich, Aufenthaltsverbote in der hannoverschen Innenstadt für jeden zu verhängen, der irgendwie nach Punk aussah. 6000 Polizisten patrouillierten diesmal durch die Stadt, 20 Hubschrauber und ein Dutzend Wasserwerfer standen bereit. Eine Eskalation wie 1995 wurde somit verhindert.

Der Nachfolger. Trotz dieser Episoden erwarb sich Glogowski als Innenminister auch beim politischen Gegner durchaus Respekt, galt als zuverlässig und bürgernah. Einer, mit dem man sich problemlos auch beim Bier in der Kneipe unterhalten konnte. In der Presse war er schon lange als Schröder-Nachfolger gehandelt worden. Offiziell wurde Glogo erst am 10. Oktober 1998 – zwei Wochen nach der Bundestagswahl – auf einem Sonderparteitag für das Amt des Ministerpräsidenten nominiert. Ursprünglich war eine solche Nominierung durch den Parteitag gar nicht vorgesehen gewesen, doch Glogowski selbst hatte darauf bestanden. Zum Regierungschef wählte ihn der niedersächsische Landtag dann am 28. Oktober 1998.

Glogowski, der zunächst mit seinem geringen Bekanntheitsgrad haderte, versuchte als Landesvater schnell, aus dem Schatten seines Gönners und Vorgängers herauszutreten, und er scheute auch nicht davor, Entscheidungen der rot-grünen Bundesregierung öffentlich zu kritisieren. Mathias Döpfner stellte Glogowski, der stets als loyal gegolten hatte, in einem Artikel in der *Welt* gar als politischen Vatermörder hin, »der buchstäblich die erste Gelegenheit nutzte, seinem Förderer Schröder bei der Steuerdebatte das Messer in den Rücken zu stoßen«. Eine unfaire Zuschreibung, galt Glogowskis Kritik doch vor allem den Steuerreformplänen Oskar Lafontaines. Auch andere SPD-Landeschefs, allen voran Wolfgang Clement, aber auch Heide Simonis oder Kurt Beck, hatten ihre Bedenken öffentlich geäußert. Nachdem Lafontaine im März 1999 aus der Bundesregierung ausschied und anschließend zum harten Kritiker der Schröder'schen Sozialpolitik wurde, schlug Glogowski sich eindeutig wieder auf die Seite des Kanzlers.

Im März 1999 heiratete Glogowski in zweiter Ehe seine langjährige Lebensgefährtin Marianne Horstkötte. »Ich habe mich selten so gut gefühlt wie jetzt«, sagte er im Oktober, nach einem Jahr im Amt des Ministerpräsidenten. Im Gegensatz zu Schröder hegte er keinerlei Ambitionen in Richtung Bundespolitik. Dennoch fand er Gefallen am Regieren und kündigte an, sich 2003 erneut zur Wahl stellen zu wollen. Diese Ankündigung wurde von vielen Genossen mit Skepsis aufgenommen. Man war sich nicht mehr ganz sicher, ob Glogowski dem neuen Amt tatsächlich gewachsen war. Und mancher Parteifreund, vor allem Sigmar Gabriel und Wolfgang Jüttner, hegte auch mehr oder weniger unverhüllt eigene Ambitionen.

»Glogo-Gate«. Am 21. November 1999 erschien in der *Welt am Sonntag*, Chefredakteur war der damals 35-jährige Kai Diekmann, ein Artikel mit dem Titel »Hochzeitsreise bringt Glogowski in Bedrängnis«. Daneben ein Foto des frischvermählten Ehepaars Glogowski, posierend vor einer Flagge des niedersächsischen Reiseveranstalters TUI. Der Ministerpräsident habe, so der Vorwurf, die Kosten seiner über TUI gebuchten Hochzeitsreise erst mit großer zeitlicher Verzögerung gezahlt. Diese zunächst recht harmlos wirkende Geschichte brachte innerhalb kürzester ein für Glogowski politisch tödliches Affären-Konvolut hervor. Als einer der Hauptankläger Glogowskis sollte sich im Folgenden der damalige Oppositionsführer im Landtag, Christian Wulff, profilieren.

Tatsächlich hatte Glogowski die Rechnung für seine Flugtickets bereits am 22. März erhalten – der Verdacht, TUI habe ihm Vergünstigungen gewährt, konnte somit später ausgeschlossen werden –, sie jedoch erst Ende Mai beglichen, nachdem er von Dritten auf sein Versäumnis aufmerksam gemacht worden war. Die Original-Rechnung war in Glogos persönlichen Reiseunterlagen verschwunden, so dass er sich nachträglich eine Kopie vom Reiseveranstalter schicken lassen musste. Dass TUI-Sprecher Rainer Ortlepp mit seiner Familie zur gleichen Zeit Urlaub im selben Club machte wie Glogowski, sei bloßer Zufall gewesen, hieß es aus der Staatskanzlei. Das Foto der Glogowskis vor der TUI-Flagge – geschossen von Ortlepps Sohn – sei nur für den privaten Gebrauch bestimmt gewesen und die Weitergabe an die Pressestelle ein Missgeschick.

Es blieb nicht bei diesem Punkt. Der nächste Vorwurf, der öffentlich gemacht wurde, betraf dann Glogowskis nachträgliche Hochzeitsfeier im Braunschweiger Alten Rathaus am 15. Mai: Die Kaffeefirma Heimbs hatte für das Fest mit rund 160 Gästen kostenlos 2,5 kg Kaffee im Wert von 75 DM zur Verfügung gestellt, die Braunschweiger Brauereien Feldschlößchen und Wolters stifteten zudem je ein 100-Liter-Bierfass. Glogowski, zum Zeitpunkt des Aufkommens der Vorwürfe auf einer Dienstreise in Wien, gab sich in einem Interview mit der *Bild* angesichts der tatsächlich lächerlichen Zuwendungen zunächst noch ungerührt: »Da schmeißt jemand mit Lehm und hofft, dass etwas hängen bleibt.«

Es folgten jedoch weitere Berichte über eine finanziell aus dem Ruder gelaufene Feier der Braunschweiger Stadtwerke anlässlich der Verabschiedung ihres Geschäftsführers Dietrich Hentschel (»Edelsause«); die kostenlose Nutzung einer Dienstwohnung im Gästehaus der Landesregierung; die verspätete Abführung von Aufsichtsratsbezügen, wodurch Zinsvorteile entstanden seien, sowie Ungereimtheiten bei der Bezahlung einer Ägypten-Reise mit anhängigem Opernbesuch. Vor allem letzterer Vorfall offenbarte ein heilloses Chaos im Büro der Staatskanzlei.

Auf Betreiben von TUI war das Ehepaar Glogowski im Oktober vom ägyptischen Fremdenverkehrsministerium zu einem Besuch der Verdi-Oper *Aida* eingeladen worden und hatte dafür seinen Mallorca-Urlaub unterbrochen. Kairo-Aufenthalt sowie Opernbesuch bezahlte die ägyptische Regierung, die von TUI durchgeführten Flüge jedoch nicht. Regierungssprecher Jürgen Koerth erklärte der Presse, eine Rechnung für die Flüge sei mehrfach bei der TUI-Mutter Preussag angefordert worden, und bezog sich dabei auf Informationen, die er aus dem persönlichen Büro der Staatskanzlei erhalten habe. Preussag bestritt dies jedoch. Hatte der Regierungssprecher gelogen? Glogowski selbst gab in einem Interview am 24. November zu, erst die öffentliche Diskussion um die Reise habe dazu geführt, dass von Seiten der Staatskanzlei eine Rechnung von TUI erbeten wurde. Dieser Aussage seines Chefs widersprach wiederum einen Tag später Regierungssprecher Koerth (»Ich bleibe bei meiner Darstellung«), dessen Entlassung die Opposition mittlerweile forderte. Er berief sich dabei auf einen schriftlichen Vermerk aus dem Büro Glogowskis.

Jürgen Koerth hatte sich am 23. November zu einer klärenden Unterredung im Vorzimmer des Ministerpräsidenten mit dessen Sekretärin Monika Weickum und dem Leiter der politischen Abteilung der Staatskanzlei, Matthias »Matze« Wehrmeyer getroffen. Wehrmeyer hatte schon Glogowskis Oberbürgermeisterbüro in Braunschweig sowie sein Ministerbüro geleitet und galt als einer seiner engsten Vertrauten. Monika Weickum hatte bereits Anfang Oktober mit einer Frau Müller im Vorzimmer von Preussag-Chef Michael Frenzel über die

Flugrechnungen gesprochen. Sagte sie jedenfalls. Koerth forderte Frau Weickum auf, sich die Rechnungsanforderung in seinem Beisein umgehend telefonisch bestätigen zu lassen. Die angerufene Frau Müller konnte sich jedoch an nichts erinnern. Als Koerth daraufhin von Frau Weickum eine dienstliche Erklärung verlangte, weigerte sich diese, weil sie sich, wie sie später aussagte, in die Enge getrieben gefühlt habe.

Wundersamerweise tauchte dann bei einem erneuten Treffen zwei Tage später eine von Wehrmeyer verfasste handschriftliche Notiz mit dem Text »Rechnung Büro Frenzel anfordern« auf, datiert auf den 28. September 1999. Diese Notiz sei Frau Weickum beim Aufräumen ihres Schreibtischs wieder in die Hände gefallen. Ob das Schreiben möglicherweise erst Ende November verfasst und rückdatiert wurde, konnte auch der später eingesetzte Parlamentarische Untersuchungsausschuss nicht abschließend klären.

Auch bei einem anderen Dokument, einem Schriftstück im Zusammenhang mit Glogowskis Aufsichtsratsbezügen, das in Wehrmeyers Dienstzimmer gelagert worden war, wurde Aktenmanipulation vermutet: Eine handschriftliche Notiz war von einer Seite abgeschnitten worden. Wehrmeyer konnte sich nicht daran erinnern, ob er den Teil selbst abgeschnitten hatte.

Ganz unten. Am Mittag des 26. November, fünf Tage nach Erscheinen des *Welt-am-Sonntag*-Artikels, rief Glogowski seinen Vorgänger Schröder an und informierte ihn über seinen bevorstehenden Rücktritt. Einen Tag zuvor hatte bereits ein anderer Niedersachse Schröder einen Besuch in Berlin abgestattet: Sigmar Gabriel, und viele Politikbeobachter spekulierten darüber, ob Gabriel beim Abgang seines Förderers Glogo nicht eine aktive Rolle gespielt habe. Gabriel, damals SPD-Fraktionsvorsitzender im niedersächsischen Landtag, konzediert heute immerhin, das sei »eine ganz blöde Situation« gewesen, einerseits Glogowski öffentlich verteidigen zu müssen, andererseits praktisch schon als dessen Nachfolger festzustehen.

Um 17 Uhr verlas Glogo seine Rücktrittserklärung. Anschließend verschwand er, ohne sich noch den Fragen der Pressevertreter zu stellen, und zog sich für mehrere Wochen aus der Öffentlichkeit zurück. Die ganze Affäre nahm ihn schwer mit. Sein Image als harter Hund hatte verdeckt, wie dünnhäutig er eigentlich war.

Ausgestanden war die Sache für ihn freilich noch nicht. Im NDR forderte Christian Wulff, über eine Kürzung von Glogowskis Pension nachzudenken – eine besonders pikante Note der Affäre, wenn man an die Diskussionen um Wulffs eigenen »Ehrensold« als Ex-Bundespräsident denkt. Zudem wurde auf Betreiben der CDU-Fraktion, angetrieben von Wulff, ein Untersuchungsausschuss einberufen, bei dem sich Glogowski durch Schröder-Freund Götz von Fromberg verteidigen ließ.

Mahnende Worte kamen nachträglich ausgerechnet vom späteren Axel-Springer-Chef Mathias Döpfner: »Es ist eine peinliche Geschmacks- und Stilverirrung, wenn Glogowski sich seine Hochzeit sponsern lässt – ein Rücktrittsgrund für einen Ministerpräsidenten ist es nicht. Es ist deshalb weit über den Tag hinaus gefährlich, wenn das Jagen von Politikern zum Volkssport wird, wenn deren Fehler mit einer Unerbittlichkeit verfolgt werden, die für andere Berufsgruppen nicht gilt. Keine Frage: Politiker haben eine besondere Vorbildfunktion. Aber messen sollte man sie vor allem an der Leistung, nicht an der Unfehlbarkeit.«

Bald gab es in der Presse Spekulationen über die tatsächlichen Drahtzieher beim Abgang Glogowskis. Erste Hinweise zu der Affäre, so wurde kolportiert, seien wohl aus den Reihen der SPD selbst gekommen. Hartmut Möllring, Mitglied des Glogowski-Untersuchungsausschusses und späterer niedersächsischer Finanzminister für die CDU, glaubt auch heute noch fest an diese These: »Das kam eindeutig aus der eigenen Partei, weil man mit Glogowski unzufrieden war. Als Innenminister durchaus geachtet, aber als Ministerpräsident dann nicht mehr. Der ist von den eigenen Leuten hingerichtet worden.« So sieht es auch Stefan Wenzel, heute amtierender stellvertretender Ministerpräsident der Grünen unter Stephan Weil: »Das waren schon ein paar sehr unglückliche Sachen, die dann relativ kurz hintereinander aufgetreten sind. Aber ich glaube, es gab auch starke Differenzen innerhalb der regierenden Partei, und das wird dazu beigetragen haben, weil die Impulse [für den Glogowski-Rücktritt, LH] möglicherweise da ihre Ursache hatten. Sonst ist dieser Prozess so nicht zu erklären.«

Glogowski blieb noch bis 2003 Mitglied des Landtags. Von 2000 bis 2007 fungierte er als Präsident des zwischen Zweit- und Regionalliga pendelnden Fußballvereins Eintracht Braunschweig, der einst dadurch bekannt geworden war, als erster Proficlub mit Trikotsponsoring (»Jägermeister«) aufgetreten zu sein. Glogowski wohnt heute immer noch über der SPD-Parteizentrale in Braunschweig, in Sichtweite des bunten »Happy Rizzi House«, in dem sich mittlerweile die Verwaltungszentrale des Bekleidungsunternehmens New Yorker befindet.

Ein weiteres Arbeiterkind. Als mögliche Nachfolger Glogowskis wurden zwei Namen gehandelt: Umweltminister Wolfgang Jüttner und Fraktionschef Sigmar Gabriel. Wissenschaftsminister Thomas Oppermann, der sich kurzzeitig auch Chancen ausgerechnet hatte, war schnell aus dem Rennen. Gabriel war dann doch Glogowskis persönlicher Wunschkandidat für seine Nachfolge. Auch Kanzler Schröder hatte Gefallen an dem 40-jährigen Schnelldenker und Rhetorik-Talent gefunden. Mit ihm, so die Hoffnung, wäre bei der nächsten Landtagswahl besser gegen den inzwischen profilierteren CDU-Herausforderer Christian Wulff anzukommen.

Sigmar Gabriel, dem sein Konkurrent Wulff beschied, er sei in der Lage, »zu jeder Zeit jeden runterzumachen«, hatte sich – wie Schröder und Glogowski – von weit unten hochgearbeitet. Seine Eltern trennten sich, als er gerade drei Jahre alt war, und lieferten sich über sieben Jahre einen erbitterten Sorgerechtsstreit. In dieser Zeit musste der kleine Sigmar beim Vater leben, einem Kommunalbeamten, der 1945 aus Schlesien vertrieben und bis zu seinem Tod im Jahr 2012 überzeugter Nationalsozialist geblieben war. Als Rentner verschickte Walter Gabriel Pamphlete mit Titeln wie »Keine Gaskammern / Holocaust-Legende« oder »Wer ist Bonhoeffer wirklich?« und ließ sich vom *Berliner Kurier* einen Monat vor seinem Tod noch mit den Worten zitieren: »Wir leben hier in einer demokratischen Diktatur. Es kommen zu viele Ausländer. Wir lassen alle rein, egal woher sie kommen. Vor allem die, die dann auf unseren Taschen liegen.« Sigmar Gabriel brach den Kontakt zu seinem Vater im Alter von 18 Jahren ab – dies verleitete die *Hamburger Morgenpost* 2012 zu der Überschrift: »Gabriel lässt todkranken Vater allein«. Als Mutter Antonie 1969 endlich das Sorgerecht zugesprochen wurde, entführte der Vater den zehnjährigen Sigmar für einige Zeit nach Ahrensburg. Dessen Leistungen in der Schule verschlechterten sich so dramatisch, dass eine Lehrerin empfahl, ihn von der Realschule doch lieber auf die Sonderschule zu schicken. »Übrig geblieben ist ein fast unbändiger Zorn«, sagte Gabriel später im Rückblick auf seine Kindheit dem *Zeit*-Journalisten Bernd Ulrich, dem er sich auch für ein bislang nicht publiziertes Buchprojekt biographisch offenbart hatte. Gabriels Beraterstab war gegen eine Veröffentlichung.

Wie Glogowski schloss sich Gabriel mit 15 Jahren den »Falken« an, in deren Bundesvorstand er später aufstieg. Dort organisierte er Zeltlager und engagierte sich erstmals politisch – gegen Atombewaffnung und Fremdenfeindlichkeit. »Wer ein Zeltlager mit 400 Kindern und 150 Jugendlichen geleitet hat, den kann nichts mehr erschüttern. Wenn da ein Klo verstopft ist, kann man keinen Arbeitskreis gründen, sondern muss es notfalls eigenhändig frei bekommen«, erläuterte Gabriel 2001 dem Hochschulmagazin der *Zeit*. Mit 18 trat er in die SPD ein. Gabriel holte sein Abitur nach, ging für zwei Jahre zur Bundeswehr und studierte anschließend in Göttingen, obwohl er sich sehr für Chemie interessierte, Germanistik, Politik und Soziologie auf Lehramt. Er wollte Gymnasiallehrer werden, ein Vorhaben, das jedoch durch einen Einstellungsstopp der Albrecht'schen CDU-Landesregierung vereitelt wurde. Stattdessen heuerte Gabriel als befristeter Angestellter beim Bildungswerk der Volkshochschulen an, wo er Deutschkurse für Ausländer gab. 1990 zog er für die SPD in den Landtag ein. »Die CDU in Niedersachsen hätte sich viel ersparen können, wenn sie mich damals eingestellt hätte«, resümierte Gabriel im Gespräch mit der *Zeit*.

Berufswechsel. Der »Harzer Roller«, wie er sich wegen seiner Leibesfülle nennen lassen musste, machte innerhalb der Fraktion bald schon durch seine ungestüme Art und seine Debattenschärfe auf sich aufmerksam. 1998 bot Schröder ihm den Posten als niedersächsischer Kultusminister an, den Gabriel jedoch ablehnte. Stattdessen wurde er SPD-Fraktionsvorsitzender im Landtag, eine wertvollere Machtposition.

Bereits einen Tag nach der Rücktrittserklärung Glogowskis setzte Gabriel sich bei einer Kampfabstimmung innerhalb der Fraktion mit 49 zu 32 Stimmen gegen Wolfgang Jüttner durch und ließ sich am 15. Dezember 1999 im Landtag zum zweitjüngsten Ministerpräsidenten wählen, den Deutschland bis dahin gehabt hatte. Jünger war mit 39 Jahren nur der Pfälzer Helmut Kohl bei seinem Amtsantritt 1969 gewesen. Es war ein Sprung ins kalte Wasser. »Ich kam in ein Amt, von dem ich vorher dachte, so ganz unterschiedlich zu dem Amt eines

Fraktionsvorsitzenden könne es nicht sein. Das war ein Riesenirrtum. Das war schon ein Berufswechsel damals, den ich, glaube ich, total unterschätzt hatte«, so Gabriel heute. Gabriel ist und blieb Goslarer, obwohl man ihn auf einem bekannten Foto mit Schröder, Maschmeyer, Frenzel und Peter Hartz in Frombergs Villa sieht, war er kein Kernmitglied der Hannover-Connection. Gabriel selbst dazu:

»Hannover ist ja nun keine Stadt der Größe Berlins oder New Yorks, sondern hat 500 000 Einwohner. Diese Bilder sind schon dadurch entstanden, dass die Menschen sich natürlich gegenseitig kannten. Wenn Sie an einem Ort leben, der nun, sagen wir mal, überschaubar groß ist, dann begegnen sich viele Leute. Und natürlich hat das vielen Leuten auch Spaß gemacht, sich ein bisschen so zu inszenieren. Es war ja auch durchaus erfolgreich. Alleine die Weltausstellung Expo 2000 hat der Stadt ja ungeheuer geholfen. Und da traf sich dann auch die Welt tatsächlich in Hannover. Aber man darf's auch nicht überschätzen. Also, mir haben die 50 Kilometer Entfernung zu Goslar immer ganz gut geholfen. Ich war dann doch abends eher zu Hause als in den verschiedensten Kellern Hannovers, aber ich kenn die natürlich auch alle. Es ist ein bisschen Mythos, es hat auch was Wahres, aber es ist bei Weitem nicht, dass da jetzt die Geschicke der Welt geschmiedet worden sind. Das ist sicher Unsinn.«

Diese Karte – kein Hannoveraner, sondern Goslarer und Ziehkind des »Löwen von Braunschweig« – hat Gabriel immer gern gezogen, um sich bei Gelegenheit von Gerhard Schröder und seinen Kumpanen distanzieren zu können. Allerdings wollte er sich, wie »der Gerd«, auch schnell als niedersächsischer Industrie- und Handelspolitiker profilieren. Die 100. Sitzung seines Landeskabinetts verlegte er kurzerhand in die Zentrale der Dirk Roßmann GmbH nach Großburgwedel und schrieb für Roßmanns Werkszeitschrift *Dialog* ein warmes Editorial: »Was vor drei Jahrzehnten mit dem ersten Rossmann-Drogeriemarkt in der Jakobistraße in Hannover anfing, war damals eine einzigartige Geschäftsidee: die Verbindung aus scharf kalkulierten Preisen und drogistischer Kompetenz.« Und in einem Dossier zur »Berater-Republik« Deutschland (2004) wiesen die *Zeit*-Journalisten Elisabeth Niejahr und Jochen Bittner darauf hin, dass Gabriel als Ministerpräsident in Hannover 2002 einen mit rund 500 000 Euro üppig dotierten Beratervertrag mit der Unternehmensberatung Roland Berger abgeschlossen hatte. Zur Vorbereitung traf sich Gabriel mit seinem SPD-Genossen Jobst Fiedler, und der war von 1990 bis 1996 Oberstadtdirektor von Hannover gewesen. »Mittlerweile«, so die *Zeit* damals, »leitet Fiedler bei Roland Berger jene Abteilung, die sich um die Beratung der öffentlichen Verwaltung kümmert. Public Sector Consulting heißt der neue Branchenzweig im Beraterjargon. Ohne das Projekt auszuschreiben, ohne also eventuelle Vergleichsangebote einzuholen, schließt die Landesregierung einen Beratervertrag […], ›Prüfung der Konsolidierungspotentiale für den Landeshaushalt‹ heißt der Auftrag.« Hatte Gabriel das Consulting-Projekt anfangs noch aggressiv verteidigt und die eigenen Verwaltungsbeamten heruntergemacht (»Mit Gänsen können Sie schlecht über Weihnachten reden«), wurde er im Gespräch mit den *Zeit*-Rechercheuren nachdenklich: »Ich finde, dass wir auch unsere eigene Vergabepraxis und auch die aktuell in Berlin einer kritischen Überprüfung unterziehen müssen«. Da war er allerdings kein Ministerpräsident mehr.

Als eine der Herausforderungen für den neuen Ministerpräsidenten erwies sich gleich das kulturell-städteplanerische Megaprojekt »Expo 2000«, für die Hannover 1990 mit einer Stimme Vorsprung vor Toronto den Zuschlag bekommen hatte – entscheidend war ausgerechnet die Stimme des Delegierten der damals noch existenten DDR gewesen. Die

Königinnen von Schweden und Bhutan kamen nach Hannover, Nobelpreisträger und UN-Funktionäre zu den »Global Dialogues«, viele Pavillons waren hochkarätig und teuer gestylt (wie der »planet m« von Bertelsmann), und am Kronsberg entstand eine neue, ökologisch schicke Siedlung mit 3000 Wohnungen. Allerdings hatten ausgerechnet die USA wegen »Sponsorenproblemen« ihre Beteiligung abgesagt. Die Weltausstellung mit ihrem schrillen Maskottchen »Twipsy«, die beinahe noch einer Bürgerbefragung in Hannover zum Opfer gefallen wäre (48,5 Prozent waren dagegen), hätte nach den ursprünglichen Wirtschaftsplänen ohne staatliche Zuschüsse auskommen sollen, stand am Ende der fünf Ausstellungsmonate aber mit einem Defizit von 1,1 Milliarden DM da, für das Land und Bund gemeinsam aufkamen. Schuld waren nicht so sehr die Kosten als vielmehr die fehlenden Einnahmen: Die von der Expo GmbH noch bis Ausstellungsbeginn öffentlich ausgegebene Zahl von erwarteten 40 Millionen Besuchern erwies sich als vollkommen unrealistisch – am Ende waren es mit 18,1 Millionen nicht einmal halb so viele. Der Bund der Steuerzahler schlug 2001 darum vor, der Expo-Generalkommissarin Birgit Breuel anstatt der geplanten Landesmedaille doch lieber die Gebrüder-Grimm-Märchenplakette zu überreichen. Auch die ehemaligen Ministerpräsidenten Glogowski und vor allem Schröder, die in ihrer Funktion jeweils im Expo-Aufsichtsrat gesessen hatten, mussten sich vorwerfen lassen, die Wähler bewusst über das zu erwartende Finanzdesaster im Unklaren gelassen zu haben. »Für mich ist das kein Defizit, sondern eine Investition in die Zukunft unseres Landes, die sich gelohnt hat«, urteilte Gabriel dagegen. Und tatsächlich waren ja auch ehebliche Summen in die Infrastruktur Hannovers geflossen. Die Steuer-Mehreinnahmen hätten das rechnerische Defizit mehr als kompensiert, gutachtete – die Unternehmensberatung Roland Berger.

Abnabelungsversuche. Wie schon sein Vorgänger scheute sich auch Gabriel nicht, offen die Politik der rot-grünen Bundesregierung zu attackieren. Auch ihm war es wichtig, möglichst schnell aus dem langen Schatten des Bundeskanzlers herauszutreten. Dass man ihn manchmal »den kleinen Schröder« nannte, ärgerte ihn. Den strikten Sparkurs des SPD-Bundesfinanzministers Eichel bezeichnete er angesichts der Wirtschaftsflaute öffentlich – und übrigens zu Recht – als »Voodoo-Ökonomie«, was Schröder wiederum zu der Replik hinreißen ließ, er habe gar nicht gewusst, »dass in Niedersachsen ein neuer Weltökonom geboren wurde«.

Bei seinem Amtsantritt hatte Gabriel noch das gesamte Kabinett seines Vorgängers übernommen. Ein Jahr später entschloss er sich dann doch, durch eine Kabinettsumbildung eigene Akzente zu setzen: Gitta Trauernicht, zuvor Chefin der Hamburger Senatskanzlei, ersetzte Gabriels bisherige Stellvertreterin Heidrun Merk als Sozialministerin; die wenig profilierte und parteilose Susanne Knorre, Kommunikationschefin der Preussag AG, leitete fortan das Wirtschaftsministerium. Mit Christian Pfeiffer, dem geltungsbewussten und etwas manischen Leiter des Kriminologischen Forschungsinstituts Niedersachsen, übernahm ein weiterer Nicht-Politiker das Justizministerium. Diese eigenwilligen Personalien konnte man zumindest mutig nennen.

Nachdem im September 2002 Schröders rot-grüne Regierungskoalition im Bund wiedergewählt worden war, machten Kurt Beck, damals Ministerpräsident von Rheinland-Pfalz, und Sigmar Gabriel auf sich aufmerksam, indem sie noch vor Beginn der Koalitionsverhandlungen eine Erhöhung der Erbschaftssteuer und die Wiedereinführung der seit 1997 nicht mehr erhobenen Vermögenssteuer forderten. Die Opposition reagierte natürlich empört, zumal Schröder Steuererhöhungen vor der Wahl kategorisch ausgeschlossen hatte. »Es scheint, dass da einige unterwegs sind, die schneller reden als sie denken«, wiegelte der Kanzler sofort ab. Dabei soll Schröder nach Informationen des *Spiegel* die beiden Ministerpräsidenten selbst ermutigt haben, mit ihren Forderungen herauszukommen – nur habe er damit nicht in Verbindung gebracht werden wollen.

Gabriel ließ sich so leicht von seiner Position nicht abbringen. Immerhin würde Anfang 2003 die niedersächsische Landesregierung ebenfalls zur Wiederwahl stehen, da war es gut, das eigene Profil zu schärfen – vor allem gegenüber der Bundes-SPD, deren Umfragewerte rapide abstürzten. Gemeinsam mit Peer Steinbrück, der gerade erst den Posten als NRW-Ministerpräsident vom neu ernannten Bundeswirtschaftsminister Wolfgang Clement übernommen hatte, beschloss er im November 2002, eine Bundesratsinitiative zur Wiedereinführung der Vermögenssteuer anzustreben. Franz Müntefering kündigte schon die Billigung durch den Bundestag an. Doch Schröder geriet in der Öffentlichkeit zunehmend unter Druck – in diesen Tagen kletterte Elmar Brandts »Steuersong« für mehrere Wochen auf Platz eins der deutschen Singlecharts. Nur eine Stunde, bevor Gabriel auf einer lange angekündigten Pressekonferenz seine Wahlplakate mit dem Motto »1 Prozent Vermögenssteuer für 100 Prozent Bildung« präsentieren wollte, verkündete Schröder im ZDF, eine Wiedereinführung der Vermögenssteuer werde es mit ihm nicht geben. Zwei Wochen später waren Bundesratsinitiative und Vermögenssteuer endgültig vom Tisch. »Er hat dem Pferd erst einen Klaps gegeben und es dann erschossen«, kommentierte Gabriel bitter Schröders Schachzug.

Bei den Wählerbefragungen war indes auch im kämpferischen Niedersachsen nicht gegen den Bundestrend anzukommen. Während die Landes-SPD laut Forsa Ende September noch auf 47 Prozent gekommen war, lag sie Anfang Januar 2003 bei nur noch 36 Prozent. Am Ende eines reichlich missglückten Wahlkampfmonats unter dem Slogan »Kraft, Wärme, Zukunft« kam die Partei am 3. Februar schließlich sogar nur auf verheerende 33,4 Prozent der Zweitstimmen (im Vergleich zu den 47,9 Prozent von 1998 ein relativer Verlust von 30 Prozent). Es war das bis dahin schlechteste Ergebnis der SPD in ihrer Landesgeschichte – nur noch unterboten von den zwei darauffolgenden Wahlen 2008 und 2013. Von hundert Direktmandaten erhielt die SPD nur neun. »Der Gerd hat's gegeben, der Gerd hat's genommen«, wurde zum geflügelten Wort unter den niedersächsischen Sozialdemokraten.

Zur Auftaktveranstaltung des Wahlkampfs am 5. Januar hatte man in der Preussag-Arena (heute TUI-Arena) auf dem ehemaligen EXPO-Gelände noch versucht, Party-Stimmung zu verbreiten: Udo Lindenberg und der Comedian Ingo Appelt traten auf, Letzterer mit dem Song: »Es gibt nur einen dicken Sigmar«. Während Christian Wulffs CDU den Wahlkampf erfolgreich mit den üblichen Angriffen auf den politischen Gegner führte – Gabriel gab hier auch in der Bildungs- und Schulpolitik genügend Angriffsfläche –, wurde die SPD zusehends nervöser und verschärfte den Ton: Am 15. Januar verschickte ihre Wahlkampfzentrale ein aggressives dreiseitiges Schreiben, über das sich selbst etliche Genossen bei ihrem Landesverband beschwerten. Darin hieß es unter anderem: »Niemand soll uns vorwerfen, wir hätten nicht vor Wulff gewarnt. Wulff ist nicht nur der blasse Leisetreter und Warmduscher, als der er gemeinhin im Lande gilt, er ist ein strammer Konservativer, der das Rad der Geschichte zurückdrehen will. Er will einen Polizei- und Überwachungsstaat.«

Eher kontraproduktiv dürfte auch die gleichzeitig gestartete Werbekampagne gewesen sein, mit Überschriften wie »Die CDU ist Gift für Niedersachsen« oder »Mit der CDU werden Kinder wie Schwerverbrecher behandelt«. In einem persönlichen Telefongespräch versuchte der damalige Landtagspräsident Rolf Wernstedt noch, Gabriel von dieser destruktiven Kampagne abzubringen, ohne Erfolg. »Wahrscheinlich mobilisiert diese Anzeigenserie mehr CDU-Leute als unsere Leute«, notierte Wernstedt am 16. Januar frustriert in sein Tagebuch. »Es ist schrecklich: Die SPD macht sich selbst fertig. Aus Angst vor der Niederlage begeht sie Selbstmord.« Man greife dann, »wenn man merkt, man ist auf der schiefen Ebene, nach jedem Strohhalm, und manchmal stellt sich heraus: Das ist kein Strohhalm, sondern ein Bleigewicht«, rekapituliert Gabriel im Nachhinein.

Verlieren lernen. Die Niederlage war dann bitter und deutlich. Als eine ARD-Reporterin nach Verkündung der Wahlergebnisse süffisant um eine Einschätzung der Chancen für eine rotgrüne Regierung bat, blaffte Gabriel ihr im Vorbeigehen entgegen: »Ich glaub', ich hab rechnen gelernt.« Auch wenn 60 Prozent der Nicht-mehr-SPD-Wähler angaben, wahlentscheidend sei für sie die Bundespolitik gewesen, übernahm Gabriel die politische Verantwortung für das Ergebnis: »Ich war der Spitzenkandidat, und wir haben gemeinsam verloren.« Wahlsieger Christian Wulff freute sich: »Bei seinem Parteifreund Gabriel musste Schröder ja jeden Morgen zittern, wenn er die Zeitung aufschlug, was der schon wieder vorgeschlagen hat. Bei mir wird das ruhiger.«

Persönlich war Gabriel von dieser Niederlage schwer getroffen. Er, der bereits als zukünftiger Kanzlerkandidat gehandelt worden war, tauchte über Wochen ab, las keine Zeitungen mehr, wurde krank. Kurzzeitig überlegte er gar, ganz aus der Politik auszusteigen. Prominente Genossen wie Götz von Fromberg oder Bodo Hombach päppelten ihn mental wieder auf, machten ihm klar, dass er eher kein Managertalent sei, sondern ein SPD-Ausnahmepolitiker. Dass ihn das SPD-Präsidium im Mai 2003 zum »Beauftragten für Popkultur und Popdiskurs« ernannte –

was ihm den Spitznamen »Siggi Pop« einbrachte –, stellte eine weitere Demütigung dar, die er mit Fassung zu tragen versuchte. Statt mit politischen Forderungen kam er jetzt mit einem Kommentar zur Auflösung des Popduos Modern Talking (»seit Langem überfällig«) in die Schlagzeilen. Immerhin lernte er einiges über die »Kreativwirtschaft« und konnte sich darüber mit seinem Genossen Dieter Gorny austauschen, dem Popkomm- und Viva-Gründer in NRW, heute wieder ehrenamtlicher »Digitalbeauftragter« in Gabriels Bundeswirtschaftsministerium. So jähzornig Gabriel manchmal im Willy-Brandt-Haus sein kein, so treu ist er gegenüber alten Weggefährten. Auch Ex-TUI-Chef Michael Frenzel amtiert heute wieder als Präsident des »Wirtschaftsforums der SPD«.

Im November 2003 war Gabriels Verdruss an der Politik so groß geworden, dass er bei gleich zwei Firmen im ostdeutschen Halle an der Saale einstieg: in die von Ex-Fußballnationalspieler Thomas Strunz gegründete PR-Firma Strunz & Friends sowie in das Zwei-Mann-Unternehmen Communication, Network, Service (CoNeS GbR), in dem er neben einem alten Schulfreund, dem Rechtsanwalt Lutz Lehmann, als geschäftsführender Gesellschafter tätig wurde. Von beiden Unternehmungen unterrichtete er den Landtagspräsidenten Jürgen Gansäuer, der sie als nicht veröffentlichungspflichtig bewertete.

Die Öffentlichkeit erfuhr von den beiden Verbindungen erst 2005, als Gabriel mittlerweile doch wieder für einen Posten in der Bundespolitik gehandelt wurde. Dass CoNeS ausgerechnet mit dem Autobauer VW, bei dem Gabriel als Ministerpräsident mehrere Jahre im Aufsichtsrat gesessen hatte, einen Beratervertrag über »Europäische Industriepolitik« mit einem Volumen von über 100 000 Euro abgeschlossen hatte, stieß vielen bitter auf. Gerüchte machten fortan die Runde, die Firma sei nur gegründet worden, um die Zwischenfinanzierung von

Gabriel durch VW zu verschleiern. Als Gabriel Ende 2004 auf der politischen Bühne wieder Tritt gefasst hatte, stieg er bei beiden Unternehmen aus.

Bei den Netzwerkern. Der Schritt zurück ins große politische Geschäft gelang Gabriel über das »Netzwerk Berlin«, ein seit 1999 bestehender Zusammenschluss junger SPD-Bundes- und Landtagsabgeordneter, die den dominierenden Alt-68ern und auch den rechten »Seeheimern« in der Partei den Kampf ansagen wollten; als deren Haupt-Treffpunkt fungierte die vom Netzwerk-Geschäftsführer Jürgen Neumeyer gegründete Kneipe »Wahlkreis« am Spreeufer in Berlin-Mitte. Als eine Art »Andenpakt« der SPD gehandelt, waren die Jungen Nicht-ganz-so-Wilden bislang wenig in Erscheinung getreten, galten vielmehr als unideologisch und opportunistisch. Parteiinterne Glanzpunkte waren vor allem ihre ausgelassenen Partys. Die Verbindung mit Gabriel als neuem Rädelsführer, der die Gruppierung als Zugpferd für die eigene Karriere zu nutzen wusste, konnte aber, im Jargon der in Sachen Politikmarketing kenntnisreichen »Netzwerker«, als »Win-win-Situation« gewertet werden. Wenige Wochen vor dem Bundesparteitag in Bochum machte das Netzwerk unter Gabriels Ägide durch einen Programmentwurf mit dem Titel »Die neue SPD: Menschen stärken, Wege öffnen« von sich reden. Das Konzept war auf einer mehrtägigen Klausur in der in Bad Münstereifel gelegenen Kurt-Schumacher-Akademie der Friedrich-Ebert-Stiftung – deren stellvertretender Vorsitzender Gabriel war – entwickelt worden. Das Papier sollte als Impuls für ein neues Grundsatzprogramm der SPD dienen, mit Forderungen nach Sozialstaatsreformen, Redizierung des Beamtenwesens und nachgelagerten Studiengebühren.

Die ohnehin nicht mehr ganz so rosige Beziehung zwischen Gabriel und Schröder erlitt auf dem Bochumer Bundesparteitag im November 2003 dann erneut schwere Risse. Generalsekretär Olaf Scholz war von den Genossen mit nur 52,6 Prozent in seinem Amt bestätigt worden – eine Abrechnung mit der Politik des Parteivorsitzenden Schröder. Der Kanzler vermutete hinter dieser Demütigung auch organisierte Stimmungsmache aus Richtung der niedersächsischen Delegation. »Euch mach' ich fertig«, soll er dem Landesvorsitzenden Wolfgang Jüttner noch am Rande des Parteitags gedroht haben. Gabriel, selbst mit 62,8 Prozent als Beisitzer in den Bundesvorstand gewählt, waren zudem eigene Ambitionen auf den Posten des Generalsekretärs nachgesagt worden, was er natürlich bestritt. Während Schröder Gabriel im Sommer angeblich noch einen Posten im 13-köpfigen Parteipräsidium angedient hatte, wollte er dessen Einzug in diese oberste Parteispitze nun unbedingt verhindern. Stattdessen wurden am 8. Dezember Bärbel Dieckmann, Harald Schartau und Andrea Nahles als neue Beisitzer gewählt.

Von Goslar nach Berlin. Die Landespolitik war Gabriel inzwischen doch zu dröge geworden. Zwar verkündete er im August 2004 noch, sich 2006 erneut zum Spitzenkandidaten für die nächste Landtagswahl aufstellen lassen zu wollen, zehn Monate später gab er aber seinen Posten als Vorsitzender der SPD-Landtagsfraktion an Wolfgang Jüttner ab, um sich auf ein Bundestagsmandat im Wahlkreis Salzgitter zu bewerben.

Jüttner unterlag als Spitzenkandidat der Niedersachsen-SPD 2008 gegen Wulff. Gabriel indes gewann bei der durch die Vertrauensfrage Schröders notwendig gewordenen vorgezogenen Bundestagswahl am 18. September 2005 sein Direktmandat und wurde, auch durch Fürsprache von Parteichef Franz Müntefering, Umweltminister in Angela Merkels erster Großer Koalition. Er zog seinen alten Berater und Redenschreiber Mathias Machnig, Jahrgang 1960, als Staatssekretär nach, der heute nach seinem politischen Ausflug ins thüringische Landeskabinett in gleicher Funktion im Bundeswirtschaftsministerium amtiert. Mit Machnig, dem »Maschinisten der Macht«, und den beiden anderen Umwelt-Staatssekretären Astrid Klug und Michael Müller (einem dezidierten Parteilinken) arbeitete das Bundesumweltministerium eigentlich ganz effizient. Gabriel fasste politisch wieder Tritt. Bis heute gilt er allerdings als etwas unstetes und leicht aufbrausendes *political animal*, als jemand, der ad hoc in jedes hingehaltene Mikrophon spricht, auch dann, wenn aus strategischen Gründen kluge Zurückhaltung angebracht wäre. Bei den Wahlen zum SPD-Präsidium 2007 bekam er noch einmal eine Klatsche, mit nur 16 von 42 abgegebenen Stimmen im Parteivorstand landete er auf dem letzten Platz elf, bei zehn zur Verfügung stehenden Posten im Präsidium.

Nach dem Debakel bei der Bundestagswahl 2009, bei der die SPD mit ihrem Kanzlerkandidaten Frank-Walter Steinmeier ihr schlechtestes Wahlergebnis seit Bestehen der Bundesrepublik erzielte (23 Prozent), wurde Gabriel aber doch vom Parteivorstand als Nachfolger Münteferings im Amt des SPD-Vorsitzenden nominiert und auf dem Dresdner Parteitag am 13. November mit 94,2 Prozent gewählt. Gabriels Rede auf dem Dresdner Erneuerungsparteitag – wieder einmal beschwor Gabriels Redenschreiber Mathias Machnig die »neue Mitte«, dieses Mal mit einer stärkeren Beilage aus Antonio Gramscis Hegemonietheorie – war feurig und mitreißend, unabhängig von ihrem etwas nebligen Inhalt. Seither amtiert »Siggi« auch mangels jeder personalpolitischen Alternative in der entkräfteten Bundes-SPD erstaunlich stabil als Bundesvorsitzender. Dieses Amt bekleidet er inzwischen sogar länger als sein alter Freund Schröder – immerhin fünf Jahre. Länger als Gabriel haben sich bisher nur zwei Männer an der Spitze der Nachkriegs-SPD gehalten: Erich Ollenhauer und Willy Brandt. Die Umfragewerte der SPD haben sich unter seiner Führung jedoch nicht merklich verbessert. Seit über zwei Jahren dümpeln sie um die 25 Prozent – und inzwischen kann man mit Gabriel-25-Prozent-Artikeln ganze Aktenordner füllen. Das liegt nicht nur an ihm, die SPD insgesamt hat weder ein kenntliches »Projekt« noch charismatisches Personal (so können sich viele Genossen im Fall eines Gabriel-Rückzugs auch schlecht vorstellen, dass die Partei von Andrea Nahles oder Ralf Stegner geführt wird). In Sachen »bedingungsloses Grundeinkommen« etwa, einem zumindest diskutablen Konzept angesichts des technologischen Wandels zu Beginn des 21. Jahrhunderts, musste sich Gabriel sogar vom Telekom-Vorstandsvorsitzenden Timotheus Höttges vorführen lassen, der dazu einige interessante pragmatische Überlegungen anstellte. Gabriel mag solche Debatten nicht, er will die SPD nach wie vor nur für die »arbeitende Mitte«.

Nachdem Peer Steinbrück 2013 als Spitzenkandidat bei der für die SPD ziemlich chancenlosen Bundestagswahl angetreten und auch mit »den Medien« nicht zurechtgekommen war, stieg Gabriel in der erneuten Großen Koalition zum Vizekanzler und Bundesminister für Wirtschaft und Energie auf. Hier arbeiten wieder etliche alte Niedersachsen-Freunde, etwa der schlaue und gebildete Rainer Sontowski (»Sonto«), auch er Jahrgang 1959, an der Uni Hannover in Geschichtswissenschaft promoviert, als beamteter Staatssekretär. Er war schon von 1990 bis 1994 Referent der SPD-Fraktion im niedersächsischen Landtag gewesen, dann in allen möglichen administrativen Funktionen für Schröder und Gabriel tätig, ein Uralt-Weggefährte. Die von Gabriel aus der alten Niedersachsen-Clique erwählte SPD-Generalsekretärin Yasmin Fahimi, geboren 1967 in Hannover, wurde er allerdings schnell wieder los. Und viele Genossen grämen sich, weil Gabriel nach der Bundestagswahl 2013 die historische Chance verpasste, nach Gerhard Schröder der zweite Bundeskanzler aus Niedersachsen zu werden. Denn sowohl rechnerisch als auch machtpolitisch wäre eine rot-rot-grüne Koalition (Branchenjargon: »R2G«) unter Gabriels Führung möglich gewesen. An ideologischen Differenzen jedenfalls kann es nicht gelegen haben: Überall wo die »Linke« in den Landesparlamenten mitregiert, verbürgerlicht sie rasch, sieht sich allenfalls als die bessere SPD. Aber Gabriel mag befürchtet haben, ein solcher Coup hätte die schwache eigene Partei noch mehr zerlegt. So richtete er sich etwas bequem an der Seite von Überkanzlerin Merkel ein, und der schleswig-holsteinische Ministerpräsident Torsten Albig setzte dem Ganzen 2015 mit seiner Forderung die Krone auf, die SPD solle doch bei der nächsten Bundestagswahl gleich auf einen eigenen Kanzlerkandidaten verzichten. Der Chefkommentator Heribert Prantl warf Gabriel in der *Süddeutschen Zeitung* gar eine »Verzwergung« der Sozialdemokratie vor – mit ihrem Selbstverständnis als bloße Aufpasser-Partei an der Seite der größeren Partnerin CDU/CSU, die auch noch stets mit einer schwarz-grünen Option drohen kann. Prantl im März 2015: »Gabriel macht aus einer Partei mit dem Anspruch zu dirigieren eine Partei, die andere beim Dirigieren kontrolliert. Gabriel mag das für pragmatischen Realismus halten, weil doch die Zeiten und Wähler auf Merkel stehen. Aber Gabriel verabschiedet sich so von dem Anspruch, eine potenzielle Kanzler-Partei zu führen; er beerdigt den Stolz seiner Partei. Ein Aufpasser ist im anderen Kontext der ›custos‹, der Küster also, der dem Priester das Gewand anzieht und die Kerzen anzündet.«

Mittlerweile fürchten viele »SPD-Watcher« in der politischen Journalistik um ihre Jobs, mangels Beobachtungsmasse. Vom alten Niedersachsen-Kämpfertum ist, auch angesichts härterer globaler Flüchtlings-, Klima- und Sicherheitsprobleme, im zähen politischen Hauptstadt-Geschäft nicht mehr viel übrig geblieben.

Virgin Killer: Sound und Kultur der Landeshauptstadt

»Entweder ist moderne Kunst wirklich nur eine Kunst für kleine Minderheiten, dann müssen wir sie wieder ›einsammeln‹ und ins Museum ›einsperren‹, oder moderne Kunst ist keine Kunst für Minderheiten, dann wird sie von der ganzen Bevölkerung verstanden und akzeptiert werden. In jedem Fall wird man international darüber reden, was in Hannover los ist, wie ›verrückt‹ die Hannoveraner sind, was sie sich einfallen lassen, wie sie sich ›an die Köpfe gehen‹.«

Oberstadtdirektor Martin Neuffer in einer Ratssitzung 1969

Im Jahr 1710 holten die barocken Welfenfürsten einen der berühmtesten Komponisten seiner Zeit in ihre Residenzhauptstadt – Georg Friedrich Händel. Aus Italien abgeworben, wurde er »Kurfürstlicher Kapellmeister«. Händel komponierte in Hannover auch einige Stücke für Cembalo und Tanzsuiten, langweilte sich aber und war vor allem enttäuscht, weil der hannoversche Hof größere Opernpläne nicht subventionieren wollte. Schon wenige Monate nach seinem Amtsantritt an der Leine zog es ihn immer mehr nach London, wo er sich von 1712 an endgültig niederließ. Dort wurde er ein phantastisch erfolgreicher Multi-Musikunternehmer. Trotz eines rege animierten Opern- und Theaterbetriebs haben sie so einen wie Händel in Hannover nie wieder gehabt, die nächsten musikalischen Megastars aus Hannover hießen *Scorpions.*

Dass seit jeher Architekten, Musiker, Hofnarren und Gelehrte zur Illuminierung politischer Macht gebraucht wurden, ist in vielen kulturhistorischen Untersuchungen dokumentiert. Für den *Look & Feel* Hannovers ist wohl signifikant, dass Avantgarden und Modewellen hier verspätet ankamen und abgepuffert wurden. Es fand gleichsam eine Inklusion ins protestantische Bürgertum statt. Das war mitunter durchaus produktiv: Kurt Schwitters, Hannovers Dadaist, war daneben Texter und Gebrauchsgraphiker für Bahlsen (»Keks ist Fortschritt«) und den Füllfederhalter-Hersteller Pelikan, und für ein »Fest der Technik« in der hannoverschen Stadthalle schrieb Schwitters das Lied der »Miss Elektrizität«: »Ich bin elektrisch / nehmt Euch in acht! / Ich stiebe Funken, / Bald positiv, / Bald negativ …« Während es heute viele Hannoveraner gibt, die lieber Kurt Schwitters zum berühmtesten Künstler der Stadt promovieren würden, sind es aber nun einmal die Scorpions, die emblematisch für den Hannoverismus wirken – und das weltweit.

Am 3. Februar 2015 hielt Altkanzler Gerhard Schröder die Laudatio zur Vergabe des Niedersächsischen Staatspreises 2014 vor 400 Gästen in der großen Galerie im Schloss Herrenhausen. Der Preis, mit dem Vertreter aus Wirtschaft, Wissenschaft, Hochkultur, Publizistik und verdiente Bürger ausgezeichnet werden, wurde dieses Jahr der Chorleiterin und Dirigentin des Mädchenchors Hannover und den Scorpions zugesprochen. In seiner Laudatio kam Schröder, bekanntermaßen auch privat ein Fan der Gruppe, ausführlich auf deren Hit »Wind of Change« zu sprechen (»Hymne der großen politischen Wende«, »… dem nationalen Festakt eine ganz besondere emotionale Note gegeben«, »… dafür gesorgt, dass Niedersachsen im doppelten Sinne einen guten Klang hat«). Es war ein hierzulande seltener Fall eines von hoher Stelle mit einem Staatspreis sanktionierten Zusammenspiels von Politik und Musik-Kommerz. Für *Bild* war klar: »Dieser Staatspreis rockt.«

50 Jahre Heavy Metal aus Hannover. Irgendwann in den 1980ern will eine Gruppe Langhaariger in Lederjacken in die Münchner Edel-Disko »P1«. Man lässt sie nicht rein, sie sagen: »Wir sind aber die Scorpions!« Darauf der Türsteher: »Eben!« Ähnlich die Sottise eines *Sounds*-Redakteurs nach dem zweiten Scorpions-Album: »Mein Schreibtisch wackelt, da passt die Platte gut drunter, dann steht er wieder gerade!«

50 Jahre Scorpions also, einige tausend Shows, über 100 Millionen verkaufte Tonträger und *die* Hymne zum Mauerfall: Jeder kennt sie, es gibt Millionen Fans auf der ganzen Welt, und Millionen, die sie gar nicht kennen wollen. Besonders in Deutschland, besonders die Texter im avancierten Popjournalismus. Denn am Ende machen die Scorpions einfache Musik, Stadionrock und Power-Balladen; dazu Leadsänger Klaus Meine: »Unsere Musik ist ehrlich und kommt von der Straße.« Glamour, Groupies, Drogen, Skandale und zerstörte Hotelzimmer: Mit den Scorpions war das nicht zu machen, und aus Hannover sind auch sie nie richtig weggekommen. Wie sagt Klaus Meine (»meine Droge war die Musik«): »Alles, was da draußen an Bildern und Klischees herumschwirrt […] das dient doch nur dazu, bourgeoise Phantasien zu bedienen. Man muss kompromisslos seinen Weg gehen und sich von diesen ganzen Sachen nicht beeindrucken lassen.«

Es begann in Sarstedt, einer konturlosen Schlafstadt zwischen Hannover und Hildesheim. Hier spielte Rudolf Schenker, Jahrgang 1948, die Beatles nach und gründete 1965 bei den Eltern im Keller eine Beatband, die ab 1966 Scorpions (ohne »The«) hieß. Weil das ein Name war, den man überall verstand. 1969 stießen sein Bruder Michael als Lead-Gitarrist und der singende Dekorateur Klaus Meine (aus Hannover, Jahrgang 1948) dazu. Der Sound wurde härter. Klaus Meine textete auf Englisch, denn man wollte ganz nach oben im Metal-Business und »überall da auftreten, wo eine Steckdose ist«. Zunächst im

»Beat Club« in Langelsheim, im Tennis-Club Goslar, bald auf allen Nachwuchswettbewerben. In Hannover gewannen sie einen, das Debüt-Album »Lonesome Crow« kam 1972 heraus, und dann es ging steil nach oben. 1975 die Europa-Tour als Co-Headliner mit KISS, 1976 Goldstatus in Japan. Rudolf Schenker sagte »Band kommt von Bande«, rotierte mit dem rechten Arm und entwickelte sein Windmühlen-Markenzeichen.

1976 erschien mit »Virgin Killer« die vierte LP. Auf dem Cover: eine nackte blonde Zehnjährige (Jacqueline, die Nichte des Produktmanagers), ein Effekt von zerbrochenem Glas vor der Vagina. Es sei nur »um die Jungfräulichkeit der Natur« gegangen, »die durch den Menschen zerstört wird«, so eine der ungelenken Rechtfertigungen, die die Gruppe später vorbrachte. Denn natürlich war es um Provokation und Aufmerksamkeit gegangen, wie Rudolf Schenker in einem Interview einmal zugab. Und: »So etwas wie mit dem Mädchen würden wir nie wieder machen.« Die Platte sorgte weltweit für Aufsehen, wurde unter dem Ladentisch oder in schwarzes Plastik eingeschweißt verkauft; mal wurde das Cover durch ein unverfängliches Bandfoto ersetzt. Im Deutschland der Siebziger war der Scorpions-Akt okay und wurde von der Bundesprüfstelle durchgewunken. 30 Jahre später ging es nochmal los. Pornographie-Verdacht, Pädophilie! Zuerst ermittelte das FBI, dann setzte die britische Internet Watch Foundation das Bild auf seine schwarze Liste, schließlich wurde die englische »Virgin Killer«-Seite auf Wikipedia, die das Thema umfangreich aufrollt (inklusive Bild vom Originalcover), geschlossen. Bei der Freiwilligen Selbstkontrolle Multimedia-Diensteanbieter ging 2010 auch eine neue Beschwerde ein. Passiert ist am Ende nichts, eine Menge Publicity gab es umsonst.

Klaus Meine verlor 1981 seine Stimme (»ich hatte sie voll getrasht«), musste zweimal operiert werden, die Scorpions (man sagt auch »Scorps«) ließen ihn nicht fallen. Rudolf Schenker:

»Egal, was auch passiert, wir warten auf dich.« Meine kam zurück und die Band startete durch: »Blackout«, »Love at First Sting«, »Savage Amusement«, eine Welttournee 1984–86, 325 000 Fans im San Bernardino Valley/Kalifornien, 350 000 Fans bei »Rock in Rio«, es war die goldene Ära mit Platin- und Doppelplatinalben. April 1988: Die Scorpions spielten zehn ausverkaufte Konzerte im damaligen Leningrad, als zweite westliche Metal-Band in der UdSSR, nach Uriah Heep. Am 12. und 13. August 1989 das »Moscow Music Peace Festival«, 260 000 Zuschauer. Diese Erfahrungen, der Blick aus dem Gorki Park Center die Moskwa entlang und der hoffnungsvolle Gorbatschow-Zeitgeist inspirierten Klaus Meine zu seinem größten Erfolg. Er landete den Supercoup zu Mauerfall und Zeitenwende, den gepfiffenen Megaseller »Wind of Change«, der im November 1990 auf dem Album »Crazy World« erschien. Platz eins in elf Ländern, meistgespieltes Lied im Radio weltweit 1991, bis heute 15 Millionen verkaufte Kopien. 2005 wurde das Lied im ZDF (»Unsere Besten«) sogar zum »deutschen Jahrhunderthit« gewählt. Viele allerdings konnten es bald einfach nicht mehr hören, für so manchen war es nur noch: »Das eine Lied. Das schlimme.«

Eine coole Stadt. Der Hannoveraner Autor Hollow Skai schrieb in seiner Band-Biographie von 1992: »Obwohl ich ihre Musik jahrelang geradezu gehasst habe […] wurde mir zusehends bewusst, warum ich die Jungs mag […] Weil sie aus meiner Heimatstadt kommen und – wie ich – zeit ihres Lebens gegen das schlechte Image Hannovers ankämpfen mussten, als sei dies ein Makel, der ihnen anhaftet.« Bestimmt hat er übertrieben. Es scheint nicht, als hätten die Scorpions, später auch die Lieblingsband des Hannoveraner Kanzlers, gegen einen Hannover-Makel ankämpfen müssen. Weil sie es nicht nötig hatten, weil es für sie keinen Makel gab, weil sie zu groß waren und sind, weil Hannover für sie immer in Ordnung war.

Klaus Meine ist seit 1977 verheiratet und lebt seit 1982 in Bissendorf in der Wedemark, rund zehn Kilometer nördlich von Hannover. Er wird in einem *FAS*-Interview zitiert mit: »Hannover ist einfach eine coole Stadt.« Über einen Umzug nach Amerika hatten sie nachgedacht, ihn aber verworfen: Der Sohn sollte »möglichst normal aufwachsen«. Hannover als Rückzugsort, »wo ich mich von all dem Rock-'n'-Roll-Wahnsinn zwischen Privat-Jets und Bodyguards wieder erden kann«. Bandgründer, Yoga-Freak und zweifacher Großvater Rudolf Schenker hat sich 2003 nach 37 Jahren Ehe scheiden lassen und lebt jetzt mit seiner Freundin Tatyana Sazonova (Ex-»Miss Novosibirsk«) und dem gemeinsamen, im Herbst 2015 geborenen »Baby-Scorpion« (*Bild*) in Bothmer (Schwarmstedt), 50 Kilometer nördlich von Hannover. Hier sei auch an den Saarländer Hermann Erbel erinnert, genannt Herman Rarebell a.k.a. Herman ze German, ein schillernder Typ, der von 1977 bis 1996 bei den Scorpions Schlagzeug spielte und das tat, was Scorpions-Musiker nicht tun: Er hat nicht nur nicht in Hannover gewohnt, sondern als *party animal* in Monte Carlo.

Die Scorps tourten weiter um die Welt, spielten ihre Lieder vor Millionen Fans, in Klaus Meines manchmal gewöhnungsbedürftiger Interpretation des Englischen. Mit den Berliner Philharmonikern entstand 2000 das »Klassik meets Rock«-Album »Moment of Glory«. Die Uraufführung fand am 22. Juni im Rahmen der EXPO 2000 statt, natürlich in Hannover. Anfang 2010 aber war die Luft raus. Die »Alt-Mucker« kündigten ihre Auflösung an und gingen auf eine Abschiedswelttournee bis 2012. Selbstverständlich wurde im Januar 2013 der Rücktritt vom Rücktritt bekannt gegeben. Man könne nicht einfach »von 200 Sachen auf null runterbremsen«, und so gingen sie auf die »Rock 'n' Roll Forever«-Tour. Meine sagt: »So lange meine Stimme da ist, geben wir Gas.« Die Scorpions bleiben also noch etwas hier.

Weltflucht und Futurismus. In den Siebzigern mischte Hannover auch beim Krautrock mit, der seinerzeit angesagten, speziell deutschen Bewegung von neuartiger, psychedelischer, improvisierter, experimenteller Musik; Synthesizer und Tribalismus. Musik mit akademischem, manchmal politischem Anspruch, die aus der Studentenbewegung kam, die etwas radikal Neues wollte im in Sachen Popkultur traditionell bedürftigen Deutschland. Und erwiesenermaßen international einflussreich und wegweisend war. Für David Bowie etwa, für Sonic Youth, New Order. Auch Techno und Hip-Hop gehen in Teilen darauf zurück. Krautrock war ein deutscher Exportschlager, selbst wenn sich die minutenlangen Flötensoli noch so bekifft und abgedreht anhören konnten. Die bekanntesten Gruppen waren allerdings in München (Amon Düül, Popol Vuh), Köln (Can) und West-Berlin (Tangerine Dream, Ash Ra Tempel) zu Hause.

Aus Hannover kamen immerhin Eloy (benannt nach dem Volk Eloi aus einem H.-G.-Wells-Roman) und Jane, gegründet 1969/70. Auch sie spielten Krautrock und hatten international Erfolg, Eloy etwa in Großbritannien und in den USA, für Jane ging es auf Europatourneen und einmal bis nach Neuseeland. Jane (Namensherkunft unklar) gehörte laut Band-Homepage »Mitte der Siebziger zu den Spitzenverdienern der deutschen Rockszene« und gilt heute als bodenständige »Krautrock-Legende«, trotz gefühltem Phantasieenglisch (Titel der Jane-Internetseite: »All my friends, cool again, easy«), trotz abschätzigem *Sounds*-Urteil damals: »eintöniges und leicht größenwahnsinniges Getue«. Der Eloy-Sound wurde mit »sphärisch« beschrieben, mit »kompositorisch ausladend«, »hypnotisch-symphonisch«, später mit einer Tendenz ins Mystische, hin zu New Age. Eloy-Songs hießen »Poseidon's Creation«, »The Apocalypse«, »The Sun Song«, »Atlantis' Agony«, »Incarnation of Logos«. Auch ein Grund, warum Punk Mitte der

1970er entstehen musste. Zwar starb Jane-Gründungsdrummer Peter Panka schon mit 57 an Lungenkrebs: Das Langlebigkeitsgen à la Scorpions haben Eloy und Jane aber auf jeden Fall. Einige sehen aus wie Omas, doch es gibt sie immer noch, nach einer Reihe von Neubesetzungen und mit einem treuen Publikum in der Krautrock-Randgruppe. Jane nach Namensstreitigkeiten sogar in drei Varianten: Peter Panka's Jane, Mother Jane, Werner Nadolny's Jane.

Eine andere skandalfreie Band aus Hannover, von der man heute kaum etwas mehr weiß als den eigenartigen, bemühten Bandnamen: *Fury in the Slaughterhouse* (1986 bis 2008). Einen Hit hatten sie nicht, ihre Musik konnte man als Konsensrock bezeichnen oder, wie Christian Kracht 1997 im *Spiegel* schrieb: »Ähnlich undefiniert wie ihr Name klingt auch ihre Musik.« Erfolg hatten sie durchaus, einige Tausend Zuschauer gingen auf ihre Konzerte in mittelgroßen Städten und, wie gesagt, zumindest der Name war bekannt. Ein abschließendes Kracht-Zitat: »›Hose auf, Hose zu, nichts los‹, sagt einer von Fury und stimmt seine Gitarre. Was er damit meint, weiß keiner. Er selbst auch nicht. So ist der Rock.«

»Techno auf Tinnitus-Niveau«. Auch Scooter polarisieren, so wie die Scorpions. Über die Band bzw. Frontman H.P. Baxxter (H.P. für Hans Peter) ist viel geschrieben worden. Kurz gesagt: Die Musik seiner Band, Relikt aus der Techno-Zeit, ist immer noch dermaßen schlicht und sehr erfolgreich, dass sich jeder Feuilleton-Redakteur herausgefordert fühlen musste und man in Artikeln über Scooter-Musik und dazugehörige Nonsens-Texte treffende Sätze fand wie: »Songs, die durch ihre Klingeltonversion anspruchsvoller werden«. Ein Track heißt: »The question is what is the question« oder, man möchte sagen, unerreicht: »How much is the fish?« Niemand von den Heerscharen von Scooter-Fans wird diese Frage beantworten können, niemand hat sie sich gestellt. Weil es um »Spaß haben« geht, um Sich-den-Kopf-durchspülen-lassen und nicht um den Sinn von Begriffen.

Die aber den einen oder anderen im bundesdeutschen Kulturbetrieb zumindest auf dem Papier interessierten, und so kam es, dass der wasserstoffblondierte »Berufsgröler« H. P. (ohne den das alles nicht funktioniert) im Hamburger Schauspielhaus mitspielen durfte und in dem gelungenen »Mockumentary« *Fraktus*, sagte, niemand habe den Dadaismus hinter seinen Refrains verstanden. Auch *Spex* machte mit, schrieb von »punktgenau irren Texten« und: »Seit seinem Millionen-Hit ›Hyper Hyper‹ von 1994 textet Baxxter [...] in artifiziellem Englisch – mehr als zwanzig Top-Ten-Platzierungen und noch mehr Beispiele dadaistischer Kunstsprache folgten.« Auf dem Kremser Donaufestival las die renommierte Schauspielerin Irm Herrmann eine deutsche Version von »Hyper Hyper«: »Die technologische Musik bekommt, was sie braucht. Springt alle hoch und nieder. Hüper hüper.«

Hans Peter Geerdes alias H. P. Baxxter wurde 1964 in Leer (Ostfriesland) geboren und ging nach dem Abitur nach Hannover, wo er ein wenig Jura studierte, jobbte und in einer Synthie-Pop-Band spielte, bevor es weiterging nach Hamburg. H. P. Baxxter in einem Interview mit *Prinz Hannover* (2009):

> »Hast du noch Verbindungen nach Hannover?«
>
> »Oft bin ich nicht mehr da. Bei Klaus Meines 60. Geburtstag im Capitol war ich. Und der Götz lädt mich immer zu seinen Geburtstagsfeiern ein.«
>
> »Welcher Götz?«
>
> »Götz von Fromberg, der Staranwalt. Das sind schon ganz illustre Partys. Da triffst du dann Gerhard Schröder, Mirko Slomka, den total sympathischen 96-Trainer, Maschmeyer und die ganze Gang.«

Dann ist da noch Mousse T. (Mustafa Gündoğdu), 1966 in Hagen geboren. Der Sohn eines türkischen Arztes machte sein Abitur in Hannover, blieb und wurde Musiker und Produzent. Seit 1993 ist er Mitinhaber des *Dance-* und *Remix-*Plattenlabels Peppermint Jam und kaufte nach der Expo 2000 den belgischen Pavillon, den er zum »Peppermint Park« umfunktionierte (Eventhalle, Tonstudio, Lounge, Apartments, Fitnessstudio, das eine Zeitlang mit Gault-Millau-Punkten versehene Restaurant Funky Kitchen). Nicht zu vergessen: Mousse T. sei Dank kam zumindest einmal ein *catchy* Uptempo-Partyknaller aus Hannover (»I'm horny. Horny horny horny«, 1998).

Der Hannover-Sound lässt sich jedenfalls kaum irgendwelchen intellektuellen Szenen zuordnen; eine pop-analytische Zeitschrift wie *Spex* wäre an der Leine wohl nicht entstanden. Formen von »Gegenkultur« kamen in Hannover nur in langsamen Wellen an, die politische Linke, ohnehin schwach vertreten, war dort an die Arbeiteraristokratie und Gewerkschaftsinstitutionen gekoppelt. Aber es gab sie natürlich, eine Linkskultur an der hannoverschen Universität (die lange Zeit eine Technische Hochschule mit Schwerpunkt auf den angewandten Naturwissenschaften gewesen war).

Selbst oder gerade für junge Reformkräfte in der SPD aber war die politische Atmosphäre in Hannover Anfang der 1970er Jahre »niederschmetternd« und »deprimierend«, so Reimar Oltmanns, Journalist und 1970 bis 1972 Pressesprecher des Kultusministers Peter von Oertzen. Veränderungen und Reformen »wurden ja permanent blockiert von den konservativen Plätzen in der SPD, die daran interessiert waren, ihre großen Koalitionen fortzusetzen. Denn im Grunde genommen war das Land ja signifikant gesteuert von einer großen Koalition, von der CDU bis hin in die SPD hinein. Auch wenn die nicht in der Regierung zusammensaßen, so war das Selbstverständnis doch ein niedersächsisches Selbstverständnis, zu sagen ›Wir sind die Niedersachsen, sturmfest und erdverwachsen‹.«

Dabei veränderte sich dieses Bild vom beschaulichen Hannover schon, außerhalb des Parlaments. Im Juni 1969 kam es zum bundesweit beispiellosen Bürgerprotest der »Aktion Roter Punkt« (initiiert von Studenten / Schülerorganisationen, dem AStA, Teilen der APO). Anlass war eine deutliche Preiserhöhung für ein Nahverkehrsticket. Zuerst waren die Hannoveraner skeptisch, schließlich erklärten sich selbst die betulichen Tageszeitungen solidarisch. Tausende blockierten mit Parolen wie »Üstra, Üstra, ungeheuer. Erstens scheiße, zweitens teuer« den Straßenbahnverkehr, legten die Stadt lahm und klebten rote Punkte an die Windschutzscheibe, als Signal für die Bereitschaft, andere Leute kostenfrei im Privat-Pkw mitzunehmen. Der Protest war erfolgreich: Der ÖPNV funktionierte auch ohne Bahnen, die Preiserhöhung wurde am 18. Juni per Ratsbeschluss zurückgenommen. Die Aktion wurde für beendet erklärt. Der Hannoveraner Soziologe Oskar Negt sagt: »Es gibt auch so ein Element, das ich hier als sehr positiv erfahren habe, alle Bewegungen, Streitereien und Probleme kommen in Hannover ein Jahr später an. Das heißt eine Art Verzögerung der Probleme, das gilt im Grunde auch für die Rote-Punkt-Aktion 69. Das war nicht mehr so radikal wie in Berlin oder in Frankfurt. Und diese angehaltene Zeit führte dazu, dass die Reflexionsräume breiter waren.« Auch wenn es bei der Aktion also nicht um Mao und Vietnam ging, herrschte eine Art politischer Aufbruchstimmung in der Stadt. Im Jahr darauf, 1970, wurde der Hannoveraner Politikprofessor Peter von Oertzen (1924–2008) Kultusminister im SPD-Landeskabinett von Alfred Kubel.

Der einzig nennenswerte SPD-Linke. Peter von Oertzen war seit 1946 SPD-Mitglied, Mitglied im (anfangs noch parteitreuen) SDS. Er hatte Geschichte, Philosophie und Soziologie in Göttingen studiert und war Mitherausgeber der Zeitschrift *Sozialistische Politik* gewesen. Für die niedersächsische Landtagswahl 1955 wurde von Oertzen von der SPD für den Wahlkreis Göttingen-Stadt aufgestellt, den er überraschend gewann. In der Theorie suchte er einen Dritten Weg, jenseits von Realsozialismus und Kapitalismus und war einer von nur 16 Delegierten, die 1959 gegen das Godesberger SPD-Grundsatzprogramm stimmten. Oertzen habilitierte über »Betriebsräte in der Novemberrevolution« und wurde 1963 als ordentlicher Professor für Politische Wissenschaft an die damalige Technische Hochschule Hannover berufen, bei der Wahl zur 6. Wahlperiode 1967 bis 1970 schaffte er es wieder in den Landtag.

Anfang April 1970 sorgte der 45-jährige von Oertzen bundesweit für Aufsehen, als er Egon Franke, Hannoveraner SPD-Urgestein, bei der Wahl zum Vorsitzenden des viertgrößten SPD-Bezirks entmachtete. Von Oertzen war »aus einer mittleren Position ins Zentrum der SPD« gewählt worden. »Daß Franke, Häuptling der Bonner SPD-›Kanalarbeiter‹, ausgerechnet auf dem Höhepunkt seiner politischen Laufbahn seine Hausmacht im viertstärksten SPD-Bezirk, den er nach 45 gemeinsam mit Kurt Schumacher wiederaufgebaut hatte, verlor, kam nicht von ungefähr«, schrieb der *Spiegel.* »Immer mehr Genossen hatten in den vergangenen Jahren immer weniger Gefallen am persönlichen Führungsstil Frankes und an der Unbeweglichkeit des ihm ergebenen Parteiapparates in Hannovers Odeonstraße gefunden.« Bei der Landtagswahl zwei Monate später wurde der bekennende Marxist von Oertzen wiedergewählt, wurde Kultusminister in Niedersachsen und hielt in der Folge sein Mandat bis 1982. Er war kein typischer SPD-Funktionär, kein biederer Gewerkschaftler, er war der einzig nennenswerte und kenntliche SPD-Linke in der niedersächsischen Politik.

Den »Kanaler« Egon Franke hatte er entthront, doch »dann kamen auf allen Gebieten die Rückschläge, die er hinnehmen musste. Er ist ja regierungspolitisch auf der ganzen Linie gescheitert. Das ist die Tragik, die dieser Mann hinzunehmen hatte«, so Reimar Oltmanns über Peter von Oertzen, und weiter: »Er war schon sehr isoliert … Ich habe da Zeiten erlebt im Ministerium, dass er abends dort bis elf, zwölf alleine im Ministerium saß, alle waren zu Hause, und Angst hatte nach Hause zu gehen, weil seine Frau sagte: ›Peter was machst du hier für 'ne Politik, das ist nicht das, was du wolltest‹, die ihn dann abgeholt hat, die ihn auch morgens ins Ministerium wieder hingebracht hat, weil er eine Aversion hatte gegen diesen Apparat, aber aus dem Apparat nicht herauskam.« Er konnte seine offensiven Hochschul- und Gesamtschulreformen nicht durchsetzen, konnte wenig machen, »er hatte ja auch kein Geld!« 1974 verlor die SPD die Ein-Stimmen-Mehrheit und musste mit der FDP koalieren, von Oertzen entschied sich gegen das Ministeramt und für die Parteiarbeit. Von 1973 bis 1993 gehörte er dem SPD-Parteivorstand an, bis 1975 leitete er hier auch die Programmkommission.

Die linksintellektuelle Strahlkraft eines Politikers und »exzellenten Theoretikers« vom Format Peter von Oertzens hatte Folgen. Jan Korte, geboren in Osnabrück 1977, seit 2005 Bundestagsmitglied für die »Linke«, hat in Hannover studiert: »Mein Vertrauensdozent war Peter von Oertzen […] Das war für mich wichtig, da zu studieren, in der Landeshauptstadt. Du hattest ja auch etwas über Landespolitik mitbekommen, über die ganze Ambivalenz in Niedersachsen. Auf der einen Seite Albrecht, auf der anderen Seite gab's dann dieses Institut, wo halt solche Leute gelehrt haben. Ich glaube, das ist heute unvorstellbar – auch dort – ich hatte noch ein klassisches Seminar bei Negt, und das hieß auch so: Einführung in den Marxismus. Ich hatte noch bei den ganzen alten Haudegen: Produktion und Arbeit, eins und zwei. Also das war noch richtig undogmatischer Marxismus und für mich hat sich da eine Welt eröffnet, die ich jetzt auch mit Hannover verbinde. Auch dieses Leben an diesem kleinen Institut, natürlich auch das schäbigste, da am Schneiderberg 50.«

Oskar Negt. Der Sozialphilosoph Negt war 1970 nach Hannover berufen worden. Geboren 1934 nahe Königsberg studierte er in Frankfurt/Main Soziologie und Philosophie bei Adorno und Horkheimer, trat dem SDS bei und war 1962 bis 1970 Assistent bei Jürgen Habermas in Frankfurt. Negt wurde ein eminenter klassisch-sozialistischer Denker, ein 68er, den Gewerkschaften eng verbunden. »Kein anderer Philosoph dieses Landes hat ein derartiges Gespür für die Probleme der Arbeitswelt«, attestierte 2014 selbst die *Frankfurter Allgemeine Zeitung*. Der Suhrkamp-Band *Öffentlichkeit und Erfahrung*, 1972 geschrieben mit seinem akademischen Freund Alexander Kluge, wurde ein Klassiker der kommunikationssoziologischen Literatur. Es folgte mit Kluge noch der schwächer wahrgenommene Wälzer *Geschichte und Eigensinn* (1982). Zu seinen Anfangsjahren in Hannover sagt er: »Die Schwierigkeit war: Ich wurde von der zweiten Stelle der Berufungsliste berufen, und das war hier in dem konservativen Berufungszusammenhang etwas Ungewöhnliches. Ich bin also eisig von der Fakultät empfangen worden. Man hielt mich für einen dauerhaft revolutionären Typen, der nur Unruhe bringen kann und es dauerte eine gewisse Zeit, bis ich allmählich Fuß fasste.«

1972 war Negt außerdem einer der Gründer der reformpädagogischen Glockseeschule in der Calenberger Neustadt (heute in Hannover-Döhren). »Die Glockseeschule ist auch so ein typisch Hannoveraner Produkt. Das ist ein Kuriosum: Die einzige Alternativschule in Deutschland, die staatlich voll finanziert ist. Wir haben nach wie vor die völlige pädagogische Freiheit in der Verwendung von bestimmten Themen und Unterrichtsmaterialien. Das gibt's sonst nicht. […] Peter von

Oertzen war der Kultusminister, Herbert Schmalstieg war der Oberbürgermeister, Ernst Gottfried Mahrenholz war Staatssekretär in der Regierung, Rolf Wernstedt war Abgeordneter – das heißt, es bildete sich so eine Koalition, die darauf bestand so etwas wie eine Alternativschule als staatliche Angelegenheit zu betrachten.« Heute spricht Negt von Hannover als einer »der lebenswürdigsten Städte Deutschlands«, von der »gewissen informellen Struktur«, die es dort gebe. »Frank-Walter Steinmeier lebte drei Häuser weiter hier, wir haben eigentlich regelmäßig beim Samstageinkauf stundenlang in dem Kaufladen diskutiert – politisch. Ähnliches gilt für Trittin, der fünf Straßen weiter wohnte. Da bildete sich so etwas wie eine Vorverständigung über politische Probleme, die auch sehr wichtig ist.«

Über Negt kam 1975 Klaus Meschkat zum Institut für Soziologie. Meschkat (Jahrgang 1935) hatte 1967 den Republikanischen Club (RC, »außeruniversitäre Einrichtung der APO«, Wielandstraße 27) in West-Berlin mitbegründet, unter anderem zusammen mit Johannes Agnoli, William Borm (FDP, MfS-Agent), Ossip K. Flechtheim, Hans Magnus Enzensberger, Wolfgang Neuss, Manfred Rexin. Ab 1968 gab es einen RC auch in Hannover, wo er Club Voltaire hieß, in der Nicolaistraße. Gründer: Peter von Oertzen, Peter Brückner, Herbert Schmalstieg, Dietrich Kittner. Meschkat hatte Soziologie an der FU Berlin studiert, legte seinen Lehr- und Forschungsschwerpunkt auf politische Soziologie von Entwicklungsländern und hier vornehmlich auf Lateinamerika. In einem Interview mit der Rosa-Luxemburg-Stiftung Ende Oktober 2015 erzählt er von seiner Zeit in Südamerika nach der Promotion 1965, von der Festanstellung am Institut für Soziologie an der Universität Concepción (Chile) ab März 1973, von Festnahme und Lagerhaft nach dem Pinochet-Putsch am 11. September 1973. Er erzählt, wie er 1975 in Hannover landete, »wo mein Freund Oskar Negt und andere waren«, wo er blieb bis zu seiner Emeritierung im Jahr 2000.

Er war einer der ersten linken Professoren, die sich an der Uni Hannover einfanden: Peter Brückner nahm 1967 einen Lehrstuhl für Psychologie an und hatte da schon, mit 45, einiges hinter sich. Geboren 1922 in Dresden, die Mutter eine jüdische Konzertsängerin, die in den Dreißigern mit ihren beiden Söhnen aus erster Ehe nach England emigrierte. Der Vater, ein Ingenieur, schlug sich als Zeitungsverkäufer durch (er hatte sich geweigert, dem zuständigen NS-Berufsverband beizutreten) und brachte Peter Brückner bei Verwandten unter. Brückner wurde ein Ausreißer, besuchte wieder die Schule, es folgten Internat, HJ, Nähe zur illegalen KPD. In den 1950ern studierte er Psychologie, wurde Mitscherlich-Schüler und einer der bekanntesten kritischen Psychologen in Deutschland mit Kontakten zum SDS in West-Berlin und Frankfurt. Dann Hannover. 1968 sympathisierte er mit der Studentenbewegung und wurde »eine der Vaterfiguren der APO«. Auch der RAF kam er gefährlich nahe, zu nah: 1972 wird er erstmals »vom lehrenden Staatsdienst suspendiert«, das ehemalige RAF-Mitglied Karl-Heinz Ruhland hatte in seinem Prozess als Kronzeuge ausgesagt, Brückner habe ihn, Ulrike Meinhof und den Genossen »Ali« Jansen im November 1970 mehrfach bei sich übernachten lassen, in seiner Wohnung in der hannoverschen Yorckstraße 5. Im »Heißen Herbst« 1977 wurde er im Zug der »Mescalero-Affäre« erneut suspendiert; Michel Foucault reiste 1978 nach Hannover, um dagegen zu demonstrieren, doch erst Ende 1981 wurde das »Haus- und Berufsverbot« nach einer Reihe von Prozessen aufgehoben. Er war »kein linker Spießer, sondern ein linker Kulturweltbürger«, wie ein Weggefährte heute in der Filmbiographie *Aus dem Abseits* über ihn sagt (ein Dokumentarfilm des Sohnes Simon Brückner, der 2015 den VICTOR-Preis auf dem DOK. fest München gewann). Peter Brückner, verheiratet mit der Essayistin Barbara Sichtermann, starb 1982 kurz vor seinem 60. Geburtstag in Nizza.

Noch einmal Jan Korte, der in der alten Arbeitervorstadt Linden wohnte:

»Das war eine ganz tolle Zeit, und deswegen verbinde ich das natürlich zuerst mit Hannover, auch bei all dem Strukturkonservativen, bei dem SPD-Filz, alles was es da so zu nennen gibt. Trotzdem, und das darf man nicht vergessen, gab es da diesen Leuchtturm an kritischem Denken durch Peter von Oertzen, durch einen Sozialdemokraten.«

Von Oertzen starb 2008 mit 83 Jahren. 2005 war er nach 59 Jahren aus der SPD ausgetreten, lag am Ende in einem Pflegeheim, war enttäuscht, verbittert und redete wie einer, der nichts zu verlieren hat. Aus einem *Stern*-Interview vom Mai 2005 in der Rubrik: Was macht eigentlich …?:

Stern: Auch SPD-Chef Müntefering kritisiert nun den Kapitalismus, redet von Heuschrecken, die das Land ausplündern und …

Von Oertzen: … und was? Dummes Gewäsch. Demagogie. Er hat keine Ahnung, was Kapitalismus ist. Er war noch nie an Theorien interessiert, Schröder schon gar nicht. Müntefering hatte das Gefühl: »Die Leute an der Basis sind sauer, bevor die den Laden zerreißen – denen muss ich zuvorkommen!«

Stern: Sie sind wirklich erzürnt.

Von Oertzen: Ich bin nicht erzürnt, ich kenne meine Ex-Genossen. Über Schröder muss ich doch nicht reden, oder?

Stern: Sie kennen den Kanzler seit Jahrzehnten.

Von Oertzen: Schröder tickt ganz einfach, er will von den feinen, den reichen, den mächtigen Leuten anerkannt werden. Er ist ein aufstiegssüchtiger Plebejer voll schrecklicher Minderwertigkeitskomplexe.

Stern: Da spricht die Arroganz des Adligen.

Von Oertzen: Nein. Aber das Projekt »Sozialdemokratie« ist nun erledigt. Man kann nicht gleichzeitig Gott dienen und dem Mammon. Schröder glaubt, wenn ein Vorstandsvorsitzender nett zu ihm ist, hat er den Klassenkampf gewonnen. Der spinnt, das ist eine lächerliche Einschätzung der realen Machtverhältnisse.

»Das Wunder von Hannover«. Wenn in Hannover also, von den wenigen linksreformerischen Ausbrüchen abgesehen, auch kultur- und bildungspolitisch das mittlere Maß vorherrscht, gab es auf einem Feld nach 1945 eine bis heute nachwirkende Radikalisierung: in der Stadtplanung. 1948 bewarb sich Rudolf Hillebrecht, geboren 1910 in Hannover (genauer, im damals noch selbstständigen Linden), erfolgreich als Stadtbaurat in seiner Heimatstadt. Knapp zehn Jahre später war er auf dem *Spiegel*-Titel und die Story hieß: »Das Wunder von Hannover«.

Als Hillebrecht anfing, war die Stadt in einem hoffnungslosen Zustand, im Zentrum zu 90 Prozent zerstört, die Wege waren unpassierbar, in den Büros der Stadtverwaltung wurden Papiere von Ratten zerfressen. Benzin war rationiert, in dem Schutt fuhren Autos mit Holzgasmotor. Doch Hillebrecht war der *man with a mission*, sein Mantra war: Hannover – autogerechte Stadt. In dieser Anfangszeit ist er, wie jemand mal ausgerechnet hat, mit 411 Versammlungen durch die Stadt gezogen, um alle zu überzeugen: die Beamten, Ingenieure, Architekten und Grundstückseigner. Da war dieser schlanke, spinnerte Typ mit Hornbrille und sprach mit missionarischem Eifer und hannoverschem s-t »in der Phonstärke eines Volkstribunen« von »kreuzungsfreien Schnellstraßen«, »Verkehrskreisel«, »aufgeständerten Hochstraßen« und »Unterpflasterbahnen«, »Tangenten«, »Entflechtung«, »Entmischung«. Wie muss er den Leuten erschienen sein, inmitten der Trümmerberge und Holzgasmotoren? Es muss (wenn die Hannoveraner das Wort schon gekannt hätten) wie *Science-Fiction* gewirkt haben, wie eine Phantasie. Entsprechend reagierten die Bürger: skeptisch, ohne Verständnis, mit ironischen Zwischenrufen.

Wo kam dieser Eiferer her? Hillebrecht hatte Architektur in Hannover und Berlin studiert, eine Zeit lang für Walter Gropius gearbeitet und dann Flak-Kasernen in Hamburg-Olsdorf gebaut. 1937 wurde er Chefarchitekt bei Konstanty Gutschow. Gutschow, Hamburger SA-Mann seit 1933, hatte 1937, von Hitler bestimmt, einen Wettbewerb zur Gestaltung des Hamburger Elbufers gewonnen. 1939 wurde er zum »Architekten des Elbufers« ernannt, dem Hamburger Gauleiter Kaufmann direkt unterstellt und damit beauftragt, einen Bebauungsplan für den Ausbau Hamburgs zur »Führerstadt« zu entwerfen. Ab 1941 waren Gutschow und Hillebrecht (als einer seiner engsten Mitarbeiter) im Wesentlichen mit Kriegsschäden, Trümmerräumung und Ähnlichem befasst, zum Einsatz kamen dabei auch KZ-Häftlinge und Zwangsarbeiter; 1944 waren beide noch in Speers »Wiederaufbaustab«, bei Kriegsende befand sich Hillebrecht in amerikanischer Gefangenschaft. Danach ging es schnell aufwärts, über Stationen in Bauwirtschaftsämtern in Bad Pyrmont und Hamburg nach Hannover.

Im Rückblick versteht man, wo Hillebrechts fachliche Überzeugungen theoretisch und ideologisch lagen. Er war über moderne Stadtplanung informiert, war Bauhaus-Anhänger, kannte die Avantgarde in der Architektur und hatte die »Charta von Athen« gelesen (1933 auf dem internationalen Kongress für neues Bauen CIAM verabschiedet, 1943 von dem zeitweiligen NS-Sympathisanten Le Corbusier im besetzten Paris veröffentlicht). Die Charta wurde zu einer Grundlage des Städtebaus der Nachkriegszeit, ihre Autoren forderten eine moderne Siedlungsentwicklung, die »Entflechtung« der während der Industrialisierung verkommenen, zu dicht bevölkerten, noch im Grundzug mittelalterlichen und ungesunden Altstädte. Sie propagierten die »funktionelle Zonenteilung« einer idealen Stadt: Innenstadt, Gürtel und Peripherie (mithin die heute sehr kritisch bewerteten Trabantenstädte). Das war der Zeitgeist, dem Hillebrecht verpflichtet war. Städtebauliche Konzepte, die auch bei manchen modernistischen Nationalsozialisten beliebt waren – wo die Strukturierung und Zonenteilung der Stadt allerdings zur Kontrolle der Bevölkerung dienen sollte. In Hillebrechts Projekt vom Wiederaufbau Hannovers gab es mithin diese (man kann sagen: doppelte) Kontinuität, und eine Ablehnung »historistischer« Architektur dazu, eine Ablehnung der Bauten der Vätergeneration: Nur herausragende Monumente sollten geschützt werden, die »Auflockerung« hatte Vorrang. Denn der Verkehr sollte fließen und die Stadt autogerecht werden.

Der Krieg lag erst wenige Jahre zurück, Hillebrecht brauchte die richtigen Leute für seine Ideen, für seinen speziellen »Wiederaufbau«. Einige waren aus politischen Gründen »kaltgestellt« worden, zum Beispiel sein ehemaliger Chef Konstanty Gutschow, der Hamburger Großarchitekt aus »Führerstadt«-Tagen. Der Mann für überdimensionierte, monumentale Architektur (wie damals bei der »Elbufergestaltung«) und eine Planung, die »wenig Verständnis für den Stadtgrundriss als Geschichtsquelle« zeigte, er wurde gebraucht. Hillebrecht holte ihn nach Hannover, Gutschow wurde zu einem seiner wichtigsten Berater. Oder der linientreue Architekt und Stadtplaner Wilhelm Wortmann (für ihn war die Auflockerung der Großstadt in einer Rede 1936 eine »alte nationalsozialistische Forderung«), Mitarbeiter an Himmlers »Generalplan Ost«, der dann wegen Parteizugehörigkeit und SS-Fördermitgliedschaft aus allen Ämtern entlassen wurde. Bevor ihn Hillebrecht 1949 für die Erstellung des Flächennutzungsplans nach Hannover requirierte. Man kannte sich noch aus Albert Speers »Wiederaufbaustab«. Wortmann war dann seit 1956 Professor für Städtebau an der TH Hannover, von 1960 bis 1965 sogar ihr Rektor.

Oder Hans Stosberg, geboren 1903 in Lennep im Bergischen Land. Dieser Stosberg, eine recht üble Figur, ein exemplarischer »Täter am Zeichentisch«, war Stadtplaner in Breslau, wurde »Sonderbevollmächtigter für den Bebauungsplan der Stadt Auschwitz« und war dort besonders mit Planung und Bau einer an Deutschtum kaum zu übertreffenden mittelalterlich-schlesischen *Musterstadt Auschwitz* und »altdeutschen Stadträumen« für deutsche Siedler befasst. Am Massenmord störten ihn ein zu nah geplanter Verschiebebahnhof und die dadurch drohende »Verschandelung der an sich reizvollen Landschaft«. Im September 1943 wurde Stosberg noch eingezogen, 1948 wurde er Leiter des Stadtplanungsamtes Hannover und wichtiger Mann an Hillebrechts Seite. 1977 schrieb der Architekturhistoriker Werner Durth über Hillebrecht und Stosberg: Ein »gut trainiertes Team, das auch ohne planungsrechtliche Voraussetzungen eigenständig Entscheidungen treffen« konnte.

Personelle Kontinuitäten. Es gab noch weit mehr Wissenschaftler in Sachen Stadt-, Raum- und Landesplanung, die ihre Karrieren aus der NS-Zeit in Hannover fortsetzen konnten. Besonders reibungslos gelang das in der Akademie für Raumforschung und Landesplanung (ARL, »Forum und Kompetenzzentrum für die Erforschung räumlicher Strukturen und Entwicklungen«), gegründet 1946 und bis heute attraktiv mit Blick auf den Eilenriede-Stadtwald gelegen. Die ARL war nach dem Krieg aus der 1935 gegründeten »Reichsarbeitsgemeinschaft für Raumforschung« (RAG) hervorgegangen, zu deren Planungszielen die »Germanisierung« der eroberten Ostgebiete gehörte. Es ging um eine wissenschaftliche Fundierung des »Generalplans Ost«, also die Planung der Ansiedlung von bis zu fünf Milionen Deutschen in den annektierten und zu erobernden Regionen (innerhalb von 25 Jahren), verbunden mit der Vertreibung, Versklavung und Ermordung von Millionen slawischer und jüdischer Bewohner. Erster Leiter (»Obmann«) der RAG und »Schlüsselfigur der deutschen Ostraum- und Germanisierungsplanungen« war der Berliner Agrarwissenschaftler Konrad Meyer (1901–1973, »Chef-Umsiedlungsplaner« ab Oktober 1939).

Männer wie Meyer, der NS-Multifunktionär Heinrich Hunke (1902–2000, Wehrwirtschaftsführer, Gauwirtschaftsberater, Abteilungschef im Goebbels-Ministerium), Kurt Brüning (1897–1961, Geologe bei der RAG, RAG-Obmann 1944) und Heinrich Wiepking-Jürgensmann (1891–1973, »Sonderbeauftragter des Reichskommissars für die Festigung deutschen Volkstums«, zuständig für die Landschaftsgestaltung der eroberten Ostgebiete) kannten sich alle aus akademischen Zirkeln vor 1945, halfen einander manchmal bei Entnazifizierungsprozessen und trafen sich danach in Hannover wieder. Hier wurde Brüning Gründungsdirektor der ARL und blieb 13 Jahre im Amt, Heinrich Hunke, auch beim »Bund der Heimatvertriebenen und Entrechteten« engagiert, war von 1949 bis 1954 Generalsekretär und von 1960 bis 1964 Vizepräsident.

Weitere politisch kompromittierte Raumforscher holte Brüning als Mitglieder in die Akademie: so Herbert Morgen, den Agrarsoziologen und Mitarbeiter am »Generalplan Ost«, der Konrad Meyer beim Nürnberger Nachfolgeprozess eidesstattlich entlastet hatte, wie auch Meyer selbst. Landschaftsplaner Wiepking, der Mann mit besonderem Interesse am Germanentum (er entwarf »Wehrlandschaften« und »Wehrdörfer« aus einer, wie es später hieß, »irrationalen, im Mythos verankerten Weltsicht«) baute die »gartenwissenschaftliche Fakultät« an der Technischen Hochschule Hannover auf und konnte veranlassen, dass seinem Mentor und früheren Kollegen beim RAG Meyer – nach dessen dreijähriger Internierung – der »Lehrstuhl für Landbau und Landesplanung« an der TH zugewiesen wurde. Es scheint, als habe er sich hier revanchiert: Auf Konrad Meyer, damals Referent im Preußischen Kultusministerium, war es wahrscheinlich zurückzuführen, dass Wiepking 1914 eine Professur für Garten- und Landschaftsgestaltung in Berlin bekommen hatte.

Auch der Architekt Ernst Zinsser (1904–1985), ein Schwager Konrad Adenauers, war in die NS-Germanentümelei verstrickt. Für den »Reichsbund der deutschen Freilicht- und Volksschauspiele e.V.« baute er in den 1930er-Jahren zahlreiche sogenannte Thingplätze oder Thingstätten (Freilichttheater) an landschaftlich imposanten Orten. Hier wurden diverse Großveranstaltungen und Kundgebungen organisiert, bevor vor allem Goebbels als zuständiger Minister das Interesse an der Bewegung verlor. Heute die bekannteste ehemalige Thingstätte: die Berliner Waldbühne. 1936 zog Zinsser nach Hannover, entwarf und baute Adenauers Haus in Rhöndorf und entfaltete eine rege Planungstätigkeit in den Nachkriegsjahrzehnten, viele seiner Bauten aus den 1950ern stehen heute unter Denkmalschutz, etwa die Stadtsparkasse Hannover an der Goseriede oder das Continental-Hochhaus am Königsworther Platz.

Wunder von Hannover, Teil zwei. Im Juni 1959 erschien der 13-seitige *Spiegel*-Aufmacher über Rudolf Hillebrecht. Ihm wurde attestiert, seine Visionen seien »verwundert bestaunte Wirklichkeit« geworden und die »einst behäbig-konventionell dahinglukkende Provinzstadt« zu einem »Wallfahrtsziel von Architekten, Verkehrsingenieuren und ganzen Delegationen in- und ausländischer Städtebauer«. Hillebrecht, der energische Stadtplaner, hatte nie lockergelassen und sich durchgesetzt. Einige Wortmeldungen aufgebrachter Bürger sind überliefert. Ein Dr. Giesecke sprach sich auf einer der Versammlungen »gegen die Amerikanisierungsbestrebungen und Vernichtung des Heimatgefühls« aus. »Überhaupt ist die Planung ein Wahnsinn.« Vom *Spiegel* aber wurde der Stadtbaurat regelrecht bewundert, seine doppelbahnigen kreuzungsfreien Schnellstraßen rund um die Stadt, »ohne Geschwindigkeitsbegrenzung«, seine Verkehrskreisel, die »wie Turbinenräder die Automobile in jede gewünschte Richtung wegschaufeln«. »Hannover – Vorbild für Städtebauer« hieß es auch in der *Nürnberger Zeitung*, »Modernster Aufbau aller deutschen Städte« in der *Welt*, »Hannover – Stadt des Wunders« (*Il Giornale di Sicilia*), »Hannover – Stadt des Jahres 2000« (*Momento Sera*, Rom).

Als man verstanden hatte, dass man in Innenstädten weniger den privaten, sondern vielmehr den öffentlichen Verkehr fördern musste, und zwar unterirdisch, wurden viele Hochtrassen abgebaut, »Magistralen des Wirtschaftswunders« schon wieder verengt. Rudolf Hillebrecht, der ehrgeizige, unnachgiebige »Modernist«, hat Hannover überplant und an manchen Orten zur gesichtslosen Stadt gemacht. Und so manches verhunzt. Beispiele: Der Mitte des 19. Jahrhunderts vom königlichen Hofbaumeister Georg Ludwig Laves ursprünglich als Exerzier- und Paradeplatz entworfene Waterlooplatz, in der sogenannten Laves-Achse auf das Leineschloss bezogen, wurde durch dreispurige Fahrbahnen angeschnitten und praktisch ruiniert. Ein großer Teil der Nikolaikapelle, des ältesten erhaltenen Bauwerks von Hannover (Chorraum von 1325), beziehungsweise seiner nach einem Luftangriff 1943 noch stehenden Außenmauern wurde 1953 zur Verbreiterung der Goseriede auf vier Spuren abgerissen. Oder die Leineinsel (Klein-Venedig) mitten in der Altstadt, an die sich heute nur wenige Hannoveraner erinnern, das verrufene, eng bebaute Viertel ohne Tageslicht, aus dem der Serienmörder Haarmann kam. Hillebrecht ließ den Leine-Seitenarm zuschütten, die Insel verschwand, der bis zu 100 Meter breite Leibnizufer-Autoboulevard wurde darübergelegt. Oder die schlossähnliche »Flusswasserkunst« an der Leine nahe dem Leineschloss aus dem Jahr 1895. Im Krieg kaum beschädigt, wurde das »pseudo-mittelalterliche Gebäude« (Hillebrecht) 1963/64 trotz Bürgerprotesten abgerissen. Natürlich war nicht alles schlecht, nicht alles ging verloren, manches in den 1950ern Gebaute ist heute denkmalgeschützt. Ein ausreichendes architekturhistorisches Bewusstsein aber gab es keinesfalls. Zwar hatte Hillebrecht selbst schon 1957 von »verpassten Chancen« gesprochen, gut erhaltene Gründerzeitbauten wurden aber bis in die 1970er-Jahre beseitigt. Rudolf Hillebrecht, nach Albert Speer vielleicht der radikalste deutsche Stadtplaner, blieb in Hannover bis 1975 im Amt.

»Steif, korrekt und prüde«. »Hannover ist eine Großstadt mit provinziellem Charakter«, hieß es unmissverständlich in einer Image-Studie, die Ende der 1960er Oberstadtdirektor Martin Neuffer in Auftrag gegeben hatte. »Provinzielles Denken aber ist etwas, was gerade heute ganz besonders verpönt ist. Es ist mit der Vorstellung von Engstirnigkeit und Rückständigkeit verbunden.« Dem jungen Leiter des Hannoverschen Kunstvereins Manfred de la Motte schrieb Neuffer: Hannover mangele es an »Vitalität und Temperament«, habe »weder großstädtisches Flair noch Ausgehmöglichkeiten« und gelte als »steif, korrekt und prüde«. Ein miserables Image also in der oben erwähnten sich verändernden politischen Kultur Hannovers, in den damaligen »Zeiten des Aufbruchs«, als die Einwohnerzahl der Stadt von 1962 bis 1968 um mehr als acht Prozent auf 527 000 gestiegen war.

Geboren 1924 in Heidelberg, Jurastudium in Bonn, SPD-Mitglied seit 1946, persönlicher Referent von Ministerpräsident Kopf, 1962 Stadtrat, 1962 Stadtdirektor, 1963 Oberstadtdirektor in Hannover: Martin Neuffer, der »Visionär«, der »Beamte mit Phantasie« (oder wie der frühere NDR-Intendant Jobst Plog sich erinnert: ein »sehr freiheitlich eingestellter Intellektueller«), hatte genaue Vorstellungen davon, was für eine Image-Aufbesserung zu tun war. 1970 veröffentlichte er mit dem Buch *Städte für alle* einen *Entwurf einer Städtepolitik*, in dem er den traurigen Zustand der Städte und die krisenauslösenden Teilentwicklungen (Luftverschmutzung, Lärm, Verkehr usw.) ausführlich analysierte und daraus »utopisch erscheinende Denkmodelle« entwickelte. Die »Einbeziehung von Kunst in das Stadtbild« war ein zentraler Aspekt, für ihn selbst im Rückblick seine »handgreiflichste Hinterlassenschaft«.

Neuffer machte deutlich, dass es ihm um eine »fast immer auf eine Veränderung der Gesellschaft abzielende, häufig den Betrachter zu aktivieren, in das Geschehen einzubeziehen suchende« Ereigniskunst ging. Um eine Erweiterung des Kunstbegriffs, wie es damals üblich war, um einen erhöhten Kultur- und Freizeitwert für Hannover, eine Revitalisierung der Innenstadt. Einen Plan, den Neuffer mit dem tatsächlich weit beachteten »Experiment Straßenkunst« (1970 bis 1973) umsetzte. Gelungener Auftakt mit 200 000 Besuchern war das Altstadtfest (»eines der ersten seiner Art in Deutschland«) Ende August 1970. Motto: Dabeisein und Mitmachen. Das Sequenzprotokoll des Films »Die Kunst geht auf die Straße« über das Straßenkunstprogramm 1970 veranschaulicht, was gemeint war. Am Anfang referierte Martin Neuffer auf einem Flachdach am Aegidientorplatz seine Entscheidung für moderne, abstrakte Kunst: »Lernprozesse sollen mobilisiert, Denkmodelle verändert werden.« Der Film zeigte dann unter anderem folgende Beispiele: »Aggressionslösende Spielobjekte« (Klaus Göhling), begehbare, auf den Maschsee gesetzte Objekte (Event Structure Group), aerokinetische Objekte (Hein Sinken). Der ungarische Künstler János Nádasdy schrieb seine Eindrücke vom Straßenkunstprogramm auf, um sie dann mit dem Publikum zu diskutieren. Er saß in einem Käfig aus Maschendraht. Dazwischen Straßentheater-Szenen der Londoner »Dogg's Troup«.

Dass die Hannoveraner sich »an die Köpfe gehen« konnten, zeigte die Installation von drei Skulpturen der Künstlerin Niki de Saint Phalle (1930–2002), den sogenannten *Nanas* – französisch umgangssprachlich für »Mädels«, »Miezen«. Die Französin aus dem Umkreis der »Nouveaux Réalistes« ist heute weltweit in erster Linie für den Strawinski-Brunnen vor dem Centre Pompidou in Paris bekannt, den sie 1982/83 mit ihrem Mann Jean Tinguely errichtete. In Hannover war sie am 14. Januar 1974 dabei, als die Nanas am Hohen Ufer aufgestellt wurden und anwesende Hannoveraner Bürger Vorschläge für »deutsche, hannoversche Namen« machten, die sich die Künstlerin gewünscht hatte. Ausgewählt wurden Sophie, Charlotte, Caroline. Ihr wird aufgefallen sein, dass die von Neuffer und der Stadt angestrebte Erweiterung des Kunstbegriffs mit ihrer »heiteren Kunst« an Grenzen stieß. Die Nanas wurden zum Skandal.

Viele Hannoveraner waren überfordert mit den überdimensionierten, farbenfrohen Frauenkörpern aus Polyester. Einige konnten darin erst gar keine Kunst erkennen, sie hielten das alles für einen Witz. Andere sahen in den Nanas »schreckliche Missgebilde«, natürlich verschleuderte Steuergelder und »ordinäre Sexparodien mit kunstgewerblicher Verbrämung«, hinter denen »ausgerechnet eine Französin« stehe. Für die Fürsprecher waren sie »ausgesprochen herzerfrischend« und sorgten dafür, »das Bild unserer Stadt freundlicher und weltoffener« zu machen. Aller Aufregung zum Trotz sind die Nanas geblieben. Die drei stehen heute ziemlich verloren und wenig beachtet am Rand des vielspurigen Leibnizufers, und man kann kaum nachvollziehen, warum die bunten Kleckse in den Siebzigern Proteststürme hervorriefen.

Martin Neuffers Zeit in Hannover endete 1974, als er zum Intendanten des NDR gewählt wurde. Er blieb es bis 1980. Als Neuffer 2004 starb, würdigte ihn Jobst Plog im Nachruf: »Martin Neuffer hat sein Amt in überaus schwieriger Zeit ausgeübt.

Er hat sich mit großem persönlichen Mut und Engagement für die Unabhängigkeit des NDR eingesetzt und maßgeblich zum Erhalt der damaligen Drei-Länder-Anstalt beigetragen, der durch heftige politische Konflikte gefährdet war.« Heute sagt er über Neuffer: »Ein Name, der zu Unrecht völlig vergessen ist. Er war nicht sehr kommunikativ, aber das war ein großartiger Typ.«

Neuffers Nachfolger im Amt des hannoverschen Oberstadtdirektors, Rudolf Koldewey, geboren 1914 in Linden, hinterließ das Bild eines »Konsolidierers«, Hanns Adrian, Nachfolger Hillebrechts als Stadtbaurat, nannte Koldewey einen »Feldherrn der Rückzugsgeneräle«. Koldewey wollte die Zuschüsse zur Imagepflege kürzen, doch was blieb ihm übrig? Für die Kommunen wurde es finanziell enger nach der Ölkrise 1973, Hannover verzeichnete bald die höchste Pro-Kopf-Verschuldung aller westdeutschen Großstädte. Die Kürzungen (von 100 000 D-Mark auf 30 000 D-Mark) ließen sich nach Bürgerprotesten nicht durchsetzen, eine weitere Kommerzialisierung und »Festivalisierung« des Altstadtfestes konnte aber nicht verhindert werden.

Busstops. Eine weitere bundesweit auffällige Hannoveraner Kunst/Design-Aktion im öffentlichen Raum entstand Anfang der 1990er-Jahre und ist bis heute in Funktion. Auf Initiative der Stiftung Niedersachsen in Verbindung mit dem örtlichen Verkehrsbetrieb Üstra (»Überlandwerke und Straßenbahnen Hannover AG«) wurden neun bekannte Designer damit beauftragt, Bushaltestellen mit Dach zu gestalten. Den *Spiegel* überzeugte es damals: »Eine pfiffige und weltweit einmalige Aktion, die als Alternative zur meist tristen Stadt-Möblierung mit Denkmälern und Skulpturen Schule machen könnte.« Der Kunstwissenschaftler und Busstops-Kurator Lothar Romain war überzeugt, dass mit der »Benutzbarkeit« eine »neue Dimension von Kunst im öffentlichen Raum« entstanden sei.

Bei den Busstops dabei: Frank Gehry (USA, Guggenheim Bilbao) mit einem Reptilienpanzer-Flechtdach am Braunschweiger Platz, Jasper Morrison (London) mit der silbernschlichten, edel geformten Haltestelle am Aegidientorplatz, die auffällige schwarz-gelbe »Lego-Landschaft« von Alessandro Mendini (Mailand) am Steintor, vor dem Anzeiger-Hochhaus. Gelungen auch die »Flüsterstation« des Kölner Design-Professors Wolfgang Laubersheimer in Linden (Haltestelle Nieschlagstraße): Kugelkalotten in den Häuschen sorgen für den akustischen Effekt, dass in die Metallschalen gesprochene Wörter von Wartenden in der Gegenrichtung, auf der gegenüberliegenden Straßenseite gehört werden können. Der *Spiegel* schrieb über die Nervosität der Projektleiter: Angesichts der damals erheblichen Kosten von 1,5 Millionen DM befürchteten sie Widerstand in der Stadt, wie damals bei den Nanas. Diesmal aber war »die Toleranzschwelle der Hannoveraner höher als erwartet«, diesmal gab es keine Klagen, kein Geschrei, die Kunsthaltestellen wurden sehr gut angenommen. Fast 20 000 Bürger kamen zur Inbetriebnahme im April 1994.

Jasper Morrison, Designer der Haltestelle am Aegidientorplatz, sollte später wiederkommen. Er wurde wenig später von der Üstra im Vorfeld der Weltausstellung Expo 2000 mit der Entwicklung einer neuen Straßenbahn für Hannover beauftragt. Der Londoner Morrison, Jahrgang 1959, »einer der besten europäischen Designer« (*FAZ*), blickt zurück: »Zu diesem Zeitpunkt war ich ein wenig darin gefangen, für Unternehmen in Italien zu arbeiten, bei denen es vor allem um Stil und Luxus ging. Ein Projekt wie eine Straßenbahn ist dagegen so praktisch und real, weil sie tagtäglich von mehreren hunderttausend Menschen genutzt wird. Zudem muss sie für einen langen Zeitraum von mindestens 30 Jahren funktionieren. Auch war der Umfang sehr komplex, da wir den gesamten Zug entworfen haben, von der Form der Sitze über die Griffe bis hin zur äußeren Hülle.« Es war tatsächlich das erste Mal, dass einem jüngeren Designer ein derart umfangreiches Projekt mit einem Etat von 500 Millionen DM anvertraut wurde.

Der Stadtbahnfahrzeugtyp für Hannover erhielt die Kennziffer TW 2000, hieß bald »Silberpfeil« und hatte einigen Erfolg vor Ort, bei Design-Fachleuten und bei nach den Busstops design-affinen Hannoveraner Tramfahrern. Der Zug ist schlicht, zeitlos elegant und »supernormal« *avant la lettre*. Denn die Erfahrungen mit dem Üstra-Job und dem TW 2000 sollten später eingehen in Morrisons Designmodell der »Supernormalität«, »a special kind of normality«, Design ohne Design. Dazu Jasper Morrison: »[Das Projekt in Hannover] hat mich ein Stück weit auch gerettet und mir eine komplett neue Sichtweise gegeben, über Design nachzudenken. Meine Entwürfe sind heute weit weniger visuell oder kulthaft wie noch der ›Thinking man's chair‹. Ich bin heute mehr daran interessiert, einen guten Stuhl zu entwerfen als etwas betont ›Besonderes‹.« So richtig dauerhaft aber waren die Üstra-Verantwortlichen nicht überzeugt. Herbert Lindinger, der den grünen, jetzt und verglichen mit dem Morrison-Modell ziemlich veraltet wirkenden Vorgänger TW 6000 designt hatte, protestierte gegen den Engländer, der »ihm ins Handwerk pfuschte«. Was nichts half, denn im Juni 2009 präsentierte die Üstra den Nachfolgezug TW 3000, einen Entwurf des Stuttgarter Büros PanikRuhdorfer. Seit 2014 kommt das neue Modell sukzessive auf die Schienen. Die grünen TW-6000-Bahnen werden stückweise ausrangiert und nach Osteuropa und Asien verkauft, die »Silberpfeile« bleiben im Einsatz.

Hannover-DADA. Kurt Schwitters ist heute sicherlich der bekannteste Künstler aus Hannover. Das heißt: Er war nicht nur Künstler, er war Universalkünstler. Maler, Dichter, Grafiker, Theaterautor, Dadaist, Multitalent. Geboren wurde er

1887 in der Rumannstraße, in der hannoverschen Oststadt, besuchte im Jahr 1900 mit dem Vater die Weltausstellung in Paris, studierte 1908/09 an der Kunstgewerbeschule in Hannover, dann bis 1915 an der Dresdner Akademie der Künste. Sein Militärdienst im Ersten Weltkrieg dauerte nur wenige Monate, wegen Epilepsie und einer Neigung zu Depressionen wurde er bald entlassen. Danach wandte er sich mit abstrakten Zeichnungen und Ölbildern zunehmend der Malerei zu, studierte bis 1919 noch Architektur und beteiligte sich an Ausstellungen erst in Hannover, dann in Herwarth Waldens Galerie Der Sturm in Berlin. 1918 entstanden die ersten Assemblagen, im Winter 1918/19 war es auch, als er den Kunstbegriff »Merz« erfand, beim Auseinanderschneiden des Wortes »Kommerz« für eine Collage. »Merz« wurde zu einer Art Schwitters-*Markenzeichen*. Merzzeichnungen, Merzbilder, Merzdichtung, Merzbau, Merzkunst. Alles war Merz. Ähnlich sinnfrei wie »Dada«. Wie sagte Schwitters: »Kunstarten gibt es nicht, sie sind künstlich voneinander getrennt worden.«

Ende 1919 veröffentlichte er mit *Anna Blume. Dichtungen* das Buch und das Gedicht, das heute die meisten mit seinem Namen verbinden: »Rot liebe ich Anna Blume, rot liebe ich dir! Du deiner dich dir, ich dir, du mir, – Wir? [...] Du Herrlichste von allen, du bist von hinten wie von vorne: a-n-n-a.« Im Juni 1927 erschien eine englische, von ihm selbst übersetzte Fassung des Gedichts in einer amerikanischen Literaturzeitschrift, aus »Anna Blume« war »Eve Blossom« geworden: »You are from the back as from the front, E-V-E.« Die Berliner Dadaisten um Richard Huelsenbeck standen ihm skeptisch gegenüber, wohl weil er sich nicht politisch engagieren wollte, zur »Ersten Internationalen Dada-Messe« im Jahr 1920 wurde er nicht eingeladen, kooperierte aber mit anderen bekannten Dadaisten (Hans Arp, Raoul Hausmann, Hannah Höch, Tristan Tzara). Um 1923 begann er den ersten MERZbau in seiner

Wohnung in der Waldhausenstraße 5a in Hannover, eine aus seinem Atelier in die benachbarten Räume, die Stockwerke darüber, die Kellerräume darunter wuchernde Rieseninstallation, an der er bis zu seiner Flucht 1937 arbeiten sollte. Eine gewaltige Raumphantasie.

Den Nationalsozialisten waren Schwitters und seine Anti-Kunst selbstverständlich suspekt, er emigrierte im Januar 1937 nach Norwegen, nach dem deutschen Einmarsch 1940 weiter nach England. Hier war er bis Ende 1941 in diversen Lagern interniert, ging dann zuerst nach London und 1945 nach Ambleside im Lake District, wo er am 8. Januar 1948 starb. Im September 1970 wurden die Überreste auf den Engesohder Stadtfriedhof nach Hannover überführt. In Hannover gibt es heute eine Schwitters-Thementour mit acht Stationen. Das Geburtshaus ist dabei, Wohnhäuser, das Grab, ein Bodenrelief in der Knochenhauerstraße mit Schwitters' »Hannover«-Gedicht (»Hundekrankheiten bekommt der Hannoveraner nie«) und das Sprengel-Museum. Den Original-MERZbau kann man nicht mehr besichtigen. Das Haus in der Waldhausenstraße wurde am 8./9. Oktober 1943 bei einem Bombenangriff zerstört, mit ihm Schwitters' plastisches Meisterwerk; das Fotoarchiv des Sohns Ernst Schwitters mit vielen Fotos des MERZbaus verschwand, als das Flugzeug, das die Bilder aus Hannover nach Norwegen bringen sollte, im Krieg abgeschossen wurde. Eine aufwendige Rekonstruktion gibt es allerdings: 1932/33 machte der Fotograf des Landesmuseums Wilhelm Redemann drei Weitwinkelaufnahmen des Atelierraums, heute die einzigen Bildzeugnisse des Original-MERZbaus. Auf der Grundlage dieser Fotos entwarf man die Rekonstruktion im Sprengel-Museum am Kurt-Schwitters-Platz, wo auch das Schwitters-Archiv angesiedelt ist.

»Die Lümmel von der ersten Bank«. Große Ohren, akkurater Mittelscheitel, ein alles in allem unglückliches Aussehen: Franz Theodor Schmitz, geboren 1903 in Hannover-List, ist wohl bis heute das bekannteste Schauspielgesicht der Stadt. Künstlername: Theo Lingen. Die meisten werden sich an ihn erinnern als schlaksige Klamauk- und Klimbim-Figur aus dem seichten westdeutschen Nachkriegskino, aus Dutzenden immergleichen »Limonadenfilmen«, wie er sie nannte, etwa »Der Theodor im Fußballtor« (1950), »Die Beine von Dolores« (1957), »Die tollen Tanten schlagen zu« (1971) oder »Die Lümmel von der ersten Bank« (1968). Anfangs hatte er durchaus Ambitionen aufs ernste Fach, früh außerhalb von Hannover in Theatern in Frankfurt / Main (»Macbeth«) und Berlin (Ur-Inszenierung der »Dreigroschenoper«) und in den Filmklassikern von Fritz Lang: »M« (1931), »Das Testament des Dr. Mabuse« (1933). Erfolg aber hatte er in der Rolle des affektiert-näselnden Komikers, die spielte er in leicht abgewandelter Form laut *Zeit* unter Goebbels in 96 Filmen und insgesamt über 200-mal. Auch wenn einigen Nazis seine Nase nicht gefiel (»ausgesprochen rassefremd, vielleicht sogar jüdisch«), in Deutschland war er im Humorfach sehr beliebt, Hitler ernannte ihn zum »unverzichtbaren Schauspieler«, Goebbels setzte ihn auf die sogenannte *Gottbegnadeten*-Liste. Mit diesem Status konnte er seine Frau Marianne Zoff, die jüdischer Herkunft war, und ihre Tochter aus der ersten Ehe mit Bertolt Brecht (die spätere Tänzerin / Schauspielerin Hanne Hiob) retten. Theo Lingen ist 1978 in Wien gestorben und liegt dort begraben.

Entdeckt worden war sein Talent an der »Schauburg« in der Hildesheimer Straße, Ecke Schlägerstraße. Franz Bubenzer, ein Hannoveraner Multitalent (Architekt, Porträtmaler, Schauspieler, Intendant, Geodät der Māreninsel im nördlichen Eismeer 1898) und erklärter Feind des modernen Theaters, hatte schon 1908 eine »Denkschrift zur Theatersituation in Hannover« verfasst. Er baute dann die 1911 eingeweihte Schauburg (man sagte: »eines der schönsten Theater Deutschlands«) als klassische Sprechbühne. Im September 1943 wurde sie bei einem Luftangriff zerbombt. 1921 debütierte der junge Theo Lingen hier ohne Bühnenausbildung, in den 1930ern hatten die Neutze-Brüder, Günther, Horst Michael, Hanns Lothar, an der Schauburg ihre ersten Auftritte. Ein besonderer Fall: Die drei Söhne eines Justizsekretärs fingen als Statisten an, sie alle spielten nach dem Krieg erst Theater und wurden dann im (West-)Fernsehen populär: Günther, der Älteste (1921–1991), in *Die Gentlemen bitten zur Kasse* (1966) und als Kommissar Bernhard in *Dem Täter auf der Spur* (unter der Regie von Jürgen Roland, 1967–1973). Horst Michael (1923–2006) mit zahlreichen Rollen in Fernsehkrimis und Ende der 1980er als Kriminalkommissar Schreitle im *Tatort* des Süddeutschen Rundfunks.

Hanns Lothar Neutze (geb. 1929), der Jüngste, hatte den größten Erfolg. Er gehörte in den 1950er- und 60er-Jahren zu den beliebtesten Schauspielern Deutschlands, hatte (unter seinem Künstlernamen Hanns Lothar, mit Betonung auf der zweiten Silbe) zum Beispiel den schneidigen Sekretär Schlemmer in Billy Wilders *Eins, Zwei, Drei* gespielt. Seine zweite Frau, die Schauspielerin Ingrid Andree, und Lothar galten nach ihrer Hochzeit 1959 als *das* Traumpaar des deutschen Films. 1967, mit nur 37 Jahren, starb Hanns Lothar an einer Nierenkolik. Mehr Krimis, weniger Klamotte: Bundesweit waren die Schauspiel-Brüder sicher weniger bekannt als Theo Lingen. In Hannover kennt man den Namen Neutze bis heute. Nur einmal übrigens standen die drei gemeinsam vor der Kamera, in Jürgen Rolands *Polizeirevier Davidswache* (1964). Aus der Ehe mit Ingrid Andree war 1960 die Tochter Susanne Lothar hervorgegangen. Man weiß: Auch sie wurde Schauspielerin, hochgelobt und vielfach ausgezeichnet für ihre Arbeiten auf der Bühne und im Film, verheiratet mit dem Schauspieler Ulrich Mühe. Auch

Susanne Lothar starb früh, 2012. Selbstmord, so wird vermutet. Ihr Halbbruder war der Schauspieler Marcel Werner (Sohn Hanns Lothars aus einer Beziehung mit der Schauspielerin Elfriede Rückert), der sich 1986 in Hannover das Leben genommen hat. »Er hätte einer unserer ›großen‹ Schauspieler werden können«, schrieb die *Zeit* damals, »aber das hat ihn vermutlich nicht besonders interessiert – gegen den Drang zur Selbstzerstörung hatte die Lust zur Selbstdarstellung am Ende keine Chance mehr.«

Das Flebbe-Kinoimperium. Eine andere Geschichte, die an diesen Ort gehört, ist die des Hannoveraner Cineasten Hans-Joachim Flebbe, geboren 1951 in Linden-Nord. Anfang / Mitte der 1970er muss es gewesen sein (es gibt widersprüchliche Angaben), dass der unschlüssige Student Joachim vom Uni-Filmclub das Kino für sich entdeckte, im traditionsreichen Apollo in Hannover-Linden, gegründet 1908, sukzessive die Programmplanung übernahm und aus einem Kino, das nur noch mit Schmuddelfilmen über die Runden kam, eines der ersten Programmkinos Deutschlands machte. Damals setzte sich das Fernsehen durch, das Kinogeschäft stagnierte in den 1970ern, der Zenit mit 7000 deutschen Kinos war schon 1960 erreicht worden. Der Westfale Heinz Riech (»Kino-Kaiser«; sein erstes Kino: das Schlosstheater in Münster 1955), wichtigster Player in jenen Tagen, »Feindbild einer kinokulturellen Gegenbewegung«, hatte mit seiner Ufa-Theater AG das amerikanische Kinocenter-Konzept, die »Schachtelkinos«, eingeführt. Aus großen Sälen machte er viele kleinere, oft im »Format einer Besenkammer«, in der die Vorführqualität keine Rolle spielte. Es ging allein darum, die Filme »konsequent ökonomisch zu verwerten«, ein Konzept, das sich bald in der Branche durchsetzte. Den jungen Kinobetreiber Flebbe aber interessierte der Film an sich, nicht nur der Profit. Er kaufte seine ersten Filmtheater 1977 (Kinos am Raschplatz hinter dem Hannoveraner Hauptbahnhof) und weitere Filmkunst-Häuser mit Anspruch im ganzen Land: zum Beispiel die Passage in Hamburg, vermittelt von Rudolf Augstein. Mitte der 1980er-Jahre besaß er 60 Kinos und machte 20 Millionen Mark Umsatz. Hans-Joachim Flebbe war jemand, der »die Kinokultur maßgeblich mitbestimmte«, und trotzdem im Grunde bankrott.

Nach Einführung des Privatfernsehens brachen die Zuschauerzahlen weiter ein. Flebbe schwenkte um und entschloss sich, als Gegenmodell zu den Schachtelkinos das Multiplex-System aus den USA einzuführen: Mainstream-Filmpaläste mit bis zu 20 Leinwänden, perfekter Bild- und Tonqualität, mit hohem Komfort, Fastfood und bis zu 5000 Plätzen, manchmal mit angeschlossenen Boutiquen, Disko und Bowlingbahn. Zusammen mit Rolf Deyhle (»Musical-König«) und Kirch-Geschäftsführer Bodo Scriba gründete er 1989 die CinemaxX-Gesellschaft, das erste CinemaxX-Multiplex eröffnete am 8. März 1991 in der Nikolaistraße in Hannover. Um die Jahrtausendwende hatte Flebbe bundesweit über 40 Multiplexe mit ca. 340 Leinwänden gebaut, mit 90 000 Plätzen und bis zu 20 Millionen Besuchern pro Jahr. Er sagt: »Ich finde, dass die Multiplexe dazu geführt haben, dass es überhaupt noch Kinos gibt, denn die Besucherzahlen befanden sich vor der Eröffnung des ersten CinemaxX 1991 im Sturzflug. Wir hatten nur noch knapp 100 Millionen Besucher, zwischendurch hatten wir mal 180, jetzt wieder nur 130.« 1994 wurde Flebbe »europäischer Kinomanager des Jahres«, er expandierte nach Österreich, der Schweiz, Türkei, Polen, Ungarn und Dänemark, übernahm die Ufa-Gruppe, wurde Europas größter Kinobetreiber. Dann hörte er auf, »nach Differenzen über die Ausrichtung des Unternehmens«. Und stieg im September 2008 aus dem Vorstand der CinemaxX AG, wenig später aus dem Aufsichtsrat aus.

Am Ende der Karriere kommt Flebbe zur Filmkunst zurück. Auf seine Weise. Jetzt sagt er: »Ich habe nichts mehr am Hut mit diesen Massenabfertigungen« und »es gibt ein Publikum jenseits der Multiplexe«. Er sagt: »Ein neuer Kinotyp ist geboren.« Keine Schlangen an den Kassen, kein Popcorn, keine Nachos mit Käse, aber dafür zahlreiche Mitarbeiter mit Taschenlampe, »Doorman«, Garderobe, Logen mit Fußhockern und Bedienung am Platz, optimale Sichtverhältnisse. Er nennt es Erwachsenenkino zwischen Mainstream und gehobener Filmkunst. Flebbes Edelkinos heißen »Astor Film Lounge«, und es gibt sie in Berlin (hier gleich zweimal, darunter der mit großem Aufwand restaurierte und Ende 2013 eröffnete Zoo-Palast), Köln, München, Frankfurt / Main. Und in Hannover. Hier kaufte er das Haus in der Nikolaistraße (in dem 1991 das erste CinemaxX-Kino war), baute alles neu und eröffnete am 3. Dezember 2014. Die Scorpions waren da und streckten den Kameras die Zeigefinger und kleinen Finger zum Hardrock-Gruß entgegen, Götz von Fromberg und Mirko Slomka. 1000 geladene Gäste, Hannover-Paparazzi für die Hannover-Szene plus Flebbe-Tochter Farina (ital. *Mehl*, ist aber von der Mutter benannt »nach einem frechen Mädchen in den kleinen Strolchen«), die auch schon in der ARD zu sehen war (*In aller Freundschaft*) und als Schauspielerin noch viel vorhat. Am liebsten einmal eine Hauptrolle im *Tatort*.

Inbegriff von Mittelfeld. Hannover ist nicht zuletzt 96: der Club, »die Roten« und das Stadion für 49 000 Zuschauer nahe der Innenstadt und im Grünen, idyllisch am Maschsee gelegen. Anderswo wird man sagen: Hannover 96, die stehen gefühlt immer auf Platz 8 bis 12, graue Maus und blasses Image. Früher, ganz früher war das anders. Zweimal war Hannover deutscher Meister, 1938 und 1954: Hier besiegte 96, Erster der Oberliga Nord, im Finale am 23. Mai 1954 den haushohen Favoriten Kaiserslautern sensationell mit 5:1. Mit einer Mannschaft aus No-Names und unter Trainer Helmut »Fiffi« Kronsbein, der bei seinem zweiten Engagement 1964 mit Hannover noch den Aufstieg in die Bundesliga schaffte. Trotz des *fait divers* vom März 1983, als man ihn verdächtigte, seine Frau ermordet zu haben, ist Kronsbein in Hannover bis heute eine Legende. Er und die beiden anderen ganz großen Helden der Vereinsgeschichte: Stürmer Dieter »Schatzi« Schatzschneider und Torwart Jörg »Colt« Sievers. Aus dem Mordverdacht gegen »Fiffi« Kronsbein wurde übrigens am Ende ein Stromsuizid.

1992 noch ein DFB-Pokal, den Hannover als erster Zweitligist holte, ansonsten einige *unterklassige* Jahre und eine durchwachsene Nachkriegsstatistik, Abstieg, Aufstieg, Fahrstuhlmannschaft. 1996, gerade im Jubiläumsjahr, ging es sogar runter in die Regionalliga. An diesem Tiefpunkt der Vereinsgeschichte übernahm Martin Kind 1997 das Ruder, der vermögende Selfmade-Gründer des gleichnamigen Hörgeräte-Konzerns aus Burgwedel. Ausgenommen ein Intermezzo 2005, als er das Präsidentenamt für ein Jahr an Götz von Fromberg abgab, blieb Kind Vereinspräsident bis heute und wurde der starke Mann und markante Kopf von Hannover 96. Mit Kind spielte man seit 2002 bei hoher Trainerfluktuation in der Bundesliga. Martin Kind: »Fußball ist eben ein sehr volatiles Produkt, und man hat immer nur eine Saison Zeit, seine Ziele zu erreichen […] Ich sage immer sehr plakativ und pragmatisch, dass die Entscheidungen eigentlich nie ganz falsch waren, denn: Wir sind nie abgestiegen.«

Immer wieder gab es tragikomische Momente, zum Beispiel die Auslosung zum Europapokal der Pokalsieger im August 1992 (Losfee: Marco van Basten). Zweitligist Hannover 96 hatte sich als Pokalsieger qualifiziert und wollte zum ersten Mal seit über 20 Jahren wieder in Europa mitmischen. 96er-Fans warteten gespannt, welchen exotischen Gegner und Spielort man ihnen zulosen würde. Niemand wird vergessen, dass es nicht Liverpool wurde, Spartak Moskau oder Atletico Madrid.

Sondern, mit einer Chance von 1:35, der Titelverteidiger aus Bremen. Gegen den man in der ersten Runde ausschied. Dirk Roßmann, Gründer und Geschäftsführer der Rossmann-Drogeriemarktkette, auch aus Burgwedel, hatte sein trauriges Erlebnis mit Hannover 96 bei einem Spiel in Paderborn, als es mal vergleichsweise gut lief: »Heute gewinnen wir und sind dann Tabellenzweiter. Endlich stehen wir auch mal oben! Und dann verlieren wir in Paderborn! [...] Das hat mich richtig geärgert, weil ich gedacht hab: Das ist 'ne Chance, endlich mal wenigstens vorübergehend Höhenluft zu schnuppern. Hat nicht geklappt, aber so ist Fußball.« Erwähnenswert in diesem Zusammenhang ist noch das Spiel gegen Mönchengladbach am 12. Dezember 2009, in dem Hannover drei Eigentore schoss. Ligarekord.

Doch das ist egal für die *Die-hard*-Fans, die es überall gibt, die ihr Leben nach dem Spielplan ausrichten. In Hannover sind es die, die am 9. Juni heiraten. Ein echter Hannover-Fan »hat sich den Klub nicht ausgesucht, er wurde für ihn geboren«. Ihm machen Mittelmaß, Abstiege und Amateurliga nichts aus, denn 96 sind »die Roten« (benannt nach den traditionell roten Heimtrikots), Hannover ist sein Verein und Eintracht Braunschweig der Erzfeind. Spätestens seit 1963, als Braunschweig in die neu gegründete Bundesliga durfte und Hannover nicht. Für den ehemaligen Ministerpräsidenten Gerhard Glogowski geht das alles noch weiter zurück. »Es ist ja so: 1903 haben Hannover 96 und Eintracht Braunschweig das erste Mal gegeneinander gespielt. Und: Eintracht hat 11:0 gewonnen. Das ist der Beginn dieser Freundschaft.«

Die Hoffnung darauf, sich irgendwann einmal im oberen Tabellendrittel und damit auf Europapokal-Plätzen zu etablieren und die trübe Grundstimmung aufzulockern, beruht im Wesentlichen auf Martin Kind. Als er die Verantwortung 1997 übernahm, erfüllte der drittklassige Klub, wie er sagt, »vollumfänglich den Tatbestand der Insolvenz«. In dieser ausgesprochen schwierigen Phase konnte Kind, Erfolgsmanager von Haus aus, den Verein gemäß seiner Überzeugung »Bundesligavereine sind Wirtschaftsunternehmen« neu aufstellen, indem er den Bereich Profifußball in eine GmbH & Co. KGaA ausgliederte. Hinzu kam der Umbau des ehrwürdigen Niedersachsenstadions, erbaut aus Kriegstrümmern, zur WM-Arena 2006, der in seiner Bedeutung für das mittelgroße Hannover nicht zu unterschätzen war. Für vier WM-Gruppenspiele und ein Achtelfinale (Spanien gegen Frankreich) erhielt Hannover den Zuschlag. Das Namensrecht am Stadion erwarb für viel Geld Carsten Maschmeyers umstrittener Strukturvertrieb AWD. Martin Kind dazu: »Das war auch aus seiner Sicht eine mutige Entscheidung, deshalb hat er hier natürlich meinen hohen Respekt, dass er in einer schwierigen Phase sich zu Hannover 96 und zu Hannover bekannt hat.«

Am 1. Juli 2013 wurde der Name ausgetauscht, seitdem heißt das schicke Stadion in feiner Lage »HDI Arena«. Und ist auch ein Kristallisationspunkt mit Logen und »Logenbalkon mit Extra-Business Seats« für die hiesige Society. Götz von Fromberg, der frühere Präsident und Ur-96er, der selbst immer draußen im Stadion auf seinem Platz sitzt, weiß: »Die VIP-Loge … Das ist ein Treffpunkt. Wenn man da hinkommt, trifft man alle möglichen Hannoveraner. Überall die Hände schütteln und sich ein bisschen unterhalten. Für andere ist es auch Netzwerk. Die Firmen nehmen ja nicht umsonst diese Logen für viel Geld. Die wollen natürlich da auch ihre Geschäfte darstellen.« Dazu Dirk Roßmann: »Irgendwann hab ich dann auch so eine Loge fürs Jahr genommen. Und gemerkt: Da passiert ja unglaublich viel. Da kommt mal Jogi Löw in die Loge, wenn er in Hannover ist. Da gibt's jede Menge Kommunikation. Und all die Leute aus Politik und Wirtschaft, die treffen sich da. Also, das ist für den sozialen Kontakt untereinander eine ganz wichtige Plattform.«

Seit Saisonbeginn 2014/2015 war die Stimmung gedrückt. Zuerst ein langer Streik der *Ultra*-Fans (es ging um Pyrotechnik, Einlasskontrollen, Preispolitik), der erst im April 2015 nach Zugeständnissen des Vereins beigelegt werden konnte. Die Ultras aus Block N16/N17, die lange nur zu Regionalligaspielen der zweiten Mannschaft gegangen waren, kamen zurück zu den »Roten« in die HDI-Arena. Kurz darauf die Jahreshauptversammlung Ende April. Hier wurde bekannt gegeben, dass der Verein seine letzten Anteile (15,66 Prozent) an der ausgelagerten KGaA-Profiabteilung an Martin Kind abgegeben hatte bzw. an eine von ihm geleitete Investorengruppe. Und zwar schon im Vorjahr. Der Deal war hochumstritten, die Versammlung drohte zu platzen, die Abstimmung über die Entlastung des Klubvorstands musste dreimal durchgeführt werden, Mitglieder hatten eine geheime Abstimmung gefordert und »Wahlbetrug« skandiert. »Hannover 96 verkauft sich an Kind«, so der *Spiegel*, Kind sei »der Feind im eigenen Verein« (*FAZ*); »Schade, dass immer mehr Traditionsvereine zum Spielball herrschsüchtiger alter Männer verkommen«, so ein *Spiegel*-Leserbriefschreiber.

Martin Kind sagt: »Strategische Partner haben sich für die Bundesliga entschieden und dies bedeutet, die Entwicklung wird immer professioneller, aber der Kapitalbedarf steigt, und da wird man sehen, wie die Entwicklung weiter laufen wird. Für Hannover wird es nicht leichter. Es wird sicher nochmal eine ganz besondere Herausforderung.« Für Hannover wird es besonders darum gehen, Investoren aus der Region zu akquirieren. Und dann hat Martin Kind (»Ich habe 96 als Regionalmarke eingeordnet«) noch einen Plan. 2018 will er das ehrenamtliche Präsidentenamt abgeben, danach die Profi-Abteilung als Mehrheitseigner leiten, die er schon jetzt mit seinen Kompagnons zu 100 Prozent kontrolliert. Dann wird er 74 sein. Die 50+1-Regel, eigentlich eingerichtet, um Profivereine vor einer Übernahme durch Investoren zu schützen, konnte Kind mit einem Kompromiss bei einem zuständigen Schiedsgericht 2011 vorausschauend aushebeln. Auch für Hannover 96 gilt seitdem die Regelung, dass eine Privatgesellschaft den Klub mehrheitlich übernehmen kann, »sobald sie diesen 20 Jahre lang ›ununterbrochen und erheblich‹ gefördert« hat. Jahrelang hatte Kind gegen die Ausnahme für die Werksclubs Leverkusen und Wolfsburg opponiert, die wie Tochterunternehmen der jeweiligen Industriebetriebe geführt werden. Nun will er auch für sein Engagement bei Hannover 96 mehr unternehmerische Freiheit. Aber bei Drucklegung dieses Buchs steht es miserabel um Hannover 96. Auch ein Trainerwechsel konnte die Niederlagenserie nicht stoppen. Der Klassenerhalt nach der Saison 2015/2016 scheint unwahrscheinlich, Präsident Kind ließ Mitte Februar 2016 schon vorsorglich verlautbaren, er plane bereits für die zweite Liga.

Der *Spiegel*, die »Generation Hannover« und der Reichstagsbrand

»Wenn der *Spiegel* sich bei der Geburt seinen Erscheinungsort hätte aussuchen könen, so wäre er ohne Zweifel in Berlin zur Welt gekommen. Berlin ist die Welt für ein Blatt, wie es der *Spiegel* sein will. Das fiebernde, entzweigerissene Berlin, jetzt vorderste und eingeengteste Bastion im kalten Krieg, ist immer noch die potentielle Quelle gegen das Provinzlertum, das sich von Bonn aus über ganz Westdeutschland ausbreitet.«

Rudolf Augstein zum Abschied des *Spiegel* von Hannover, Oktober 1952

»Das deutsche Volk ist ein Drecksvolk. Warum findet sich keiner, der Adenauer ermordet? Leider ist die Atombombe auf die armen Japaner gefallen. Die Atombombe hätte auf das deutsche Volk fallen müssen.«

Rudolf Augstein 1959 in der *Spiegel*-Redaktionskonferenz, Bericht des BND-Informanten Horst Mahnke

Nannen und Augstein. Es gibt ein berühmtes Foto vom FDP-Bundesparteitag 1967 in Hannover: Henri Nannen, der *Stern*-Macher, sitzt an der Schreibmaschine, Rudolf Augstein neben ihm diktiert eine Rede, die er dann gemäß Parteitagsregie nicht halten darf. Gemeinsam mit dem FDP-Schatzmeister Hans-Wolfgang Rubin wollte das Duo von der journalistischen »Hamburger Kumpanei« den damaligen FDP-Bundesvorsitzenden Erich Mende aus dem Amt jagen, den »schönen Erich« und Ritterkreuzträger. Neuer FDP-Chef sollte Walter Scheel werden, eine Verbandelung mit Willy Brandts SPD war geplant – und so kam es dann auch 1969.

Nannen, gut aussehend, eine Mischung aus Hans-Jörg Felmy und Curd Jürgens, und der zehn Jahre jüngere, schmalere und intellektuellere Augstein, kannten sich aus den ersten Nachkriegsjahren, als der *Stern* und der *Spiegel* in Madsacks Anzeiger-Hochhaus an der Goseriede entstanden. Die beiden einflussreichsten Männer des deutschen Magazin-Journalismus nach 1945 waren biografisch durch Offizierskarrieren in der Wehrmacht, durch die Hunger- und Steckrübenwinter nach Kriegsende, Fragen von Lizenzerteilungen durch die Briten und Papierbeschaffungsaktionen verbunden – aber auch durch die unterschiedlich intensive Nähe zur FDP. Nannen, der 1944 als Leutnant mit einem Luftwaffen-Propagandazug im von den Deutschen besetzten Italien aktiv gewesen war, hatte als FDP-Parteigänger 1946 von den Briten eine Lizenz für die *Hannoverschen Neuesten Nachrichten*, dann für die kurzlebige hannoversche *Abendpost* bekommen. Im Juni 1947 hielt er auf dem »Zonen-Parteitag« der FDP in Bielefeld, dem ersten gemeinsamen Parteitag der Freidemokraten im britischen Besatzungsgebiet, ein flammendes linksliberal-humanistisches Referat. Damit geriet er in Gegensatz zur weit rechts orientierten Niedersachsen-FDP und trat schon im April 1948 aus der Partei aus. Ohnehin hatte Nannen, der studierte Kunsthistoriker, »überhaupt keine Lust mehr auf diese Art parteigebundenen Tagesjournalismus«, so sein Biograf Hermann Schreiber.

Der ebenso cholerische wie flamboyante Blattkonzeptionist erlangte durch allerlei Tricks von den Briten eine neue Lizenz für die Bad Pyrmonter Jugendzeitschrift *Zick-Zack*. Er wandelte das Blatt nach dem Vorbild von *Life* und *Paris Match* zum auflagenstarken Foto- und Reportagemagazin *Stern* um. Nannen wollte »eine lebensbejahende und optimistische Zeitschrift«, so schrieb er in einem Planungspapier 1948. Eine sehr ähnlich aufgemachte Filmillustrierte gleichen Namens hatte es 1938/39 schon einmal im Deutschen Verlag (ehemals Ullstein) gegeben, und bei und mit Nannen arbeiteten nach 1945 auch einige alte Ullstein-Profis. Nannen indes erzählte etwa seiner Enkelin Stephanie treuherzig, es sei ihm erst bei der zweiten neuen *Stern*-Nummer eingefallen, dass ein genauso betiteltes Blatt schon einmal existiert habe. Schon im Januar 1949 siedelte die neue *Stern*-Truppe, bedingt durch ein Engagement branchenfremder Investoren bei Nannens Verlag, zunächst nach Duisburg über, bis die Illustrierte bei Gruner & Jahr in Hamburg ihren Stammplatz fand.

Die Anfänge des *Spiegel*. Rudolf Augstein, 1923 in Hannover geboren, hat zeitlebens nie behauptet, den *Spiegel* erfunden zu haben. »Wir wurden angefangen«, war seine lakonische Erkenntnis; der 22-jährige britische Ex-Panzeroffizier John Chaloner, nunmehr in Hannover und Osnabrück Presse-Aufseher der Besatzer, hatte gemeinsam mit zwei deutschen Sekretärinnen eine Nullnummer der späteren *Spiegel* nach dem Vorbild angelsächsischer *news magazines* zusammengeklebt. Das deutsche Redaktionsteam, von Chaloner mit seinen Kollegen Harry Bohrer und Henry Ormond für *Diese Woche* (so der ursprüngliche Titel) zusammengesucht, bestand aus ein paar älteren bürgerlichen Zeitungsfeuilletonisten, Wehrmachtsheimkehrern und Ex-Hitlerjungs der 1920er-Jahrgänge. Augstein kristallisierte sich bald als Redaktionsprimus heraus; er immerhin hatte schon vor 1945 beim *Hannoverschen Anzeiger* ein Zeitungsvolontariat absolviert.

Erst seit 1955 offiziell FDP-Mitglied, aber nach einem kurzen Flirt mit Kurt Schumachers nationalistischer SPD schon vorher publizistisch an der Seite der Freidemokraten, holte

Augstein dann ab 1949 eine ganze Riege von Story-Spezialisten aus dem Sicherheitsdienst des Reichsführers SS (SD) und aus der Reichskriminalpolizei als Ressortchefs, Autoren und Informanten zum Blatt. Gemeinsam mit den Ex-Hitler-Jugendlichen und Wehrmachtsoffizieren bildeten sie die »Generation Hannover« des *Spiegel*, die das Magazin in Deutschland auch machtpolitisch ganz nach vorn brachte. Sie schrieben wüste und ausladende Geschichten über NS-Untergrund, »Kriegsverurteilte«, Verräter und den Lieblingsgegner: jüdische *Displaced Persons*, die im hannoverschen *Spiegel* fast durchgängig als Hehler, Schmuggler und Denunzianten auftreten. Man könnte es mit einer Portion Augstein-Zynismus formulieren: Die guten Juden waren nun einmal alle tot, in den KZ oder von den SD-Einsatzgruppen umgebracht, und nun ächzten und stöhnten die anständigen Deutschen unter der Last der umhergeisternden, geldgierigen DPs, dazu noch ausgepowert von rachelüsternen Besatzungsmächten. Und deren Erfüllungsgehilfe, so suggerierte es der *Spiegel*, war der alte rheinische Separatist Konrad Adenauer, der aus purer Preußenfeindlichkeit offenbar bereit war, die Teilung des deutschen Volkes auf ewig hinzunehmen. Der hochbegabte, sardonische Augstein polemisierte bald hemmungslos gegen Dr. Adenauers »kleineuropäische Lösung« und gegen den »klerikalen Rheinbund«. Schon der Begriff »Integration« schmeckte ihm nicht: das Wort sei so »verwirrend und volksfremd« wie die Pläne der Europa-Einiger und nicht einmal »im Brockhaus von 1950« zu finden, schrieb er in einer seiner Kolumnen unter dem Pseudonym »Jens Daniel«.

Einige betulichere, ältere Feuilletonisten der *Spiegel*-Anfänge wurden von Augstein bald aus dem Blatt gedrängt, wie Hans Joachim Toll, später stellvertretender Chefredakteur bei der hannoverschen *Neue Presse*. Die boulevardeske *NP*, mittelbar Nachfolgeblatt der alten SPD-Zeitung *Volkswille*, wurde dann 1975 zu 100 Prozent von Madsack übernommen, während sich die SPD-Medienholding mit rund einem Viertel der Anteile am gesamten Madsack-Konglomerat beteiligte. August Madsack (1858–1933), der Gründervater dieser bestimmenden hannoverschen Verlegerfamilie, hatte zunächst bei deutschsprachigen Zeitungen in St. Petersburg und im Baltikum gewirkt, bevor er 1893 an der Leine den *Hannoverschen Anzeiger* als typisches Generalanzeigerblatt aufzog, bei dem auch der junge Augstein das journalistische Handwerk lernte. Das von August Madsack 1926 in Auftrag gegebene »Anzeiger-Hochhaus«, konzipiert im Stil expressionistisch-futuristischer Sachlichkeit von dem später NS-affinen Architekten Fritz Höger, ist bis heute Hannovers ungewöhnlichster Repräsentationsbau, eine veritable *Pressekathedrale*, während der Madsack-Konzern längst in einem weniger kenntlichen Neubau am Stadtrand residiert. Selbst Thomas Mann war vom Backstein-Hochhaus beeindruckt: »Wer in neuem und kühnem Stile haust, wird weniger als je gelaunt sein, das Abgelebte zu leben, wird mehr als je sich entschlossen zeigen, ein ›Anzeiger‹ zu sein der Zeit und der Zukunft.« August Madsack war indes vor allem mit seinem Landwirtschaftsblatt *Land und Garten* erfolgreich, und man kann in den Impressen des frühen *Spiegel* nachlesen: »Druck: Verlagsgesellschaft Land und Garten A. Madsack & Co., Hannover«. Damals durfte August Madsacks Sohn und Nachfolger Erich noch nicht wieder als Tageszeitungsverleger tätig sein; er war 1937 NSDAP-Mitglied geworden – unter verschärftem Druck der NS-Presselenker, wie er selbst angab. Alles in allem genommen, erscheint die Madsack-Strategie mit bürgerlichem Traditionsblatt, SPD-Netzwerk und Tentakeln in die niedersächsische Bauernszenerie ganz und gar Hannover-kompatibel.

Der *Spiegel* hingegen wollte unter keinen Umständen ein Hannover-Blatt bleiben, auch wenn die Niedersachsen-

Berichterstattung in den ersten Jahrgängen einen breiten Raum einnimmt. Augstein mochte den Landesvater und ehemaligen preußischen Landrat Hinrich Wilhelm Kopf, auch seinen zeitweiligen Kultus-Chef Adolf Grimme – der war immerhin sogar einmal preußischer Kultusminister gewesen. Schon 1950 lieferte ein Untersuchungsausschuss des Bonner Bundestages, der sich mit Recherchen des *Spiegel* zu Bestechungsvorwürfen in Sachen provisorischer Hauptstadtentscheidung beschäftigte und bald den Namen *Spiegel*-Ausschuss trug, unbezahlbare Reklame für das in Hannover residierende Blatt und damit Futter für seine bundespolitischen Machtambitionen. Augstein insinuierte nun in seinen Kolumnen, fast alle bundesrepublikanischen Institutionen und auch die übrigen Presseorgane seien korrupt oder von den Besatzern abhängig – nur der *Spiegel* nicht. Es bleibt indes eine medienhistorische Tatsache, dass der *Spiegel* trotz aller antiprovinziellen Ambitionen (und auch »Bonn« war ja für den katholischen Renegaten Augstein muckerhaft, klerikal und piefig) seine grundständige Prägung, die DNA seiner publizistischen Existenz, im Nachkriegs-Hannover erhielt – mit den angelsächsischen Stilvorgaben, der Akquise von NS-Intellektuellen und den Informanten Verflechtungen in die Sphäre vom Geheimdienst und politischer Polizei.

Wenn wir die aggressive Geschichtspolitik der jüngeren »Generation Hannover« einmal anhand einer *Story* exemplifizieren wollen, dann bietet sich dafür die bis heute wirkungsvollste und berühmteste *Spiegel*-Serie an: die seinerzeit grundstürzende Darstellung des Reichstagsbrandes. Die Serie erschien in den Jahren 1959 und 1960, als der *Spiegel* schon einige Jahre in Hamburg saß, hat aber ihre konzeptionellen Ursprünge fast vollständig in der Niedersachsen-Hauptstadt. Und sie führt, bis heute unbekannt, auch wieder zurück zur Sprengung des »Celler Lochs« in der Amtszeit von Ernst Albrecht.

Ministerialrat Tobias. Am Neujahrstag 2011 starb in Hannover ein ehemaliger Verfassungsschützer und Ministerialrat a. D. namens Fritz Tobias, im gesegneten Alter von 98 Jahren. Der alte Beamte sei friedlich entschlafen, annoncierten in den hannoverschen Tageszeitungen »Dr. Martin Tobias und Familie, Irene Wiehe und Familie«. Die Beisetzung fand im engsten Familienkreise statt. Niemand hätte sich, selbst in Hannover, außerhalb dieses Familienkreises an den alten Mann erinnert, wenn Tobias nicht monomanisch ein herausragendes zeithistorisches Sujet zu seinem unbedingten biografischen *Sinnbezirk* gemacht hätte: den Reichstagsbrand vom Februar 1933. Der gebürtige Charlottenburger und Lebens-Hannoveraner wurde weltweit der »Reichstagsbrand-Forscher« schlechthin. Das hatte mit seinem Hauptberuf als Verfassungsschützer weniger zu tun, mehr aber mit der Gründungsphase des *Spiegel* und den Netzwerken der politischen Polizei seit Beginn der 1930er-Jahre, also der Kripo und der späteren Gestapo, und deren Weiterleben nach 1945 – ganz besonders in Hannover.

Der *Spiegel* widmete Fritz Tobias denn auch 2011 einen kurzen Nachruf: »Der Reichstagsbrand am 27. Februar 1933 wurde dem umtriebigen und streitbaren Berliner zum Lebensthema. Adolf Hitler war wenige Wochen zuvor Reichskanzler geworden und hatte den Brand als Vorwand benutzt, um wesentliche Grundrechte außer Kraft zu setzen und den Rechtsstaat zu liquidieren. Viele Beobachter glaubten daher, die Nazis hätten das Gebäude angesteckt – und nicht der dafür verurteilte und 1934 hingerichtete holländische Anarchist Marinus van der Lubbe. Aus persönlichem Interesse durchforstete Tobias nach dem Krieg Akten und sprach mit Zeitzeugen, darunter den 1933 ermittelnden Beamten. Daraufhin gab es für den ›Amateurhistoriker‹ (Tobias über Tobias) keinen Zweifel an der Alleintäterschaft van der Lubbes. 1959/60 publizierte der beim Verfassungsschutz in Hannover tätige Tobias seine These in einer

Serie im *Spiegel* und begründete damit einen erbittert ausgetragenen Historikerstreit, der bis heute andauert. Die führenden NS-Forscher teilten freilich seine Schlussfolgerungen.«

Augsteins Vater. In dem knappen Nekrolog steckten einige Tücken, die für die ganzen Kalamitäten der »Reichstagsbrandforschung« bezeichnend sind. Was waren die »persönlichen Gründe«, die Tobias veranlassten, diesem Gründungsereignis des »Dritten Reiches« seine gesamte Lebensenergie zu widmen? Wie kam es zu der berühmten Serie im *Spiegel?* Und welche »führenden NS-Forscher« teilten (hier schon in der Vergangenheitsform) seine Schlussfolgerungen? Der *Spiegel* und sein Präzeptor Rudolf Augstein hatten Fritz Tobias, einem zähen und willensstarken Beamten mit dicken Brillengläsern, 1959 die erste Bühne für seine »Alleintäterthese« geboten, mit der außerordentlich detailreichen Serie »Stehen Sie auf, van der Lubbe!«. Und Rudolf Augstein hatte in seiner Einleitungskolumne zur Serie (»Lieber *Spiegel*-Leser«) ganz besonders tief in seine dramaturgische Trickkiste gegriffen. Er führte seine Leser zurück in das Jahr 1933, als auch Augsteins Vater in Hannover fest davon überzeugt war, »die Nazis« hätten den Reichstag selbst angezündet:

»Ich weiß nicht, ob in den dunklen Schluchten Ihrer Erinnerung über den Reichstagsbrand des Jahres 1933 dieselben Gedächtnisfetzen herumgeistern wie bei mir: Ich sehe ein halbtierisches Subjekt namens van der Lubbe in geduckter Benommenheit zwischen Polizisten hocken, ich höre den ›Steuermann der Komintern‹, ich höre den Angeklagten Dimitroff den Chef der preußischen Landesregierung verhöhnen – aus dem Detektor schrillt das ›Härr Ministerpräsidänte‹ des Bulgaren –, und ich sehe den Zeugen Göring breitbeinig gestiefelt vor dem Reichsgericht stehen, den eigentlichen Meister der Verhandlung, der nicht nur den Prozeß, sondern auch den Reichstagsbrand selbst inszeniert hat – ein shakespearescher Bösewicht vom Zuschnitt eines Richard III. SA-Männer kriechen mit Brandfackeln durch einen dunklen Verbindungsgang. Meinen Vater höre ich schimpfen: ›Erst haben sie den Reichstag angezündet, später werden sie die Welt in Brand setzen‹.«

Der Vater des *Spiegel*-Verlegers, Friedrich Franz Maria Augstein, Spross einer Weinhändlerdynastie aus Bingen am Rhein, war schon 1912 ins Hannoversche übergewechselt. Er stieg mit den Geldern aus dem Familienerbe mit wechselndem Erfolg in ein Fotoapparate-Unternehmen (»Odeonwerke«) ein und hatte sich nach der Weltwirtschaftskrise in der Weimarer Republik eine Zeitlang als Handelsvertreter von Fotowaren durchschlagen müssen. Dann konnte er aber doch seine Familie mit vielköpfiger Kinderschar (vier Töchter, zwei Söhne) gutbürgerlich ernähren. »Foto-Augstein« an der Vahrenwalder Straße 39b, später dann an der Deisterstraße 15, wurde wieder ein leidlich gut gehendes Geschäft. Rudolf Augsteins älterer Bruder Josef machte als Rechtsanwalt Karriere und vertrat seinen Bruder später in diffizilen *Spiegel*-Verfahren; er war praktischerweise auch der Anwalt des Ex-Gestapochefs und Reichstagsbrand-Zeitzeugen Rudolf Diels. Rudolf Augstein selbst wollte schon früh Journalist werden, volontierte nach dem Abitur beim lokalen *Hannoverschen Anzeiger* im Feuilleton, schrieb ekstatische Gedichte und launige Glossen (eine davon schaffte es in Goebbels' Renommierblatt *Das Reich*), bevor er unfreiwillig als Wehrmachtsoffizier an der Russland-Front landete. Mehrfach verwundet, schaffte er es 1945 zurück ins unversehrt gebliebene Elternhaus in der Podbielskistraße 310. Er habe nie wirklich verstehen können, »warum sich sein Vater darauf eingelassen habe, nach Hannover zu ziehen«, so erzählt es Augstein später seiner Vertrauten und Bürochefin Irma Nelles. »Daran sei seine Mutter schuld gewesen. Die habe seinen Vater aus der kleinstädtischen Enge Bingens hinaus- und ohne Not in die zu jener

Zeit fast ebenso kleinstädtische Enge Hannovers hineingetrieben«; für Augstein aber habe der Wechsel vom katholischen Rheinland auch sein Gutes gehabt: »Schon früh habe er an seiner katholischen Erziehung gezweifelt und sich mit philosophischen Schriften beschäftigt. Von Friedrich Nietzsche sei er fasziniert gewesen.«

In der »Reichstagsbrand«-Sache 1959 brachte Augstein seinen Vater noch mal als deutschnationalen und zentrumskatholischen Hitlergegner ins Spiel. Denn in der Frage, wer für die Reichstagsbrandstiftung 1933 verantwortlich war, waren sich ursprünglich am Tag danach so ziemlich alle politisch Interessierten einig. Nicht nur die Kommunisten und Sozialdemokraten, sondern auch verwirrte SA-Kreise, politische Polizisten und die »Weltpresse«, zumindest Goebbels, Göring oder der Berliner SA-Gruppenführer und Polizeipräsident Graf Helldorf seien in die Aktion verwickelt, so die herrschende Meinung.

Reichstagsbrand-Thesen. Der erste Gestapo-Chef Rudolf Diels, auch er als Anstifter oder Mitwisser verdächtigt, wies schon bald nach 1945 auf einen möglichen Chefplaner des Anschlags hin: den berüchtigten SA-Rabauken Hans-Georg (»Pistolen-Heini«) Gewehr, der die ganze Sache zusammen mit anderen SA-Rowdys wie »Schweinebacke« Schmidt und dem ebenfalls übel beleumundeten SA-Gruppenführer Karl Ernst bewerkstelligt habe. Dies war die *erste* Reichstagsbrand-These (wenn wir einmal die haltlosen anfänglichen NS-Konstruktionen über eine kommunistische Aktion außer Acht lassen): der halb blinde holländische »Rätekommunist« Marinus van der Lubbe war demnach als Pseudo-Brandstifter benutzt worden, realiter hatte ein SA-Trupp, durch einen unterirdischen Gang und mit »Brandbeschleunigern« munitioniert, für das verheerende Feuer gesorgt. Dann waren, so die These, die schon vorher detailliert vorbereiteten Aktionen gegen KPD, SPD und andere Regimegegner in Gang gesetzt worden: mit »wilden« Konzentrationslagern, Massenverhaftungen und Beschlagnahmungen von Partei- und Gewerkschaftsvermögen. Der fatale Reichspräsident Hindenburg hatte am 28. Februar 1933 die passgenaue »Verordnung zum Schutz von Volk und Staat« gegengezeichnet.

Rudolf Augstein argumentierte in seinem Kommentar, zunächst ausgehend von der Vermutung seines Vaters, außerordentlich clever; er listete erst einmal alle Eminenzen auf, die dieser These jahrzehntelang zugeneigt waren: so der führende britische Hitler-Biograf Allan Bullock, Reichstagspräsident a. D. Paul Löbe (SPD), Ex-Generalstabstabschef Franz Halder, der FU-Geschichtsprofessor Walther Hofer und andere mehr. Sie alle waren überzeugt, dass nicht van der Lubbe alleine den Reichstag in Flammen gesetzt haben könne. Zumal alle »Brandgutachter« im spektakulären Leipziger Reichstagsbrand-Prozess davon ausgegangen waren, aufgrund der Zeitabläufe und der vielen »Brandherde« sei es für den irrlichternden Holländer unmöglich gewesen, ohne Mithelfer zu agieren. Der hatte allerdings im Prozess hartnäckig darauf bestanden, er allein sei es gewesen. Augstein rasselte die führenden Schulbuchverlage herunter, in deren Büchern nach 1945 der Reichstagsbrand »ohne Umschweife den Leuten Hitlers« zugeschoben worden sei: Klett, Westermann, Diesterweg etc.

Der *Spiegel*-Chef war nun elektrisiert von der Gegenargumentation, für das »Fanal« sei doch nur Marinus van der Lubbe, der habituelle »Feuermichel« (Rudolf Diels), ohne andere »Brandbeschleuniger« von NS-Seite verantwortlich. Das war ein zeithistorischer Scoop, zu dem ihm der niedersächsische, publizistisch ganz unscheinbare hannoversche Verfassungsschützer Fritz Tobias verholfen hatte. Mit dem war er schon seit 1948 in Kontakt, wie Unterlagen aus dem *Spiegel*-Archiv belegen. Fritz Tobias hatte für seine, also die *zweite* Reichstagsbrand-These vom zufällig marodierenden »Alleintäter« einen unschätzbaren biografischen Vorteil: Er war Sozialdemokrat.

Tobias in Hannover. Geboren 1912 in Charlottenburg als Sohn eines Porzellanmalers und Gewerkschaftsfunktionärs, zog Fritz Tobias 1926 mit seinen Eltern nach Hannover. Der Vater hatte dort Anstellung beim »Verband der Fabrikarbeiter Deutschlands« gefunden, dem indirekten Vorgänger der heutigen Gewerkschaft IGBCE. Im April 1933 verlor Tobias, so erzählte er es jedenfalls gern, seinen Job als Gehilfe der gewerkschaftlichen »Volksbuchhandlung«. Nach einigen Monaten ohne Stellung arbeitete er von 1934 bis 1940 als Kanzleivorsteher bei Rechtsanwälten in Hannover. Dann wird seine Biografie etwas nebelhaft; manche Zeitzeugen wollten ihn von 1940 bis 1942 in der Uniform der »Geheimen Feldpolizei« (der sogenannten »Gestapo der Wehrmacht«) in den Niederlanden gesehen haben, was Tobias immer wieder erbittert zurückwies. Immerhin gab er irgendwann doch zu, bei Besatzungsaufgaben in den Niederlanden mitunter die »Insignien« der Geheimen Feldpolizei getragen zu haben. Schließlich kämpfte er noch in Russland und Italien und geriet, ernsthaft verwundet, 1945 in US-Kriegsgefangenschaft. Im heimischen Hannover, nunmehr in der britisch besetzten Zone, traf Tobias auf Otto Brenner, geboren 1907 in Hannover, einen intellektuell bestimmenden Gewerkschaftsführer, später als IG-Metall-Chef enorm wirkmächtig, der vor 1933 Kunde in der besagten SPD-Volksbuchhandlung gewesen war. Otto Brenner war Ratsherr in Hannover und später auch niedersächsischer SPD-Landtagsabgeordneter. Er empfahl Tobias für eine Stellung als stellvertretenden Vorsitzenden beim hannoverschen Entnazifizierungsausschuss, von da aus kam er als Regierungsrat ins kurzlebige niedersächsische Ministerium für Entnazifizierung (bald im Landes-Justizministerium aufgegangen), dann ins Innenministerium, zur politischen

Polizei, schließlich bis zu seiner Pensionierung (1975) zum Landesverfassungsschutz. Schon im August 1955 war Fritz Tobias, damals »Oberregierungsrat« und »Leiter der Politischen Polizei«, unvermittelt prominent im *Spiegel* aufgetaucht, in einem detailfreudigen Artikel über Umbesetzungsmaßahmen in der politischen Beamtenschaft nach dem Amtsantritt Heinrich Hellweges. Augstein resümierte vier Jahre später die Tobias-Laufbahn so:

»Als der Welfe Heinrich Hellwege den Welfen Hinrich Wilhelm Kopf im Jahre 1955 als niedersächsischen Ministerpräsidenten abgelöst hatte, fiel dem üblichen Personalschub der Oberregierungsrat Fritz Tobias zum Opfer. Man schob ihn aus einem politisch bedeutsamen Referat des Innenministeriums in den Katastrophenschutz. Fritz Tobias begann die Dienststunden einzuhalten. Den Zuwachs an Freizeit verwandte er, um sich einem Lieblingsthema zuzuwenden, dem Reichstagsbrand des Jahres 1933. Tobias, selbst nach 1933 verfolgt und somit nazistischer Neigungen gänzlich unverdächtig, verschaffte sich das gesamte erreichbare Material, besuchte die Bibliotheken, kontaktierte die noch lebenden Zeugen. Das Manuskript jahrelanger Bemühungen schlug sich in drei Leitz-Ordnern nieder, die er dem *Spiegel* zu lesen gab. Der Amateur-Forscher, der ausgezogen war, um die Schuld der Naziführer zu beweisen, hatte im Gegenteil deren Nicht-Beteiligung erwiesen.«

Und weiter:

»Wir waren frappiert. Immerhin, wir wußten, daß Göring noch in der Todeszelle impulsiv bestritten hatte, irgend etwas mit dem Reichstagsbrand zu schaffen zu haben. Hatte er wahr gesprochen? Zwei Jahre vergingen mit ständigen Prüfungen und Rückprüfungen. Die These – die Nationalsozialisten haben den Reichstag nicht angesteckt – wurde mit Überlegung noch einmal fallengelassen, um objektiver arbeiten zu können. Erst als sie sich aufgedrängt, als sie alle Mutmaßungen widerlegt hatte, wurde sie dem Skript zugrunde gelegt. Ich denke, die Fachhistoriker können allein schon mit dieser Serie zufrieden sein, obwohl ein umfänglicheres Buch unter der alleinigen Verantwortung des Brandforschers Fritz Tobias noch folgen wird. Unsere Leser hingegen werden sich von einem Stoff einnehmen lassen, der in seiner Akribie jegliche Zeitungsmaßstäbe sprengt.«

Einer der Männer, mit deren Entnazifizierungsverfahren Tobias beschäftigt war, hieß Dr. Bernhard Wehner, SA- und NSDAP-Mitglied seit 1931, bis 1945 hoher Beamter im Reichssicherheitshauptamt (RSHA) und seit 1949 der inoffizielle »Polizeireporter« (Augstein) des *Spiegel*, nebenher beim jungen Nachrichtenmagazin auch als Kraftfahrer angestellt. Wehner war in Hannover ein Konfident von Fritz Tobias, und er hatte, unter Mitarbeit von Augstein und einiger alter Kameraden aus dem RSHA, schon 1949 bis 1951 eine schier endlose *Spiegel*-Serie (31 Folgen) über die Top-Kriminalisten der alten Reichs-Kripo unter ihrem rätselhaften Chef Arthur Nebe geschrieben. Ziel dieser publizistischen Zumutung: die erfahrenen »Sherlock Holmes'« aus den glorreichen Berliner Zeiten vor 1945 sollten wieder für leitende Positionen in den westdeutschen Kripoführungen empfohlen werden – allen voran natürlich Bernhard Wehner selbst. Augstein wollte mit den geheimnisvoll-raunenden Insider-Texten, durchaus abweichend von dem im Magazin sonst üblichen, mitunter pueril nachgeahmten *Timestyle*, die zumeist NS-sozialisierte Leserschaft von der einzigartigen Informiertheit des *Spiegel* überzeugen. Ein frühes, tragfähiges Konzept der Leser-Blatt-Bindung. Harry Bohrer (eigentlich: Hanus Bohrer, geboren in Prag), einer der britischen Blattgründer, inzwischen nach England zurückgekehrt, hatte nach Lektüre dieser Serie satirisch, aber auch entsetzt über den laxen Tonfall, an Augstein geschrieben: »Sensationelle Enthüllungen Über die Grausamsten und Größten Verbrechen des Letzten

Vierteljahrhunderts. Mit Gründlichster Beachtung Aller Derjenigen Aspekte Die Ein Sexualneurotisches Publikum Zu Begeisterter Kauflust Treiben. Und So Fuer den Wegfall Der Pornographischen Titelseite Garantiert Entschädigen.«

Jüdische Kaffeeschmuggler. Zuvor schon hatte Augstein mit dem Teilvorabdruck der Diels-Memoiren *Lucifer Ante Portas* dem einstigen Göring-Vertrauten eine Bühne geboten, zum Missfallen des Presse-Ausschusses beim niedersächsischen Ministerpräsidenten, der die apologetische Diels-Serie nach acht Folgen unter Androhung des Lizenzentzuges stoppen ließ. Aber es war munter weiter gegangen: etwa mit einer Serie über vornehmlich jüdische Kaffeeschmuggler und Displaced Persons, die direkt vom Hamburger Lobby-»Verein der am Caffeehandel betheiligten Firmen« ins Magazin lanciert worden war. Oder mit einem langen Artikel über den »Verräter« Walter Hirschfeld, einen Ex-Untersturmführer der Waffen-SS, der als Agent des US-Militärgeheimdienstes CIC 1946 alte SS-Kameraden wie Dr. Horst Mahnke, Dr. Rudolf Oebsger-Röder, Dr. Emil Augsburg und deren langjährigen SD-Vorgesetzten, SS-Brigadeführer Prof. Dr. Franz Alfred Six ans Messer geliefert hatte.

Mahnke und Oebsger-Röder, beide bei den mörderischen »Einsatzgruppen« im Osten aktiv, waren durch Hirschfels Undercover-Arbeit Anfang 1946 in der hannoverschen Wohnung der Six-Ehefrau Ellen von den mit dem CIC kooperierenden Briten festgenommen worden. Sie kamen zunächst zum verschärften Verhör ins britische Internierungslager Bad Nenndorf. Six-Chefassistent Mahnke und sein Königsberger Studienfreund Georg Wolff, der von 1940–1945 als SD-Offizier im deutschbesetzten Norwegen stationiert war (dann zwei Jahre lang in Oslo interniert), hatten als zeitweilige PR-Leute und »Marktbeobachter« des Kaffeehandels-Vereins Informationen für die *Spiegel*-Schmugglerserie zugeliefert, die Harry Bohrer aufgrund ihrer durchgängigen antijüdischen Tendenz zurecht als Exempel für »dreckigen Journalismus« qualifiziert hatte.

Aber Mahnke und Wolff hatten sich gerade mit diesem Kabinettstück nachhaltig bei Augstein empfohlen. Beginnend mit dem *Spiegel*-Heft 10 / 1952, also noch in Hannover, tauchen sie im Impressum als Leiter der neuen Ressorts »Internationales« beziehungsweise »Panorama« auf, ohne vorher je auch nur als »Mitarbeiter« oder »Redakteure« eingeführt worden zu sein. Und schon ein Jahr darauf gaben sie in Buchform Augsteins gesammelte Anti-Adenauer-Kolumnen heraus, beim Darmstädter Leske-Verlag, in den sich ihr einstiger SS-Professor Six eingekauft hatte. Professor Six, der letzte Chef der »Kulturpolitischen Abteilung des Auswärtigen Amts« im NS-Staat, rühmte sich gleich nach seiner vorzeitigen Entlassung aus der Landsberger Kriegsverbrecherhaft 1952 »bester Kontakte« zum *Spiegel* – das geht aus neu erschlossenen Unterlagen aus dem Pullacher BND-Archiv hervor. Schließlich war sein persönlicher Assistent und enger Vertrauter Mahnke dort nun einflussreicher Ressortleiter. Rudolf Oebsger-Röder hatte schon seit 1948 für den BND-Vorläufer »Organisation Gehlen« gearbeitet und warb 1956 wiederum Mahnke als nebenamtlichen BND-»Tipper« und »Forscher« zwecks »Berichterstattung über Vorgänge in Presse und Rundfunk« für den BND an.[3]

Frontorgan der SD-Intelligenz. Dass beim *Spiegel* der eine SS-Führer den anderen NS-Spezialisten nachzog und das Blatt bald unter Eingeweihten im Ruf stand – weit mehr als etwa *Die Zeit* oder der *Stern* – eine Art publizistisches Frontorgan der alten SD- und Kripo-Intelligenz zu sein, steht nach den Forschungen außer Frage, die in 1990er-Jahren verstärkt, gestützt auf eine zeithistoriographische Faktenbasis und inhaltliche Lektüre der frühen *Spiegel*-Jahrgänge, einsetzten. Selbst Augsteins wohlwollender Biograf Peter Merseburger, in den 1960er-Jahren selbst

Spiegel-Redakteur, bringt eher noch mehr Belege für »rassische Klischees« in *Spiegel*-Texten, die ihn »übel an die Wortwahl des ›Dritten Reiches‹« erinnerten. Aber Merseburger, Jahrgang 1928, Willy-Brandt-Biograf und einst als *Panorama*-Moderator einer der »linken« Fernsehstars der Bundesrepublik, verteidigt Augstein ohne Vorbehalte im Reichstagsbrand-Komplex: »Wahrscheinlich zählt die Reichstagsbrand-Serie zu den größten journalistischen Erfolgen des *Spiegel* überhaupt, sie festigt seinen und seines Herausgebers Ruf, wenn nötig auch geheiligte Tabus rücksichtslos und radikal zu hinterfragen. Doch Legenden sind zäh – zäher als Augstein und Tobias es erwarteten, als sie den Reichstagsbrand aus der Sphäre des Spekulativen, des Ideologischen und des Glaubens auf den Boden der Tatsachen holen und ihn zwar als politisch unerhört relevanten, aber eben doch als Kriminalfall behandeln, der gerade wegen seiner politischen Folgen nüchterner, vorurteilsfreier Aufklärung bedarf.«

Daran kann man im Sinne »nüchterner, vorurteilsfreier Aufklärung« durchaus anknüpfen, jenseits des ideologisch aufgeladenen Getümmels von Amateur- und Profihistorikern – das Ganze ist so etwas wie der deutsche »JFK«-Fall – und zwar mit neuen Recherche-Ergebnissen. Damit wird, dies gleich vorab, nicht aufgelöst, wer genau den Reichstag 1933 angesteckt hat. Aber es werden doch Erkenntnisinteressen und verborgene personelle Netzwerke kenntlicher. So ist auch der US-Historiker und Jurist Benjamin Carter Hett vorgegangen, der 2014 noch einmal eine außerordentlich abkühlende Analyse in Buchform (*Burning the Reichstag*) bei Oxford University Press vorgelegt hat – auch er ausgehend von der Cui-bono-Frage und darauf fokussiert, wem eigentlich die Tobias-*Spiegel*-Serie von 1959/60 letztlich nutzte.

Fritz Tobias hat zeitlebens nie so richtig durchblicken lassen, von welchem Zeitpunkt an er sich konkret der Reichstagsbrand-Forschung widmete – abgesehen natürlich davon, dass sich jeder aufgeweckte Zeitgenosse für die Trias der Ereignisse interessierte, mit der sich die NS-Diktatur 1933/34 totalitär festigte (Reichstagsbrand, Ermächtigungsgesetz, »Röhm-Aktion«). Daran knüpfte auch eine heute überholte historiographische Kontroverse zwischen »Intentionalisten« und »Strukturalisten« an. Verkürzt gesagt: Was hatten Hitler und seine Paladine bewusst geplant, und was ergab sich im »Dritten Reich« durch Machtfraktionierungen, ökonomische Interessen oder auch »Gelegenheiten« eher zufällig? Für die Reichstagsbrand-Scharmützel in den 1960er- und 70er-Jahren war diese Kontroverse durchaus grundlegend.

Benjamin Carter Hett führte die Kronzeugen für die Tobias-These zurück ins Forschungsfeld – ausgehend von Recherchen späterer Tobias-Gegner wie Alexander Bahar, Winfried Kugel oder Hersch Fischler. Und daraus ergaben sich die Spuren zu den Kripo- und Gestapo-Beamten, die in Hannover mit Fritz Tobias Kontakt hatten. Allen voran Rudolf Diels und der Reichstagsbrand-Ermittler Dr. Walter Zirpins. Der hatte im Februar 1933 als erster Kripo-Beamter Marinus van der Lubbe verhört. Zirpins, auch er in den wilden Hannover-Jahren des *Spiegel* Informant und Autor des Nachrichtenmagazins, brachte es dann mithilfe von Tobias zum Chef der hannoverschen Kriminalpolizei. Das war nicht ganz einfach, denn Zirpins hatte 1940 im Getto von Lodz als Gestapo-Kontrolleur gewirkt und darüber einen eindeutig antisemitischen Erfolgsbericht geschrieben. Auch er war von Augstein und Wehner schon 1951 als einer der zukünftigen »Sherlock Holmes« der Bundesrepublik empfohlen worden. Tobias gab nun in manchen Erklärungen für seine Serie an, es sei jener Walter Zirpins gewesen, der ihn »Ende 1951« auf die Spur der »Alleintäterthese« gebracht habe, eben durch die gemeinsame kriminalistische Arbeit in Hannover.

Zirpins rühmte sich nach 1945 damit, dass er – allen Drangsalierungen von NS-Seite zum Trotz – schon früh mit seinen ermittelnden Polizeikollegen Helmut Heisig, Rudolf Braschwitz und Reinhold Heller darauf bestanden habe, dass der Wandergeselle und gelernte Maurer Marinus van der Lubbe den Reichstagsbrand allein bewerkstelligen konnte – und dass nicht etwa eine Komintern-Verschwörergruppe dahintersteckte, wie von den NS-Vorgesetzten, allen voran Göring, damals vorgegeben. Das klang heroisch. Schließlich waren die aus NS-Sicht prädestinierten Täter im Reichstagsbrand-Verfahren zunächst der brave KPD-Fraktionsvorsitzende im Reichstag, Ernst Torgler und drei irgendwie komplementär auf die Anklagebank gebrachte bulgarische Kommunisten gewesen – Georgi Dimitroff, Blagoi Popow und Wassil Tanew, die sich zu jener Zeit als Komintern-Agenten illegal in Berlin aufhielten. Interessanterweise war dann nicht Torgler, sondern der spätere bulgarische Ministerpräsident Dimitroff zum Star des Prozesses in Leipzig geworden. Er brachte mit einer ausgeklügelten Taktik des Gegenverhörs den damaligen (kommissarischen) preußischen Innenminister Hermann Göring zur Weißglut und konnte zum Entsetzen des deutschnational besetzten Gerichts eine Zeitlang Komintern-Propaganda verbreiten.

Das entzückte die enorm einflussreichen Komintern-Publizisten Willi Münzenberg und Otto Katz, die aus dem Exil spektakulär einen Londoner Gegenprozess aufzogen und mit ihren zwei *Braunbüchern* 1933/34, erschienen in den Editions du Carrefour in Paris mit den berühmten Titelgestaltungen von John Heartfield, die wahrscheinlich wirkungsvollste Anti-NS-Publizistik nach der Machtübernahme organisierten. Darin wurde Marinus van der Lubbe auf üble Weise als »Lustknabe« des SA-Chefs Ernst Röhm geschmäht, also als homosexueller Sündenbock für den Reichstagsbrand. Arthur Koestler, damals *Braunbuch*-Mitarbeiter wie auch Babette Gross (später *FAZ*-Mitgründerin), Alexander Abusch oder Gustav Regler, bekannte in seinen Memoiren denn auch später, dass die ganzen Buchkonstrukte mit viel Phantasie, vom Hörensagen und mit »Intuition« kompiliert worden waren.

Diese *Braunbücher* boten also ziemlich bequeme Angriffsfläche – auch oder gerade für Fritz Tobias, der als rechter Sozialdemokrat und harter Antikommunist in Gegnerschaft zur Münzenberg-Propaganda die Chance sah, die Komintern-Gerüchte um eine SA-Täter-Connection zu dekonstruieren. Und viele der von Tobias vorgebrachten Argumente waren nachvollziehbar: Einige Dokumente aus den »Braunbüchern« waren offenbar gefälscht oder nachträglich fabriziert – wie das sogenannte Oberfohren-Memorandum oder ein angebliches Testament des SA-Mannes Karl Ernst. Und warum hatte die NS-Führung ausgerechnet den Phosphorspezialisten und »technischen Leiter« der Brandstiftung, »Heini« Gewehr, am Leben gelassen, wenn doch alle anderen Mitwisser angeblich beim »Röhm-Putsch« liquidiert worden waren?

Alles für van der Lubbe. Letztlich wurde die *Spiegel*-Serie als eine besondere Form der Ehrenrettung für den Anarchisten Marinus van der Lubbe verkauft. So schrieb Augstein berechnend in seinem Einleitungskommentar für die Tobias-Serie:

»An van der Lubbe wurde der erste Justizmord in der langen Reihe verübt, derer sich die deutschen Richter aus der Zeit des Dritten Reiches anzuklagen haben. Denn auf Brandstiftung stand nicht die Todesstrafe. Es ist einigermaßen typisch, daß die deutsche Arbeiterbewegung, die schon manchen simplen Meuterer verherrlicht hat, den Marinus van der Lubbe aus ihrem Gedächtnis ausradierte. Er war nicht organisiert. 1955 suchte van der Lubbes Bruder den Prozeß im Zuge der Wiedergutmachung nationalsozialistischen Unrechts wiederaufzurollen. Das Kammergericht in Berlin entschied unter dem 27. August 1958, daß die vom Gesetz vorgeschriebenen Fristen verstrichen, Gründe für die Fristüberschreitung nicht nachgewiesen, insbesondere materielle Schadensansprüche nicht geltend gemacht worden seien. Sollten die Angehörigen nachweisen, daß einem Schadensersatz lediglich das Reichsgerichtsurteil des Jahres 1933 im Wege stehe, so sei eine Wiederaufnahme des Verfahrens möglich. Die Angehörigen des van der Lubbe wollten und konnten aber keinen Schaden nachweisen. Sie wollten den Bruder rehabilitieren. Wir schämen uns nicht, ihm 16 Jahre nach seinem Tode das zurückzugeben, was gewalttätige Minister und unfreie Richter ihm 1933 genommen haben: seine Menschenwürde, seine Überzeugung, seine Tat. Mit den Worten des Leipziger Senatspräsidenten im Reichstagsbrandprozeß: ›Stehen Sie auf, Marinus van der Lubbe!‹.«

Genau so argumentierte auch Fritz Tobias, als ihn Benjamin Carter Hett kurz vor seinem Tod noch einmal in dessen hannoverschen Eigenheim, In den Sieben Stücken, besuchte. »Alles, was ich getan habe, habe ich für den armen Jungen getan«, sinnierte Tobias mit Blick auf eine Van-der-Lubbe-Fotografie. Weder Augstein noch sein Serien-Lieferant Tobias hatten irgendwelche politischen Sympathien für Rätekommunisten oder Trotzkisten; Augstein, in Hannover Messdiener bei den Jesuiten-Patres von Herz-Jesu, Mitglied im Bund »Neudeutschland«, dann HJ-Puppenspieler, Zeitungsvolontär und Leutnant der Wehrmacht, war im katholisch-nationalromantischen Diaspora-Milieu seiner Eltern groß geworden, bevor er sich als 14-Jähriger vom »römischen Glauben« lossagte und preußischer Bismarckianer wurde.

Sein Biograph Merseburger liefert eine Passage aus dem Augstein-Tagebuch von 1941: »Mir, der von einem großen und mächtigen Deutschland träumte, wie es nur in meiner Phantasie bestehen konnte, war es unerträglich, seine Zerstückelung und den Verlust seiner Kolonien auf Landkarten bestätigt zu finden.« Ein starkes, von seiner Mittellage profitierendes Deutschland wollte Augstein auch nach 1945 – gegen Altantiker und Gaullisten zugleich. Linksliberal war er eine Zeitlang, als dies opportun war, um in Bonn und Düsseldorf SPD/FDP-Koalitionen durchzusetzen, oder in Zeiten der 1968er-Revolte, deren Wucht ihn erschreckte.

Ansonsten gilt Klaus Harpprechts Einschätzung: »Strauß aus dem Amt geschleudert zu haben, bleibt Augsteins Verdienst. Doch seine politischen Urteile waren mir oft fremd, zumal die außenpolitischen. Er kannte die Welt nicht. Er war kein Europäer. Er war antifranzösisch (obwohl er im Midi, nicht weit von uns, ein hübsches Anwesen besaß) ... Letztlich war er im Grunde seines Gemütes deutschnational. Kohl jubelte er zu, als der schwere Pfälzer die Vereinigung der beiden deutschen Staaten ins Werk setzte. Alles in allem mag er mehr Sturmschütze als Demokrat gewesen sein. Wer es wagte, an seine persönliche Macht zu rühren, fand sich bald genug außer Gefecht gesetzt.«

Und Fritz Tobias? Benjamin Carter Hett hielt fest, dass unklar bleibe, welchen Grund es dafür gebe, dass Tobias, der Sozialdemokrat war, sich schützend vor Nazi-Polizeibeamte gestellt habe. Sicher sei jedoch, dass dies für die Reichstagsbrand-Kontroverse entscheidend gewesen sei. Schließlich driftete Tobias zwecks Verteidigung seiner Alleintäter-These gegen zahlreiche Widersacher aus Politik und Wissenschaft immer mehr in ein rechtsradikales Unterstützermilieu ab, ließ sich trotzig vom britischen Holocaustleugner David Irving feiern und kollaborierte kurz vor seinem Tod noch für eine Neuausgabe seines Reichstagsbrandbuchs mit Fred Duswald, einem Alten Herrn der extrem rechten Burschenschaft Danubia München. Marinus van der Lubbe, als einziger der fünf Angeklagten wegen »Hochverrats in Tateinheit mit vorsätzlicher Brandstiftung« verurteilt und im Januar 1934 in Leipzig gehenkt, hätte an solcher postumen Unterstützung wenig Freude gehabt.

In seiner Einleitung zur Tobias-Serie hatte Augstein die mittlerweile berühmten Sätze geschrieben: »Über den Reichstagsbrand wird nach dieser *Spiegel*-Serie nicht mehr gestritten werden. Es bleibt nicht der Schatten eines Beleges, um den Glauben an die Mittäterschaft der Nazi-Führer lebendig zu erhalten. Einer Jahrhundert-Legende wird der Todesstoß, oder, um im Bilde zu bleiben, der Dolchstoß versetzt.« Abgesehen von der etwas krausen Metaphorik, erwies sich diese Weissagung als eine der härteren Fehlprognosen des *Spiegel*-Herausgebers. Erst recht nach dieser Serie glitt die historiographische Auseinandersetzung um dem Reichstagsbrand in eine jahrzehntelange Schlammschlacht mit Gerichtsverfahren, persönlichen Beleidigungen (etwa zwischen den Historikern Hans Mommsen, Walther Hofer und Golo Mann), Fälschungsvorwürfen und Detaildiskussionen um Brandgutachten oder Namenschilder von Reichstagsabgeordneten ab. Das ist vielleicht bei einem derart mysteriösen Ereignis, das fast folgerichtig in einen endlosen Politkrimi auf der Meta-Ebene mündete (mit unterirdischen Gängen, Pseudo-Hellsehern wie dem ermordeten Hanussen, geheimnisumwitterten Fememorden bis hin zur Erledigung der SA-Spitze im Juni 1934), auch nicht verwunderlich, es muss uns hier auch nicht weiter interessieren. Augstein jedenfalls, 1959 mitten im »Endkampf« (so ein *Spiegel*-Titel wortwörtlich) mit Franz Josef Strauß, hielt seinem »Amateurhistoriker« stets die Treue und blieb auch in der Folgezeit der oberste Sturmschütze gegen jeden Gegner der »Alleintäter-These«.

Napoleonischer Aufstieg. Damals fuhr Augstein schon in Aufsehen erregenden amerikanischen Straßenkreuzern herum, nachdem er anfänglich im kriegszerstörten und bitterarmen Hannover mit dem Fahrrad und in kurzen Hosen in der *Spiegel*-Redaktion aufgetaucht war. Es war ein rasanter, napoleonischer Aufstieg, der ihn bald selbst schwindlig machte, weil er sich als Gefangener des *Spiegel*-Nimbus sah. Augstein wurde Zug um Zug seine nörgelnden britischen Gründerväter und seine beiden blassen Mitlizenzträger Barsch und Stempka los und beherrschte mit rasiermesserscharfer Polemik spätestens seit dem Umzug zu John Jahr nach Hamburg und gemeinsam mit dem »preußischen Zuchtmeister« und späteren Verlagsleiter Hans Detlef Becker das Blatt unumschränkt. In dem Wirtschaftsredakteur der ersten Stunde, Leo Brawand, fand er später einen effizienten PR-Mann für die Blatt-Geschichte, der in drei Büchern (*Die SPIEGEL-Story*, *Rudolf Augstein*, *Der SPIEGEL – Ein Besatzungskind*) die bunten Anekdoten aus der Gründerzeit zum Besten gab, etwa zur Lizenzfeier Anfang 1947:

»Unter den Geladenen war auch Niedersachsens Ministerpräsident Hinrich Kopf, der am Ende Tränen vergießend auf einer Treppe saß. Augstein rätselte später öffentlich darüber, ob Kopf wegen des starken Rübenschnapses oder des deutschen Elends wegen so außer Fassung geraten sei. Die Fete war der Beginn einer Reihe von berühmten Partys im Anzeiger-Hochhaus, wo nach den Klängen von ›Sentimental Journey‹ und anderem die hübsche und umschwärmte Redakteurin Hilde Neef gelegentlich mit ebenso hübschen Volontären auf einem schmalen Sims des Backsteinhauses tanzte, von dem aus sich schon mehrere Selbstmörder in die Tiefe gestürzt hatten.«

Für diesen letzten Band seiner *Spiegel* Geschichten aus dem Jahr 2007, dem das Zitat entnommen ist, hatte sich Brawand (1924–2009) noch einmal in britischen Archiven kundig gemacht, jenseits aller Rübenschnaps- und Selbstmörder-Anekdoten. Er fand es dann bei aller Bewunderung nicht mehr so hübsch, wie der machiavellistische Augstein die deutsch-jüdisch-britischen Blattgründer Bohrer, Ormond und vor allem Chaloner – sie hofften auf 30 Prozent Verlagsbeteiligung, nachdem sie auf undurchsichtige Weise Schwarzmarktgeld in die Gründung des Vorläuferblatts *Diese Woche* investiert hatten – kalt ausbootete. Der frühe Hannover-*Spiegel* hatte jedenfalls, jenseits einer bloßen stilistischen Kopie von *Time*, schon alle Elemente eines spezifisch westdeutschen, post-nationalsozialistischen Sturmgeschützes für ein politisch heimatloses und desorientiertes Publikum. Da waren die langen, detailverliebten und letztlich nur für Eingeweihte verständlichen NS-Serien, geschrieben oder vorbereitet von NS-Kadern selbst, das hemmungslose Eintreten für die Reichskriminalpolizisten als Ordnungsmacht in der chaotischen »Trizonesien«-Zeit und Augsteins persönliche Ansprache des »Landser«-Publikums mit seinen »Jens Daniel«- und »Lieber *Spiegel*-Leser«-Kolumnen. Frauen, Juden und Remigranten kamen in der hannoverschen *Spiegel*-Redaktion nur am Rande vor. Die später gern als »Linke« vorgezeigten Giordano-Brüder Egon und Ralph amtierten als Hamburg-Korrespondenten 1946/47 nur wenige Monate, bevor sie sich der KPD-Agitation zuwandten. Redakteurinnen, unter ihnen Eva Windmöller oder Christa Rotzoll, gab es vielleicht ein halbes Dutzend, großzügig geschätzt. Die übrigen Frauen arbeiteten, wie damals in der deutschen Presse üblich, als Sekretärinnen oder im Archiv.

Die physische Vernichtung von Regimegegnern und Juden wurde eher beiläufig geschildert – wohlwollend mag man dies als unmittelbare Verpanzerung gegen das Konkret-Ungeheuerliche werten. Dafür nur ein Beispiel von vielen Artikeln, aus dem lokalen Hannover-Kontext: 1951 wurde der SS-General und SS- und Polizeiführer (SSPF) für »Wolhynien-Podolien«, Waldemar Wappenhans, enttarnt, nachdem er vier Jahre lang unter dem Alias »Hans Seemann« ausgerechnet als deutscher Beauftragter der britischen »Property Control« in Niedersachsen hatte wirken können – zuständig unter anderem für das Langenhagener »Gut Twenge« des Augstein-Mentors Rudolf Diels. Der *Spiegel* berichtete im Heft 51/1949 über dessen Geschichte auf der Basis eigener Aufzeichnungen von Wappenhans: »Auf 75 Seiten Maschinen-Skript bietet der 56jährige Kaffee-Vertreter gutwilligen Verlagen die story an, wie es dazu [seiner Kriegs- und Nachkriegskarriere, LH] kam.« An das Wappenhans-Manuskript war das Nachrichtenmagazin wohl durch seine Hannoveraner Informanten und Autoren Tobias, Diels, Bernhard Wehner oder Hans Jürgen Wiehe (auf ihn kommen wir gleich noch ausführlicher zurück) gelangt, und so wird die Karriere des »alten SS-Kämpen« ausführlich vermittelt: »Ludendorffs Stiefsohn ist sein Begleitflieger«, »Kommando nach Palästina«, Bekanntschaft mit Obergruppenführer Lorenz und Heinrich Himmler Anfang 1930: »Eindruck eines Dorfschullehrers. Klein, unscheinbar, Brillenträger«; »Wappenhans managte die Entscheidungswahl in Lippe«, und dann: »In Wolhynien-Podolien muss er sich als Polizeichef äußerst human benommen haben, nach seinem Bericht zu urteilen. Er beschwerte sich, weil in seinem Bereich Juden erschossen wurden, und bekämpfte im übrigen Banden. Im Fieseler-Storch führte er die Kampfgruppe Wappenhans.«

Natürlich konnte und wollte der junge *Spiegel* kein Historikerkommando nach »Wolhynien-Podolien« schicken, um Wappenhans' tatsächliche Rolle bei der Ermordung der Juden aufzuklären. Stattdessen wird mit besonderer Genugtuung geschildert, wie es Wappenhans nach 1945 gelang, die ungeliebte britische Besatzungsmacht zu foppen. Ergebnis nach der Enttarnung: »Wappenhans ging zu Heimbs und Sohn, Kaffee-Großhandlung und Kaffee-Großrösterei. Braunschweig. Frau Wappenhans ist eine geborene Heimbs.« Mit dem Nachkriegs-Kaffeehandel kannte sich der *Spiegel* ja nun wirklich aus.

Hans Jürgen Wiehe. Solche und andere Geschichten schrieb für den *Spiegel* Hans Jürgen Wiehe, Jahrgang 1917, vom Juli 1947 bis zum Mai 1952 als Mitarbeiter und Redakteur im Impressum ausgewiesen. Zeitweise bewerkstelligte er mit den Kollegen Fritz Köhler und Hermann Behr den »Inlands-Dienst« für das Nachrichtenmagazin, profilierter war er als Spezialist für NS- und

Kripothemen im Raum Hannover und Braunschweig. Wiehe, der bislang in kaum einer *Spiegel*-Historiographie auftaucht, war im frühen *Spiegel* der Kontaktmann für den Entnazifizierer Fritz Tobias und dessen NS-»Klienten«. Dabei war Wiehe selbst gar kein Sympathisant der NSDAP oder völkisch-sozialistischer Parteien nach 1945. Wiehes Vater Karl, Jahrgang 1882, seit 1912 Bürgermeister von Bückeburg, Mitglied der Deutschnationalen Volkspartei (DNVP), zeitweilig Landtagsabgeordneter, hatten die Nationalsozialisten 1935 aus dem Amt entfernt. Die Frau des Bürgermeisters und seine Tochter waren dabei gesehen worden, wie sie in Bückeburger Kaufhäusern, die sich noch in jüdischem Besitz befanden, eingekauft hatten. Daraufhin war die Familie von der NS-Presse im Mini-Fürstentum Schaumburg-Lippe scharf angegriffen worden. Der Jurist Wiehe hatte sich nach seiner Versetzung in den »vorzeitigen Ruhestand« im April 1936 als Verwalter bei den Bodelschwingh'schen Anstalten in Bethel und Bad Salzuflen durchgeschlagen. Die Amerikaner setzten den überzeugten Monarchisten nach der deutschen Kapitulation noch einmal für wenige Wochen als Stadtoberhaupt ein. Dabei half der heimgekehrte und im Krieg mehrfach verwundete Sohn Hans Jürgen.

Hans Jürgen Wiehe hatte sich nach Abitur am Bückeburger Adolphinum (1937), Reichsarbeitsdienst und kurzzeitiger Verpflichtung bei der Organisation Todt am Westwall in der Wehrmacht zum Oberleutnant hochgedient. Er wollte aber eigentlich Wirtschafts- und Sozialwissenschaften in Frankfurt / Main studieren; dort schrieb er sich 1943 auch per Fernimmatrikulation ein. Anfang 1946 wurde er als angeblicher »Generalstabsoffizier« oder gar »SS-Mann« in Bückeburg denunziert und musste sechs Monate lang im britischen *Civil Internment Camp* Recklinghausen-Hillerheide einsitzen, wo auf morastigem Grund in den Baracken und Nissenhütten viele Verabredungen für eine bessere Zukunft getroffen wurden.

Ihm bescheinigten Bückeburger Notabeln aller Parteien glaubwürdig, niemals Sympathien für die NS-Bewegung gehegt zu haben. Die örtliche Kreisleitung der Bückeburger KPD ging sogar soweit, dem jungen Wiehe Folgendes anzudichten: »Hans Jürgen Wiehe hat bald [...] Differenzen mit der Bannführung der HJ bekommen [...]. Anschließend ging er dann nach Paris und hat dort in Kreisen der Emigration verkehrt, besonders mit Bert Brecht.« Hans Jürgen Wiehe liebte das Geschichtenerzählen, aber dass er als 16-Jähriger mit Bert Brecht in Paris zusammen gekommen sein soll, mochte selbst er in seinen späteren Lebensläufen nicht wiederholen. Nach der Internierung arbeitete Wiehe noch für ein halbes Jahr als Bilanzprüfungsvolontär beim Bückeburger Steuerberater Erich Lehmann, bevor er zum *Spiegel* kam, wohl über Kontakte, die er schon im Internierungslager knüpfte.

Unmittelbar nach dem Ende des »Dritten Reichs« war auch einer der im Reichstagsbrand-Prozess fälschlich Beschuldigten, Ernst Torgler, in Bückeburg eingetroffen – mit den personellen Restbeständen seines letzten Arbeitgebers »Haupttreuhandstelle Ost« (HTO). Der einstmals mächtige, aber verbindlich im Stile eines bürgerlichen Verwaltungsbeamten agierende KPD-Fraktionsvorsitzende Torgler hatte sich zwischenzeitlich bei Goebbels' Propaganda-Aktivitäten verdingt – nach »Schutzhaft« und anderen Drangsalierungen gezwungenermaßen, wie er selbst betonte. Die KPD schloss ihn schon früh aus der Partei aus, weil er sich am Tag nach dem Reichstagsbrand freiwillig der politischen Polizei gestellt hatte und im Leipziger Prozess auch noch erfolgreich von dem NS-Staranwalt Dr. Alfons Sack verteidigt worden war. Von Bückeburg aus hatte Torgler dann versucht, mit einem flehentlichen Brief an Wilhelm Pieck wieder bei seiner alten Partei zu landen – vergeblich. In der Stadtverwaltung war Torgler zunächst von Bürgermeister Karl Wiehe als Beauftragter für Flüchtlingsfragen beschäftigt worden; auch da saß er zwischen allen Stühlen, wie *Spiegel*-Leser im Heft 22/1947 erfuhren: »Man will ihn nirgendwo haben, den ehemaligen Fraktionsvorsitzenden der KPD im Deutschen Reichstag. [...] Heute ist er Angestellter der Stadtverwaltung in Bückeburg. Aber die CDU-Stadtväter sind dem ›Roten Torgler‹ nicht grün und haben ihn in die Gehaltsstufe VII eingruppiert.«

Torgler resignierte in Bückeburg schließlich und wechselte 1948 parteipolitisch zu Hinrich Wilhelm Kopfs SPD nach Hannover und hauptberuflich zur dortigen ÖTV über. 1948 hatte er seine Reichstagsbrand-Erlebnisse für die *Zeit* aufgeschrieben, die ihn einer mehrteiligen Reihe als wieder auferstandenen Totgeglaubten präsentierte. Damals war Torgler noch fest davon überzeugt, dass die SA den Brand organisiert hatte. Torgler war, so jedenfalls sein Bericht, seinerzeit im »Gestapo-Keller« noch von dem SA-Gruppenführer Karl Ernst besucht worden, der ihm angetrunken eröffnet habe: »Die wirkliche Revolution muss erst noch kommen« – gemeint war damit ein wahrhaft sozialistisches Bündnis gegen Großindustrielle, Reichswehrgeneräle und Junker und damit auch gegen den vordergründigen »Legalisten« Hitler. Wenige Monate später waren Karl Ernst und seine Spießgesellen im Zuge der Ausschaltung von Röhms Truppe ermordet worden, und Torgler kombinierte, der Reichstagsbrand sei in Wirklichkeit schon ein Fanal auf dem Weg zum kommenden SA-Aufstand gewesen. So ganz klar war seine Darstellung in der *Zeit* nicht, und er revidierte sie auch später; aber man kann davon ausgehen, dass Hans-Jürgen Wiehe den verzweifelten Torgler schon aus den Bückeburger Nachkriegsjahren kannte – und ihn an Fritz Tobias weitervermittelte.

Skurrilerweise war mit dem Ex-Reichstagsabgeordneten Berthold Karwahne, einem vierschrötigen KPD-Renegaten, der schon früh zur NSDAP übergelaufen war, nach 1945 noch ein weiterer Reichstagsbrand-Zeuge in Schaumburg-Lippe aufgetaucht. Über ihn, der wiederum behauptet hatte, Torgler im

Reichstagsgebäude mit Marinus van der Lubbe kurz vor dem Ausbruch des großen Feuers »im Flüstergespräch« gesehen zu haben, verbreitete der *Spiegel* 1947 Erkenntnisse wie diese: »In dem kleinen Häuschen am Wald [im Dorf Krainhagen bei Bückeburg, LH], das seine Frau von deren Eltern ererbt hatte, wohnt der frühere Installateur-Meister in einer Dachkammer. Er ist anscheinend sehr verbittert und pusselt im Garten herum. Jetzt wiegt der mittelgroße Mann nur noch 108 Pfund, und sein von vielen Falten durchzogenes Gesicht sieht alt aus. Seine einzige Freude ist außer den Zuckerrüben seine hübsche Tochter, die in Hannover glücklich verheiratet ist.«

Hans Jürgen Wiehe schrieb 1949 von Hannover aus an der Kaffeeschmuggler-Serie mit, deren Vorlage das SD-Duo Mahnke und Wolff geliefert hatte. Hier hatte sich Wiehe einem gewissen Gerhard Grande, »Mitinhaber des hannoverschen Textilkaufhauses Friedmann und ehemals Geschäftsführer des KZ-Ausschusses Niedersachsen« gewidmet, gewissermaßen der jüdische Schieber und Hehler vom Dienst im hannoverschen Teil der Schmugglerserie. Der Vorwurf: Grande habe die »zollfreie Kaffee-Kopfquote von 2,5 kg pro Monat« für rassisch, religiös oder politisch Verfolgte vor allem genutzt, um sich selbst und seine Kumpane zu bereichern. Kriminalität im Milieu der KZ-Überlebenden und jüdischen Funktionäre wird es sicher gegeben haben, aber im frühen *Spiegel* wurden mit solchen Texten auf groteske Weise die Verhältnisse umgekehrt: die einflussreichen »Nachrichtendienstler« und Al Capones waren nicht mehr die SS- oder SD-Leute, sondern die Juden.

Nach Erinnerung der Graphikerin Marion Meyn, die damals in Hannover und Hamburg studierte, hatte Wiehe den SD-Gegnerforschungs-Assistenten Dr. Mahnke mit Rudolf Augstein bekannt gemacht. Wiehe habe damals mit Mahnke in »einer Art Wohngemeinschaft« zusammengelebt. So kam denn in und um Hannover das zeithistoriographisch-kriminalistische

Netzwerk zusammen, das den Tonfall und die Zielrichtung der ersten großen *Spiegel*-Serien prägte: Horst Mahnke (später Axel Springers Politbüro-Chef) und sein »Organisation Gehlen«-Verbindungsmann Rudolf Oebsger-Röder, Rudolf Diels als Landwirt, Konspirateur und Augstein-Berater auf seinem Gut Twenge, Fritz Tobias im niedersächsischen Entnazifizierungs- beziehungsweise Innenministerium, die beiden Reichskripo-Spezialisten Bernhard Wehner und Walter Zirpins, der Reporter Hans Jürgen Wiehe und wahrscheinlich noch einige unbekannte Zuträger, die in Niedersachsen zunächst mit falscher Identität untergetaucht waren.

Hauptgegner Gisevius. Wenn sich diese »Ehemaligen« auf einen Gegner ad personam eingeschossen hatten, und dabei mit Rudolf Augstein einen publizistischen Promotor fanden, dann war es Hans Bernd Gisevius, geboren 1904 in Arnsberg. Heute sagt dieser Name nur noch Spezialisten für die Formierungen des deutschen Widerstands gegen Hitler etwas, aber nach 1945 war der in Marburg promovierte Jurist so etwas wie der Star unter den frühen politisch-historischen Nachkriegs-Autoren. Sein zweibändiges Werk *Bis zum bitteren Ende*, zunächst im Ausland, dann 1947 bei Claassen & Goverts in Hamburg erschienen, war eine bemerkenswert furios geschriebene Abrechnung sowohl mit dem SD / Gestapo-Komplex, als auch mit den Fraktionierungen der Verschwörer vom 20. Juli 1944. Am Tag des Attentats hielt sich Gisevius, seit 1938 im engeren Kontakt zu Widerstandskreisen, im Benderblock auf, den darauf folgenden Hinrichtungen entkam er knapp. Mit seinem Erlebnisbericht machte er sich freilich keine Freunde, zumal er auf den ersten Seiten seines Werkes freimütig bekannte, ursprünglich von der studentischen »jungen Rechten« her zu kommen; er hatte den Führerstaat zunächst hoffnungsvoll begrüßt und auch aktiv in Düsseldorf rechtsnationale Studentenverbände der NSDAP zugeführt. Dann aber war er in der preußischen politischen Polizei, wo er im Juli 1933 als Assessor im höheren Dienst angefangen hatte, auf seinen Intimfeind getroffen – auf niemand anderen als Rudolf Diels, den von Hermann Göring geförderten Gestapo-Gründer. Und in »Bis zum bitteren Ende« konnte man nachlesen, dass ihm Diels, so jedenfalls Gisevius, schon recht früh nach dem Leben getrachtet hatte. Nur die Protektion der NS-Parteigänger Ludwig Grauert (Görings erster Innenstaatssekretär), Arthur Nebe (der spätere Chef der Reichskripo und Einsatzgruppen-Führer, 1945 als Widerständler hingerichtet) und Wolf Graf von Helldorff (gleichfalls nach dem 20. Juli gehenkt) habe ihm das Leben gerettet.

Gisevius charakterisierte Diels 1947 so: »Als ich in Marburg zu studieren begann, beendete er seine dortigen Semester. Sein Ruf war nicht ausgesprochen gut, dafür nach studentischen Begriffen desto sagenumwobener. Mitglied eines angesehenen Korps, schlug er den Rekord im Bierkonsum, Weibergeschichten waren ihm bereits damals eine Funktion seines aufregenden Lebens, und das besondere Interesse aller unentwegten Bierstudenten erwarb er sich durch sein gutes Gebiss, wenn er gegen Ende der Bacchanalien Biergläser zerbiss.« Abgesehen von der Gläser-Zerbeißerei hatte Gisevius gegen Diels auch noch härtere moralische Vorwürfe parat: »[Diels] leistete einen historischen Meineid. Sobald er bemerkte, dass der neue Mann, der Reichskanzler von Papen, um einen stichhaltigen Grund für die Amtsentsetzung der roten Preußenregierung verlegen war, erbot er sich [Mitte 1932, LH], vor dem Staatsgerichtshof die Gemeingefährlichkeit seiner bisherigen Vorgesetzten zu beschwören. Diels bezeugte, persönlich zugegen gewesen zu sein, wie Severings Staatssekretär dem kommunistischen Fraktionsvorsitzenden Torgler ein regelrechtes Kampfbündnis angeboten habe.«

Der vier Jahre ältere Diels und Gisevius hatten sich mit teilweise ähnlichen Netzwerken und gemeinsamen Gegnern (vor allem Heydrich) durchs »Dritte Reich« geschlagen, und eine Doppelbiographie dieser beiden promovierten politischen Juristen würde auch heute noch erhellende Erkenntnisse über Zweckbündnisse in den Eliten des NS-Staats zeitigen. Aber es gab einen gewichtigen Unterschied: Gisevius kam als Vizekonsul des Deutschen Generalkonsulats in Zürich 1943/44 mit Allen Welsh Dulles, dem späteren CIA-Chef, in Kontakt, lieferte diesem Informationen – und galt nach 1945 allen verbliebenen Deutschnationalen unumwunden als »Vaterlandsverräter«. So sah es auch der von Diels beratene Augstein. Gisevius stellte sich selbst gern in den Mittelpunkt; bei der Lektüre von *Bis zum bitteren Ende* hat man tatsächlich den Eindruck, Hitler und seine Korona wären schon früh erledigt worden, wenn das Oberkommando aller gegen den »Führer« gerichteten Aktionen nur bei Gisevius gelegen hätte. Deshalb galt er auch in den überlebenden Zirkeln der Verschwörer bald als »der Karl May des Deutschen Widerstands« (Rudolf Pechel).

Diels hingegen hatte sich nach seiner Ausbootung durch Heydrich und Himmler 1934 als Regierungspräsident in Köln und Hannover relativ komfortabel eingerichtet und war nach seiner hannoverschen Absetzung durch den HJ-Funktionär, Gauleiter und späteren BND-Agenten Hartmann Lauterbacher 1941 auch noch Generaldirektor und Vorstandsvorsitzender der »Reichswerke AG für Binnenschiffahrt ›Hermann Göring‹« geworden. Noch 1939 ernannte Himmler den ungeliebten Diels zum SS-Oberführer im Stab des SS-Abschnitts IV (Hannover). Ende 1943 expedierte Göring seinen Schwippschwager Diels vorsichtshalber zur Kur nach Lugano, da traf er noch einmal auf Gisevius, bevor die beiden dann wieder im Nürnberger Prozess als Zeugen aussagten. Und spätestens da wurde Gisevius zum gefährlichen Nachkriegsgegner, denn dieser insinuierte (und dann auch ausladend in »Bis zum bitteren Ende«), Diels habe mehr über die SA-Beteiligung am

Reichstagsbrand gewusst, als der Gestapo-Gründer auszusagen bereit war.

Ohne die Diels-Gisevius-Fehde sind die metapolitischen Dispute um den Reichstagsbrand, vor allem auch die Entstehung der Tobias-Serie im *Spiegel*, nicht zu verstehen. Denn die beiden Imtimfeinde waren Konkurrenten um neue Führungspositionen in den Geheim- und Verfassungsdiensten Westdeutschlands. Das Rennen machten aber Otto John (Verfassungschutz) und der vom *Spiegel* heftig unterstützte Reinhard Gehlen (Auslands-Nachrichtendienst, ab 1956 Bundesnachrichtendienst, BND). Gisevius mochte auf Beistand von Allen Dulles gehofft haben, zog sich dann aber aus der Schweiz enttäuscht auf einen Posten als Direktor beim »Council of World Affairs« in Dallas / Texas zurück (1950–1955). Er schrieb noch eine analytisch durchaus interessante Hitler-Biographie (1960) und starb 1974. Da war der ewige Widersacher Diels schon länger tot, im November 1957 war er bei einem rätselhaften »Jagdunfall« in Katzenelnbogen ums Leben gekommen. Den Nachlass von Diels durften nur zwei Leute uneingeschränkt einsehen: der NPD-Parteivorsitzende Adolf von Thadden und – Fritz Tobias. 1954 hatte Diels noch eine Broschüre über den »Fall Otto John« im Verlag des rechtsradikalen Verlegers Leonhard Schlüter veröffentlicht und darin unter anderem verkündet: »Nach meiner Kenntnis stehen jedenfalls dem ›Spiegel‹ bessere Wege zur Wahrheitsforschung offen, als den Ämtern des deutschen Verfassungsschutzes, wenn er über Johns […] Vergangenheit berichtet.« So wird es wohl gewesen sein. Allerdings kam Diels mit seiner Bitte bei Augstein nicht mehr durch, den schließlich mit dem »niedersächsischen Ministersturz« 1955 von protestierenden Göttinger Studenten und Professoren aus dem Amt gejagten Kurzzeit-Kultusminister Schlüter (FDP, zuvor Mitglied der Deutschen Rechts-Partei) zu unterstützen. Da war Augstein schlau genug: Mit dem äußersten rechten Rand des deutschen Parteienspektrum war kein Staat zu machen und vor allem kein erfolgreicher *Spiegel*.

18 Spalten knisternden Großformats. Mochte Gisevius mit *Bis zum bitteren Ende* den stärkeren Aufschlag gemacht haben, in Sachen Reichstagsbrand hatte Diels, von seinem Langenhagener Gut Twenge aus, mit Augstein den wesentlich einflussreicheren journalistischen Bündnispartner gefunden. Nachdem Gisevius 1960 in der *Zeit* noch einmal in einer vierteiligen Reihe gegen die Tobias-These gekeilt hatte, schrieb Augstein im Sinne seines nunmehr toten Beraters Diels im *Spiegel*: »Unsere liebenswerten Kollegen von der ›Zeit‹ ein Stockwerk unter uns müssen sich in einem Zustand milder Geistesabwesenheit befunden haben (die Gräfin Dönhoff war auch körperlich abwesend), als sie diesem gebrannten, diesem zum Feuer drängenden Romancier [Gisevius, LH] die Streichholzschachtel hinstellten. Ganze 18 Spalten knisternden Großformats hat er vollschreiben dürfen, unter dem entwaffnend einfallsträchtigen Titel ›Reichstagsbrand im Zerrspiegel‹.«

Es folgte ein länglicher Zivilprozess von Heini Gewehr (der inzwischen als Unternehmer und Ingenieur in Düsseldorf wieder aufgetaucht war) gegen Gisevius, dabei hielt Augstein, nunmehr von Fritz Tobias intensiv beraten, dem »SA-Helden« (*Spiegel*) Gewehr stets die Stange.

Zu dieser Zeit war Hans Jürgen Wiehe schon nicht mehr beim *Spiegel*, sondern amtierte als einer der leitenden Beamten beim niedersächsischen Verfassungsschutz, als jüngerer Kollege von Fritz Tobias. Im April 1953 hatte er sich dorthin beworben – nach einem zwischenzeitlichen Engagement bei Helmut Kindlers Illustrierten *Revue*, die den *Spiegel* damals an Auflage weit hinter sich ließ. Anschließend wirkte er noch kurz bei Henri Nannens *Stern*, weil sich seine Beamtenkarriere in spe etwas hinauszögerte. Wie aus BND-Unterlagen hervorgeht, war Wiehe Ende 1952 auch mit dem Heydrich-Stellvertreter und Gestapo-Organisator Dr. Werner Best in Kontakt – wegen der Memoiren des SD-Auslandschefs Walter Schellenberg, die in der *Quick* und beim Scherz-Verlag erscheinen sollten.

Und es war zweifelsfrei Wiehe, der seinen Verfassungsschutz-Kollegen Fritz Tobias Anfang 1956 mit dem *Spiegel* in Sachen Reichstagsbrand näher zusammenbrachte. »Lieber Hans-Jürgen! An dem Reichstagsbrand-Material sind wir sehr dringend interessiert. Mach' mir doch, bitte, einmal Vorschläge«, schrieb der Inlands-Redakteur Hans Dieter Jaene an seinen Freund aus den hannoverschen Gründungsjahren des Magazins. Daraufhin konnte Tobias der *Spiegel*-Mitarbeiterin Dr. Gisela Mayerle am 15. Februar 1956 seine Sicht der Dinge darlegen. Danach tat sich erstmal nichts, so dass sich Tobias einen Monat später bei Rudolf Augstein selbst beschwerte – dass gerade beim *Spiegel* in dieser brisanten Angelegenheit »Schweigen im Walde« herrsche, könne er nur »mit Kopfschütteln« feststellen. Tobias in diesem aufschlussreichen Brief zu seiner Forschungsmotivation:

»Ich habe seit der ersten Anmeldung von Zweifeln ausgerechnet im *Spiegel* (Diels, Nacht der langen Messer, etc.) systematisch den letzteren Fall [neben den Ereignissen um Katyn, LH] studiert mit heißem Bemühn, wobei mir die Anwesenheit zweier Beteiligter – Dr. Zirpins und Ernst Torgler – hier in Hannover zugute kam. Da in der Presse sich die Ankündigungen von der Wiederaufnahme des Verfahrens auf Initiative des Bruders van der Lubbes häuften und schließlich in der Beilage zum ›Parlament‹ die Bundeszentrale für Heimatdienst einen 70jährigen Emigranten aus Kenia als Verfasser eines sogenannten Forschungsberichts präsentierte, platzte mir der Kragen.«

Und weiter:

»Als mir vor nunmehr fünf Jahren der Schlüssel zum sogenannten ›Geheimnis des Reichstagsbrandes‹ in die Hände fiel, habe ich eisern geschwiegen, da die doppelte Gefahr einer Rehabilitierung der Nazis und der Heroisierung der Kommunisten, insbesondere Dimitroffs, damals recht akut war. Sie werden Verständnis haben, dass ich auch heute Bedenken hätte, mein Material in Händen gewissenloser politischer Manager zu wissen«.

Aber auch nach dieser geheimnisvollen Demarche wollte der *Spiegel* nicht recht anbeißen. Am 29. März teilte Redakteur Jaene im Namen von Augstein dem Reichstagsbrand-Spezialisten mit, er habe schon Herrn Wiehe geschrieben, »daß wir uns im Augenblick nicht entschließen können, Ihr Material zu veröffentlichen; das heißt nicht, daß wir grundsätzlich abgeneigt wären«. Kurze Zeit später fand der *Spiegel* einen geeigneten Bearbeiter für die Tobias-Materialien: den Ex-SS-Obersturmbannführer Paul Karl Schmitt, einst ruppig antisemitischer Pressechef von Außenminister Ribbentrop, schon zuvor *Spiegel*-Serienautor und später unter dem Pseudonym »Paul Carell« Verfasser von auflagenstarken Landser-Schwarten wie *Die Wüstenfüchse. Mit Rommel in Afrika*. Allerdings kamen Bedenken auf, ob ein profilierter SS-Kader ausgerechnet für dieses Thema der richtige Mann sein könnte; Schmidt alias Carell wurde durch den jüngeren *Spiegel*-Redakteur Dr. Günter Zacharias ersetzt. Dass Tobias prinzipiell einen Co-Autor brauchte, wurde spätestens beim Erscheinen seines Buches »Der Reichstagsbrand« 1962 (eine Erweiterung der *Spiegel*-Serie) deutlich. Da schrieb er so merkwürdige Sätze wie: »Aus dem zivilen Reichskanzler wurde damals fürwahr in einer Sternstunde der Menschheit im flammenlodernden Symbol des besiegten Weimarer Staates der machtberauschte, sendungsbesessene Diktator Adolf Hitler.«

Karriere im Innenministerium. Hans Jürgen Wiehe hatte schon früh beim zuständigen ersten Chef der Verfassungsschutz-Abteilung im niedersächsischen Innenministerium Möglichkeiten einer Beamtenkarriere sondiert – bei Karl Hofmann (SPD), dem Tobias-Mentor und Vertrauten des Regierungschefs Hinrich Kopf. Der war über die potentielle Neuerwerbung begeistert, konnte Wiehe doch als Investigativ-Journalist intensive Kenntnisse über die staatspolitisch-kriminalistischen Verhältnisse in Niedersachsen mitbringen. Die Verfassungsschutz-Abteilung war gerade im Aufbau begriffen (damals: Abteilung V, später IV), und als gelernter *Spiegel*-Mann konnte Wiehe spannende und flüssige Berichte für Kopfs Innenminister Richard Borowski schreiben. Wiehe bekam gleich, zunächst noch als Aushilfsangestellter, das zentrale Referat 2 (Nachrichtenbeschaffung) zugewiesen, zuständig also vor allem die Anwerbung von V-Männern gegen KPD und Rechtsparteien, und auf diesem Posten blieb er formell auch bis zu seiner Pensionierung 1981.

Er stieg von Regierungsrat und Beamten auf Lebenszeit (1960) bis zum Ministerialrat (1972) auf – und wurde als Verfassungsschutz-Mann der ersten Stunde in Niedersachsen nicht nur der Stratege der »Nachrichtenbeschaffung«, sondern galt bald als einer der kreativsten und »phantasievollsten« Verfassungsschutz-Konzeptionisten der gesamten Bundesrepublik. So schrieb Wiehe 1962 zusammen mit Günther Nollau, dem neuen Vize-Präsidenten des Bundesamts für Verfassungschutz (BfV) ein Buch über den russischen Einfluss auf Afghanistan und den Iran (*Rote Spuren im Orient*). Im August 1966 tauchte der vielbegabte Verfassungsschützer zum letzten Mal mit seinem vollen Namen in einer *Spiegel*-Notiz auf: »HANS-JÜRGEN WIEHE, 48, Regierungsdirektor im niedersächsischen Innenministerium, schrieb während eines dreimonatigen Krankenhausaufenthalts einen Roman mit dem Titel *Selbst ist der Held – Denkwürdiger und höchst fabelhafter Report vom heroischen Leben und Lieben des Gefreiten Lanitz*, der diesen Monat im Gütersloher Sigbert Mohn Verlag erscheint.« Der Roman richtete sich interessanterweise gegen die »Pseudologisten und Bauernfänger vom ›nationalen Sektor‹«, die »Hoch-, Deutsch- und Reichsstapler«.

Wiehe half auch kräftig beim maroden BfV aus (der erste Amtschef Otto John war 1954 spektakulär in die DDR retiriert oder dorthin entführt worden, wie er selbst zeitlebens behauptete); 1973 bedankte sich Günther Nollau, inzwischen BfV-Präsident, brieflich bei Ministerialdirigent Hellmut Jüllig, dem unglücklichen neuen Chef »IV« beim hannoverschen Innenministerium »für die so lange und großzügige Zurverfügungstellung des Herrn Ministerialrats Hans-Jürgen Wiehe [...] Ich hatte auch die Gelegenheit, das Geschick des Herrn Wiehe in der Auswahl und der Führung der Menschen zu beobachten. Mit einem Wort: er hat das Fundament gelegt, auf dem wir weiterbauen können und werden.« Die zumeist schwachen Chefs des Verfassungsschutzes in Niedersachsen mochten wechseln – den Hofmann-Nachfolger Max Schwarz (SPD) hatte Wiehe 1959 als »die letzte Nachgeburt vom Wedding« bezeichnet, was ihm ein Disziplinarverfahren eintrug –, Hans Jürgen Wiehe mit seinem bald erweiterten V-Mann-Netzwerk in und um Hannover blieb der starke Mann. 1972 wurde er von seinem Vorgesetzten Jüllig so beurteilt: »Herr Wiehe ist ein loyaler Beamter mit heiter-freimütiger Wesensart. Er ist humorvoll, mit gelegentlichen Anflügen von Sarkasmus, und versteht es durch seine kontaktfreudige, gesellig-unterhaltsame und temperamentvolle Art, Menschen für sich einzunehmen. Trotzdem kann er reserviert sein und seine Ziele und Absichten verbergen, wenn ihm dies zweckmäßig erscheint.«

Wiehe und das Celler Loch. Wiehes große Zeit beim Verfassungsschutz kam, nachdem sich 1970 die »Rote Armee Fraktion« (RAF) in der Bundesrepublik konstituiert hatte. Schon in Berlin waren von ihrer Gründung an, wie wir heute in groben Zügen wissen, RAF und die »Bewegung 2. Juni« vom Verfassungsschutz unterwandert. Der regte die jugendlichen Bankräuber und Anarchisten mitunter zu härteren Aktionen an – und auch in Hannover waren nun »kreative Lösungen« gefragt. Immerhin hatte man Ulrike Meinhof, neben Horst Mahler die einzige Theoretikerin der RAF, nach einer Denunziation aus linken Kreisen 1972 ausgerechnet in Hannover gefangen nehmen können. Wiehe war, wie sich seine jüngere Schwester Marie Luise Spickschen-Sievers erinnert, einer der persönlichen Berater des damaligen Innenministers Hans-Dietrich Genscher (FDP) in Terrorismus-Fragen.

Überhaupt engagierte er sich in der ersten Hälfte der 1970er-Jahre wohl mehr auf Bundesebene als im niedersächsischen Verfassungsschutz. 1978 aber kam in Hannover Ernst Albrecht ans Ruder, und der neue Ministerpräsident wollte nach dem »Deutschen Herbst« eigene Zeichen setzen. Dies führte zur Sprengung des legendären »Celler Lochs«. Der »Motor« der fehlgeschlagenen Aktion (»Staatsbombe«, so höhnten die Albrecht-Widersacher wie Gerhard Schröder oder Jürgen Trittin) war kein anderer als der Verfassungsschutz-Veteran Hans Jürgen Wiehe, unter dessen Ägide gemeinsam mit seinem neuen »Einsatzleiter« Manfred Borrak 1974 beim niedersächsischen Verfassungsschutz etwas verspätet die Amtsgruppe »Terrorismus« gebildet worden war.

Im Zuge des Projekts mit der internen Amtsbezeichnung »Aktion Feuerzauber« wollte der Landesverfassungsschutz einige dubiose Kriminelle der RAF als vermeintliche Kombattanten andienen, um die »Terrorszene« zu unterwandern. Etwa den notorischen Einbrecher und V-Mann Zjelko Susak (»Django«) oder die beiden »Knastis« Klaus Dieter Loudil und Manfred Berger. Berger hatte sich durch Kraftfahrzeugdiebstahl, Betrug und versuchten Mord qualifiziert und war dafür zu zehn Jahren Haft verurteilt worden. Zusammen mit Loudil saß er in der Haftanstalt Celle ein, wo auch der irgendwie der RAF zugerechnete »Bankräuber mit politischem Hintergrund« (Stefan Aust) Sigurd Debus verwahrt wurde. Dieser sollte in einer »false flag«-Operation befreit werden. Genauer gesagt: Selbst die Gefangenenbefreiung war vorgetäuscht, mit Wissen der niedersächsischen Kripo und des Anstaltsleiters der Celler JVA. Beschaffungschef Wiehe vorab in einem Vermerk vom 10. August 1976: »Die operative Arbeit macht eine Zusammenarbeit mit Typen wie Loudil erforderlich. Bedenken wegen krimineller Vorstrafen müssen in solchen Fällen zurückgestellt werden, wenngleich ganz besondere Wachsamkeit in der Zusammenarbeit dringend geboten ist.«

Stets im Hintergrund dabei: der legendäre »Privatermittler« Werner Mauss samt Ehefrau, zugleich für die Versicherungswirtschaft und den »Staatsschutz« aller Sorten aktiv, besonders in Niedersachsen. Unter seinem Einfluss wurde die »Aktion Feuerzauber« gleich noch um die Aktionen »Neuland« und »Emsland« erweitert – so sollte etwa »Django« Susak als Top-V-Mann in die »Bewegung für die Unabhängigkeit des Kanarischen Archipels« (MPAIAC) eingeschleust werden, weit außerhalb des eigentlichen Kompetenzbereichs des niedersächsischen Verfassungsschutzes, aber in Kooperation mit dem spanischen Geheimdienst (damals regierte noch der Generalissimus Francisco Franco). Der NDR-Reporter und spätere *Spiegel*-Chefredakteur Stefan Aust hat all diese Einsätze – sie endeten zumeist im kompletten Desaster – in seiner Biographie *Mauss. Ein deutscher Agent* (1988) eingehend geschildert. Allerdings taucht Wiehe hier durchgängig als »Harald Wiehe« auf, wie auch im Standardwerk der NDR-AutorInnen Christa Ellersiek und Wolfgang Becker zum »Celler Loch«.

Durch die Kooperation mit Werner Mauss ergaben sich für Hans Jürgen alias »Harald« Wiehe jedenfalls einige aufregende Auslandstouren, so Stefan Aust:

»Gemeinsam flog die gesamte niedersächsische Untergrund-Crew am 3. Januar 1978 nach Madrid. Diesmal waren außer dem Ehepaar Mauss und ihrem Freund Manfred Borrak auch Ministerialdirektor Jüllig, der Präsident des niedersächsischen Verfassungsschutzes, und Ministerialrat Wiehe mit an Bord. Es wurde eine lustige Reise, die drei Tage dauerte und als dienstliches Ergebnis hatte: ›Die geplante Operation wird in Zusammenarbeit mit dem spanischen Geheimdienst ausgeführt. Der V-Mann Susak soll in die kanarische Befreiungsorganisation eingeschleust werden. Ziel ist die Ausbildung in einem Terroristenausbildungslager in Algerien‹.«

Als sich ein Jahrzehnt nach der Slapstick-Sprengung des »Celler Lochs« durch die GSG 9 ein Untersuchungsausschuss des niedersächsischen Landtags – mit Jürgen Trittin als beigeordnetem »Grünen« – den verwickelten Zusammenhängen widmete, war Hans Jürgen Wiehe bereits tot. Er war 1987 in Hannover gestorben. Wiehe hatte einige Jahre zuvor gemäß § 87 des Niedersächsischen Beamtengesetzes um seine Versetzung in den Ruhestand mit Wirkung vom 31. März 1981 gebeten, um noch einige entspannte Jahre mit seiner neuen jungen Ehefrau verbringen zu können. Mit Dagmar Ellen Verner, Jahrgang 1951, hatte Wiehe im Dezember 1980 vor dem Standesamt Celle eine dritte Ehe geschlossen. Seine zweite Ehefrau Irene wurde später die Lebensgefährtin von Fritz Tobias und blieb bei dem »Reichstagsbrandforscher« bis zu dessen Tod. »Das war eine große Liebesgeschichte«, erinnert sich die Wiehe-Tochter Anemone, »Tobias war ja schon sehr alt, und die beiden wussten nicht, wie lange er noch leben würde.« Irene Wiehe starb 2013. Und da aus dem *Spiegel*-Kriminalreporter Hans Jürgen Wiehe der Verfassungsschützer »Harald Wiehe« geworden war, blieb lange verborgen, dass er sich als phantasiereicher Geschichtenerzähler und Vertrauter von Fritz Tobias, mit »false flag«-Aktionen ganz gut auskannte.

Die wahren Beweggründe. Und was wurde aus der »Alleintäter«-These von Tobias und Augstein? Schon 2010 schrieb der junge Historiker Marcus Giebeler in einer sehr abgewogenen Monographie zum Forschungsstand: »Zusammenfassend bleibt [...] festzustellen, dass die Einzeltäterthese zur Erklärung des nach wie vor offenen Rätsels des Reichstagsbrandes in ihrer jetzigen Form so erschüttert ist, dass sie zum jetzigen Zeitpunkt als Erklärungsansatz ausscheidet.« Der Clou sollte aber erst noch kommen: Im Mai 2015 ließ Stefan Aust, nunmehr Herausgeber von Springers *Welt*, den Tobias-Kritiker Benjamin Carter Hett seitenlang zu Wort kommen. Hetts Resümee: »Es gibt heute keinen Anlass mehr, an den wahren Beweggründen Tobias' zu zweifeln, die ihn veranlassten, über das Thema Reichstagsbrand zu recherchieren und darüber zu schreiben. Seine Arbeit war eine deutliche Ausweitung der apologetischen Bemühungen seiner Gestapo-›Klienten‹, wie er sie nannte.«

Alles in allem lässt sich sagen, dass der frühe *Spiegel* in Hannover kein linksliberales Politmagazin war, sonst hätte er mit seinen NS-Storys und der dubiosen Informantenszene in der Verwandlungszone nach 1945 auch nicht so erfolgreich sein können. Es entstand ein wirkmächtiges medial-politisches Geflecht, dessen Profiteure sich einflussreich in Szene setzen konnten. Die niedersächsische Sozialdemokratie mit Hinrich Wilhelm Kopf & Co hat sich mit ihrer Vergangenheitspolitik in den 1950er- und 1960er-Jahren erst sehr verspätet auseinandergesetzt. Das Image einer reinen Partei der Widerstandskämfer war ihr lange Zeit bequemer.

Der *Spiegel* rührte sich in Sachen Reichstagsbrand lieber gar nicht mehr – das Buch von Benjamin Carter Hett wurde im Blatt, aus strategischen Gründen, nicht einmal besprochen. Überhaupt hielt das Magazin, über die Anekdoten-Bände Leo Brawands und einige Texte zu Blattjubiläen hinaus, eine Art Sicherheitsabstand zu seiner hannoverschen Gründungsgeschichte. Dabei hatte Rudolf Augstein, dem Ernst Jünger einmal einen »offiziersmäßigen« Habitus bescheinigte, in seinen letzten Lebensjahren Joachim Fest offenbart: »Wenn man von so etwas wie Glück überhaupt reden will, hatte ich das nur einmal: als Halbwüchsiger in Hannover, als ich Meßdiener war und noch glaubte. Das endete aber bald.«

Die Wulffs

> »Ich kann schon mal tagelang von morgens um sieben Interviews geben und abends um elf noch eine Rede halten. Aber nachts durch die Gemeinde ziehen, Geselligkeit pflegen im Sinne von Alkohol und verrauchter Luft, das ist nicht mein Ding. Wenn ich mein Pensum erfüllt habe, dann bin ich gerne zu Hause, sitze ich noch am Schreibtisch, gucke ein bisschen fern oder trinke noch ein Glas Saft.«
>
> Christian Wulff, *Besser die Wahrheit*, 2007

Schirrmachers Tod. Manche Freunde und Unterstützer von Christian Wulff erzählen gern mit leiser Stimme, dass Frank Schirrmacher, der tonangebende Herausgeber der *Frankfurter Allgemeinen Zeitung*, auch deshalb plötzlich und unerwartet 54-jährig an einem Herzinfarkt gestorben sei, weil er mit Furcht und Anspannung auf das Erscheinen von *Ganz oben – ganz unten* gewartet habe – dem Abrechnungsbuch des Ex-Bundespräsidenten. Am 10. Juni 2014 stellten Wulff und Dr. Detlef Felken, Cheflektor des ehrwürdigen Verlages C. H. Beck, das medienkritische 256-Seiten-Werk des gestürzten Staatsoberhaupts in Berlin vor, zwei Tage später, am Mittag des 12. Juni kam die Nachricht vom Tod Schirrmachers. Die Geschichte klingt alttestamentarisch und zunächst wenig glaubwürdig, es gibt selten monokausale Gründe für Herzinfarkte. Aber tatsächlich hatte sich Schirrmacher, von seinem letzten Reiseort Rom aus, bei *FAZ*-Kollegen nach möglichen

Passagen in dem Wulff-Buch erkundigt, die ihn betreffen könnten. Und er wollte gern ein Vorabexemplar von *Ganz oben – ganz unten* haben – vergeblich, C.-H.-Beck-Lektor Felken hatte eine aufsehenerregende Pressevorstellung im Sinn, ohne dass Schirrmacher in der *FAZ* den Spin hätte vorgeben können; der Münchener Traditionsverlag blockte aus guten Gründen ab.

Schirrmacher und Wulff wurden beide 1959 geboren, in jenem starken Jahrgang der Baby-Boomer (wie auch Giovanni di Lorenzo, Sigmar Gabriel, Nico Hofmann oder der Verfasser dieser Zeilen), in der Zeit der frühen Beatniks, der späten Adenauer'schen Kanzlerrepublik, politisch geprägt durch Einstellungen zu Willy Brandts Ostpolitik, Helmut Schmidts Pragmatik und Helmut Kohls »geistig-moralischer Wende«. 1959er sind, so oder so, dezidiert Nicht-1968er – und das trifft in unterschiedlicher Weise auch auf Schirrmacher und Wulff zu. Der *FAZ*-Herausgeber hatte sich immer sehr für *sein* biographisches Verhältnis zur Kultur- und Zeitgeschichte interessiert, also für sein Rollenmuster, ausgebliebene wilde Erlebnisse und den möglichen Nachruhm. Und so konnte er zunächst der biographisch frühen Kandidatur Christian Wulffs für die Bundespräsidentschaft einiges abgewinnen, obwohl er sich eigentlich mehr in den Lebensromanen Graham Greenes oder Ernst Jüngers zu Hause fühlte. Er verteidigte Wulff mit gewohnt hohem Ton in einem längeren *FAZ*-Artikel gegen all diejenigen, die den Gegenkandidaten Joachim Gauck, Jahrgang 1940, Ex-Pastor und »Bürgerrechtler« in der DDR, als unabhängigen Geist gegen den bloßen Parteikarrieristen Wulff ins Feld geführt hatten – wie SPD-Chef Sigmar Gabriel, der polemisierte, der im Osten sozialisierte Gauck bringe »ein Leben« mit, Wulff aber nur »politische Laufbahn«. Diese Sentenz, von Gabriels Büroleiter Rainer Sontowski (auch der ein Hannoveraner) erfunden, hat Wulff schwer getroffen, bis heute.

»Wenn die, die Wulff jetzt sein ungebrochenes Leben vorwerfen«, so Schirrmacher, »erkennen würden, dass die Generation der Babyboomer, der Geburtsjahrgänge 1955–1970, einer Fabel folgt, die mit allen Gesetzen der Literatur bricht: Ihr Leben begann mit einem Happy End und kommt jetzt erst an einen harten, wirklich schweren Anfang, den Anfang, vor dem das ganze Land« stehe – dann würden die Wulff-Verächter eben nicht einer politischen Erzählung von »Erlebnisgenerationen« auf den Leim gehen, denn:

»Politische Erzählungen folgen nicht politischen, sondern strengen ästhetischen Gesetzen. Sie haben nichts mit der ›Wahrheit‹ zu tun, nicht mit dem, was wirklich so gewesen ist, oder gar der Abwägung von Meinungen – im Gegenteil, sie brauchen Zuspitzung, Konflikt und Spannungsbögen, sie folgen Gesetzen ausgefeiltester Berechnung. Wir sind im Begriff, nur noch eine Politik zu honorieren, die dieser Aufmerksamkeitsökonomie folgt.«

Framing durch die *Frankfurter Allgemeine*. Diese Sätze wirken heute sehr komisch, denn ausgefeilter Berechnung und der politischen Aufmerksamkeitsökonomie bediente sich der *FAZ*-Herausgeber selbst, als Wulff dann gegen Jahresende 2011 unrettbar in politische Schwierigkeit geriet. Ohne die publizistische Kommentierung, ohne die Rahmensetzung – das »Framing«, wie die Kommunikationsforscher sagen – durch Schirrmachers *FAZ* hätte Wulff nicht zurücktreten müssen. Es war die ausgefuchste strategische Leistung Schirrmachers, Wulff über das Tattoo von Ehefrau Bettina mit der »Hannover-Connection«, den Hells Angels und der »Unterwelt« zu synchronisieren. Er ließ zwei lange Reportagen über den Hannoverschen Hells-Angels-Chef Frank Hanebuth, das Steintor-Viertel und den Anwalt Götz von Fromberg ins Blatt rücken. In einem der zahlreichen Nachrufe auf Schirrmacher (man hatte das Gefühl, jemand aus der Liga Immanuel Kants oder John F. Kennedys sei verschieden) erkannte *Spiegel*-Kolumnist Jan Fleischhauer: »Nicht die *Bild*-Zeitung hat Christian Wulff am Ende am meisten geschadet, es war ein *FAZ*-Kommentar, in dem Schirrmacher dem Bundespräsidenten den Verlust einer ganzen moralischen Kategorienwelt attestierte.«

Der *FAZ*-Herausgeber hatte sich gerade intensiv mit David Graebers Studie *Schulden. Die ersten 5000 Jahre* beschäftigt, also den historischen Zwangslagen von Überschuldung, bedrückenden Zinszahlungen und damit eingeschränkter Souveränität. Dafür erschien jetzt ausgerechnet der harmlose Wulff mit seinem dubiosen Hauskredit als das personifizierte Exempel. Schirrmacher habe sich immer als »eine Art Bundespräsident des Geistes« begriffen, sagt Nils Minkmar, letzter *FAZ*-Feuilletonchef in der Schirrmacher-Ära, und sein Chef habe sich für dieses symbolische Staatsamt immer besonders interessiert. Die *Bild*-Zeitung und der *Spiegel* hatten zwar über Wulffs geldwerte Freundschaften recherchiert, aber den gesellschaftstheoretischen und letztlich entscheidenden Überbau für den Sturz des Bundespräsidenten, hatte Schirrmachers *FAZ* geliefert. »Dieser Bundespräsident wird künftig schweigen müssen«, hatte der *FAZ*-Herausgeber eingangs schneidend getextet, »Kreditfragen, das wissen wir nun, sind moralische Fragen. Es geht um Glauben und Vertrauen. Damit sind sie das Äquivalent zum höchsten Staatsamt. Es lebt vom moralischen Kredit.« Wulffs Ausflüchte und Vernebelungen seien deshalb »einfach nur furchtbar« – oder zugespitzt mit dem üblichen Schirrmacher'schen Pathos: »Wir können nur noch das tun, was die Piraten Fazialpalmieren nennen, das Gesicht in die Hände vergraben.«

Die erste, noch etwas enigmatische Nachricht über Wulffs legendäre Mailbox-Nachricht an *Bild*-Chefredakteur Kai Diekmann erschien dann auch in der *FAZ* im Rahmen einer Fernsehkritik von Nils Minkmar. Das war die elitepublizistische »killer application« gegen Wulff; der »Bundespräsident des Geistes« hatte das real existierende Staatsoberhaupt erledigt. Wulff selbst hat die Grundsituation später in seinem sehr narzisstischen Erinnerungsband so analysiert: »Dem Bundespräsidenten kam eine Sonderrolle zu: Er wurde weniger scharf kritisiert, man ging behutsamer mit ihm um, weil er sich nicht ohne Weiteres in den Ring der politischen Auseinandersetzung begeben kann und soll. Niemand hat aber nach meiner Auffassung registriert, dass dieser bundesrepublikanische Konsens spätestens in der zweiten Amtszeit von Horst Köhler zerbrochen war.«

Dies ist eine sehr flache Analyse; Wulff ist nun mal kein Historiker oder politischer Kommunikationsforscher. Schließlich war kein bundesrepublikanischer Staatsmann in seiner Amtszeit so lächerlich gemacht worden wie der zweite Bundespräsident Heinrich Lübke (nicht nur mit einer berühmten *Pardon*-Schallplatte über seine sprachlichen Aussetzer am Ende seiner Amtszeit); Richard von Weizsäcker wurde in einer *Spiegel*-Reportage von Cordt Schnibben in drastischer Weise seine frühere Rolle als Geschäftsführer bei Boehringer-Ingelheim vorgehalten, und Johannes Rau hatte publizistisch mit seinen früheren Verbindungen zur mafiösen West-LB in Nordrhein-Westfalen zu kämpfen. »Bruder Johannes« verblieb nur mit Mühe und Not im Amt, weil die Sozialdemokaten einen festen *cordon sanitaire* um ihn bildeten. Kaum jemand hat Letzteres schärfer analysiert als Gernot Lehr, in heiklen Zeiten erfolgreicher Anwalt sowohl von Johannes Rau als dann auch von Christian Wulff.

Zuletzt war es andersherum gelaufen: Roman Herzog und Horst Köhler (»Super-Horst«, so die *Bild*) wurden von erfindungsreichen Journalisten vor allem bei Manfred Bissingers *Woche* und beim *Stern* als volksnahe Lichtgestalten gegen den üblichen parlamentarischen Betrieb geradezu erfunden.

Diese Voraussetzungen entfielen bei Wulff, der eben doch nur als CDU-Verlegenheitskandidat nach dem traurigen Köhler-Rücktritt empfunden wurde. »Yes, we Gauck«, hatte die *Bild am Sonntag* schon getitelt, als Jürgen Trittin und *Welt*-Herausgeber Thomas Schmid, auch der ein Ex-Kommunist, den DDR-»Bürgerrechtler« als Gegenkandidaten ins Spiel und die SPD auf ihre Seite gebracht hatten. Aber danach lief es für den im dritten Wahlgang gewählten Wulff ein Jahr lang und fast ereignislos ganz gut. Es war der spezifische »Hannover-Glamour« in seiner Endphase als niedersächsischer Ministerpräsident, der Wulff in seiner Rolle als Bundespräsident, gemeinsam mit Gattin Bettina, schließlich unerwartet wieder ereilte. Lange herumwabernde Gerüchte, Landtagsanfragen, Abrechnungen von degradierten CDU-Parteifreunden, der ganz eigene selbstgerechte Habitus – all das wurde nun im Umfeld einer zweifelsohne neuen Medienkonkurrenz mit Dauer-Talkshows bei ARD und ZDF und den schnell getakteten Online-Portalen aufsummiert.

Bequemes Angriffsziel. An der publizistischen »Jagd« auf Wulff beteiligten sich zunächst alle Medien, ausnahmslos, auch die später medienethisch reumütigen Kommentatoren der *Süddeutschen* und der *Zeit*. Dass ein angeschlagenes Staatsoberhaupt, noch dazu kraft Gesetzes mit nur symbolischem rhetorischem Einfluss ausgestattet, dafür ein bequemes Angriffsziel bot, steht außer Frage. Aber die realpolitischen, persönlichen, historiographischen Voraussetzungen dafür lagen bei Christian Wulff selbst. Oder, als »Framing« weiter gefasst, in der medialen Aufladung des »Hannover-Komplexes«. Es wäre mithin ganz verfehlt, den tragikomischen Wulff-Untergang Ende 2011 / Anfang 2012 als reine »Medienaffäre« zu analysieren. Es ging vor allem um politisches Kalkül, den Wertewandel in der bundesrepublikanischen Gesellschaft, in Mode gekommene

»Transparenzdebatten« und das Krisenmanagement – all das machte die Geschichte sowohl zu einem politik- und kommunikationswissenschaftlichen Paradigma als auch zum Dauerthema von Stammtischdebatten.

Auf dem Höhepunkt seines Ministerpräsidenten-Renommees im Jahr 2007 hatte Christian Wulff mit seinem nicht allzu unbequemen Befrager Hugo Müller-Vogg (*Bild*-Kolumnist, von Schirrmacher verdrängter einstiger FAZ-Herausgeber) ein Interview-Buch mit dem fatalen Titel *Besser die Wahrheit* fabriziert. Den einleitenden Essay für diesen Band hatte Manfred Bissinger geschrieben, einst Ziehsohn von Henri Nannen beim *Stern*, dann Konzeptionist der *Woche* im Ganske-Verlag, später dann dort ins Corporate-Publishing-Gewerbe übergewechselt. Der Altlinke Bissinger brachte den alerten Wulff unverhohlen als Merkel-Nachfolger ins Gespräch, einen »strahlenden Wahlsieg 2008« in Niedersachsen vorausgesetzt. Zur Förderung dieses Wahlsieges war das eigentlich ziemlich unverkäufliche Buch auch gedacht; Carsten Maschmeyer hatte es durch Anzeigen gesponsort; Wulff-Freunde aus der Industrie (vor allem der Stahlunternehmer Jürgen Großmann von der Georgsmarienhütte) und aus dem Mediengewerbe kauften die Erstauflage zu Hunderten auf und verteilten die Bände weiter. Bissinger hatte damals Wulff »wahre Meisterschaft im Umgang mit der Öffentlichkeit« bescheinigt, als dieser sich in einer »Stunde höchstpersönlicher Not«, also der Trennung von seiner ersten Ehefrau Christiane, als »kühler Stratege« im Verkauf seines neuen Glücks mit der PR-Fachfrau Bettina Körner an die *Bild*-Zeitung erwiesen habe. Unterstützt durch seinen »siamesischen Zwilling« Olaf Glaeseker, dem Medienberater, gelernten Zeitungsjournalisten und Profi-Strippenzieher. Bissinger zieht hier eine interessante Parallele – Glaesekers Öffentlichkeitsarbeit habe »nahtlos an die frühen Erfolge des Schröder-Intimus Uwe-Karsten Heye« angeknüpft: »So achtet er wie Heye darauf, dass aus Hannover regelmäßig auch die Bundespolitik im Visier bleibt.«

Unter diesem Gesichtspunkt soll hier auch Christian Wulff als Politikertypus, CDU-Nachwuchshoffnung, Minister- und Bundespräsident analysiert werden – als einer der Protagonisten des »dynastischen« hannoverschen Regierungsverständnisses, mit dem zunächst erstaunlich stabilen parteiübergreifenden Gefälligkeitsnetzwerk. Wulff hat zweifelsohne immer darunter gelitten, dass er sich in der medialen Reproduktion als blass, kühl, linkisch, als der ewige Schülersprecher gespiegelt sah. Gegen dieses ja nicht gänzlich verzerrte Image ist er mit einer vierfachen, konsekutiven Strategie vorgegangen: zunächst mit der Schilderung seiner harten, unebenen Kindheit, dann mit einer Inszenierung als »junger Wilder« gegen das Partei-Establishment unter Helmut Kohl; drittens mit der Annäherung an die Party- und Filmszene um den Finanzier und Produzenten David Groenewold und den »Finanzdienstleister« Carsten Maschmeyer mitsamt der glamourösen zweiten Ehe mit Bettina Körner; schließlich als progressiver »Integrationspolitiker« bis in seine Bundespräsidentschaft hinein. Dies sind, wohlgemerkt, keine »kalten«, durchgängig berechnenden Inszenierungen, sondern Annäherungen zwischen Faktizität und nützlichem politischen Selbstbild. Man könnte im Fall Wulff von einer *authentischen Unauthentizität* sprechen, wenn es nicht merkwürdig klänge – verbunden mit einem spezifischen Wulff-Humor, den er selbst als »Hang zur Ironie« klassifizierte.

Der Osnabrücker Durchschnittsjurist kokettierte gern damit, dass er kein »Verhältnis zur Macht« habe, aber natürlich »entscheiden« könne und wolle, wenn immer es nötig sei (sein eigenes Lieblingsetikett war »zurückhaltend und entschlossen«), und der im gestellten Interviewband mit Müller-Vogg geprägte Satz »Genuss ist mir im Gegensatz zu Schröder eher fremd« ist von typisch Wulff'scher Doppelbödigkeit – einerseits ein wenig selbstmitleidig, andererseits knallhart gegen den sozialdemokratischen Über-Gegner als trinkfreudigen, Cohibarauchenden und prinzipienlosen Hallodri gerichtet. Er wollte also irgendwie wie Schröder sein, aber doch ganz anders. Operative Politik oberhalb der Ebene von Ministerialbeamten ist immer auch Inszenierung; dies hat wenig mit der angeblichen »Mediendemokratie« oder der Rolle von »Medienberatern« (wie Glaeseker) zu tun. Das Publikum als »Wählervolk« liebt Inszenierungen – nichts anderes waren die legendären Bundestagsschlachten zwischen Wehner, Strauß oder Helmut Schmidt –, hat aber ein feines Gespür für deren Kopplung an Charakter, Persona und realpolitische Situation. Und mit dieser Form von »Authentizität« hatte Wulff immer seine Schwierigkeiten. So stimmt es, dass er seine zweimal geschiedene und an multipler Sklerose erkrankte Mutter aufopferungsvoll pflegte, dass die Beziehungen zu leiblichem Vater und Stiefvater kompliziert waren, aber er entstammte nun einmal nicht dem pauperisierten Bürgertum (beide Großväter waren durchaus wohlhabend, und er konnte in Osnabrück mit einem Stipendium der Adenauer-Stiftung Jura studieren), und auch der Versuch, die Schüler-Union (deren Bundesvorsitzender er wurde), als eine Art Widerstandsorganisation gegen den neomarxistischen Zeitgeist zu verkaufen, wirkt eher putzig. »Die Schüler-Union«, so hat es sein erster Biograf Armin Fuhrer 2007 formuliert, »ist zunächst ein echtes Erfolgsmodell. Sie versammelt die politisch interessierten Jugendlichen, die mit den Spontisprüchen, dem sich sozialrevolutionär gebenden und theorieverliebte Zeitgeist (sic!) nichts anfangen können. Helmut Kohl, ein junger, aufstrebender Ministerpräsident aus Rheinland-Pfalz, der die Altvorderen seiner altbackenen CDU mit der Forderung nach Reformen in Partei und Gesellschaft schockiert, ist ihr Vorbild.« Und dem Biografen Fuhrer hat Wulff allen Ernstes anvertraut: »Wir waren Teil einer aufstrebenden Jugendbewegung.« Die relevante gesellschaftliche »Bewegung« aber war damals *objektiv* ganz woanders – bei den »Grünen«, den Jusos oder auch den Jungdemokraten – also bei all denen, die Helmut Kohls innerparteiliches Aufrührertum nicht allzu »schockierend« fanden.

Überraschungsspitzenkandidat. Christian Wulff taucht im *Spiegel* zum ersten Mal im Mai 1984 auf (nehmen wir dies einmal als zeithistoriographischen Gradmesser), anlässlich der Bundesversammlung der Jungen Union in Stuttgart, als sich die Jungunionisten mannhaft gegen eine damals von der Parteiführung vorgeschlagene Amnestie für Steuersünder wandten. JU-Vorsitzender damals: Christoph Böhr aus Rheinland-Pfalz, Vize: Roland Koch aus Hessen. Der *Spiegel* bemerkte seinerzeit maliziös, aber korrekt, dass die Junge Union sich im Mainstream eher rechts von der Partei bewegte, industriefreundlich und karriereorientiert, im 15-köpfigen JU-Vorstand seien 14 Akademiker und neun Juristen, »von der Sprache und den Lebenserfahrungen vieler Jugendlicher (weit) entfernt«. Es folgte 1989 eine *Spiegel*-Reportage von Christiane Kohl über Osnabrück als Hauptstadt der Verkehrstoten (der junge Ratsherr Wulff äußerte sich besorgt). 1992 wird Wulff in einem dritten Artikel im Hamburger Story-Magazin als Überraschungsspitzenkandidat der niedersächsischen CDU vorgestellt. Damals hoffte die Niedersachsen-CDU mit dem 33-jährigen Wulff, protegiert unter anderem von Albrechts ehemaligem Kultusminister Werner Remmers, allen Ernstes auf einen »Clinton-Effekt«.

»Seit Ex-Regierungschef Albrecht sich sang- und klanglos aus der Landespolitik verabschiedet hat«, so der *Spiegel*, »und der knorrige Wilfried Hasselmann nicht mehr mitmischen mag, wirkt die CDU kopflos und müde. Bonner Unionsgrößen wie Bundesinnenminister Rudolf Seiters, ein Emsländer, und Rita Süßmuth, die in Göttingen ihren Wahlkreis hat, weigerten sich standhaft, die Niedersachsen-CDU aus ihrem Tief zu holen – Chance für Kandidaten aus der zweiten Reihe.« Wulff hatte von einem Zwist zwischen dem CDU-Landesvorsitzendem Josef Stock, damals 54, und dem Landtagsfraktionsvorsitzenden Jürgen Gansäuer, 48, profitiert. Der Landesvorsitzende hatte gegen den protestantischen Fraktionschef Gansäuer, der dann auch gleich eine »Osnabrücker Hegemonie« befürchtete, trickreich den Nobody Wulff ins Spiel gebracht. Denn die nächste Landtagswahl 1994 gegen den amtierenden Ministerpräsidenten Schröder hatte die CDU ohnehin verloren gegeben, Stock mochte darauf spekuliert haben, dass nach einer absehbaren Niederlage er selbst 1998 mit besseren Chancen wieder an der Reihe wäre. Der fleißige Wulff galt damals innerhalb der immer noch ziemlich rechten Niedersachsen-CDU – Hasselmann zog noch immer die Strippen – als jungliberal und habe als sein politisches Bekenntnis verkündet, »dass keine Position ganz richtig ist und keine ganz falsch«. Damit war Wulff tatsächlich ganz gut beschrieben. Die Landtagswahl 1994 ging für Wulff erwartbar krachend verloren, aber er ließ sich von nun an auch nicht mehr als Spitzenmann der Niedersachsen-CDU verdrängen. Es gelang ihm auf rätselhafte Weise, aber auch mangels jeder personalpolitischen Alternative, bis zu seiner Ministerpräsidentschaft 2003 (als Nachfolger von Sigmar Gabriel) durchzuhalten, ohne ein wirklich stabiles personelles Netzwerk aufzubauen – dafür aber eine erkleckliche Riege von Parteifeinden zu sammeln, unter denen an erster Stelle der unmittelbare Landeskonkurrent Gansäuer stand, ein Mann mit kantigem Bürstenhaarschnitt aus Hahnenklee-Bockswiese, Jahrgang 1944.

Oppositionsführer im Landtag. Bei seiner Wahl zum CDU-Fraktionsvorsitzenden im Landtag stimmten 1994 zehn von 60 Abgeordneten gegen den damals 35-jährigen Wulff. So brauchte er erst einmal geraume Zeit, sich in das Amt des Oppositionsführers hineinzufinden und die eigene Truppe zu befrieden. Regierungschef Schröder nahm ihn ebenso wenig ernst wie Kanzler Kohl in Bonn. Der hatte nur für Wulff plädiert, weil Gansäuer als Vertrauter von Heiner Geißler galt – und niemanden hasste Kohl so sehr wie seinen einstigen Generalsekretär. Und in jener äußerst interessanten bundespolitischen Kohl-Endphase erwies sich der dickfellige Kanzler – in allem der phänotypische Gegenentwurf zu Wulff: Pfälzer, genussfest, Instinktpolitiker, jähzornig, barock, eine internationale Größe – als das größte strategische Problem für Wulff und seine Zweckfreunde von den »Jungen Wilden« und vom »Andenpakt« (Roland Koch, Günter Oettinger, Norbert Röttgen, Mathias Wissmann und andere). Denn die Popularität des »Dicken« schwand zusehends, und er schien die politische Zukunft der nachfolgenden CDU-Generation zu verbauen – letztlich profitierte nach der Erledigung von Wolfgang Schäuble nur Angela Merkel davon. In Sachen Schröder, damals auf dem Weg zur unbestrittenen Leitfigur des SPD-Mainstreams, klingt bei Wulff noch in seinem Interviewbuch von 2007 realpolitische Verzweiflung durch:

»Ich ging immer davon aus, alle würden sehen, wie schwierig meine Situation war, wie kompliziert es war, eine Fraktion gegen einen Gerhard Schröder, einen Karl-Heinz Funke, einen Jürgen Trittin, einen Sigmar Gabriel, gegen Staatskanzleichefs wie Zypries und Steinmeier zu führen. Man muss sich nur anschauen, wer heute bei der SPD an entscheidenden Stellen sitzt: Struck aus Niedersachsen – Fraktionsvorsitzender, Heil – Generalsekretär, Zypries – Justizministerin. Das ist eine Ansammlung von großen Kalibern. Gegen die musste ich bestehen. Ich dachte, alle wüssten, je schwieriger die Lage ist, desto einiger müssten wir sein.«

Wo schon – in Wulffs Sicht – Brigitte Zypries und Karl-Heinz Funke »große Kaliber« waren, blieb eben nur das sorgsam gepflegte Image als angenehmer und anständiger »Schwiegersohn«. Wulff war, bei allem persönlichen Fleiß, auch als Oppositionsführer ein Mann ohne politische Eigenschaften, da halfen auch die lahmen Sticheleien gegen Helmut Kohl nichts. Vor allem fehlte Wulff ein intellektuell-strategischer Beraterkreis, wie ihn sich Schröder halb links mit Oskar Negt, Publizisten und Gewerkschaftlern hielt. Kohl hielt seinerseits Wulff für eine Null, der er nicht zutraute, tatsächlich Ministerpräsident von Niedersachsen zu werden.

Da jedoch irrte Kohl. Wulff wurde nicht nur Ministerpräsident in Hannover, sondern auch noch Bundespräsident von Angela Merkels Gnaden. Merkel allerdings mochte ihn auch nicht, bis heute. Zwar hatte es Wulff in seiner Zeit als JU-Funktionär in Niedersachsen geschafft, der damaligen Frauenministerin Merkel (»Kohls Mädchen«) seine Osnabrücker Studienfreundin Beate Baumann als Bürochefin zu empfehlen (sie amtiert noch immer). Später hatte er ihr die Existenz des »Andenpakts« verraten und sich auch ansonsten lieb Kind gemacht, aber auch Merkel galt er als undurchsichtiger und unsicherer Kantonist. Sie rächte sich 2010 mit seiner Bestellung zum Bundespräsidenten.

Als Oppositionsführer im niedersächsischen Landtag suchte Wulff vergeblich aus milden Skandalen um die Schröder-Minister Funke (Landwirtschaft) oder »Umwelt-Moni« Griefahn Funken zu schlagen, bevor er sich auf Schröders präsumtiven Nachfolger Gerhard »Glogo« Glogowski einschoss. »Glogo«, Schröders zackiger Innenminister, der SPD-»Löwe von Braunschweig«, hatte mit hannoverschen »Chaostagen«, Castor-Transporten und den allfälligen Problematiken von Asylbewerbern zu kämpfen. Wulff versuchte nun, ihn als Law-and-order-Politiker von rechts anzugreifen. Der »Hardliner« Wulff plädierte, wie auch Biograph Fuhrer leicht indigniert feststellte, auf einmal für »verdeckte Ermittler, Rasterfahndung, den finalen Rettungsschuss und die ›Überwachung von Verbrecherwohnungen‹ zur Verhütung von Straftaten«. Den unerreichbaren Landesmanager Schröder griff er wegen dessen zahlreichen und öffentlich vermarkteten Eheschließungen an. Und schließlich folgten die Angriffe auf »Glogo«, als der als kurzzeitiger Schröder-Nachfolger im Ministerpräsidentenamt in einen heftigeren Vorteilsannahmeskandal geriet. All das – auch die Attacken gegen den Bundespräsidenten Johannes Rau wegen dessen heftigen West-LB-Verstrickungen – wurde später von den Elite-Journalisten süffisant, aber korrekterweise gegen Wulff gewendet, als sich dieser im Endkampf um sein Bundespräsidentenamt befand, konzentriert nachzulesen in jener langen *Spiegel*-Geschichte »In Amt und Würden« vom Januar 2012. Den Begriff »Würde« hatte die *Spiegel*-Chefredaktion (seinerzeit: Georg Mascolo, Mathias Müller von Blumencron) da schon hartherzig auf dem Titel durchstreichen lassen.

Wenn man aus all dem eine historische Lehre ziehen will, dann diese: Es macht keinen Sinn, sich Savonarola-artig zu inszenieren, gerade in einer neuen Sphäre sogenannter »sozialer Netzwerke« und schnelltaktiger TV-Talkshows, wenn man selbst kein Heiliger ist – und wer ist das schon? Wulff hat das sehr verspätet in seiner Autobiographie *Ganz oben – ganz unten* eingesehen.

Regent in Hannover. 1998 war die ewige Kohl-Ära vorbei und Schröder wechselte ins Bonner Kanzleramt, aber dennoch musste Wulff noch weitere fünf quälende Jahre warten, bis er endlich 2003 Regent in Hannover wurde. Bei der Landtagswahl 1998 in Niedersachsen hatte Wulff erwartbar ein zweites Mal gegen Schröder verloren, der die Wahl geschickt zu einer inneren SPD-Kanzlerkandidaten-Entscheidung gegen Oskar Lafontaine umfunktionierte. Die von Maschmeyer gesponsorte Presse-Annonce »Der nächste Kanzler muss ein Niedersachse sein« »brachte die Stimmung genau auf den Punkt«, erinnert sich heute noch mit Anerkennung für den Schröder-Schachzug die FDP-Führungskraft Patrick Döring. Wulff hielt diese Annonce im Wahlkampf empört in die Fernsehkameras, als Minister- und Bundespräsident zählte er dann zum engeren Freundeskreis von »Maschi«, vermittelte ihm sogar die neue Ehefrau Veronica Ferres und machte Urlaub in Maschmeyers Mallorca-Villa.

Bei der Landtagswahl 2003 – die CDU kam auf glänzende 48 Prozent der Wählerstimmen, verfehlte aber die absolute Mehrheit knapp – profitierte Wulff von den Holprigkeiten der Schröder / Fischer-Anfänge auf bundespolitischer Ebene und von Sigmar Gabriels strategischen Ungeschicklichkeiten im niedersächsischen Landtagswahlkampf. Aber immerhin: Nun zählt er wirklich zu den unbestrittenen CDU-Schwergewichten auch aus der bundespolitischen Perspektive. Die Jahre von 2003 bis 2010 waren die erfolgreichste Zeit seiner politischen Karriere, mit einigen anerkennenswerten Leistungen. Wie regierte er in Hannover? Und mit wem?

Wulffs erstes Kabinett als Ministerpräsident verzeichnet diese Namen: Walter Hirche (FDP, Wirtschaft, Arbeit und Verkehr); Uwe Schünemann (CDU, Inneres und Sport), Hartmut Möllring (CDU, Finanzen), Elisabeth Heister-Neumann (CDU, Justiz), Bernd Busemann (CDU, Kultus), Lutz Stratmann (CDU, Wissenschaft und Kultur), Hans-Heinrich Sander (FDP, Umwelt), Hans-Heinrich Ehlen (CDU, Ländlicher Raum, Ernährung, Landwirtschaft und Verbraucherschutz) sowie Ursula von der Leyen (CDU, Soziales, Frauen, Familie und Gesundheit). Von den zehn Regierungsmitgliedern, Wulff eingeschlossen, waren fünf gelernte Juristen, der Rest Betriebs- und Landwirte oder Lehrer. Ursula von der Leyen, damals als Politikerin nur durch ihre Mitgliedschaft im Sehnder Stadtrat profiliert, war als Medizinerin fast schon die Exotin im Kabinett. Es war Wulffs Milieu, kein Minister hatte eine irgendwie sozialwissenschaftliche oder philosophische Grundierung. Verglichen mit Schröders »großen Kalibern« aus Niedersachsen, setzte der neue Ministerpräsident konsequent auf ein Kabinett der Unbekannten. Die stärkste Figur war Finanzminister Hartmut Möllring, ursprünglich Richter und Staatsanwalt, seit 1990 (und bis 2013) direkt gewählter CDU-Abgeordneter des Landtagswahlkreises Hildesheim. Der erstaunlich jugendlich wirkende Möllring, Jahrgang 1951, ein Mann mit hintergründigem Humor und klarer Aussprache, wurde auch von Wulff-Nachfolger David McAllister im Amt belassen. Möllring drängte nicht allzu sehr an die Rampe, im Gegensatz zur taffen und sendungsbewussten »Röschen« von der Leyen, die Wulff ganz gerne schon 2005 an Angela Merkels großkoalitionäres Bundeskabinett abgab. Ihre Nachfolgerin als Sozial- und Frauenministerin wurde die farblosere Mechthild Ross-Luttmann, wieder eine Juristin, die er dann fünf Jahr später integrationspolitisch gegen die junge Deutsch-Türkin Aygül Özkan, Jahrgang 1971, austauschte, eine Juristin und Telekom-Fachfrau, in der CDU zuvor stellvertretende Landesvorsitzende in Hamburg unter Ole von Beust.

Wulff war zwar nicht gerade der »Menschenfischer«, als den ihn sein schwer begeisterter Biograph Fuhrer 2006 verkaufte, aber immerhin gelangen ihm doch einige interessante Personalakquisitionen: neben Medienberater und Parteisprecher Glaeseker, Jahrgang 1961 und zuletzt Bonn-Korrespondent der *Augsburger Allgemeinen* noch der gelernte Wahlforscher und »Zahlenfex« Wolfgang Gibowski aus Mannheim (Mitbegründer der »Forschungsgruppe Wahlen e.V.«), im Range eines Staatssekretärs 2003 bis 2010 Bevollmächtigter des Landes Niedersachsen beim Bund. Und dessen Amtsvorgängerin Martina Krogmann, eine US-affine, polyglotte und auffällige Blondine, geboren 1964 in Hannover, 1998 bis 2008 mit Wulffs Protektion stellvertretende CDU-Landesvorsitzende in Niedersachsen.

Krogmann hatte bei Helga Haftendorn zum Dr. phil. promoviert, war Elevin der Axel-Springer-Journalistenschule – und heiratete Alfred Draxler, heute Chefredakteur von *Sport-Bild* und Vertrauter des Deutschen Fußball-Bunds (DFB), davor stellvertretender Chefredakteur der *Bild* und Kai-Diekmann-Buddy. Man kann daher annehmen, dass man bei der *Bild* über Wulffs Lebensumstände stets gut informiert war, nicht nur durch »Angi« Baldauf, die als hannoversche Regionalreporterin *Bild*-offiziell auf Wulff angesetzt war.

Ein kleiner medialer Akquise-Scoop war Wulff schon 2001 gelungen, als er die in Niedersachsen ziemlich bekannte Kabarettistin und Radiomoderatorin Sabine Bulthaup (»Frühstyxradio«, »Uschi mit den Dingern«) vom Privatradio ffn als Pressesprecherin zur CDU-Landtagsfraktion holte; für sein erstes Schattenkabinett gegen Schröder hatte er sogar die damalige *Tagesthemen*-Moderatorin Sabine Christiansen verpflichten wollen, die aber höflich ablehnte.

Zum Beispiel Frau Grotelüschen. Wesentlich unglücklicher verlief 2010 der Austausch des amtsmüden Landwirtschaftministers Ehlen, Jahrgang 1949, durch die gebürtige Kölnerin Astrid Grotelüschen, Jahrgang 1964. Die Diplom-Ökotrophologin hatte Garlich Grotelüschen geheiratet, Miteigentümer von Deutschlands zweitgrößter Mastputen-Brüterei in Ahlhorn (Gemeinde Großenkneten bei Oldenburg). Ehefrau Astrid, seit 2001 stellvertretende CDU-Kreisvorsitzende Oldenburg-Land, war Co-Geschäftsführerin des Betriebs. Wulffs Ernennung von Astrid Grotelüschen rief Tierschutzverbände und kritische Journalisten geradezu zwangsläufig auf den Plan. Dabei hatte *Bild*, damals noch in engem Verbund mit dem Ministerpräsidenten, im Mai 2010 unter der neckischen Überschrift »Bei dieser Ministerin piept's« zur Amtseinführung lyrisch Hilfestellung geleistet: »Aus Pappkartons dringt tausendfaches Piepsen. Mit Haube und Schutzanzug hält eine dunkelhaarige Frau vorsichtig ein Küken in der Hand, krault liebevoll den zartgelben Flaum.« Nur wenige Monate später kam es zur »Putenaffäre in Niedersachsen« (*Spiegel*). Grotelüschen musste wegen anhaltender Vorwürfe um Tierschutzmängel und Dumpinglöhne in der Mästerei-Branche zurücktreten – Wulff war da schon Bundespräsident, in Hannover führte jetzt David McAllister das Kabinett. Heute sitzt sie für ihre Partei im Bundestag.

Wulffs Regierungsstil in Hannover – er galt als »Aktenfresser«, im Gegensatz zu Schröder oder Gabriel – war solide und unspektakulär, professioneller jedenfalls als das Kabinettsmanagement seines unglücklichen CDU-Pendants in Nordrhein-Westfalen, Jürgen Rüttgers (»Kinder statt Inder«). Ein Sparkurs, der denn doch nicht durchgehalten werden konnte (für Aufregung sorgten die Abschaffung des »Blindengeldes« oder der »Landeszentrale für politische Bildung«), Abitur nach 12 Schuljahren, mehr »innere Sicherheit« mit der Legalisierung des »finalen Rettungsschusses«, vor allem die Eliminierung der Bezirksregierungen und eine allgemeine Verschlankung der Landesbürokratie mit der Einsparung von 6000 Stellen – das war ungefähr das, was sich liberal-konservativ auf Landesebene durchsetzen ließ. Wulffs Kabinettsmitstreiter, darunter selbst der innerparteiliche Erz-Gegner Bernd Busemann (Kultus, dann in einer von außen schwer verständlichen Rochade mit Elisabeth Heister-Neumann auf den einflussloseren Posten als Landesjustizminister verbannt, was den Emsländer nachhaltig entzürnte), beschreiben heute die Regierungsatmosphäre zumindest der ersten Wulff-Amtszeit als konstruktiv und dynamisch. Zum Beweis für den allgemeinen Sparkurs mussten alle Kabinettsmitglieder sogar vier Euro für belegte Brötchen, Mineralwasser und Kaffee pro Sitzung einzahlen.

Finanzminister Möllring sieht es rückblickend als die wesentliche Leistung Wulffs und seiner Mitstreiter an, 2008/2009 die Übernahme von VW durch Porsche verhindert zu haben, und »dann die Verwaltungsreform. Wir haben damals die Bezirksregierungen abgeschafft, das haben nicht alle schön gefunden, aber das hat immerhin 6000 Stellen eingespart. Der Rechnungshof hat uns dann später gesagt: Ja, aber ihr habt dann zusätzliche Lehrer eingestellt. Das ist ja aber auch eine positive Entwicklung ... Dann hat es gleich am Anfang eine Universitätsreform gegeben. Das hat man heute schon wieder vergessen, da sind Dopplungen und Ähnliches abgebaut worden. Davon profitiert die niedersächsische Hochschullandschaft heute noch.« Kultusminister Busemann, um Objektivität bemüht: »Im zeitlichen Abstand wird mancher, der nicht christdemokratisch oder liberal geprägt ist, zugestehen müssen: Mein lieber Mann, unter Führung von Wulff wurde damals enorm was in Bewegung gesetzt. Reformschritte bei den Finanzen, Sparprogramm, Stellenabbau, im Verwaltungsbereich, im Hochschulbereich, im Bildungsbereich, ich war ja Kultusminister, in einem Umfang und in einer Schnelligkeit – man kann ja darüber streiten, ob das alles richtig war – aber das hat Niedersachsen selten erlebt.«

Lust am Regieren und Machtspiele um VW. Jürgen Trittin, bei Wulffs Amtsantritt als Ministerpräsident noch Bundesumweltminister im Bundeskabinett Schröder, sieht eher Wulffs Lust »am Regieren an sich«:

»Christian Wulff hat es sehr genossen zu regieren. Und hat das auch sehr offen ausgesprochen. Also es gab dieses Element des Regierens um des Regierens willen. Wir wollen vor allem regieren, weil wir, sag ich jetzt mal, das Atomkraftwerk Stade stilllegen wollten. Oder man möchte, dass es keine Berufsverbote mehr gibt. In seiner Oppositionszeit hat die CDU von 1990 bis 1994 dreimal den Ministerpräsidenten Schröder aufgefordert, den Landesminister Jürgen Trittin zu entlassen. Weil Jürgen Trittin immer wieder gesagt hat: Deutschland ist ein Einwanderungsland. Und das Aussprechen dieser Tatsache reichte damals für Christian Wulff, meinen Rücktritt zu fordern. Das kann man sich heute gar nicht mehr vorstellen, aus dessen kurzer Amtszeit als Bundespräsident eigentlich als gute Erinnerung bleibt, dass er sich um die Integration von Muslimen, also von Einwanderern, verdient gemacht hat und die Rechten in der CDU ihn dafür verdammen.«

Ein gehöriges Maß an Opportunismus oder situativem Gespür zeichnet wohl jeden Realpolitiker aus, aber bei Wulff kam hinzu, dass er sich ostentativ und öffentlich als Tugend bold, Moralapostel und untadeligen »Sachpolitiker« ausstellte. Wulffs ziemlich ausgeprägte Wandlungsfähigkeit kann man gut in seinem Verhältnis zu den jeweiligen Machtkonstellationen im VW-Konzern aufzeigen, wo das Land seit dem VW-Gesetz von 1960 mit 20,2 Prozent der Stimmrechte – unabhängig von den jeweiligen Anteilen der Aktionäre – über eine Sperrminorität mit Vetorecht verfügt. Der Chefreferent für Wirtschaftsfragen in der hannoverschen Staatskanzlei war seit Januar 2005 Mathias Middelberg, Wulff-Bekannter aus den alten Osnabrücker Tagen von Schüler-Union und JU. Middelberg, Jahrgang 1964, 2003 mit einer ausgezeichneten Studie über den Osnabrücker Rechtsanwalt Hans Calmeyer und sein Wirken während der deutschen Besetzung der Niederlande im Zweiten Weltkrieg zum Dr. jur. promoviert, galt als der strategische Kopf hinter Wulffs VW-Politik.

Wulffs Engagement in der endlosen VW-Intrigensaga lässt sich in drei Komplexe aufteilen: zunächst seine Rolle beim Abgang von VW-Personalvorstand und Schröder-»Sozialreformer« Peter Hartz 2005, dann der Versuch 2006, den ungeliebten Firmenpatriarchen Ferdinand Piëch mithilfe des heute in der Versenkung verschwundenen Vorstandschefs Bernd Pischetsrieder zu stürzen, schließlich die Abwehrschlacht gegen den Porsche-Chef Wendelin Wiedeking – diesmal wieder an der Seite von Piëch. Die Macht der kombinatsartigen VW-Querfront in Wolfsburg und Hannover aus Piëch, der IG Metall, Schröder und Hartz war Wulff schon in seiner Zeit als Oppositionspolitiker schmerzlich bewusst geworden. Hier konnten zum Wohle aller, die im und mit dem VW-System agierten, Prestigeprojekte aufgezogen werden (»Autostadt«, das Ritz-Carlton mit Sven Elverfelds Drei-Sterne-Küche im Restaurant Aqua, großzügige Unterstützung des VfL Wolfsburg), Galaempfänge und prestigeträchtige Auslandstouren. Schröder hatte sich in dieses System prima hineingefunden, Wulff saß lange Zeit am Katzentisch, auch wenn Wolfsburgs langjähriger Oberbürgermeister und Transportunternehmer Rolf Schnellecke ein Parteifreund war. Und dann hatte Schröder eben gemeinsam mit Wolfgang Clement den Wohlfühl-Manager und stets auf Ausgleich bedachten Saarländer Peter Hartz zum Chef seiner Arbeitsmarktkommission gemacht, an dem damaligen Bundesarbeitsminister Walter Riester vorbei.

Nach seiner Amtsübernahme als Ministerpräsident brannte Wulff darauf, »den Sumpf trockenzulegen«, wie es der damalige IG-Metall-Chef Jürgen Peters ironisch formulierte. Nicht in allen Details, aber im Grundsatz war das unappetitliche Bonus- und Lustreisen-System rund um den VW-Betriebsratschef Klaus Volkert allen Eingeweihten bekannt, über das dann auch der spendable Peter Hartz stürzte, aber Wulff und seine Crew warteten bis 2005, also genau bis ins Vorfeld des Bundestagswahlkampfs, bis die Skandale um Bordellbesuche und betriebsbezahlte Geliebte (»Gebauer, wo bleiben die Weiber?«) via *Focus* öffentlich gemacht wurden. Über die kleineren Chargen Helmuth Schuster (Hartz' Ghostwriter,

Skoda-Manager, »Lambo-Schuster«), den Reisemarschall Klaus-Joachim Gebauer oder Volkert sollte zunächst Hartz getroffen werden, um den herum es bereits lichterloh brannte, bevor er dies selbst begriff, dann Ferdinand Piëch, letztlich Kanzler Schröder. Der Masterplan ging nur bedingt auf; Piëch agierte wie gewohnt durch »Bestreiten mit Nichtwissen« und ließ den getreuen und erpressbaren Hartz allein die Suppe auslöffeln. Schröder wäre 2005 ja um ein Haar noch einmal wiedergewählt worden; die Hartz-Affäre schadete ihm nur unwesentlich.

Im Juli 2005 hatte Wulff in einem ZDF-Interview noch verkündet: »Wir haben die Äußerung des Vorsitzenden des Aufsichtsrats Ferdinand Piëch, wonach kein Aufhebungsvertrag angeboten wird. Das ist richtig. Aber es kann auch für Peter Hartz und für andere keinen Persilschein geben, sondern wir werden jetzt die Dinge aufbereiten.« Beim »Dinge aufbereiten« erlahmte dann der Elan der Wulff-Administration zusehends, die Braunschweiger Staatsanwaltschaft machte ihre Arbeit, es kam zum »Deal« mit Peter Hartz, aber VW-Gott Piëch blieb ungeschoren. Die IG Metall, die gut dotierten Arbeitnehmer bei VW und Piëch selbst hatten Wulff schnell die Grenzen seines Aufklärungsverlangens aufgezeigt. Dann die nächste Chance: Im Herbst 2006 hatten sich Piëch und dessen einstiger Starmanager Bernd Pischetsrieder, 2000 von BMW nach Wolfsburg geholt, wegen modellpolitischer und allgemein-strategischer Fragen zerstritten. *Tagesspiegel*-Redakteur Alfons Frese fasste die Gemengelage so zusammen:

»Der Sportwagenhersteller Porsche, der großteils den Familien Porsche und Piëch gehört, war bei VW eingestiegen. Daraufhin versuchte Wulff als Vertreter des bisherigen Mehrheitsaktionärs Niedersachsen, Piëch wegen eines möglichen Interessenskonflikts aus dem VW-Aufsichtsrat zu drängen. Pischetsrieder unterstützte Wulff, indem er ein Gutachten in Auftrag gab. ›Zwischen den Zeilen war klar zu hören, dass weder Piëch noch ein Porsche-Vertreter etwas im Aufsichtsrat zu sagen haben‹, sagte damals ein Aufsichtsrat über das Gutachten. Wulff und Pischetsrieder wollten den Alten loswerden – und der schlug trocken zurück. Wenige Wochen später setzte er mit Hilfe der Arbeitnehmervertreter den bisherigen Audi-Personalvorstand und IG-Metall-Mann Horst Neumann als neuen VW-Personalchef durch [damals der Lebensgefährte von Andrea Nahles, LH]. Gegen den ausdrücklichen Willen von Pischetsrieder und Wulff. [...] In der Zwischenzeit hat Porsche seinen Anteil deutlich erhöht und geht offenbar in Richtung 30 Prozent. Zwar blockiert das VW-Gesetz noch einen Einfluss in Höhe des Anteils. Doch Porsche und damit auch Piëch bestimmen bereits, wo es in Wolfsburg langgeht.«

Wulffs stärkster Mann in Wolfsburg, Pischetsrieder also, wurde dann durch den Audi-Chef und Piëchs neuen Vertrauten Martin Winterkorn ersetzt. Für Wulff und seinen Referenten Middelberg ergab sich nun eine ganz neue Lage, weil Porsche mit Wiedeking durch verdeckte Aktienaufkäufe einen spektakulären Anlauf nahm, VW ganz zu schlucken. Der Verlust des niedersächsischen Stammsitzes in Richtung Baden-Württemberg drohte. In der hannoverschen Regierungszentrale wurde alles unternommen, diese Entwicklung, die auch den politischen Knockout für Wulff zur Folge gehabt hätte, zu stoppen. Es war Mathias Middelberg als gewiefter Verwaltungsjurist, der darauf kam, mithilfe einiger Passus in der VW-Satzung (also nicht im VW-Gesetz) dagegenzuhalten. Und bald ging Porsche auch das Kapital für eine VW-Übernahme aus. Hoch verschuldet wurde Porsche eine Marke unter vielen im VW-Reich. Weiterhin unerreichbar ganz oben: Ferdinand Piëch, von dem es hieß, er gewinne in solchen männerbündischen Kapitalismus-Machtspielen immer.

Mathias Middelberg, heute CDU-Bundestagsabgeordneter, erinnert sich:

»Für Niedersachsen war das eine ganz wichtige Phase. Weil es für uns einfach darum ging, den Unternehmenssitz von VW in Wolfsburg zu halten. Das ist einfach ein strategisches Ziel, dafür ist das Unternehmen zu groß, über 100 000 Menschen sind nur bei VW beschäftigt, mehrere hunderttausend bei den Zulieferern. Deswegen gab es für uns auch gar keine Kompromissmöglichkeiten. Dieser Übernahmeversuch musste abgeblockt werden. Und das ist, glaube ich, ganz intelligent und ganz erfolgreich gelungen. Im Übrigen auch mit einem tollen Einvernehmen mit den Arbeitnehmern, mit dem Betriebsrat bei VW. Und ich glaube, das war sicherlich auch ein Meisterstück für Christian Wulff.

LH: Mit Ihrer Hilfe.

Ja, ein bisschen auch mit meiner Hilfe [...] Und das war eine sauschwierige Zeit, wenn ich das Ihnen mal so sagen darf. Da sind ja alle möglichen Nasenbären von links und rechts auf sie eingedrungen und haben ihnen erzählt: Sie müssen noch zusätzliche Aktien kaufen, müssen dies machen und müssen das machen ... Das wäre gar nicht möglich gewesen, den Aktienanteil von 20 auf 25 Prozent aufzustocken. Das hätte Milliarden gekostet, das hätte man gar nicht vermitteln können, nach dem Motto: Ihr habt aber kein Geld für Kindergärten. Das war politisch eine knallharte Zeit, auch für den Ministerpräsidenten.«

Der zweite Wahlsieg. Unterdessen hatte Wulff mit seinem Koalitionspartner FDP, damals von dem späteren Bundesparteivorsitzenden und Bundeswirtschaftsminister Philip Rösler angeführt, die niedersächsische Landtagswahl noch einmal gewonnen, trotz herber Stimmenverluste für die CDU, die nur noch auf 42,5 Prozent kam. Die »Linke« (Ex-PDS) kam mit 7,1 Prozent der Wählerstimmen zum ersten Mal in den

Landtag. Die SPD erzielte mit ihrem harmlosen Spitzenkandidaten Wolfgang Jüttner nur noch 33,4 Prozent, ein historisches Tief. Wulff galt nach den üblichen Sympathie-Umfragen seit einiger Zeit als »beliebtester deutscher Politiker« – im Nachhinein weiß man, was von solchen, in den Medien gern gespielten Sympathiewerten zu halten ist. Aber er machte sich nun ernsthaft Gedanken über seine weiteren Karrierestufen. Ob er 2012 in Niedersachsen ein drittes Mal gewählt werden würde, war unkalkulierbar. Das Beispiel des in seiner letzten Kabinettszeit herbe abgemeierten Ernst Albrecht stand Wulff drohend vor Augen. Bundeskanzler als Nachfolger von Angela Merkel? Wenig realistisch, wie auch Wulff selbst fand, bei allem Enthusiasmus von Bissinger, *Bild* & Co.

Rein privat und politikstilistisch stand nun das »neue Glück« mit Bettina Körner im Vordergrund, »die Wulffs« wurden glamourös, via *Bild*, *Gala* und *Bunte* vermarktet, seit dem Weltmeisterschafts-»Sommermärchen« von 2006. Der Ministerpräsident geriet zwar nicht direkt in den »Krökelkeller« von Götz von Fromberg, dafür war er geistigen Getränken nicht genug zugeneigt. Aber durch die neue Freundschaft mit der »Klette« Carsten Maschmeyer, mit »Vroni« Ferres und mit der Film-Society um David Groenewold geriet er in eine Boulevard-Sphäre, die gar nicht zu ihm passte. Auf den Berlinale-Empfängen im »China-Club« oder oben in Springers Hochhaus trank er weiterhin Saft, während Alexandra Neldel oder Thomas Heinze um ihn herumschwirrten. Die privaten Finanzen, trotz des soliden MP-Gehaltes, waren angespannt. Plötzlich tat sich ein Gelegenheitsfenster auf, das paradoxerweise Wulffs politisches Schicksal besiegeln sollte: Am 31. Mai 2010 trat »der unglückliche Präsident« (*Spiegel*) und einstige »Super-Horst« Köhler Knall auf Fall zurück.

Bevor wir zur bislang in der Journalistik nur schwach gestellten Frage kommen, warum Angela Merkel ausgerechnet den 50-jährigen Wulff zum Bundespräsidenten machte, noch einmal eine Rückblende zum Wandel in Image und Selbstbild des Ministerpräsidenten Wulff – zwar wurde er weder partysüchtig noch trinkfest, entwickelte aber seit 2003 eine deutlich sichtbare Vorliebe für die deutsche Film- und Fernsehwelt, mit deren Premieren, Galas und nationalen Stars wie Veronica Ferres, Heino Ferch oder Ulrich Tukur – also im Grunde für Nico Hofmanns Eventmovie-Szenerie. Das war etwas anderes als die Kabinettssitzungen mit Busemann, Stratmann oder Heister-Neumann. Und es tat sich für den Landesmedienpolitiker Wulff auch objektiv ein interessantes neues Politikfeld auf. Die großen Macher der föderalen Medien- und Filmpolitik, Wolfgang Clement (NRW) und Edmund Stoiber (Bayern), waren zumindest in diesem Politikbereich nicht mehr präsent. *Tatort* und Talkshows in Hannover, Dreharbeiten in Osnabrück, Hildesheim oder Goslar, vielleicht sogar irgendwann Hollywood in Niedersachsen – das versprach doch Popularitätsgewinne. Und war nicht schon Gerhard Schröder in Dieter Wedels *Der große Bellheim* aufgetreten (in Hannover situiert, aber dann doch in Bochum gedreht)?

Film und Fernsehen. An den Medien- und Rundfunkpolitiker Wulff im engeren Sinne erinnert sich Jobst Plog, Wulff habe, so Plog, ganz in der Tradition Ernst Albrechts politischen Druck auf den NDR ausgeübt; er habe Interventionsvorstellungen gehabt, »über die man längst hinaus war. Das machte man nicht mehr so. Keiner der anderen. Ole von Beust als Erster Bürgermeister in Hamburg war ein Liberaler, der mir im Hinblick auf die Staatsvertragskündigung von Wulff schon mal sagte: Ich weiß gar nicht, was der da macht. Also das war nicht mehr konsensfähig, auch mit den anderen Konservativen nicht. Er mischte sich in alles selbst ein. Er hat auch die unionsangehörigen Gremien unter Druck gebracht. Unverhohlen verlangt, dass man Personalien mit ihm abspricht und dann eben den Staatsvertrag gekündigt und auch bei meinem Nachfolger [Lutz Marmor, LH] erneut eine Kündigung des NDR-Staatsvertrages angedroht. Wulff wurde erst anders, als er plötzlich Bundespräsident wurde.«

Wulff nahm für sich in Anspruch, als Standortpolitiker mehr Sendezeit, Personal und Regionalberichterstattung in der Vierländer-Anstalt NDR herausgeholt zu haben, verkaufte aber als größten Triumpf ausgerechnet die Talkshow *Herman und Tietjen*, die in Hannover für das dritte NDR-Fernsehprogramm produziert wurde. Das war vor dem unsanften Abgang der ehemaligen *Tagesschau*-Moderatorin Eva Herman beim NDR, deren familienpolitische Thesen (*Das Eva-Prinzip*) auch Wulff als »dümmlich« einschätzte.

Bei den Dreharbeiten zum Grubenunglücks-Drama »Das Wunder von Lengede«, produziert von der Kölner Produktionsfirma »Zeitsprung« im Nico-Hofmann-Stil, lernte Wulff den jungen Filmfinancier und Fondsunternehmer David Groenewold kennen. Filmlobbyist Groenewold, Jahrgang 1973, als Volks- und Betriebswirt immerhin an der London School of Economics und der European Business School in Oestrich-Winkel examiniert und Neffe des RAF-Anwalts Kurt Groenewold, galt mit seinen steuertechnisch riskanten Fondsmodellen eine Zeitlang als Hoffnungsträger der deutschen Filmbranche. Für Groenewold, eine Art Maschmeyer der Kino- und Fernsehproduktion, war der Ministerpräsident Wulff wiederum ein interessantes filmpolitisches Investment – in diesem Feld ganz unbeleckt, aber seriös und erlebnishungrig. Es entwickelte sich eine persönliche Freundschaft, mit Beratungsleistungen in privaten Beziehungsfragen.

Ende 2005 traf Wulff eine erste fatale Entscheidung: Er nahm von Groenewold ein privates Zweithandy an, um in der Endphase der kriselnden Ehe mit seiner Frau Christiane ungestört herumtelefonieren zu können – das Ganze kam erst 2012 heraus. Offenbar hatte er keinen anderen Weg gefunden, sich neben seinem offiziellen Dienst-Mobiltelefon ein anderes Gerät zu besorgen. Das hieß aber auch, dass Groenewold, wenn er denn gewollt hätte, den Ministerpräsidenten ganz gut in der Hand haben konnte – ein Unternehmer, der sich zugleich um millionenschwere Landesbürgschaften in Niedersachsen für seine Filmprojekte bemühte. Der Filmfinanzier etablierte in Hannover die »Get Lost Films« (später: »Waterfall«) – und »Get Lost« war dann auch das probate Motto für Wulffs weitere Karriere: Ein Mann geht verloren. Wulff vertelefonierte mit dem Groenewold-Handy rund 900 Euro und lernte dann auf einer Südafrika-Unternehmerreise, so jedenfalls die offizielle Version, im April 2006 die studierte Medienwissenschaftlerin Bettina Körner kennen, eine groß gewachsene, attraktive Frohnatur – ein ganz anderer Typ als die erste Gattin Christiane, diese eine introvertierte Juristin und Pferdenärrin, die allzu ostentativen Boulevard-Auftritten ganz abgeneigt war.

Private Trennung und publizistisches Management. Es lohnt sich, die Wulff'sche Interpretation seiner privaten Verwandlung noch einmal in seinem Buch *Ganz oben – ganz unten* nachzulesen. Vor allem das mediale Management dieser Transformation. »Alles fing damit an, dass meine Frau Christiane und ich uns auseinander gelebt hatten«, so Memoiren-Autor Wulff. »Als Familienvater mit unserer damals zwölfjährigen Tochter und als Ministerpräsident war ich bemüht, die Umstände unserer bevorstehenden Trennung von der Öffentlichkeit fernzuhalten.« Also sollte Medienfex Glaeseker am Pfingstmontag vier Zeitungen anrufen: *Bild*, die *Braunschweiger Zeitung*, die *Nordwest-Zeitung* aus Oldenburg und die *Neue Osnabrücker Zeitung*, die »bereits hellhörig geworden waren und Anfragen gestellt hatten«.

»Die Erklärung bestand nur aus einem Satz«, so Wulff, »Christian und Christiane Wulff haben sich einvernehmlich getrennt und werden keine weiteren Kommentare abgeben, sondern bitten, die Privatsphäre zu respektieren. Die Erklärung ähnelte der von Gerhard Schröder zehn Jahre zuvor bei der Trennung von seiner Frau Hiltrud.«

Da war er wieder, der Verweis auf Gerhard Schröder, natürlich aber kein Hinweis darauf, dass er Schröder wegen dessen wechselnden Eheverhältnissen seinerzeit kräftig eingeheizt hatte. Aber dann geht es noch skurriler ins Detail: »Nachdem klar war, dass Glaeseker am Pfingstmontag die Presse unterrichten würde, sagte ich am Samstag vor Pfingsten zu Bettina: Lass uns heute Abend essen gehen, wir müssen uns jetzt nicht mehr verstecken, wir brauchen nichts mehr geheim zu halten. Die Zeitungen für Sonntag sind um diese Zeit schon angedruckt, vor Dienstag kann nichts passieren. Soweit öffnet sich die Schere im Kopf eines Politikers, der zum ersten Mal mit seiner neuen Freundin essen gehen will.«

Welche Schere sich hier öffnete oder schloss, sei einmal dahingestellt, signifikanter ist der Hang zur Detailfreude im Tonfall eines Jugendbuchs, in den der ehemalige Bundespräsident in seinen Memoiren verfällt – und damit nahe beim Stil von *Jenseits des Protokolls* ist, dem viel geschmähten »Tagebuch eines Teenies« (Wulf Schmiese, *Cicero*) von Gattin Bettina: »Wir entschieden uns für einen Italiener und hatten einen wunderbaren Abend. An den Wänden hingen Bilder eines mit dem Wirt befreundeten Malers, die man kaufen konnte, und ich habe zwei Gemälde erworben. Am Pfingstsonntag bekam ich von Olaf Glaeseker eine SMS: Angi Baldauf fragt, mit welcher hübschen Frau der Ministerpräsident am Samstagabend essen war. Wahrscheinlich hatte ein Gast die *Bild*-Hannover informiert. Angi Baldauf [...] suchte das Lokal auf und ließ sich vom Wirt alles haarklein berichten: an welchem Tisch wir saßen, was wir bestellt hatten, wie verliebt wir gewesen seien.«

Die Vermarktung der neuen Beziehung lief auch gar nicht schlecht; Angi Baldauf habe »den für mich schwierigen Lebensabschnitt«, so Wulff, durchaus »mit Gespür für meine Situation« begleitet, so dass die Neugier des Boulevards zunächst nicht mit seinen Interessen kollidierte: »Bettina und ich kamen in der Tat gut weg. Das hing vor allem damit zusammen, dass Bettina sicher im Auftreten war und das Blitzlicht nicht scheute. Sie war genau der Typ von Frau, nach dem sich bunte Blätter sehnen.« Wulff war so über alle Maßen verliebt, dass ihn übelwollende Zeitgenossen später im Affären-Dickicht als »Professor Unrat« schmähten. Nach seiner eigenen Aussage war ihm der Boulevard-Rummel um das neue deutsche Glamour-Paar samt Patchwork-Familie bald nicht mehr geheuer: »Da wurde mir ein Persönlichkeitsprofil attestiert, das mit meiner Selbstwahrnehmung nicht übereinstimmte [...] Ich habe Angi Baldauf immer öfter hingehalten und weniger mit *Bild* gemacht.«

Tatsächlich kam Wulff nun als Einzelperson immer weniger vor, es begann die *Soap* und *opera buffa* »der Wulffs«. Das neue Leben mit der jüngeren Partnerin war durchaus kostspielig, ganz abgesehen von der Alimentierung der ersten Ehefrau mitsamt gemeinsamer Tochter. Und natürlich kamen bei den konservativen Emsländer und Oldenburger Christdemokraten schon 2006 Gerüchte um das angebliche Vorleben von »Tattoo-Betty« oder »Bett-Tina« auf, die dann auch ziemlich schnell in hannoverschen und Berliner Journalistenkreisen gehandelt wurden. Wulff muss ziemlich naiv oder benebelt gewesen sein, wenn er davon nichts mitbekommen hätte. Und er konnte nicht wissen, über welches Material die *Bild*-Reporter – oder *Spiegel* und *Stern*, die auch angefangen hatten, den Rotlicht- oder Escort-Vermutungen im Steintor-Viertel, beim »Chateau am

Schwanensee« und sonstwo hinterher zu recherchieren – verfügten. Und bei der politischen Analyse des Falles geht es ohnehin nicht um irgendeine Moralebene. Die spielte für Wulff nur im Hinblick auf innerparteiliche Gefährdungen eine Rolle. Relevant war aber das Erpressungspotential, und einige Beobachter haben die verbale Heftigkeit von Wulffs Mailbox-Nachricht bei Diekmann auch genau damit in Verbindung gebracht, so etwa Götz von Fromberg:

»Sie kennen ja das Telefongespräch [die Mailbox-Nachricht auf dem Handy von Kai Diekmann, LH], das ist ja nachher veröffentlicht worden. Ich sage auch dazu, das hätte er von Anfang an veröffentlichen können. Aus meiner Sicht gibt es nichts Ehrenrühriges in dem Telefonat. Aber da können Sie schon sehen, dass es nicht nur um den Hauskauf in Burgwedel ging, sondern um andere persönliche Dinge, wo vielleicht seine Frau eine Rolle gespielt hat. Da kann man verstehen, dass man sich als Ehemann, dann auch noch in der Rolle des Bundespräsidenten, darüber aufregt. Ich glaube schon, dass er gefühlt hat, dass man es ihm vielleicht auch zugetragen hat, dass sich da was zusammenbraut.«

Und weiter:

»Sie müssen ja sehen, nehmen wir mal an, es würde eine Geschichte in der Richtung kommen, auf der ersten Seite der *Bild*-Zeitung. Und am nächsten Tag haben Sie eine Richtigstellung, auch auf der ersten Seite der *Bild*-Zeitung. Da bleibt doch was hängen. Jeder würde sagen: Ach. Da ist doch was dran. Das würden die doch nie schreiben … Selbst wenn Sie einen Riesen-Schadenersatz bekommen, trotzdem bleibt an Ihnen persönlich etwas hängen. Das hat er natürlich befürchtet. Dann kommt hinzu, es geht ja nicht nur um ihn und seine Frau, auch um seine Kinder. Es geht um die Familie. Und ich glaube, dass er die Gefahr gesehen hat, und deshalb auch das Telefongespräch geführt hat.«

Das heißt also, Wulff ging es nicht um die Recherchen der *Bild*-Zeitung rund um den Hauskredit für das Klinkerhaus in Großburgwedel, sondern er musste den Eindruck haben, die *Bild*-Investigativabteilung würde nun noch ganz andere Karten ziehen, auf welcher Recherchegrundlage auch immer. Sonst wären einzelne Sentenzen in der berühmtesten Maibox-Nachricht der deutschen Geschichte gar nicht verständlich, etwa die Androhung einer Pressekonferenz (»und meine Frau und ich werden Mittwochmorgen eine Pressekonferenz machen zwischen dem – Treffen mit dem – japanischen Ministerpräsidenten und den weiteren Terminen und werden entsprechend auch öffentlich werden. Weil diese Methoden Ihrer Journalisten, des investigativen Journalismus, nicht mehr akzeptabel sind … Und da ist jetzt bei meiner Frau und mir einfach der Rubikon in dem Verhalten überschritten«).

Ruppige SMS-Botschaften. Eine Pressekonferenz zu einem etwas undurchsichtigen Privatkredit, hinter dem zunächst Maschmeyer als »big spender« vermutet worden war, hätte gar keinen Sinn gemacht – da hätte das Publikum die Fallhöhe gar nicht verstanden. Jürgen Trittin erinnert sich, dass Wulff während seiner gesamten Amtszeit als Ministerpräsident einzelne Journalisten bei unliebsamer Berichterstattung mit ruppigen SMS-Botschaften und direkten Telefonaten bedacht habe – so auch Angi Baldauf, seinen auch selbst gewählten *Bild*-Schatten, Tochter eines ehemaligen niedersächsischen Landtagsabgeordneten. Trittin, selbst *Bild*-erfahren (wegen heftiger Attacken im Zusammenhang mit seiner K-Gruppen-Vergangenheit) hatte schon 2006 in einer medienkritischen Rede, mit explizitem Bezug auf »die Wulffs« und ihr öffentliches Beziehungsmanagement, fast prophetisch darauf hingewiesen:

»Es sind nicht die bösen Medien allein, die den Schutz der Privatsphäre durchlöchert haben, die das Private öffentlich und das Politische unpolitischer gemacht haben. Hierzu haben Prominente, Künstler, Manager wie Politiker selbst beigetragen. Sie müssen dann die Erfahrung machen, dass die Medien, mit denen sie ins Penthouse der Prominenz gefahren sind, sich daraus das Recht ableiten, sie bei Gelegenheit vom Dach zu schmeißen.«

Das war also lange vor Mathias Döpfners Sinnspruch, mit der *Bild* fahre man im Paternoster nach oben und, wenn es denn sein müsse, auch wieder nach unten. Gemessen an solchen realistischen Lagebeurteilungen wirken Bettina Wulffs Erzählungen über Ihre Beziehungen zur *Bild* sehr drollig; sie habe, so diktiert sie in *Jenseits der Protokolls* ihrer Ghostwriterin, immer ein »sehr pragmatisches Verhältnis« zur *Bild*-Zeitung gehabt: »Sie ist nun einmal die meistgelesene Tageszeitung in Deutschland. Und als Fan von Hannover 96 zählte sie lange morgens auch zu meiner Lieblingslektüre. Wer spielt gegen wen? Welcher Trainer wurde entlassen? Welcher Spieler ist mal wieder mit seinem Porsche zu schnell gefahren? Die *Bild* schreibt nicht darum herum. Alles ist kurz, knapp und mitunter sogar unterhaltsam notiert. [...] Ich habe sie mir früher sogar ab und an selbst gekauft und später, als ich mit Christian zusammenkam, lag sie sowieso jeden Morgen auf dem Frühstückstisch, und im Gegensatz zu meinem Mann, der am liebsten als Erstes immer die *Süddeutsche* liest, fiel meine Erstwahl auf die *Bild*. Warum auch nicht?« Und, mit dem spezifischen Bettina-Wulff-Sinn für Pragmatik: »Ganz ohne Zweifel war uns die ›Bild‹-Zeitung zu diesen Zeiten sehr wohlgesonnen, im von Mathias Döpfner erwähnten Fahrstuhl ging es nach oben. Ich glaube durchaus, dass beide Seiten, wir wie die *Bild*, damals davon profitiert haben.« Damals, in den kurzen goldenen Zeiten des hannoverschen *Glamour-Couple* eben.

Dann aber, »die Wulffs« waren nun schon das Präsidentenehepaar der von Wulff ausgerufenen »bunten Republik

Deutschland«, kam es zu einem Frühstück im Schloss Bellevue mit Diekmann und seiner Frau Katja Kessler, auf Einladung der Wulffs wohlgemerkt (»wir wussten, dass es wichtig wäre, den Kontakt zum Axel-Springer-Verlag zu pflegen«). Bettina Wulff: »Es wurde über Politik gesprochen, beispielsweise diskutierten die Männer gerade eifrig den Satz ›Der Islam gehört inzwischen auch zu Deutschland‹, den Christian zum bevorstehenden Feiertag der Deutschen Einheit sagen wollte. Aber ich plauderte mit Katja Kessler auch über die Kinder, wir tauschten sogar unsere Nummern aus und ich war später einmal mit Leander und Linus bei ihr. Trotzdem sollte und konnte dieses Frühstück nicht der Beginn einer wunderbaren Freundschaft werden. Dazu waren die Positionen zu deutlich verteilt, und manchmal denke ich rückblickend, dass mir das bewusster war als Christian. Kai Diekmann ist einfach ein Fuchs. So war zum Beispiel dieses Frühstück ein nettes Beisammensein, bis zu dem Moment, als er mich ohne Vorwarnung fragte, was denn an den Gerüchten zu meiner vermeintlichen Vergangenheit im Rotlichtmilieu dran sei. Einige seiner Redakteure hätten Derartiges in einer Redaktionskonferenz erwähnt und recherchierten in diese Richtung. Ich war völlig entgeistert, mir blieb fast das Brötchen im Halse stecken.«

Bettina Wulff ging es damals, im Vorfeld der erwartbaren, zeitweisen Trennung von Ihrem Ehegatten, erkennbar darum, sich selbst als die clevere Medienexpertin auszuweisen. Ihr schneller Bestseller-Versuch im wenig bekannten Riva-Verlag stieß auch deshalb auf einhelliges Missfallen der Rezensenten, weil sie sich hier Lady-Di-artig als von »Christian« psychologisch vernachlässigte Schlossprinzessin auszuweisen suchte, generell drangsaliert von dem Korsett des »Protokolls« im Bundespräsidialamt und in der Existenzkrise rituell-kommunikativer Kälte. (»Ich hätte mir gewünscht, dass Christian mit mir redet.«) Ansonsten ist das Buch ein sehr ehrliches Selbstporträt, weit mehr als Christian Wulffs angestrengt medienkritische Monographie, und man nimmt Bettina ihre Beziehungsschilderungen etwa zu Tom, dem Teilzeit-Rettungschwimmer auf Sylt (»Ich war 16, Tom 24«, »groß blond, blaue Augen und natürlich wartete er aufgrund seines Semesterjobs nicht mit dem schlechtesten aller Bodys auf«), oder zu »Achim, Besitzer des Fitness-Studios in Hannover, in dem ich zu der Zeit fast jeden Tag trainierte«, gerne ab.

Hauskredit von Geerkens. Interessanter aber noch ist, dass sie in heiklen juristischen Fragen ziemlich konsequent die Kante ihres Ehegatten hielt – der, wenn er nicht einschließlich seiner Anwälte völlig von Sinnen war, ja auch ihr Buchmanuskript vorher gegengelesen hatte. Schließlich ging es auch um gemeinsame finanzielle Interessen, damals überlebensnotwendig angesichts exorbitanter Anwaltskosten – Gernot Lehrs Bonner Kanzlei arbeitete schließlich nicht auf Pro-Bono-Basis. Und so diktierte Bettina Wulff zur Hauskreditverhandlung: »Mein Mann und Egon [Geerkens, LH] machten sich sehr viele Gedanken um diese Kreditvergabe. Alles wurde schriftlich festgehalten, der Zinssatz von vier Prozent und die sich daraus ergebende Summe von fast 1700 Euro, die wir monatlich an Edith Geerkens zahlten. Ebenso die Laufzeit von fünf Jahren und die mündliche Zusage, dass das Darlehen auch früher ablösbar wäre, zum Beispiel dann, wenn wir als Schuldner anderswo günstiger einen Kredit bekommen hätten. Egon hat zwar die Verhandlungen wesentlich mit meinem Mann geführt, aber das Geld stammte von Ediths Konto und dorthin gingen auch die Zinsen und später die Ablösung des Kredits.«

Nun fragt man sich, warum sich »Egon« und Christian *sehr viele* Gedanken um einen simplen Privatkredit in Höhe von 500 000 Euro machen mussten. Dass dieser schriftlich irgendwie fixiert werden musste, ergab sich zumindest für die Wulffs aus steuertechnischen Gründen – aber all das weist schon auf den finalen politischen Absturz des damaligen Staatsoberhaupts hin.

Sein politisches Verschwinden ins Bodenlose – und in den medialen »Tsunami« hinein, nahm ihren Lauf mit einer Kleinen Anfrage der »Grünen«-Landtagsabgeordneten Stefan Wenzel und Ursula Helmhold zum Thema »Ministergesetz, Spenden und Sponsoring: Zweierlei Maß, zweierlei Moral, zweierlei Recht?«, die am 18. Februar 2010 in der Anlage 4 der 63. Plenarsitzung des niedersächsischen Landtags beantwortet wurde. Die Landesregierung erklärte: »Zwischen Ministerpräsident Wulff und den in der Anfrage genannten Personen und Gesellschaften hat es in den letzten zehn Jahren keine geschäftlichen Beziehungen gegeben.«

Es ging seinerzeit, also vor allen *Bild*- oder *Spiegel*-Recherchen zum Hauskredit, um die Fragen der niedersächsischen »Grünen«, damals in der Landtagsopposition, zum »grauen Kapitalmarkt« und irgendwie auch um undurchsichtige Investitionen von Wulffs Osnabrücker väterlichem Vertrautem Egon Geerkens. Nun kann man lange darüber streiten, ob ein »Privatkredit« für eine Eigenheimfinanzierung eine geschäftliche Beziehung begründet (im Grunde genommen: ja), aber schon die brüsk von Wulffs Staatskanzlei-Beauftragtem Lothar Habeölling verneinte oder vernebelte Geerkens-Beziehung nährte weitere Verdachtsmomente.

Im Nachhinein haben sich Wulffs Vertraute Hagebölling und Glaeseker, die er dann ins Bundespräsidialamt mitnahm, sehr darüber geärgert, dass er sie in Sachen Hauskredit nicht ins Vertrauen gezogen hatte. Besonders unangenehm lesen sich in Wulffs Memoiren die nachträglichen Beschwerden über seinen einstigen Chefberater Olaf Glaeseker. Der geriet wegen der »Nord-Sud«-Events, den der notorische Kölner-Party-Unternehmer und Promi-Amigo Manfred Schmidt für Wulff und seinen »Andenpakt«-Freund Günter Oettinger (damals baden-württembergischer Ministerpräsident und heute EU-Digitalkommissar) erfunden hatte, auch noch ins Visier der hannoverschen Staatsanwaltschaft. Glaeseker hatte bei seinem Freund »Manne« auch Privaturlaube auf Mallorca verbracht. Ermittelt wurde wegen Korruptionsverdachts, denn »Manne« Schmidt hatte mit seinen Nord-Süd-Dialogen sagenhafte Gewinne verbuchen können, mit Unterstützung der niedersächsischen Staatskanzlei.

Glaeseker war schuld. Wulff wusste natürlich, eigenen Angaben zufolge, von diesem Geschäftsmodell nichts und schob alles auf Glaeseker ab, der sich danach in heiklen Zeiten, verlassen von »Zwilling« Wulff in seinem Lieblingslokal »C'est la vie« in Hagenburg am Steinhuder Meer grämte. Der *Stern*-Investigativjournalist Hans-Martin Tillack hatte Zugang zum E-Mail-Verkehr zwischen Glaeseker und »Manne«, in dem sich die beiden als »Generalfeldschnulli« oder mit »Glatzenschmatz« titulierten – Höhepunkte der Christian-Wulff-Comics. In Bedrängnis geraten, entließ Bundespräsident Wulff dann als Ersten seinen Vertrauten Glaeseker, ohne nähere Erklärung, eine schäbige Aktion.

Glaeseker hatte im Auftrag von Wulff im Präsidialamt auch den beiden Rechercheuren Martin Heidemanns (*Bild*) und Hans-Martin Tillack (*Stern*) Anfang Dezember 2011 Einblick in die Unterlagen gegeben, die Egon beziehungsweise Edith Geerkens als Kreditgeber für das Eigenheim auswiesen – und nicht Maschmeyer. Wulff dachte, er wäre damit die lästigen journalistischen Nachstellungen los. Es kam anders, Wulff selbst schildert es so:

»Am Donnerstag, dem 8. Dezember [2011], flog ich zu einer sechstägigen Reise in die Golfstaaten Oman, Katar, Vereinigte Arabische Emirate und Kuwait. Als ich am 12. Dezember, dem vorletzten Tag der Reise, von dem mitreisenden Olaf Glaeseker unterrichtet wurde, dass die *Bild*-Zeitung am nächsten Tag einen Artikel über angebliche Ungereimtheiten bei der Finanzierung unseres Hauses in Großburgwedel veröffentlichen wollte, folgte ich seinem Rat, Kai Diekmann anzurufen.«

Da war also letzlich für alle kommenden Kalamitäten Olaf Glaeseker verantwortlich, der Ratgeber. Über ihn hatte Wulff in seinem Buch bereits gesagt, er sei zwar im überschaubaren Hannover ein wertvoller Mitarbeiter, bei den komplizierten Berliner Verhältnissen aber nicht der richtige Mann gewesen. Und überdies: »Ich will mich hier nicht aus der Verantwortung stehlen. Gleichwohl kann ich nicht unerwähnt lassen, dass ich, wäre es nach mir gegangen, am 13. Dezember 2011, als ich von der Golfreise zurückkam, eine andere Strategie bevorzugt hätte. Sie lief darauf hinaus, öffentlich zu erklären, dass ich mich dem Druck bestimmter Medien nicht beugen werde.«

Unverzeihlicher Mailbox-Fehler. Die eigentliche »Wulff-Affäre« beginnt am 13. Dezember 2011 mit der Publikation des ersten *Bild*-Artikels über die Geerkens als Kreditgeber. Oder, in anderer Perspektive, mit der Maibox-Nachricht von Wulff selbst. Mit der Abgefeimtheit des *Bild*-Chefredakteurs, der mit anderen Elite-Publizisten Billard über Bande spielte, hatte aber auch der Präsident nicht gerechnet:

»Nicht meine Sätze sollte ich bereuen, sondern den unverzeihlichen Fehler, sie auf der Mailbox des Chefredakteurs zu hinterlassen und ihm damit einen Köcher voller Pfeile frei Haus zu liefern. Für ihn fiel Weihnachten in diesem Jahr auf den 12. Dezember. Und er wurde umgehend tätig. Er leitete den Inhalt sofort von New York nach Berlin, ließ eine Abschrift anfertigen und diese zwei Kollegen anderer Blätter zukommen [es waren dann mehr als »zwei Kollegen«, LH]. Damit war gewährleistet, dass sich die Nachricht, der Bundespräsident habe ihm angeblich mit Krieg gedroht, wie ein Lauffeuer in den oberen Etagen der Redaktionen verbreitete, auf deren Beistand er zählen konnte. Das waren unter anderem der *Spiegel* und die *Frankfurter Allgemeine Zeitung*.«

Es hatte zuvor schon mindestens zwei Warnschüsse für Wulff gegeben. Noch im Amt als niedersächsischer Ministerpräsident hatte er im Januar 2010 zugeben müssen, bei seinem Flug nach Florida samt Familie im Monat davor – zu den Geerkens, für die sich damals noch niemand interessierte – mit tatkräftiger Hilfe des Air-Berlin-Chefs Joachim Hunold ein Upgrade in die ursprünglich nicht gebuchte Businessclass bekommen zu haben. »Nach einer Prüfung muss von einem Verstoß gegen das Ministergesetz ausgegangen werden«, bekannte Wulff zerknirscht. Und dann, gleich zu Beginn seiner Zeit im Schloss Bellevue, hatten die Wulffs Urlaub in der mallorquinischen Finca von Carsten Maschmeyer gemacht. Zwar hatten die Wulffs dafür angemessen bezahlt, aber so langsam veränderte sich der publizistische Markenkern des Präsidenten: vom tugendhaften Aktenfresser und smarten Entscheider hin zum »Schnäppchenjäger« mit einem Freundeskreis zweifelhafter Unternehmer. Irgendwann kam für solches Verhalten, gepaart mit den jeweiligen, eher trotzigen bis larmoyanten Entschuldigungsversuchen, sogar die Vokabel »wulffen« auf.

Zum Halali auf Wulff blies sehr früh und voller Empörung, noch vor Schirrmachers eingangs zitierter welthistorischer Interpretation, der *Süddeutsche*-Redakteur Thorsten Denkler nach der *Bild*-Veröffentlichung am 13. Dezember 2011:

»Ein Bundespräsident ist eine moralische Instanz, ist eine moralische Instanz, ist eine moralische Instanz. Wenn es ein ungeschriebenes Gesetz über die Amtsführung des höchsten Repräsentanten der Bundesrepublik Deutschland gibt, dann dieses. Christian Wulff ist vieles: ein Strippenzieher, ein Vollblutpolitiker. Eine moralische Instanz ist er nicht. War er nie und wird er nicht mehr werden.«

Und dann noch einmal:

»Bei seinem Amtsantritt als Bundespräsident wusste Wulff genau, welche Affären ihm bevorstehen könnten. Und viele wussten, dass es Affären geben könnte. Da wird nichts geheim bleiben. Es wäre überraschend, wenn die Kreditaffäre der letzte Fall in der Akte Wulff wäre. Wulff sollte sich und dem Land einen großen Gefallen tun: Er sollte sich genau überlegen, was das ungeschriebene Gesetz bedeutet: Der Bundespräsident ist eine moralische Instanz, ist eine moralische Instanz, ist eine moralische Instanz. Das Land dürfte gespannt sein, zu welchem Ergebnis er dabei kommt.«

Die Vorgänge zwischen Mailbox-Nachricht und Präsidenten-Rücktritt am 17. Februar 2012 sind in mehreren Büchern und Studien dargestellt worden – allen voran die beiden zeithistoriographisch und stilistisch ganz aufschlussreichen Monographien der Wulffs selbst, dann die Chronik der beiden *Bild*-Recherchehelden Martin Heidemanns und Nikolaus Harbusch, die sich ausgiebig selbst lobten (*Affäre Wulff. Bundespräsident für 598 Tage – Die Geschichte eines Scheiterns*, 2012), ein nüchtern-abgewogenes Buch des ARD-Redakteurs Michael Gantenberg (*Der böse Wulff*, 2012) oder auch zuletzt eine Verlaufsstudie der Otto-Brenner-Stiftung zum engen Verhältnis Wulff/*Bild*-Zeitung (*Ziemlich beste Freunde*, 2014).

Die zahlreichen wunderlichen Arabesken rund um »Bobbycar«-Geschenke, Autoleihgaben, die Kleider von Bettina, Urlaube bei dem und jenem (wann wurde was mit Bargeld zurückgezahlt?), Talkshow-Auftritte (das öffentlich-rechtliche Fernsehen trug hier ganz entschieden kaum zur Aufklärung bei, sondern verstärkte nur Stimmungswellen, aber so hatte es Wulff als Medienpolitiker ja im Grunde gewollt), staatsanwaltschaftliche und polizeiliche Ermittlungen und Untersuchungen – all das muss uns hier nicht mehr im Detail interessieren. Die massenmediale Dynamik, samt neuer Begleitmusik durch Blogs, Tweets und Facebook-Posts, hat Giovanni di Lorenzo in einem Gespräch für dieses Buch so beschrieben:

»Solche Geschichten bekommen dann auch eine Eigendynamik. Ich glaube, nach der Erstveröffentlichung der Vorwürfe, die damit zusammenhingen, dass Christian Wulff vor dem Landtag nicht die ganze Wahrheit gesagt hatte, vorsichtig formuliert, und dass die Umstände seines Kredits ganz unklar waren; dann gab es diesen Anruf auf der Mailbox ... Wahrscheinlich ist dann irgendwann mal ein Mechanismus entstanden: Jetzt werden wir mal gucken, wer der Stärkere ist. [...] Ich glaube, dass Christian Wulff sich der Illusion hingegeben hat, dass er stärker sein würde als die *Bild*-Zeitung. Das war er nicht. [...] Man darf nicht vergessen: Die prangergleichen Sendungen über Wulff, die Titel über Wulff, die haben sich ja gut verkauft. Zu einem Zeitpunkt, in dem der Syrienkonflikt besonders akut wurde, in dem wir eine verschärfte Situation hatten des Euro, waren wir ja zwei Monate lang mit nichts anderem mehr beschäftigt. Es war ja wie eine Sucht.«

In einem *Spiegel*-Interview über Talkshows und journalistische Interview-Techniken wies di Lorenzo, selbst Moderator bei *Drei nach neun*, noch auf einen anderen Punkt hin:

»Was in der Affäre viel zu schnell in Vergessenheit geraten ist, war die wichtige Frage, ob Wulff den niedersächsischen Landtag belogen hat. Auch die Umstände seines Hauskredits sind bis heute nicht ganz aufgeklärt worden. Dabei waren diese Punkte wirklich skandalisierbar. Alles, was danach kam, war weniger eine Affäre Wulff, sondern eine Affäre der Medien. Es ging ja auch nach dem Rücktritt noch weiter; da wurde öffentlich diskutiert, wie viele Lieder er sich beim Zapfenstreich aussuchen dürfe. Und das öffentlich-rechtliche Fernsehen zeigte Bilder einer Demo von ein paar Hundert Menschen, die mit Vuvuzelas das Ritual zu stören versuchten, als sei es der Massenprotest im Bonner Hofgarten gegen den NATO-Doppelbeschluss. Da geraten alle Maßstäbe außer Kraft.«

So war es tatsächlich, bei allem journalistischen Gesumm wurde die eigentliche Kernfrage rund um den Geerkens-Hauskredit ironischerweise nie aufgeklärt: Woher kamen die 500 000 Euro? Von einem Osnabrücker Konto der Edith Geerkens via Bundesbankscheck zum Verkäufer des Großburgwedeler Hauses (beziehungsweise dessen Notar oder Bank), so viel ist klar. Aber welches Geld war es, das auf dem Edith-Geerkens-Konto lag? Irgendwie war es wohl von einem Schweizer Konto des Ehemannes Egon zur Stadtsparkasse Osnabrück gelangt. Mehr weiß man bis heute nicht. Bei den sagenhaften Kreditkonditionen der BW-Bank, von denen die Wulffs dann profitierten, als der Geerkens-Kredit in ein »rollierendes Geldmarktdarlehen« umgewandelt wurde, profitierte das Großburgwedeler Paar davon, dass es von dem guten BW-Bank-Geschäftskunden huckepack genommen wurden.

Es bleiben einige Kernfragen zum Verhältnis des politischen Typus Wulff, der allgemeinen Erwartung an die Amtsführung der Bundespräsidenten und der Elitepublizistik – im Kontext des »Hannover-Komplexes«. Warum wollte Christian Wulff Bundespräsident werden, warum kürte Angela Merkel gerade ihn? Wie präsentierte sich Wulff in seiner kurzen Amtszeit im Schloss Bellevue? Und welche Rolle spielte der CDU Politiker Wulff in den männerbündischen Hannover-Connections?

Spektakel Bundespräsidenten-Wahl. Die Frage der Bundespräsidentenwahl war von Beginn der Bundesrepublik an im Vorfeld immer parteipolitisch aufgeladen, seit Theodor Heuss (FDP) als erster »Staatsnotar« 1949 in die Bonner Villa Hammerschmidt einzog. Mit der Bestimmung des jeweiligen – machtpolitisch selbst einflusslosen – Bundespräsidenten bewiesen die Bundeskanzler und Parteivorsitzenden strategische Kompetenz und Standing. Dieser Prozess hat sich verselbstständigt und ist zunehmend zu einem medialen Spektakel geworden. Mit der Wahl von »Papa« Heuss, dem angesehenen politischen Publizisten, votierte Kanzler Adenauer zugleich für die »kleine Koalition« (CDU/CSU, FDP, Deutsche Partei) auf Bundesebene. In der Adenauer-Endphase wurde der überforderte Landwirtschaftsexperte Heinrich Lübke 1959 gegen den intellektuell wesentlich stärkeren Kandidaten Carlo Schmid (SPD) durchgesetzt. Adenauer hatte seinerzeit sogar damit geliebäugelt, selbst Bundespräsident zu werden und das Amt nach dem Vorbild von Charles de Gaulle machtpolitisch umzuwandeln. Gustav Heinemann (SPD), der ehemalige Bundesinnenminister und Adenauer-Gegner, 1969 von der Bundesversammlung gewählt, repräsentierte die kommende sozialliberale Koalition unter Willy Brandt. Heinemann-Nachfolger Walter Scheel (FDP) bekam das Amt 1974 als Apanage für seine Zeit als Innen- und Außenminister dieser Koalition. Nachfolger Karl Carstens war zuvor Fraktionsvorsitzender der CDU/CSU im Bundestag gewesen. Er wurde wegen seiner NSDAP-Mitgliedschaft schon vor seiner Wahl von der linksliberalen Presse heftig unter Beschuss genommen, profilierte sich im Amt seit 1979 lediglich als eifriger Wandersmann und hielt sich ansonsten in jeder Hinsicht vornehm zurück. Der schon silberhaarig-präsidial aussehende Richard von Weizsäcker hatte immer Bundespräsident werden wollen, Kanzler Kohl war damit 1984 auch einen innerparteilichen Querulanten losgeworden. Roman Herzog (CDU) galt als ehemaliger Präsident des Bundesverfassungsgerichts 1994 als ziemlich unumstrittener Kandidat – er blieb vor allem durch seine »Ruck-Rede« in Erinnerung. Ebenso wie Weizsäcker sah sich Johannes Rau, der ehemalige NRW-Ministerpräsident, als geborenes Staatsoberhaupt, zudem hatte er familiäre Beziehungen zu seinem Vorbild Gustav Heinemann. Letztlich war es aber 1999 wieder eine parteipolitische Belohnungswahl, diesmal durch die SPD.

Dann 2004 ein politisch-kultureller Bruch. In der *Zeit* protestierte Staatsphilosoph Jürgen Habermas – stellvertretend für viele – gegen die Promovierung eines unbekannten »Nur-Ökonomen« ins höchste Staatsamt, während Merkel und Westerwelle ihren Outsider Horst Köhler als unabhängigen Experten verkauften. Köhler, der ehemalige Chef des umstrittenen globalkapitalistischen Steuerungsinstruments IWF, war in einer Zeit zunehmender Kritik an »Bankstern« und Finanzjongleuren schlicht der falsche Mann im Amt, obwohl er sich im Schloss Bellevue bemühte, in häufig wirren Reden (niemand konnte diese so treffend nachspielen wie der Kabarettist Mathias Richling) vor den Gefahren unkontrollierter internationaler Finanzbewegungen, aber zugleich auch vor dem wirtschaftlichen Niedergang Deutschlands zu warnen. Vor allem in seiner zweiten Amtszeit wurde Köhler, von *Bild*, *Spiegel*, *Stern* und Manfred Bissingers *Woche* zunächst als »Über-Präsident« gegen den brüchigen parlamentarischen Betrieb gefeiert (eine Art Hindenburg-Moment der bundesdeutschen Publizistik), im eigenen Haus unleidlich und jähzornig. Er galt jetzt als »Schlossgespenst«, der *Spiegel* brachte, eine Äußerung Jürgen Trittins aufgreifend, einen knappen Demontage-Artikel mit der Überschrift »Horst Lübke«. Köhler trat auch nicht wegen eines missglückten Deutschlandfunk-Interviews über die Verteidigung deutscher wirtschaftspolitischer Interessen bei militärischen Auslandseinsätzen zurück; er hatte sich schlicht im Amt nervlich verbraucht und galt als politisch erledigter Fall, vor allem bei Angela Merkel.

Die Kanzlerin hatte sicher nicht damit gerechnet, dass »Super-Horst« so abrupt seinen Rücktritt verkünden würde, aber die Sehnsucht nach einem Parteistrategen alten Stils, der noch dazu besser kontrolliert werden konnte, leuchtete allen Politik-Profis ein. Die Entscheidung für einen neuen Kandidaten musste nach Köhlers Abgang schnell getroffen werden; potenziell präsidiale Figuren wie der ehemalige Bundesumweltminister Klaus Töpfer (CDU) waren der CSU oder der FDP nicht zu vermitteln, Wolfgang Schäuble war eindeutig zu dominant, und dieser Mangel traf auch auf Ursula von der Leyen zu, die zu sehr strahlte und sich schon ziemlich sicher war, Deutschlands erste Bundespräsidentin zu werden.

Merkels Anruf. Wulff hat in *Ganz oben – ganz unten* berichtet, dass Merkel ihn am Nachmittag des 1. Juni 2010, am Tag nach dem Rücktritt Horst Köhlers, angerufen habe, um mit ihm am Abend im Kanzleramt verschiedene Optionen durchzusprechen. Er nahm an, »dass Angela Merkel mich als einen ihrer Stellvertreter im CDU-Bundesvorsitz nach meiner Meinung zu Nachfolgern für das Amt des Bundespräsidenten fragen wollte. Ich konnte auch nicht ausschließen, dass sie herausfinden wollte, ob ich im Zuge einer Kabinettsumbildung Interesse hätte, nach Berlin zu wechseln. Ein Umzug nach Berlin schien meiner Frau und mir zum damaligen Zeitpunkt wenig verlockend. Wir hatten unser Leben mit den Kindern in Hannover gerade einigermaßen organisiert.«

Trotzdem – vorsichtshalber nahm Wulff seine Frau um 19 Uhr 31 im ICE nach Berlin mit. Und während der Ministerpräsident mit der Kanzlerin verhandelte, wartete Bettina mit David Groenewold im »Soho-House«, einem nur für Hipster halbwegs angesagten Berlin-Mitte-Club mit Restaurant – wo sich dann auch Christian Wulff gegen Mitternacht einfand (»Christian war sehr aufgewühlt, auch David Groenewold fand die Neuigkeit schlichtweg sensationell«, erinnert sich Bettina). Wulffs herzige Schilderung des Gesprächs mit Merkel in seinem Buch endet damit, dass er ausschließlich altruistische Motive für seine Bereitschaft angibt, ins Schloss Bellevue zu wechseln:

»Ich habe schon immer gern unterschiedliche Menschen zusammengeführt und motiviert. Lebendiger Zusammenhalt entsteht, wenn Menschen füreinander einstehen, wenn die einen Chancen bieten und die anderen Chancen wahrnehmen, wenn in einer Gesellschaft Empathie und Respekt vorherrschen. Für mich heißt Zusammenhalt aber auch: Empathie und Respekt für Fremdes und für Fremde. Zusammenhalt im Innern muss mit Weltoffenheit korrespondieren. Schon als Ministerpräsident pflegte ich gern und intensiv die Auslandskontakte. Nicht zuletzt war ich der Überzeugung, dass es dem Amt gut täte, wenn der Bundespräsident auch einmal jünger wäre.«

Im Unterschied zur Version des Kandidaten gingen und gehen viele politische Beobachter davon aus, dass Wulff in der Unterhaltung mit Merkel seine Ambitionen auf das Präsidentenamt recht offensiv vertrat. Dass »Röschen« von der Leyen einfach so an ihm vorbei ganz nach oben vermittelt werden könnte, fand der ehrgeizige Karrierepolitiker sicherlich nicht charmant. Wenn schon, dann er. Und der Sprung ins hohe Symbolamt löste auch einige Probleme, die finanziellen – mit dem lebenslangen komfortablen Ehrensold, den er dann ja auch früher bekam, als ihm lieb sein konnte – und die Querelen mit parlamentarischen Oppositionsanfragen im niedersächsischen Landtag oder mit den Busemanns & Co. wären dann auch vorbei. Merkel wiederum konnte mit ihrem Votum die häufig düpierten männlichen CDU-Ministerpräsidenten ein wenig kalmieren – und sie wusste auch genug über Wulff, so dass er als Schlossherr keine Probleme machen würde. Dachte sie jedenfalls.

Bunte Republik Deutschland. Aus Wulffs eigener Retrospektive seiner Amtszeit kann man den Eindruck gewinnen, dass er an Energie, Vision und Tatkraft alle seine Vorgänger, Heuss, Heinemann, Weizsäcker, weit hinter sich ließ. War er es nicht gewesen, der »die bunte Republik Deutschland« ausgerufen hatte?

Hatte er nicht bei seiner Lindauer Rede vor den versammelten Wirtschaftsnobelpreisträgern die »Politik der ungedeckten Wechsel auf die Zukunft« kritisiert – und damit eigentlich die »Occupy«-Bewegung vorweggenommen? Hatte er nicht mit einer eleganten Strategie den umstrittenen Thilo Sarrazin (*Deutschland schafft sich ab*) aus der Bundesbank wegbugsiert (»er behielt seine vollen Pensionsansprüche und schied auf eigenen Wunsch aus«)? Und zwar explizit und mutig gegen den Willen des ex-kommunistischen »Chefideologen des Springer-Konzerns«, des *Welt*-Herausgebers Thomas Schmid? Und hatte er nicht bei seiner legendären Rede zum 20. Jahrestag der Deutschen Einheit in Bremen mit den ebenso legendären Sätzen Furore gemacht: »Das Christentum gehört zweifelsfrei zu Deutschland. Das Judentum gehört zweifelsfrei zu Deutschland. Aber der Islam gehört inzwischen auch zu Deutschland.«

Nun kann man schon fragen, ob Religionsgemeinschaften zu irgendeiner Nation »gehören«, von Israel im historischen Begründungszusammenhang einmal abgesehen. Ob ein »islamischer Religionsunterricht« (Wulff), ebenso wie irgendeine andere theologische Unterweisung, an eine deutsche Schule gehört. Und ob »der Islam« an sich zu einem säkularen westeuropäischen Staat passt. Aber vielleicht waren solche Erwägungen zu komplex für eine sicher gut gemeinte präsidiale Symbolrede. Wulff war jedenfalls, beraten von »Ulli« Jörges und dem gebürtigen Kabuler Fernsehproduzenten Walid Nakschbandi, sehr stolz auf sich: »Vielen in unserem Land habe ich mit meinem Satz Würde und Vertrauen zurückgegeben. Dieses Wissen hat mich innerlich bewegt und glücklich gemacht. Seitdem habe ich keine Sekunde gezweifelt, damit einen richtigen Weg gewiesen zu haben.«

Und eigentlich hatte er ja noch Größeres vor, wenn ihn nicht vor allem Frank Schirrmacher daran gehindert hätte. Er wollte aus dem Schloss Bellevue eine »Denkfabrik für Deutschland« machen, hatte er der *Bild am Sonntag* im großen Interview kurz vor seiner Wahl verraten: »Wissenschaftler, Künstler, kluge Leute könnten dabei helfen, unser Land moderner und zukunftsfest zu machen. Denken Sie an Friedrich den Großen und seinen Berater Voltaire. Goethe war Minister und von Humboldt preußischer Beamter – beide waren Staatsdiener.« Angesichts dieser Androhung eines intellektuellen Dauerdiskurses habe Schirrmacher, so Wulff, in die »unterste Schublade gegriffen«, mit Kommentaren wie diesem: »Wulffs Voltairismus ist in der Sache nicht weiter ernst zu nehmen; der Kandidat schmückt sich mit Traumberaternamen wie seine Frau mit der Tätowierung.« Der gedemütigte Präsident in *Ganz oben – ganz unten*: »Solche Häme war mir nie zuvor in meinem Leben begegnet ... Was geht im Kopf von Leuten vor, die solche Texte verfassen?« Schirrmacher erreichte diese Frage nicht mehr.

Potsdamer Medienmafia. Jedenfalls, summa summarum, Christian Wulff war und ist überzeugt davon, aus *politischen* Gründen aus dem Amt getrieben worden zu sein. Die Kreditgeschichten und der übrige von den Medien breitgewalzte Kleinkram waren nur Mittel zum Zweck. Die Potsdamer Medienmafia – Schirrmacher, Döpfner, Diekmann, die dort alle wohnten – hatte ihn als unbequemen und aufrechten Präsidenten erledigt. Mitsamt Justizminister Busemann und dem ihm untergebenen Generalstaatsanwalt Frank Lüttig (Celle). Wenige Worte verlor Wulff darüber, wie schnell sich sein politischer Ziehsohn David McAllister mitsamt Kabinett in Hannover von ihm distanziert hatte. Oder warum ihm mit Peter Hintze oder Dirk Roßmann in den Dutzenden von Polit-Talkshows nur noch wenige Unterstützer blieben, keiner mehr aus den politischen Toprängen der eigenen Partei. Alle hüllten sich zunächst in Schweigen, bis dann wieder etwas Reue aufkam.

In den letzten Wochen seiner Amtszeit veränderte sich Wulff physisch, er alterte sichtbar, wurde unter der Last der Anfeindungen schmal und grau. Er legte sich aus unerfindlichen Gründen eine neue Hipsterbrille zu. Und angesichts des gedehnten juristischen Verfahrens in Hannover nach seinem Rücktritt – Wulff hielt sich hier mannhaft, fand mitunter zu gewohntem ironischen Gestus zurück – gab es nun allenthalben Mitleid. Ex-ARD-Chef Jobst Plog:

»Ich teile die Ansicht, dass Wulff Fehler gemacht hat, die das Verbleiben im Amt unmöglich machten. Aber die Art und Weise, in der ihn die gesamte Medienmeute gejagt und dann auch erlegt hat, war ein Lehrbeispiel für die Maßlosigkeit im Journalismus. Noch schlimmer allerdings war das gemeinsame Trauern der Meute am Grabe des Erlegten [...] Auch der öffentlich-rechtliche Rundfunk war Teil der Meute und hat sich – soweit ich es überblicke – nicht mit anderen Sichtweisen oder differenzierterem Vorgehen hervorgetan.«

Die *Süddeutsche* sprang Wulff und seiner Frau jetzt bei, indem etwa Hans Leyendecker erläuterte, wie einige durchgeknallte Blogger und CDU-Parteifeinde aus Niedersachsen, aber auch Günter Jauch und Google mit seinen automatisierten Such-Algorithmen, die Bettina-Rotlicht-Gerüchte potenziert hatten. Von »den Medien« ähnlich leidgeplagte Politiker, allen voran Peer Steinbrück, gaben Wulff journalismuskritischen Rückhalt. Steinbrück in einer Rezension des Wulff-Buchs in der *Zeit:* »Mit einem gewissen Abstand stellen sich der ›Abschuss‹ und die Entwürdigung von Christian Wulff als Skandal eines gewalttätigen Journalismus im Umgang mit einem Politiker dar. Im Falle Wulff wurde aus der scharfen Klinge der Meinungsfreiheit ein Folterwerkzeug.«

Es gab eine Paartherapie, Wulff ging für einige Zeit zur Meditation ins Kloster, Bettina verließ ihn für geraume Zeit und wurde von der Yellow Press mit einem Tennislehrer oder dem

Medienmanager Werner E. Klatten auf Sylt gesichtet, schließlich auch beim fröhlichen Studieren der Meldungen über Wulffs Freispruch durch den Vorsitzenden Richter Frank Rosenow am Landgericht Hannover – gemeinsam mit einem *Bild*-Journalisten. Auch Kai Diekmann fand den Freispruch nun richtig.

No hard feelings. Gustave Flaubert, Carlo Goldoni oder William Makepeace Thackeray hätten ihre Freude an diesem Stoff gehabt. Diekmann ließ sich einen Rübezahl-Bart wachsen, verschwand für einige Zeit im Silicon Valley und machte sich einen Spaß daraus, die Mailbox-Nachricht für eine Kunstaktion und dann für die historische Presse-Ausstellung »Unter Druck« freizugeben. Olaf Glaeseker, auch sein Prozess im Zusammenhang mit »Manne« Schmidts Party-Veranstaltungen ging glimpflich aus, arbeitet heute als Kommunikationschef für die Braunschweiger Jeansfirma New Yorker und ist froh, nichts mehr mit Politik-Marketing zu tun zu haben. Wulff selbst bekam seinen Ehrensold von rund 200 000 Euro im Jahr, hat sein kleines Präsidialbüro in Berlin, das ihm zusteht, betätigt sich als Rechtsanwalt in Hamburg und als Berater des Schweizer Immobilienfonds Corestate Capital. Zuletzt haben Bettina, die reumütig zu ihm zurückkehrte, und Wulff, wiederum zur Freude der People-Zeitschriften, noch einmal kirchlich geheiratet und den Bund fürs Leben nun auch »vor Gott« bekräftigt, wie Wulff selbst kundtat.

In dieser merkwürdigsten aller bundesdeutschen Politik- und Medienaffären – nimmt man den wesentlich dramatischeren Fall Barschel einmal aus – gab es nur Verlierer. Allen voran sicherlich Wulff selbst, den Photoshop-Politiker und Schein-Heiligen mit seinen doppelten Standards. Wenn er jemals »Opfer« einer maßlosen politisch-publizistischen Dynamik war, dann war er ein *Readymade*-Opfer. Er selbst, und nur er selbst, hatte die Fallen gestellt, in die er tappte. Dann »die Medien«, sicherlich. In einer ökonomischen Existenzkrise des Journalismus, dazu noch getrieben durch die Online-Konkurrenz, hatten sie in Sachen »Wulff« die eigenen Elitenverflechtungen offengelegt, die generell das Misstrauen des Publikums gegen jede Art von pseudo-politischer Berichterstattung schürten. Wer erinnert sich nicht mit Vergnügen an die Befragung des Bundespräsidenten in einer ARD/ZDF-Sondersendung (Wulff hatte hier den schweren Fehler gemacht, sich auf dieses *Setting* überhaupt einzulassen), als eine ZDF-Journalistin frech behauptete, sie würde natürlich Übernachtungen bei Freunden immer bezahlen, mit 150 Euro? Schießlich die »politische Klasse«, allen voran die eigene Partei, die Wulff wie eine heiße Kartoffel fallen ließ. Und die hannoversche Staatsanwaltschaft, mit merkwürdiger *Litigation-PR*. Die für den Fall Wulff an der Vahrenwalder Straße zuständigen Staatsanwälte Clemens Eimterbäumer und Anna Tafelski ließen sich, auf selbst inszenierten Fotos, als eine Art *Scully und Mulder* aus Hannover ablichten; Auszüge aus Verhörprotokollen gelangten mit Vorliebe an den *Spiegel;* schließlich musste die Staatsanwaltschaft wegen dieser Lecks gegen sich selbst ermitteln.

Er gehörte nicht dazu. Bleibt die Frage, wie Wulff in den »Hannover-Komplex« einzuordnen ist. Hier ist die These von den »Erbfreundschaften« zu verführerisch, um exakt zu sein. Maschmeyer kaufte sich bei »Wulff« ein und setzte damit nur seine spezifische Form des Lobbyings fort, die er bei Schröder erprobt hatte. Die *Stern*-Journalisten Wigbert Löer und Oliver Schröm bekamen für ihr Buch über die Beziehungen zwischen Schröder, Wulff und Maschmeyer Material von einem Whistleblower aus dem AWD-Umfeld und zitieren einen Brief von »Maschi« an den 2003 frisch gekürten Ministerpräsidenten Wulff: »Wir können nur erahnen, mit wie viel Begeisterung, Kraftanstrengung, Siegeswillen und Beharrlichkeit Sie Ihr Ziel, Ministerpräsident zu werden, erreicht haben. Viele Sportler können sich Sie im Bezug auf Ihren Einsatz zum Vorbild nehmen, viele Manager würden mit solchen Eigenschaften bessere Zahlen in ihrem Unternehmen erreichen.« Echter Maschmeyer-Stil, Wulff ließ sich umschmeicheln wie zuvor Schröder. Aber im Grunde gehörte Wulff nicht zu »Hannover«. Er war als Abstinenzler und politischer Katholik aus Osnabrück Randseiter in einem zutiefst preußisch-protestantischen und im Grunde auch sozialdemokratischen Milieu. Er verfügte als Eigenbrötler auch nur über einen schwachen und brüchigen *home turf* in der niedersächsischen CDU. Gemessen daran, kam er weit voran, er wurde immerhin der bislang einzige niedersächsische Bundespräsident. Ironischerweise brachten er und Gattin Bettina, gerade durch die publizistischen Aufmerksamkeiten, die dem Paar samt Patchwork-Familie zuteilwurden, alle bisherigen Hannover-Connections zu Fall. Seit dem Absturz von Wulff hat man von dem »politischen Hannover« auf Bundesebene nicht mehr viel gehört.

Nachwort

Am 20. Januar 2013 verlor Christian Wulffs Nachfolger im Amt des niedersächsischen Ministerpräsidenten, David McAllister, die Landtagswahlen sehr knapp gegen seinen sozialdemokratischen Herausforderer Stephan Weil. Der war zuvor sechs Jahre lang Oberbürgermeister von Hannover, ist studierter Jurist (Examen in Göttingen), Ex-Juso-Bezirksvorsitzender, Anwalt, Rotarier. Eine typische SPD-Hannover-Karriere. Es war an diesem Januarabend lange nicht klar, wie die Wahl ausgehen würde. Die Umfrageinstitute hatten McAllisters CDU höhere Ergebnisse vorausgesagt, aber dann entschieden sich viele Wähler per »Leihstimme« für die FDP, damals noch im Bund von den beiden hannoverschen FDP-Leuten Philipp Rösler und Patrick Döring geführt. SPD und Grüne erhielten schließlich einen Landtagssitz mehr als CDU / FDP.

David McAllister, Jahrgang 1971, »Wulffs Terrier« (*Focus*), Sohn eines schottischen Armeebeamten und einer deutschen Lehrerin, zog sich enttäuscht ins Europaparlament zurück. Er war in der Presse schon zuvor kaum mit irgendwelchen Hannover-Connections attachiert worden. Und nach der Wulff-Affäre hatte er mit ziemlicher Kälte einen dicken Trennungsstrich zwischen sich und seinen politischen Mentor gezogen, obwohl er ja im Wesentlichen mit Wulffs Kabinett (Möllring, Busemann, Schünemann, Aygul Özkan) weiterregierte. Vielleicht auch gerade deshalb. Finanzminister Möllring hatte sich besonders auf »Generalfeldschnulli« Olaf Glaeseker als eine Art bösen Geist Wulffs eingeschossen. »Mac«, der ja viele Einzelheiten kannte, dürfte schnell klargeworden sein, dass sein Amtsvorgänger auch das Image der gesamten niedersächsischen CDU über einen längeren Zeitraum negativ beeinflussen würde.

So werden heute wieder die Stadt Hannover mit dem neuen OB Stefan Schostok, zuvor SPD-Faktionsvorsitzender im Landtag, die Region mit Regionalpräsident Hauke Jagau und das Land Niedersachsen mit Stephan Weil sozialdemokratisch regiert, bei deutlicherem Einfluss der Grünen. Der neue Ministerpräsident, auch er bekennender 96-Fan, amtiert seit 2013 äußerst unspektakulär, er ist keine sichtbare Medienfigur. Paradoxerweise hat genau das seine Stellung in der personell extrem ausgezehrten SPD gestärkt. Weil gilt inzwischen auch bundespolitisch, neben dem Europapolitiker Martin Schulz, als einer der wenigen Hoffnungsträger der Partei. Immerhin legte sich Weil im Juni 2015 mit dem Medienhaus Madsack an, wegen massiven Personalabbaus, Rationalisierungen und der Druckerei-Schließung in Hannover, schließlich ist ja dafür auch mittelbar die SPD-Medienholding verantwortlich (NDR: »Weil sieht Glaubwürdigkeit der SPD in Gefahr«). Nach dem weltweit beachteten VW-Skandal mit den manipulierten Abgaswerten forderte er in einem *Stern*-Interview mannhaft: »Ich will, dass die Behörden intensiv ermitteln und alle rechtsstaatlichen Konsequenzen ziehen.« Allerdings ist auch Weil nicht so tollkühn, das *Asset* der niedersächsischen VW-Beteiligung in Frage zu stellen. Echt hannoversche Begründung: »Man darf sich in guten Zeiten mitfreuen, sich dann aber in schlechten Zeiten nicht vom Acker machen.«

Beim jüngsten SPD-Bundesparteitag, Dezember 2015 in Berlin, hielt nach langen Jahren der Abstinenz erstmals wieder Gerhard Schröder eine Rede, es gab Standing Ovations. Es sei eine »sehr unschröderische Rede« gewesen, resümierten die *Spiegel*-Reporter Florian Gathmann und Gordon Repinski. »Sehr leise und beinahe zart erinnerte er an die beiden SPD-Granden Helmut Schmidt und Egon Bahr sowie den ebenfalls in diesem Jahr gestorbenen Günter Grass, der jahrzehntelang Freund und Helfer der Sozialdemokraten war.« Tatsächlich hatte man bei diesem SPD-Parteitag mehr denn je den Eindruck einer Totenmesse. Sigmar Gabriel hielt ungefähr genau die Rede, die er 2009 in Dresden schon einmal gehalten hatte, getextet von Mathias Machnig, wieder mit einem Plädoyer für die »arbeitende Mitte« als Fokusgruppe der Sozialdemokratie. Für Aufruhr sorgte lediglich die Juso-Bundesvorsitzende Johanna Uekermann, eine Niederbayerin, die zuvor in einem Interview mit der *Rheinischen Post* Gabriel für seine Performance in der großen Merkel-Koalition die Schulnote »Vier minus« verpasst hatte.

Gabriel erklomm nach dem Uekermann-Auftritt noch einmal die Bühne und bürstete, sichtlich angefasst, die Juso-Frau frontal ab. Vor allem missfiel ihm, dass ihn Uekermann einer Differenz zwischen schönen Reden und realem Handeln geziehen hatte. Er zitierte Willy Brandt, der die SPD einmal als »Partei des donnernden Sowohl-als-auch« definiert habe, und erinnerte an die Verantwortungsethik einer Regierungspartei in schwierigen Zeiten. Gabriel wurde mit einem sehr deprimierenden Wahlergebnis (74 Prozent) bei seiner erneuten Bestellung zum SPD-Vorsitzenden abgestraft, und sein prekärer Rollenmix aus wackerem Vizekanzler, Bundeswirtschaftsminister und Parteichef wirkte so fragil, dass ihm sogar die *FAZ* in mehreren Artikeln Trost zusprach: Gabriel verkörpere nun auch »die einsame Seite der Macht«. Andere Kommentatoren rieten ihm einmal mehr, weniger jähzornig und strategischer aufzutreten. Es wurde aber auch klar, warum die SPD mit ihrem Stil des fortgesetzten Hannoverismus nicht unbedingt die Partei junger Frauen ist.

Frank-Walter Steinmeier möchte gern der nächste Bundespräsident aus Niedersachsen werden, aber da sind die Mehrheitsverhältnisse in der zuständigen Bundesversammlung unklar. Verteidigungsministerin Ursula von der Leyen gilt, nach halbwegs überstandener Plagiatsaffäre um ihre medizinische Doktorarbeit, weiterhin als eine mögliche »Bundeskanzlerin der Reserve«. Götz von Fromberg verkaufte die Anteile an seiner Kanzlei und bekam einen fast liebevollen Nachruf zu Lebzeiten in der *taz* (»Strippenzieher im Vorruhestand: Der Pate geht von Bord«), garniert mit dem Bild der Versöhnung von Hells Angels und Bandidos. Lena Meyer-Landruth zog nach ihrem ESC-Sieg nach Köln ins gentrifizierte Agnesviertel. Philipp Rösler ist seit Februar 2014 Geschäftsführer der Stiftung World Economic Forum in der Schweiz. Carsten Maschmeyer und Veronica Ferres nahmen syrische Flüchtlinge in ihre hannoversche Villa auf, was zum üblichen Spott auf »Twitter« führte: »Die armen Flüchtlinge, erst Krieg, jetzt auch noch den ganzen Abend Ferres-Filme gucken.« Aber selbst der *Stern*, publizistisches Anti-Maschmeyer-Organ par excellence, war versöhnlich: »Am Ende bleibt doch Folgendes: Zwei Menschen haben anderen, die in großer Not sind, geholfen. Einfach so. Völlig egal, wie reich, berühmt oder streitbar sie auch selbst sein mögen.«

Wie auch immer, für den medial fokussierten Maschsee-Klüngel gab es Schwanengesänge. Robert von Lucius hatte sich in einem *FAZ*-Artikel schon im Dezember 2011, zu Hochzeiten der Wulff-Scharmützel, selbst gelobt: »Der Kitt der ›Erbfreundschaften‹ um Bundespräsident Wulff bröckelt. Die Hannoveraner Verbindungen von politischer Macht, Geschäftsinteressen und Rotlichtmilieu scheuen inzwischen zumindest das Tageslicht.« Er selbst wechselte nach dem Ende seiner *FAZ*-Korrespondentenzeit in Niedersachsen 2014 nach Berlin. Noch prononcierter formulierte es der scheidende *Handelsblatt*-Chefredakteur Hans-Jürgen Jakobs Ende 2015: Die Maschsee-

Allianzen hätten heute etwas Nostalgisches, über die rede man »wie über ein Rolling-Stones-Konzert, das man mal gesehen hat, als Mick Jagger hoch in die Luft springen konnte«. Jetzt komme keiner »mehr auf den Witz, der Maschsee in der Landeshauptstadt sei nach ihrem einflussreichsten Bürger benannt«.

Finis Hannover? Im Sinne einer Machtbasis mit belastbaren personellen Netzwerken? – Sicherlich nicht. Auch wenn der industriepolitisch dominierende VW-Konzern mit dem »Dieselgate« ins Trudeln geriet nach dem Abgang von Ferdinand Piëch und dem Vorstandsvorsitzenden Martin Winterkorn. Der neue starke Mann bei VW wird, neben dem Vorstandsvorsitzenden Matthias Müller (Ex-Porsche) mit dem einstigen SPD-Bundesgeschäftsführer und Peter-Hartz-Vertrauten Karlheinz Blessing ein cleverer Modernisierer der alten Schule. Und, wie wir zeigen wollten, es bleiben die *hard facts* jenseits der medialen Spotlights: Spätestens seit der Hauptstadt-Entscheidung für Berlin und gegen Bonn, wurde die hergebrachte NRW-Dominanz in der föderalen Bundespolitik gebrochen. Der niedersächsische Ministerpräsident, wer es auch immer sein mag, ist ein Machtfaktor im Geschick der bundesdeutschen Geschichte, weil »Hannover« als Chriffre, politische Metapher und städtische Konfiguration nahe genug an Berlin liegt, aber doch weit entfernt genug – als Rückzugs- und Reflexionsraum, ganz im Sinne von Oskar Negt. Auf den alten Querbeziehungen zwischen Sozialdemokratie, Gewerkschaftsbewegung und protestantischer Ethik, wird man sich angesichts der neuen *pax technologica americana* (mit Google, Facebook, Amazon und anderen Wissens- und Datenkonzernen) indes nicht über Gebühr ausruhen können.

Dieses Buch- und Filmprojekt zum »Hannover-Komplex« konnte an Vorarbeiten über das sozialdemokratisch-gewerkschaftliche Milieu der Bundesrepublik anknüpfen – etwa eine

Langzeitbeobachtung zur deutschen Sozialdemokratie nach der verheerenden Wahlniederlage im Bund 2009. Damals trat Frank-Walter Steinmeier an und erntete – auch als Nachwirkung der Schröder-Ära – nur 23,9 Prozent der Wählerstimmen, Anfang vom Ende der SPD als »Volkspartei«. Oder die ähnlich ausgedehnte filmische Studie über den zunächst gefeierten »Sozialreformer« Peter Hartz (*Auf der Suche nach Peter Hartz*) für die ARD, der dann eine Zeitlang ins persönlich-politische Nichts fiel. Dieses Projekt wiederum über »Hannover«, als politische Metapher für das mittlere Maß globaler Problembewältigungen, mit dem entsprechenden geschichts-, geistes- und machtpolitischen Kontext, war ursprünglich als Fallstudie zur Wulff-Affäre angelegt. Das wurde durch ARD-interne Konfliktsituationen zunächst verhindert, als Beobachtung des Hannover-Komplexes mit der medialen Kulmination in der Wulff-Affäre schließlich realisiert. Vor allem dankbar bin ich den Gesprächspartnern für Film und Buch: Sabine Bulthaup, Angi Baldauf, Hans-Jörg Vehlewald, Gerhard Glogowski, Giovanni di Lorenzo, Sigmar Gabriel, Oskar Negt, Jürgen Trittin, Götz von Fromberg, Margot Käßmann, Martin Kind, Dirk Roßmann, Bernd Busemann, Jan Korte, Michael Vassiliadis, Herbert Schmalstieg, Hartmut Möllring, Mathias Middelberg, Nils Minkmar, Gernot Lehr, Olaf Glaeseker, Thomas Oppermann, Patrick Döring, Reimar Oltmanns, Reinhard Urschel, Stefan Wenzel und Jobst Plog, die mit mir ihre »Hannover«-Erinnerungen und Eindrücke teilten. Und vor allem Christopher Albrodt, Käthe Bergmann, Sabine Sasse und Christian Wagener, die als bewährtes Team recheriert und die Interviews wie auch einzelne Kapitel vorbereitet haben. Jasmin Siri, Dieter Anschlag und Sebastian Hammer danke ich herzlich für die Vorablektüre einzelner Kapitel dieser Monographie.

Und es gibt in diesem Fall eine sehr persönliche Komponente. Meine Kindheitsurlaube verbrachte ich am Steinhuder

Meer, dem Binnensee-Retreat der Hannoveraner. Am Weißen Berg in Mardorf fütterte ich Eichhörnchen mit Erdnüssen. Die »Alte Moorhütte« dort war ganz großartig, wie auch das etwas unheimliche Hinterland des »Toten Moors« mit Torfabbau und rätselhaften Eisenbahnen. Auf den Fahrradtouren von Minden aus, wenig später, kam man an Wilhelm Buschs Geburtshaus im Dorf Wiedensahl vorbei, dann in Rehburg-Loccum am Geburtshaus der Gebrüder Jünger. In diesem Ort wurde die legendäre Kinderserie »Neues aus Uhlenbusch« gedreht, von der protestantischen Produktionsfirma EIKON, deren derzeitiger Chef Ernst Ludwig Ganzert auch den »Hannover«-Film als Produzent verantwortet hat. Noch ein wenig später, 1990, da war ich gerade zum Direktor des Adolf-Grimme Instituts im westfälischen Marl gewählt worden, schlug ich den ARD-*Tagesthemen*-Moderator Hanns Joachim Friedrichs und Rudolf Augstein für die »Besondere Ehrung« dieses Preises vor. *No big deal,* aber damals war gerade Rita Süssmuth, nebenamtlich die Präsidentin des Deutschen Volkshochschul-Verbandes (DVV), von Ernst Albrecht zu seiner Nachfolgerin als niedersächsische Ministerpräsidentin erkoren worden. Der Moderator der Preisverleihung, Dagobert Lindlau, machte dazu einige herbe Witze auf Kosten von Süßmuth (»mit Ernst Albrecht kann man überall hingehen, nur nicht auf den Friedhof«). Dann erklomm Augstein, sichtlich unter dem Einfluss geistiger Getränke, die Bühne des Marler Stadttheaters und sagte, er habe »in Wahrheit diesen Preis nicht verdient«, weil er mit der Etablierung von »Spiegel TV« nur am Rand zu tun gehabt habe. Mit einer rhetorischen Steilkurve fuhr er fort:

»Ich habe ihn aber doch verdient! Und jetzt komme ich zum Eigentlichen: Ich glaube in diesem Saal ist niemand, der Adolf Grimme überhaupt so früh gekannt hat wie ich. Wenn ja, dann möge er sich erheben und ich werde ihn ehren und achten. Aber ich glaube nicht, dass es ihn gibt. Denn ich habe ihn 1946 schon gekannt, ich habe über ihn in der *Welt* geschrieben damals, er war bei unserer Lizenzfeier. Und es hat mich mein Freund, der Ministerpräsident Hinrich Kopf, angerufen und hat gesagt: Ich schicke dir meine Frau und Adolf Grimme. Da hab ich gesagt: Hinrich, weißt du, was du da tust! Da hat er gesagt, ja klar, was soll da schon sein! Nun, was war? Acht Wochen später waren Frau Kopf und Herr Grimme miteinander verheiratet. Ich muss nur sagen, ich halte diesen Adolf Grimme hoch in Ehren, er hat ... (Lachen, Beifall). Er hat uns in Hannover damals – ein provinzielles Nest, wo ich geboren bin – ich glaube, ich bin beinahe der berühmteste dort geborene Hannoveraner, also wirklich – außer Schwitters, Schwitters, Schwitters, ok ... Schwitters! Ein provinzielles Nest. Er hat uns damals ein Stück preußischer Kultur gebracht, das muss ich sagen, und wir haben also in Hannover, ich bin ja Hamburger jetzt, ein gutes Angedenken an diesen Kulturminister Adolf Grimme, und so glaube ich, dass man nichts Besseres tun konnte, als diesen Preis – wovon er nichts weiß, denn er ist ja von uns geschieden – also diesen Preis nach ihm zu benennen.«

Josephine Freiin von Behr, die Frau des Ministerpräsidenten, hatte sich in dessen Kultusminister verliebt. Sie und Adolf Grimme heirateten 1947. Aber »Fine« war auch einmal die Privatsekretärin von Joseph Goebbels gewesen, dann Mitarbeiterin des Berliner SA-Führers Walter Stennes. Sie blieb mit Grimme bis zu dessen Tod 1961 zusammen und kümmerte sich liebevoll um dessen Nachlass. Eine rätselhafte Biographie, aber nicht ganz untypisch für die Hannoveraner Verhältnisse. Den politischen und wirtschaftlichen Eliten in Hannover und Niedersachsen ist es jedenfalls verblüffend lange gelungen, systemische oder strukturfunktionale Machtfragen ins Anekdotische zu verniedlichen. Die Elitemedien wiederum haben sie unversehens als »Sizilianer des Nordens« ins Visier genommen. Das war wohl übertrieben. Aber es könnte interessant sein, den

»Hannover-Komplex«, *gerade* in einer Phase der Abkühlung und Normalisierung, nicht aus den Augen zu verlieren. Auch prominenztechnisch geht es wieder aufwärts: Zur Eröffnung der Hannover-Messe 2016 hat sich Barack Obama als Hauptredner angekündigt.

LH, im Februar 2016

Anmerkungen

1 Es gibt eine ausgedehnte Tradition der hannoverschen Welfengeschichtsschreibung – mit Historikern wie Onno Klopp, dem Sekretär des blinden Königs Georg V. oder Georg Schnath, über Jahrzehnte Direktor des Staatsarchivs am Waterlooplatz – und überhaupt eine formidabel detaillierte Hannover-Historiographie, repräsentiert etwa durch die Hannover-Chroniken, Stadtgeschichten und biographischen Lexika von Klaus Mlynek und Waldemar Röhrbein.

2 Theorien der »Stadtpolitik« gibt es en masse, etwa zu Stadtentwicklung, Verkehrsplanung, Wohnungsbau, Event-Kultur, auch zu lokalen Eliten, Regimen und Protestbewegungen. Für die Hannoveraner selbst ist z. B. das Schicksal des »Ihme-Zentrums«, eines weitgehend leerstehenden, brutalistischen Wohnkomplexes aus den 1970er-Jahren, wahrscheinlich relevanter als bundespolitische Karrieren von Parteipolitikern. Für unseren Kontext ist freilich die niedersächsische Staatskanzlei in der Planckstraße bedeutender.

3 Der Ex-SS-Hauptsturmführer Horst Mahnke (1914–1985) kam im November 2014 noch einmal zu Ehren, als ihn die *Bild*-Zeitung als den Mann, »der bei Springer ›DN Klostermann‹ war«, einer breiteren Öffentlichkeit vorstellte. Über seinen Wechsel vom *Spiegel* zu Springer waren Mahnkes Agentenführer beim BND gut informiert: »Dr. MAHNKE wird am 15. 11. 1959 beim ›Spiegel‹ [...] kündigen. Ab 1. 1. 1960 tritt Dr. MAHNKE zum Axel-SPRINGER-Verlag als stellvertretender Chefredakteur einer vom SPRINGER-Verlag geplanten deutschen Zeitschrift nach dem Muster von Paris-Match. [...] Damit wird der Plan AUGSTEINs hinfällig, MAHNKE ab 1960 als seine ›rechte Hand‹ in allen verlegerischen und personellen Fragen zu sich zu ziehen. MAHNKE, der bisher ein gutes korrektes Verhältnis zu AUGSTEIN hatte, befürchtet, durch ein enges arbeitsmäßiges Verhältnis in die ›Drecklinie‹ des Gegensatzes AUGSTEIN-BECKER zu kommen und letzten Endes dabei zerrieben zu werden.

MAHNKE erklärte weiterhin, er könne auf Dauer die ›nihilistisch-hysterischen‹ Touren AUGSTEINs nicht mitmachen.«

Mahnke wirkte bei Springer bis 1965 als Chefredakteur der retro-futurischen Illustrierten *Kristall*, dann als Geschäftsführer des »redaktionellen Beirats«, einer Strategiegruppe der Springer-Chefredakteure. Er formulierte für Axel Springer Konzeptpapiere und beschäftigte sich wieder mit der »Gegnerforschung«, seinem gelernten SD-Metier. Er spionierte über alte Kontakte den *Spiegel*-Verlag für Springer aus und berichtete wiederum über Springer und den *Spiegel* an den BND, unter dem Decknamen »Erich Klostermann«. Er sei »unserer Arbeit gegenüber sehr aufgeschlossen; interessiert, seine Kenntnisse abzusetzen. Aufrichtig, sehr kameradschaftlich, verschwiegen, objektiv im Urteil, zuverlässig, etwas eitel«, so der BND, »am Wochenende hält er sich meist in Großenbrode / Ostsee auf und ist durch Landwirt Kruse – Tel 04367 / 343 herbeizuholen!«

Mahnke leistete für den BND ganz praktische Arbeit, so heißt es in einer Aktennotiz aus dem Jahr 1966: »Anliegend eine von KLOSTERMANN übergebene 0-Nummer der Zeitschrift ›Heute‹, die vielleicht in Zukunft als die beste Berliner Wochenzeitschrift in dieser Stadt erscheinen soll. Es ist AUGSTEIN noch unklar, ob er dieses Unternehmen wagen soll, weil, wie ihm verschiedene maßgebliche Journalisten gesagt haben, er damit wenig Aussichten haben wird, das finanzielle Risiko einzugehen.« Ansonsten informierte Mahnke über Querelen, Allianzen und Alkoholkrankheiten in den Chefetagen der deutschen Publizistik. Als er für Springer nicht mehr tauglich war, wurde er 1969 auf den Posten eines Hauptgeschäftsführers beim Deutschen Zeitschriftenverleger-Verband abgeschoben. Die *Bild*-Zeitung schrieb 2014, Mahnke tauche in den BND-Akten zum ersten Mal 1958 auf. Das stimmte so nicht; Mahnke war schon seit Beginn seiner *Spiegel*-Zeit im Auftrag Augsteins Kontaktmann zu Hans-Heinrich Worgitzky, dem damaligen Chef der »Generalvertretung Nord« der Organisation Gehlen. Manche Mahnke-Akten sind allerdings vom BND bis 2042 gesperrt, aus Gründen des »Informantenschutzes«. Klar ist aber, dass sich Dr. Mahnke zeitlebens mehr als »Gegnerforscher« sah denn als Publizist, und vor allem deshalb war er auch zu Springer geholt worden. Die Krokodilstränen wegen der Mahnke-Spitzeleien hätte sich der Verlag also schenken können.

Literaturverzeichnis

Adamek, Sascha: *Die Machtmaschine. Sex, Lügen und Politik*, München 2013
Albrecht, Ernst: *Politik für Niedersachsen, Deutschland und Europa*, Bramsche 1990
Albrecht, Ernst: *Erinnerungen, Erkenntnisse, Entscheidungen*, Göttingen 1999
Albrecht, Heidi Adele: *Familienmutter, Landesmutter, Poetin*, Burgdorf/Beinhorn 2004
Anda, Béla/Kleine, Rolf: *Gerhard Schröder. Eine Biographie*, Berlin 1998
Arendt, Hannah: *»Mir ist, als müsste ich mich selbst suchen gehen«. Das private Adressbuch 1951–1975, hg. von Christine Fischer-Defoy*, Leipzig 2007
Arendt, Hannah: *The Last Interview and Other Conversations*, New York, Islington 2014
Arlt, Hans-Jürgen/Storz, Wolfgang: *»Bild« und Wulff – Ziemlich beste Partner. Fallstudie über eine einseitig aufgelöste Geschäftsbeziehung. Eine Studie der Otto-Brenner-Stiftung*, Frankfurt/M. 2012
Aust, Stefan: *Mauss. Ein deutscher Agent*, München 1999 (1988)
Bahar, Alexander/Kugel, Wilfried: *Der Reichstagsbrand. Geschichte einer Provokation*, Köln 2013
Bahrdt, Waldemar: *Geschichte der Reformation der Stadt Hannover*, Reprint Bremen 2014 (1891)
Beck, Barbara: *Die Welfen. Das Haus Hannover 1692 bis 1918*, Wiesbaden 2014
Bittner, Wolfgang/Düvel, Hasso/Holtfort, Werner/Spoo, Eckart (Hg.): *Sturmfest und erdverwachsen*, Göttingen 1980
Blum, Dieter/Müller, Konrad R.: *Mensch, Schröder*, Düsseldorf 2005
Böttcher, Dirk/Mlynek, Klaus/Röhrbein, Waldemar R./Thielen, Hugo (Hg.): *Hannoversches Biographisches Lexikon. Von den Anfängen bis in die Gegenwart*, Hannover 2002
Brawand, Leo: *Rudolf Augstein*, Düsseldorf 1995

Brawand, Leo: *Die Leute vom Damme. Familiäres und Geschichtliches aus Hannover*, Hannover 1998
Brawand, Leo: *Der SPIEGEL – ein Besatzungskind. Wie die Pressefreiheit nach Deutschland kam*, Hamburg 2007
Brückner, Peter: *Ulrike Marie Meinhof und die deutschen Verhältnisse*, Berlin 1976
Brückner, Peter: *Die Mescalero-Affäre: ein Lehrstück für Aufklärung und politische Kultur*, Hannover 1977
Buschfort, Wolfgang: *Geheime Hüter der Verfassung. Von der Düsseldorfer Informationsstelle zum ersten Verfassungsschutz der Bundesrepublik (1947–1961)*, Paderborn 2004
Butenschön, Rainer / Spoo, Eckart (Hg.): *Wozu muss einer der Bluthund sein? Der Mehrheitssozialdemokrat Gustav Noske und der deutsche Militarismus des 20. Jahrhunderts*, Heilbronn 1997
Daniel, Jens (d. i. Rudolf Augstein): *Deutschland – ein Rheinbund?*, Darmstadt 1953
Dannowski, Hans Werner: *Dann fahren wir nach Hannover. Ansichten und Eindrücke aus einer Stadt*, Hannover 2000
Dausend, Peter / Niejahr, Elisabeth: *Operation Röschen. Das System von der Leyen*, Frankfurt / M. 2015
Demmer, Ulrike / Goffart, Daniel: *Kanzlerin der Reserve. Der Aufstieg der Ursula von der Leyen*, Berlin 2015
Diels, Rudolf: *Lucifer ante portas. Zwischen Severing und Heydrich*, Zürich 1949.
Diels, Rudolf: *Der Fall Otto John. Hintergründe und Lehren*, Göttingen 1954
Dijn, Rosine de: *Die Gäste des Führers. Anfang September 1944 wurde der Gau »Ost-Hannover« zur Fluchtinsel für Hitlers Kollaborateure*, Aachen 2014
Ditfurth, Jutta: *Ulrike Meinhof. Die Biografie*, Berlin 2007
Dülffer, Jost: *Pullach intern. Innenpolitischer Umbruch, Geschichtspolitik des BND und »Der Spiegel« 1969–1972*, Marburg 2015
Duswald, Fred / Tobias, Fritz: *Polit-Kriminalfall Reichstagsbrand. Legende und Wirklichkeit*, Tübingen 2010
Dylong, Alexander: *Hannovers letzter Herrscher. König Georg V. zwischen welfischer Tradition und politischer Realität*, Göttingen 2012
Eckardt, Frank: (Hg.) *Handbuch Stadtsoziologie*, Wiesbaden 2012
Ellersiek, Christa / Becker, Wolfgang: *Das Celler Loch. Geschichte einer Geheimdienstaffäre*, Hamburg 1987
Felsch, Philipp: *Der lange Sommer der Theorie. Geschichte einer Revolte. 1960–1990*, München 2015

Fest, Joachim: *Begegnungen. Über nahe und ferne Freunde*, Reinbek b. Hamburg 2004
Feuerstein-Praßer, Karin: *Englands Königinnen aus dem Hause Hannover (1714–1901)*, Regensburg 2014
Frederichs, Matthias: *Niedersachsen unter dem Ministerpräsidenten Heinrich Hellwege (1955–1959)*, Hannover 2010
Fuhrer, Armin: *Christian Wulff. Die Biografie*, München 2010 (2006)
Gammelin, Kerstin / Hamann, Götz: *Die Strippenzieher. Manager, Minister, Medien – wie Deutschland regiert wird*, Berlin 2005
Gaschke, Susanne: *Volles Risiko. Was es bedeutet, in die Politik zu gehen*, München 2014
Gelling, Heiko: *Das andere Hannover. Jugendkultur und Integration in der Großstadt*, Hannover 1996
Gerold, Ulrike / Hänel, Wolfram: *Hannover – unterm Schwanz und ümme Ecke. Wo die wilden Welfen wohnen*, Meßkirch 2015
Geyer, Matthias / Kubjuweit, Dirk / Schnibben, Cordt: *Operation Rot-Grün. Geschichte eines politischen Abenteuers*, München 2005
Giebeler, Markus: *Die Kontroverse um den Reichstagsbrand. Quellenprobleme und historiographische Paradigmen*, München 2010
Gisevius, Hans Bernd: *Bis zum bittern Ende*, 2 Bde., Hamburg 1947
Gisevius, Hans Bernd: *Wo ist Nebe? Erinnerungen an Hitlers Kriminaldirektor*, Zürich 1966
Glocke, Nicole / Stiller, Edina: *Verratene Kinder. Zwei Lebensgeschichten aus dem geteilten Deutschland*, Berlin 2014
Goschler, Konstantin / Wala, Michael: *»Keine neue Gestapo«. Das Bundesamt für Verfassungsschutz und die NS-Vergangenheit*, Reinbek bei Hamburg 2015
Götschenberg, Michael: *Der böse Wulff? Die Geschichte hinter der Geschichte und die Rolle der Medien*, Kulmbach 2013
Gruhl, Herbert: Überleben ist alles. Erinnerungen, Frankfurt / M., Berlin 1990 (1987)
Haase, Dieter: *Mein Name ist Haase, ich weiß zuviel?! Ein Doppelagent berichtet über unheimliche Dienste*, Celle 1993
Hachmeister, Lutz: *Nervöse Zone. Politik und Journalismus in der Berliner Republik*, München 2007
Hachmeister, Lutz (Hg.): *Grundlagen der Medienpolitik. Ein Handbuch*, München 2008
Hachmeister, Lutz: *Heideggers Testament. Der Philosoph, der SPIEGEL und die SS*, Berlin 2014
Han, Byung-Chul: *Was ist Macht?*, Stuttgart 2000
Häne, Daniel / Kovce, Philip: *Was fehlt, wenn alles da ist? Warum das*

bedingungslose Grundeinkommen die richtigen Fragen stellt, Zürich 2015
Harpprecht, Klaus: *Schräges Licht. Erinnerungen ans Überleben und Leben*, Frankfurt / M. 2014
Hartz, Peter / Klöpfer, Inge: *Macht und Ohnmacht*, Hamburg 2007
Heidemanns, Martin / Harbusch, Nikolaus: *Affäre Wulff. Bundespräsident für 598 Tage – Die Geschichte eines Scheiterns*, Berlin 2012
Herbert, Ulrich: *Deutsche Geschichte im 20. Jahrhundert*, München 2014
Hett, Benjamin Carter: *Burning the Reichstag. An Investigation Into the Third Reich's Enduring Mystery*, Oxford et al. 2014
Hogrefe, Jürgen: *Gerhard Schröder. Ein Porträt*, Berlin 2002
Holtfort, Werner/Spoo, Eckart/Butenschön, Rainer/Wernstedt, Rolf: *Die Welfen und ihr Schatz*, Göttingen 1984
Jaene, Hans Dieter: *Der Spiegel. Ein deutsches Nachrichtenmagazin*, Frankfurt / M. 1968
Johaentges, Karl / Iwannek, Udo / Narten, Michael: *Hannover ist die schönste Stadt der Welt*, Hannover 2005
Katenhusen, Ines: *Lebenslust per Ratsbeschluss: Das Experiment Straßenkunst und der Nana-Skandal im Hannover der 1970er Jahre*, in: Münkel, Daniela; Schwarzkopf, Jutta (Hg.): *Geschichte als Experiment*, Frankfurt / M., New York 2004
Kellerhoff, Sven-Felix: *Der Reichstagsbrand – Die Karriere eines Kriminalfalls*, Berlin 2008
Kepplinger, Hans Mathias: *Die Kunst der Skandalisierung und die Illusion der Wahrheit*, München 2011
Koelbl, Herlinde: *Spuren der Macht. Die Verwandlung des Menschen durch das Amt*, München 2002
Körner, Torsten (Hg.): *Auch ich war einst Pelé. Prominente und ihr Traum vom Fußball*, Berlin 2006
Korte, Karl Rudolf / Fröhlich, Manuel: *Politik und Regieren in Deutschland, Strukturen, Prozesse, Entscheidungen*, Paderborn et al. 2009 (3. Aufl.)
Kovacic, Anton: *Der legale Terror. Das Jahrzehnt der Scharmacher*, Bornheim-Merten 1987
Krische, Michael: *Das Neue Rathaus Hannover. Entstehung, Architektur, Bedeutung*, Springe 2006
Kristeva, Julia: *Das weibliche Genie. Hannah Arendt*, Hamburg 2008 (1999)
Langguth, Gerd: *Horst Köhler. Biografie*, München 2007
Lessing, Theodor: *Der Lärm. Eine Kampfschrift gegen die Geräusche unseres Lebens* (*Grenzfragen des Nerven- und Seelenlebens.* Bd. 9), Wiesbaden 1908

Lessing, Theodor: *Haarmann. Die Geschichte eines Werwolfs*, 1925
Lessing, Theodor: *Einmal und nie wieder. Erinnerungen, aus dem Nachlass herausgegeben*, o. O. 1935
Lessing, Theodor: *Ich warf eine Flaschenpost ins Eismeer der Geschichte: Essays und Feuilletons (1923–1933)*, hg. von Rainer Marwedel, Darmstadt 1987
Lindau, Friedrich: *Planen und Bauen der Fünfziger Jahre in Hannover.* Hannover 1998
Lindau, Friedrich: *Hannover. Wiederaufbau und Zerstörung. Die Stadt im Umgang mit ihrer bauhistorischen Identität,* Hannover 2001
Löer, Wigbert / Schröm, Oliver: *Geld Macht Politik. Das Beziehungskonto von Carsten Maschmeyer, Gerhard Schröder und Christian Wulff*, München 2014
Löw, Martina: *Soziologie der Städte*, Frankfurt / M. 2010 (2008)
Lucius, Robert von: *Welfenland mit Schmetterlingen. Streifzüge durch Niedersachsen*, Halle (Saale) 2014
Luhmann, Niklas: *Macht*, Stuttgart 1975
Luhmann, Niklas: *Die Gesellschaft der Gesellschaft*, 2 Bde., Frankfurt / M. 1997
Magenau, Jörg: *Brüder unterm Sternenzelt. Friedrich Georg und Ernst Jünger*. Eine Biographie, Stuttgart 2012
Marten, Heinz-Georg: *Der niedersächsische Ministersturz. Protest und Widerstand der Georg-August-Universität Göttingen gegen den Kultusminister Schlüter im Jahre 1955*, Göttingen 1987
Marwedel, Rainer: *Theodor Lessing 1872–1933*. Eine Biographie, Darmstadt, Neuwied 1987
Maschmeyer, Carsten: *Selfmade. erfolg reich leben*, München 2012
Matuschek, Oliver / Fischer, Angelika: *Das Hannover des Kurt Schwitters*, Berlin 2013
Meng, Richard: *Der Medienkanzler. Was bleibt vom System Schröder?*, Frankfurt / M. 2002
Merseburger, Peter: *Kurt Schumacher. Patriot, Volkstribun, Sozialdemokrat*, München 2010 (1995)
Merseburger, Peter: *Rudolf Augstein. Der Mann, der den SPIEGEL machte*, München 2009 (2007)
Meyer, Kristina: *Die SPD und die NS-Vergangenheit 1945–1990*, Göttingen 2015
Meyer, Thomas: *Die Unbelangbaren. Wie politische Journalisten mitregieren*, Frankfurt / M. 2015
Meyn, Hermann: *Die Deutsche Partei. Entwicklung und Problematik einer national-konservativen Rechtspartei nach 1945*, Düsseldorf 1965

Michels, Robert: *Weltstädte und ihre Bewohner. Paris, London, Berlin, Rom*, hg. von Rolf Rieß, Berlin 2014
Miles, Jonathan: *The Nine Lives of Otto Katz. The Remarkable Story of a Communist Super-Spy*, London et al. 2010
Minkmar, Mils: *Der Zirkus. Ein Jahr im Innersten der Politik*, München 2013
Mlynek, Klaus / Röhrbein, Waldemar R. (Hg.): *Hannover Chronik. Von den Anfängen bis in die Gegenwart. Zahlen, Daten, Fakten*, Hannover 1991
Mlynek, Klaus / Röhrbein, Waldemar R. (Hg.): *Geschichte der Stadt Hannover. Band 1 – Von den Anfängen bis zum Beginn des 19. Jahrhunderts*, Hannover 1992
Mlynek, Klaus / Röhrbein, Waldemar R. (Hg.): *Geschichte der Stadt Hannover. Band 2 – Vom Beginn des 19. Jahrhunderts bis in die Gegenwart*, Hannover 1994
Mommsen, Hans / Grieger, Manfred: *Das Volkswagenwerk und seine Arbeiter im Dritten Reich*, München 1996
Müller, Kay / Walter, Franz: *Graue Eminenzen der Macht. Küchenkabinette in der deutschen Kanzlerdemokratie von Adenauer bis Schröder*, Wiesbaden 2004
Münkler, Herfried: *Macht der Mitte. Die neuen Aufgaben Deutschlands in Europa*, Hamburg 2015
Nagel, Anne C.: *Hitlers Bildungsreformer: Das Reichsministerium für Wissenschaft, Erziehung und Volksbildung 1934–1945*, Frankfurt / M. 2012
Nannen, Stefanie: *Henri Nannen. Ein Stern und sein Kosmos*, München 2013
Negt, Oskar / Kluge, Alexander: *Öffentlichkeit und Erfahrung. Zur Organisationsanalyse von bürgerlicher und proletarischer Öffentlichkeit*, Frankfurt / M. 1972
Negt, Oskar / Kluge, Alexander: *Geschichte und Eigensinn*, Frankfurt / Main 1981
Negt, Oskar: *Unbotmäßige Zeitgenossen. Annäherungen und Erinnerungen*, Frankfurt / Main 1994
Nelles, Irma: *Der Herausgeber. Erinnerungen an Rudolf Augstein*, München 2016
Nentwig, Teresa / Schulz, Frauke / Walter, Franz / Gerwath, Christian: *Die Ministerpräsidenten des Landes Niedersachsen: Landesväter und Landesmanager. Politische Führung von Hinrich Wilhelm Kopf bis Christian Wulff*, Hannover 2012
Nentwig, Teresa: *Hinrich Wilhelm Kopf (1893–1961). Ein konservativer Sozialdemokrat*, Hannover 2013

Nentwig, Teresa / Gerwath, Christian: *Politik und Regieren in Niedersachsen*, Wiesbaden 2016
Neuffer, Martin: *Städte für alle. Entwurf einer Städtepolitik*, Hamburg 1970
Oltmanns, Reimar: *Spurensuche auf verbrannter Erde. Reportagen, Berichte, Erzählungen zur Zeitgeschichte*, Norderstedt 2009
o.V.: *Vom Nützlichen durchs Wahre zum Schönen. Festschrift für Dr. Erich Madsack zum 75. Geburtstag am 25. September 1964*, Hannover 1964
o.V.: *Marinus van der Lubbe und der Reichstagsbrand. Das Rotbuch*, Hamburg 2013 (1983)
o.V.: *Gegen den Strom. Widerstand und Zivilcourage im Nationalsozialismus in Schaumburg*, Bielefeld 2005
Plaß, Stefan: *Medienpolitik in Niedersachsen. Eine Politik-Prozeßanalyse zur Einführung nichtkommerziellen lokalen Hörfunks und Offener Kanäle*, Münster 2001
Pleitgen, Fritz (Hg.): *Freiheit jeden Tag. Liberté toujours*, Festschrift für Jobst Plog, Hamburg 2006
Posche, Ulrike: *Gerhard Schröder. Nah-Aufnahme. Mit Fotos von Robert Lebeck*, München 1998
Pruys, Karl Hugo: *Christian Wulff. Ich mach' mein Ding!*, Berlin 2003
Pyta, Wolfram: *Hindenburg. Herrschaft zwischen Hohenzollern und Hitler.* München 2007
Raabe, Paul: *Gottfried Benn in Hannover, 1935–1937*, Seelze-Velber 1986
Ramge, Thomas: *Die großen Polit-Skandale. Eine andere Geschichte der Bundesrepublik*, Frankfurt / M., New York 2003
Redman, Alvin: *Auf Englands Thron. Das Haus Hannover*, München 1961
Regin, Cornelia (Hg.): *Pracht und Macht. Festschrift zum 100. Jahrestag der Einweihung des Neuen Rathauses in Hannover*, Hannover 2013
Reiche, Danyel: *Verrückt nach den Roten*, Göttingen 2008
Remé, Sylvia: *Werner Holtfort. Biographie eines Anwalts und Politikers in den 70er und 80er Jahren in Niedersachsen*, München 2011
Renzsch, Wolfgang: *Alfred Kubel. 30 Jahre Politik für Niedersachsen. Eine politische Biographie*, Bonn 1985
Rietzler, Rolf: *Mensch, Adolf. Das Hitler-Bild der Deutschen seit 1945*, München 2016
Ristig-Bresser, Stephanie / Bresser, Michael: *111 Gründe, Hannover 96 zu lieben*, Berlin 2013
Röhrbein, Waldemar R.: *Kleine Stadtgeschichte Hannovers*, Regensburg 2012

Ruthenberg, Peter (Hg.): *Anzeiger. Wie Fritz Högers Anzeiger-Hochhaus zum Mittelpunkt des neuen Kunst- und Medienzentrums an Hannovers Goseriede wurde,* Hannover 1997
Schmalz, Gisela: *Cliquenwirtschaft. Die Macht der Netzwerke: Goldman Sachs, Kirche, Google, Mafia & Co.*, München 2014
Schmitt, Carl: *Gespräch über die Macht und den Zugang zum Machthaber*, hg. von Gerd Giesler, Stuttgart 2012 (1954)
Schneider, Hans et al.: *Neues vom Reichstagsbrand? Eine Dokumentation. Ein Versäumnis der deutschen Geschichtschreibung,* Berlin 2004
Schneidmüller, Bernd: *Die Welfen. Herrschaft und Erinnerung (819–1252)*, Stuttgart 2014 (2000)
Schöllgen, Gregor: *Gerhard Schröder. Die Biographie*, München 2015
Scholz, Günther / Süskind, Martin E.: *Die Bundespräsidenten. Von Theodor Heuss bis Horst Köhler*, München 2004
Schreiber, Hermann: *Henri Nannen. Drei Leben*, München 1999
Schröder, Gerhard: *Entscheidungen. Mein Leben in der Politik*, Hamburg 2006
Schwarz, Hans-Peter: *Helmut Kohl. Eine politische Biographie*, München 2012
Siebenmorgen, Peter: *Franz Josef Strauß. Ein Leben im Übermaß*, München 2015
Sieg, Ulrich: *Geist und Gewalt. Deutsche Philosophen zwischen Kaiserreich und Nationalsozialismus,* München 2013
Siegmund, Johannes Jürgen: *Bischof Johannes Lilje, Abt zu Loccum*, Göttingen 2007 (2001)
Siri, Jasmin: *Parteien. Zur Soziologie einer politischen Form*, Wiesbaden 2012
Skai, Hollow: *Scorpions*, Rastatt 1992
Steinbrück, Peer: *Unterm Strich*, Hamburg 2010
Stiens, Rita: *Ferdinand Piëch. Der Automacher*, München 2001 (1999)
Thackeray, William Makepeace: *Die vier George. Zeit-, Hof- und Sittenbilder*, hg. von Ulrich Klappstein, Hannover 2014
Thadden, Adolf von: *Reichstagsbrand. Die Geschichte einer jahrzehntelangen Lüge*, Rosenheim 1993
Thies, Heinrich: *Die verbannte Prinzessin. Das Leben der Sophie Dorothea von Hannover*, München 2014 (2009)
Thörmer, Heinz / Einemann, Edgar: *Aufstieg und Krise der Generation Schröder. Einblicke aus vier Jahrzehnten*, Marburg 2007
Tobias, Fritz: *Der Reichstagsbrand. Legende und Wirklichkeit*, Rastatt 1962
Toll, Hans Jürgen: *Der chronische Chronist. Mit vergnügter Feder durch den Alltag*, Berlin 1942

Tolsdorff, Tim: *Von der Stern-Schnuppe zum Fix-Stern. Zwei deutsche Illustrierte und ihre gemeinsame Geschichte vor und nach 1945*, Köln 2014

Trauschke, Martina (Hg.): *Memoiren der Kurfürstin Sophie von Hannover. Ein höfisches Lebensbild aus dem 17. Jahrhundert*, Göttingen 2014

Urschel, Reinhard: *Gerhard Schröder. Eine Biographie*, Stuttgart, München 2002

Viktoria Luise: *Mein Leben*, München 1984 (1965)

Vogtherr, Thomas: *Die Welfen. Vom Mittelalter bis zur Gegenwart*, München 2014

Wallbaum, Klaus: *Der Überläufer. Rudolf Diels (1900–1957). Der erste Gestapo-Chef des Hitlers-Regimes*, Frankfurt / M. 2010

Wallraff, Günter: *Der Aufmacher*, Köln 2001

Walter, Franz: *Die SPD. Biographie einer Partei*, Reinbek b. Hamburg 2009 (2002)

Walter, Franz: *Vorwärts oder abwärts? Zur Transformation der Sozialdemokratie*, Frankfurt / M. 2010

Weber, Hermann (Hg.): *Vom Facharbeiterverband zur Industriegewerkschaft Chemie, Papier, Keramik. Materialien und Dokumente*, Köln 1989

Weber, Max: *Politik als Beruf*, Köln 2014 (1919)

Werwath, Christian: *Der niedersächsische Ministerpräsident Ernst Albrecht*, Stuttgart 2014

Wiehe, Hans-Jürgen: *Selbst ist der Held*, Gütersloh 1966

Wolfrum, Edgar: *Rot-Grün an der Macht. Deutschland 1998–2005*, München 2013

Wulff, Bettina (mit Maibaum, Nicole): *Jenseits des Protokolls*, München 2012

Wulff, Christian: *Besser die Wahrheit. Ein Gespräch mit Hugo Müller-Vogg*, Hamburg 2007

Wulff, Christian: *Reden und Interviews. 30. Juni 2010 – 1. Mai 2011*, hg. vom Bundespräsidialamt, Berlin 2011

Wulff, Christian: *Ganz oben. Ganz unten*, München 2014

Ziesemer, Bernd: *Ein Gefreiter gegen Hitler. Auf der Suche nach meinem Vater*, Hamburg 2012

Personenregister